WENHUA PIPING JIAOCHENG

文化批评教程（第二版）

曾军 主编

上海大学出版社
·上海·

图书在版编目(CIP)数据

文化批评教程 / 曾军主编. —2版. —上海：上海大学出版社,2020.12 (2021.12重印)
ISBN 978-7-5671-4148-3

Ⅰ.①文… Ⅱ.①曾… Ⅲ.①文化研究—高等学校—教材 Ⅳ.①G0

中国版本图书馆 CIP 数据核字(2020)第 258348 号

责任编辑　徐雁华
封面设计　柯国富
技术编辑　金　鑫　钱宇坤

文化批评教程(第二版)
曾　军　主编
上海大学出版社出版发行
(上海市上大路 99 号　邮政编码 200444)
(http://www.shupress.cn　发行热线 021-66135112)
出版人　戴骏豪
＊
南京展望文化发展有限公司排版
上海光扬印务有限公司印刷　各地新华书店经销
开本 787mm×960mm　1/16　印张 20.5　字数 379 千
2020 年 12 月第 1 版　2021 年 12 月第 2 次印刷
ISBN 978-7-5671-4148-3/G·3203　定价　46.00 元

版权所有　侵权必究
如发现本书有印装质量问题请与印刷厂质量科联系
联系电话：021-61230114

前言

一、《文化批评教程》的编写思路

《文化批评教程》与20世纪西方文论既有重要区别,也有很大关联。鉴于中国文化批评的突显主要来自文学研究的当代转型,保持与传统的西方文论的某种相关性是确立其在文学研究中学科位置的策略性选择。因此,本教程的编撰从"文化的观念与文化批评"开始。在我看来,应从人类学对于文化的定义出发,然后过渡到威廉斯对文化的新界定,以此凸显"文化的研究"从"传统文化研究"向"当代文化研究"的转型。之所以"当代文化"能够成为"问题",正在于这种文化观念的变化。这也直接影响到了"传统文化研究",因此,本教程专设"文化传统"作为最后一章,关心的便是"当代文化中的传统文化"问题,并以此返回当代中国,显示出"在世界中"的中国在文化批评理论方面"面向世界"所可能提出的独特问题。从文化观念的转型出发,"文化批评"与"文学研究""文化研究"的关系问题也就提了出来。在我看来,这个问题之所以被提出,原因同样在于提问者的知识背景为文学研究者。文学研究将对象局限于文学,但在方法上却充分吸取了文化研究和文化批评的营养;"文化研究"本身与伯明翰学派牵扯得太紧,尤其是其在20世纪70年代霍尔主持期间的特点使人们对文化研究产生某种刻板印象,因此有必要暂时将这个概念放一放;"文化批评"则相对灵活得多,可以将当代西方诸种文化思潮、观念及其实践领域包括进来。这也是本教程最后选定以"文化批评"命名的重要原因。由此,本教程既将狭义的文化研究所关注的东西全部包容进来,同时又不受它的限制。当然,由于教程章节限制,无论是理论资源还是实践领域,本教程都只是列举了几个主要方面,这也成为本教程的某种遗憾。

二、《文化批评教程》的中国语境

在此时此刻编写《文化批评教程》当然离不开中国语境,当代中国文化批评的兴起是我们编写本教程的主要动力。不过,当代中国的文化批评并非西方文化批评理论对当代中国文化现实的套用,这一点要特别强调。

中国的文化批评并不是舶来品,从古代的"策论"到近代的"报章"再到现代的"杂感",直到"文革"时期所谓"大批判",都可以说是当代中国文化批评的前身。而在这些批评文体及思想背景的影响下,当代中国的文化批评也就成为文学批评、思想评论、社会分析和文化研究的混合体。

20世纪80年代,政治批评成为思想解放的弄潮儿。思想上的拨乱反正直接较量和努力克服的就是极"左"思潮及其影响,其对马克思主义精神的恢复、对启蒙的呼唤、对人道主义的吁请、对社会现实的关注都体现了这种政治批评强烈的时代感和批判精神。到了80年代,审美批评构成了当代中国文化批评的重要一翼,尽管这种审美自主性(aesthetic autonomy)的取向明显的是"去政治化"或"非政治"的,但对于刚刚从十年"文革"的精神荒漠中走出来的人们,美和诗意无疑发挥了强大的解放心灵作用。80年代中期,"文化热"的兴起使得当代中国的文化批评形成基于传统文化、民族文化和地域文化的批评取向,并在90年代以后集中到新儒家、国学等问题上,发展成文化保守主义的文化批评路向。

进入20世纪90年代,面对中国社会向市场经济的转型和大众文化的兴起,一场规模空前的"人文精神大讨论"为文化批评注入了新鲜血液。尽管讨论中出现了"逃避崇高""削平深度"的声音,但是对人文精神的高扬和对人文理性的重建成为人文知识分子的共识。20世纪90年代文化批评的另一趋向是以"思想淡出,学术凸现"为代表的思想与学术的分野,用李泽厚的话说:"90年代大陆学术时尚之一是思想家淡出,学问家凸现。王国维、陈寅恪被抬上天,陈独秀、胡适、鲁迅则'退居二线'。"① 不过,李泽厚的话只说对了一半,即思想与学术的分野在90年代日渐明显,与此同时思想界内部的分化则将自由主义与"新左派"之

---

① 李泽厚致《二十一世纪》杂志编辑部的信,香港《二十一世纪》1994年6期。

争推向了前台(据考证,"新左派"一词的命名正来自1994年7月21日《北京青年报》上发表的杨平的《新进化论·分析的马克思主义·批判法学·中国现实》一文),并由此形成"新左派"和自由主义①。这场持续长达十几年的争论至今仍未结束。学术与思想的分野以及思想界内部的分化所带来的是当代中国文化批评的多元化发展。20世纪90年代文化批评还有一个现象值得关注,这就是专业知识分子参与公共空间的建构。八九十年代,主宰文化批评的以人文学科(文史哲)的学者为主,进入90年代末到21世纪以来,来自社会科学领域(政治、经济、法律、管理、教育等知识领域)里有着强烈人文关怀的学者以其专业背景优势,直接切入当前各种社会问题和复杂矛盾之中,并从制度层面关注当代文化及其时代精神(这与以伯明翰为代表的文化研究并不完全相同,伯明翰学人大多以文学研究、社会学研究和历史研究为其知识背景的学者,思想倾向上均与英国"新左派"有千丝万缕的联系)。

从90年代中后期起,文化批评在文学研究学者中引起巨大的波澜,其代表就是以陶东风、金元浦等人为首的文艺学研究学者从文化研究的视角出发进行文艺学学科反思。进入21世纪以来,围绕"越界、扩容""文化研究""日常生活审美化""身体""教材体系"而展开的论争已将整个文艺学学科闹得沸沸扬扬。如果说前几年,这种争论还只是停留在各种学术会议和私人言说之中,那么,从2004年起,这种观念上的分歧变得公开而且鲜明,其争论一直延续到现在。在这场论争里包含着一些被放大的误会:如果没有浓厚的家园意识,就不可能产生越界的冲动;同样,如果没有越界冲动,只是"请息交以绝游",则只能是守住了家园,却淡化了意识。当文化诗学被视为"文学的文化研究"时,其实已经在方法上越了界,而文化研究更灵活地采用文本研究方法解读大众文化现象时,又何尝不是研究方法上家园意识的强化?

在当代中国文化批评的现实背景中,《文化批评教程》的定位相当清晰:其一,教程把关注的重心放到20世纪西方文化批评理论上,但在理论资源的选择上,一方面兼顾到与文学研究中20世纪西方文论的密切关系,另一方面,则以中

---

① 李扬:《被"妖魔化"的学术论争——兼谈自由主义与新左派之争中的异见与共识》,学术中国(原"世纪中国"),http://www.cc.org.cn/,网刊2002年3月号。

国问题意识为参照对相关实践领域进行了选择;其二,教程中所展现的文化批评理论、实践领域与众声喧哗的当代中国文化批评现实并不完全重合,其对分析性工具、批判性理论的侧重使教程确立了自己的学术立场;其三,尽管教程将各章节区分为理论资源和实践领域,但本身并不直接面对具体的当代文化现象,因此,在围绕各种实践领域学习和运用各种理论资源时,切忌挪用和硬套。文化批评理论与其他理论一样,最重要的意义在于它提供了一种反思的力量。

三、《文化批评教程》的体例及其他

作为一本教材,《文化批评教程》必须要考虑它的体例及作为教材的适应性。我认为,其应该具有如下几个特点:① 面向本科生,作为专业选修课教材,当然也可以作为研究生教材使用;② 淡化"文化研究"的学派形象,而着眼于 20 世纪文化批评理论总体趋势及特点来展开;③ 在体例上,尝试着用"理论概要"和"文献导读"相结合的方式进行,由于任何"概论"都是对原典的简化,并以自己的误读和偏见去影响读者,因此,"理论概要"只起到一个交代背景、引导读者进入原典的功能,而"文献导读"则进一步帮助读者深入原典细部,在互文中凸显原典的意义。

《文化批评教程》的编写是集体劳动的结晶。该教程由曾军设计体例、大纲及提出原典文献的建议,在每位作者具体写作过程中,则根据总体框架结合自己的思考进行了适当调整。具体分工如下:

导　论　曾军(上海大学)

第一章　杨炯斌(华南师范大学)

第二章　马欣(东华大学)

第三章　李勇(河南大学)

第四章　李有光(湖北师范学院)

第五章　丁云亮(安徽师范大学)

第六章　曾军(上海大学)

第七章　李勇(河南大学)

第八章　曾军(上海大学)

第九章　吴娱玉(华东师范大学)

第十章　吴高泉(广州大学)

这些作者均为近年来非常活跃的青年学者,2009年版中,还有周国泉、刘永、冯小梅的参与。他们分布在全国的四面八方,出于对文化研究、文化批评的共同兴趣,大家走到了一起。由此也显示出文化批评的全国性影响。

在本教程的编写过程中,许鹏、曾丽君、王兰兰、柳青等同学付出了相当大的辛劳,他们输入了部分文献资料,参与了部分文献导读的撰写工作,完成了本教程的编校工作。

曾　军

2020年12月20日

目录

导　论：20世纪西方文化批评理论的学术地图 … 1
　一、文化批评理论在20世纪的凸显 … 1
　二、理论视野及其问题意识 … 3
　三、文化批评的当代性 … 7

第一章　文化的观念与文化批评 … 14
　一、文化研究的发展历程及其文化观念 … 14
　二、文化研究的研究范式 … 18
　三、当代中国的文化批评 … 24
　文献导读
　　1. 文化分析 … 30
　　2. 各种意义的文化 … 35

第二章　文化批评与西方马克思主义 … 42
　一、西方马克思主义的文化批评范式 … 42
　二、布洛赫的希望哲学与美好生活理论 … 46
　三、霍克海默的大众文化批判与启蒙反思 … 49
　四、阿多诺的文化工业理论与艺术反思 … 52
　五、本雅明的文化批评与辩证意象 … 55
　文献导读
　　1. 传统理论与批判理论 … 61
　　2. 文化工业：作为大众欺骗的启蒙 … 67

第三章　文化批评与结构主义符号学 … 75
　一、结构主义符号学的发展脉络 … 75

二、结构主义符号学的理论取向 …………………………………… 79
　　三、结构主义符号学对文化批评的意义和价值 …………………… 84
　文献导读
　　1. 什么是结构主义的哲学思考 …………………………………… 90
　　2. 今日神话 ………………………………………………………… 96

第四章　文化批评与精神分析 …………………………………………… 102
　一、精神分析学的早期发展 …………………………………………… 102
　二、精神分析学的后期发展 …………………………………………… 106
　三、精神分析学对文化批评的意义和价值 …………………………… 108
　文献导读
　　1. 本能及其蝉变 …………………………………………………… 111
　　2. 镜像期：精神分析实践中所揭示的"我"的功能构成 ………… 117
　　3. 视觉快感与叙事电影 …………………………………………… 123

第五章　文化批评与社会学方法 ………………………………………… 130
　一、社会现象与当代文化 ……………………………………………… 130
　二、社会学视野举要 …………………………………………………… 132
　三、社会学方法举要 …………………………………………………… 137
　文献导读
　　1.《社会学方法的准则》"结论" ………………………………… 142
　　2. 什么是社会学？ ………………………………………………… 146

第六章　都市空间 ………………………………………………………… 152
　一、文化研究的都市性 ………………………………………………… 152
　二、西方都市空间诸理论 ……………………………………………… 154
　三、中国都市文化研究的两种范式 …………………………………… 161
　文献导读
　　1. 巴黎,19世纪的首都(1939年提纲) ………………………… 168
　　2. 空间：社会产物与使用价值 …………………………………… 175
　　3. 谁的文化？谁的城市？ ………………………………………… 182

第七章　媒介技术 ………………………………………………………… 189
　一、媒介技术革命与当代文化变迁 …………………………………… 189

二、新媒介文化诸形态 …… 192
三、媒介文化理论要义 …… 197
文献导读
  1. 媒介即是讯息 …… 201
  2. 电视：文化形式与政治 …… 207
  3. 编码，解码 …… 213

第八章　商品消费 …… 219
一、商品、劳动异化和商品拜物教 …… 219
二、文化工业、大众文化与媒介经济 …… 222
三、景观社会与消费社会 …… 226
文献导读
  1.《资本论》第一卷"初版的序" …… 230
  2. 第一章"完美的分离" …… 234
  3. 消费的社会逻辑 …… 242

第九章　身份认同 …… 249
一、身份认同理论及其背景 …… 249
二、后殖民理论中的"民族"和"身份" …… 253
三、对"民族""身份"的反思及中国的接受 …… 258
文献导读
  1. 文化身份与族裔散居 …… 265
  2. 文化身份、全球化与历史 …… 271
  3. 翻译与文化身份的塑造 …… 278

第十章　文化传统 …… 285
一、文化传统与传统文化 …… 285
二、传统文化的当代境遇 …… 289
三、文化保护和传统开发 …… 293
文献导读
  1. 传统与个人才能 …… 296
  2. 现代性与后传统 …… 303
  3. 文学的"根" …… 310

20世纪西方文化批评理论的学术地图

一、文化批评理论在20世纪的凸显

无论是从知识清理还是课程设置来看,西方文论已经被约定俗成为"传统的西方文论"(即20世纪之前的西方文论)和"20世纪西方文论"了。形成这种共识性判断的依据,无疑来自"20世纪西方文论"自身有别于"传统的西方文论"的个性。在我看来,这种个性表现在批评理论,尤其是文化批评理论的兴起及其日益成为一种主导性的学术力量。20世纪之前,西方文论的构成主要由哲学美学和创作理论构成①,但20世纪之后则出现了致力于独特的文学观念和新颖的研究方法的批评理论(critical theory)。这一理论取向的凸显可以从克里格的评述中看出来。在《批评旅途:六十年代之后》中,克里格指出,"作为一种知识形态,而不是仅仅作为我们与文学的情感遭遇的详细描述,文学批评必须理论化"。"此前兴旺发达的文学理论学科……将扩展为更广泛的、现在称为批评理论的跨学科研究,并试图涵盖我们过去认为是人文科学和某些社会科学中的许多不同理论文本,也就是我们依照法国人称之为'人学'的东西"②。对此可参见80年代初伍蠡甫编的《现代西方文论选》,尽管它的选文思路仍沿续着他编写《西方文论选》时以哲学美学和创作理论为主的思路,但已注意到了精神分析、新批评、语义学派和结构主义等批评理论的出现,到了21世纪,朱立元、李钧选编《二十世纪西方文论选》时,其列举的19个思潮流派,批评理论占到了9个,哲学美学仅

---

① 伍蠡甫在《西方文论选》的"编辑说明"中特别指出,"本书选文,包括文学理论、文学批评、创作经验和涉及文艺理论的哲学、美学等方面具有一定代表性和较大影响的著作。"(伍蠡甫:《西方文论选》上卷,上海:上海译文出版社1979年版)由于严格意义上的一般性的"文学理论、文学批评"是18世纪以后的产物,因此,在传统的西方文论中的体现则是个别文学类型的理论及批评,而具原理性的理论和批评则来自关注艺术的哲学美学。

② [美]莫瑞·克里格:《批评旅途:六十年代之后》,李自修等译,北京:中国社会科学出版社1998年版,第226、238页。

有4个,创作理论则为6个。由此可见,批评理论在20世纪西方文论中所占的分量。

首先是"20世纪"。"20世纪"已经成为学术分期的特定称谓,其所指已超越具体的时段年代,包含了有别于20世纪之前的某种特质。1900年,胡塞尔出版了《逻辑研究》第一卷,第一次公开提出以"现象学"为名的哲学理论和方法;同年,弗洛伊德出版了《梦的解析》,被誉为改变人类历史的名著;尽管俄国形式主义的两个研究小组分别成立于1915年和1916年,但其最初的影响仍可追溯到1908年的大学课堂。这些事件从时间上可能确属巧合,但它们一起构成了划时代的学术界碑。

其次是与西方文论有着紧密关联的哲学美学在20世纪发生了很大的变化。如果说从柏拉图对"美本身"的追问到黑格尔建构起规模宏大的美学理论体系,西方美学经历了持续两千多年的"美的本质"追寻史的话,那么,到了20世纪,这种执着和雄心已经荡然无存。尽管20世纪出现了大大小小数十种美学思潮和流派,但它们大多放弃了对美的本质主义探寻,甚至出现了以反思和质疑"美"和"美学"的合法性为己任的分析美学。因此,"大美不言"和"无美之学"成为20世纪西方美学的重要特征,同时也构成了20世纪西方文论的基本特点。尽管伊格尔顿在其《二十世纪西方文学理论》中以"文学是什么"作为导论,但最终却以无解之解而告终,在其后的章节中,他直接以思潮流派作为文学理论的呈现方式,历史主义成为取代本质主义的最佳选择。相似的例子还可以在乔纳森·卡勒的《文学理论》中见到,其第一章关切的问题是"理论是什么?"第二章虽然也提出了"文学是什么?它有关系吗?"的问题,但其后的章节设计却直接来自当代西方文论中大家关心的理论议题。

最后,20世纪文化理论思潮对现代人的社会生活和思维方式产生了极大的影响,尤其是20世纪后半期以伯明翰学派为代表的文化研究的兴起,使得人文学术更加紧密地与当代文化联系了起来。随着文化研究的体制化,虽然其影响和势头正逐步减弱(如21世纪之初,伯明翰当代文化研究中心的关闭即是重要的表征),但如果不局限于狭隘的文化研究,而从相对宽泛的西方文化理论思潮看,近半个世纪以来,文化理论并未走向终结,文化批评正日益发挥其重要而且不可替代的作用。在"现代性""全球化"的语境中,诸如"日常生活""都市空间""视觉媒介""商品消费""身份认同""文化传统"等均成为各种思想汇聚交锋的场域,来自不同思想立场、理论旨趣、切入视角的批评在此众声喧哗;尽管从19世纪末以来,从尼采的"上帝死了"到罗兰·巴特的"作者之死"、福柯的"人之死"、希利斯·米勒的"文学死了",从黑格尔的"艺术终结论"到福山的"历史终结论",丹尼尔·贝尔、亨廷顿的"意识形态终结论",悲观、死亡之声相闻,但正是在这种

"面死而在"中,文化批评理论创造了20世纪以来人文思想领域里的辉煌。正如沃勒斯坦2007年底在上海大学演讲时所说:"无论如何,我想强调的是,我们生活在一个军事上、经济上、政治上都极度混乱的时代,一切都动荡不已、前途未卜——在这个时代生活,殊非易事!"[①]正因为不易,现代人的精神状况才更值得关注;正因为动荡,文化批评才显得弥足珍贵。

二、理论视野及其问题意识

从某种意义上说,这里的文化批评理论可以视为"批评理论"和"文化理论"的结合。在理查德·沃林的《文化批评的观念》中,主要考察了法兰克福学派、存在主义和后结构主义这三大欧陆的文化批评流派,体现了视文化批评为多元思想角逐的初衷。在丹尼·卡瓦拉罗的《文化理论关键词》(其实该书原名为"Critical and Cultural Theory: Thematic Variations")中,作者一开始就指出:"'批判理论'(也可译为'批评理论'——引者注)和'文化理论'这两个术语还没有普遍公认的定义,这是因为批判理论和文化理论不是那种由严格的规则和程序所支配的科学事物。事实上它们是综合了不同主题和方法的多层话语。而且,它们处理的问题并不反映出对任何单一的独立学科的关注,因为那些问题实际上是一系列广泛的学科中最重要的部分,比如文学研究、文化研究、语言学、历史学、艺术史、政治学、社会学、人类学、地理学、媒体研究以及对自然科学的研究等等。批判及文化理论将根本不同的学科领域整合在一起,从而重新划分了传统的学科界线。在此过程中,它们所开辟的视域把曾经彼此隔离的学科创造性地融合起来。在推动学科交叉和学术交流之际,它们也助长了新的视野的出现,促进了基于此类视野的学术规划的发展。"[②]不同的理论视野和问题意识如何才有可能被"整合"或"融合"呢?这种融合既不是用一个"文化批评理论"之筐将彼此完全不相干的理论"土豆"胡乱地装在一起,也不是抹平彼此的棱角,将之捏合成某种"大一统"的理论"橡皮泥",这就需要我们以一种开放、包容、动态的心态去审视20世纪文化批评理论所提供的理论视野及其问题意识。在我看来,20世纪西方的文化批评理论为我们展开了"社会""语言""意识"三维的理论视野以及由此形成的不同的问题意识。

---

① [美]沃勒斯坦:《生活在后美国世界——伊曼纽尔·沃勒斯坦教授在上海大学的演讲》,《解放日报》2007年11月11日8版。
② [英]丹尼·卡瓦拉罗:《文化理论关键词》,张卫东、张生、赵顺宏译,南京:江苏人民出版社2006年版,第1—2页。

从"社会"之维来说,尽管各种社会科学均有其特定的关心领域,但"社会理论"在20世纪的兴起却来自一种自觉的反思力量,正如帕特里克·贝尔特在《二十世纪的社会理论》中所说:"社会理论是对社会世界的作用的相对系统的、抽象的、一般的反思。"①他关注的重心不是对社会的经验研究,而是在经验研究基础上所达到的高度抽象水平的、高度一般性的具有成体系性的理论形态。在这个意义上,结构主义与生成结构主义、功能主义与新功能主义、吉登斯的结构化理论、福柯的考古学与系谱学、哈贝马斯的批判理论、理性选择理论以及实证主义、证伪主义、实在论等成为其描述对象。在本·阿格的《批判社会理论导论》那里,以后现代主义、现代性、德里达的延异理论为代表的"政治宏大叙事"、法兰克福批判理论、女性主义理论、文化研究成为其重点关注的理论,从该书中获得启发,陶东风将社会理论区分为实证的、阐释的和批判的三种模式,而我们在文化批评理论中经常引用的理论资源则主要来自批判的社会理论②。

从"语言"之维来说,20世纪有所谓"语言学转向"(the linguistic turn)或"哲学上的语言论转向",即语言论取代认识论成为哲学研究的中心,人们不再满足于探讨人类知识的起源、认识的可能、主体在认识活动中的作用等问题,转而对语言的意义、理解与交流的方式与可能性等问题进行思考。具体而言,"语言学转向"包含着两条起点不同互有交叉的发展路径:一条是由英美分析哲学运动所促成的哲学革命,在弗雷格、罗素、维特根斯坦等人的努力下,将语言、意义确立为哲学讨论的中心问题,并形成明显的人工语言学派和日常语言学派前后两个时期;另一条则源自索绪尔结构语言学,在被布拉格学派引入文学研究、被列维-斯特劳斯引入人类学研究之后,结构语言学一跃成为人文学术的分析工具,并形成世界性的结构主义运动,从而更广泛地与人文社会科学各个领域联系了起来,显示出这一"转向"的全局性意义。尽管20世纪被笼而统之地称为"语言学转向",但从语言哲学自身的发展历程来看,内部其实还存在着一系列转变。如20世纪早期的转向主要是从"语形—语义"维度来改造传统的哲学命题,早期的维特根斯坦、卡尔纳普等哲学家即是以此形成语义哲学;到了20世纪70年代,随着奥斯汀、塞尔等学者借用语用学成果将语言视为人类行为的一部分,由此开启了哲学的"语用学转向"(pragmatic turn),后期维特根斯坦的"语言游戏""意义即用法"即是这一阶段思想的反映;到了20世纪末期,又出现了所谓哲学的"认知转向"(cognitive turn),这其实是语用学在解决科学认识问题上的进一

---

① [英]帕特里克·贝尔特:《二十世纪的社会理论》"导论",瞿铁鹏译,上海:上海译文出版社2002年版,第1页。
② 陶东风:《实证的、阐释的和批判的——社会理论的三种模式》,《现代与后现代之间》,济南:山东友谊出版社2002年版,第95—102页。

步的理论延伸①。从语言符号的角度、运用语言分析的方法来分析当代文化现象,则成为20世纪文化批评理论重要的方面。

从"意识"之维来看,开现代文化理论思潮风气之先的唯意志主义表现出浓厚的反理性主义倾向,无论是叔本华还是克尔凯郭尔,都主张摆脱外在的虚幻世界而返回人的内心;以弗洛伊德为代表的精神分析学说进一步将人的意识领域区分为意识、前意识和潜意识,虽然精神分析学派因弗洛伊德与阿德勒、荣格的恩怨在形式上分崩离析,但对心理意识层面的关注使他们在精神上仍彼此呼应;1900—1901年胡塞尔发表两卷本《逻辑研究》,首次提出了"现象学"一名,并建构了其基本的哲学理论与方法,由此成为"现象学运动"的策源地。随后,舍勒、海德格尔、英伽登等人积极介入,并相继产生出诸如普凡德尔、莱纳赫、盖格尔、帕托契卡、芬克等30年代的德国哲学家群体。到了四五十年代,梅洛·庞蒂、萨特等人将现象学继续发扬光大,由此形成了法国现象学的高潮。60年代以后,德法著名的思想家们纷纷进入与现象学对话的领域,德国的哈贝马斯、施密茨,法国的福柯、德里达、拉康、利奥塔等都参与了进来,由此形成了来自不同思想领域、哲学背景以及拥有独立风格的思想家的积极介入与参与的局面,而"意识"正是其关心的基本对象。

不过,最值得注意的是"社会""语言""意识"三维在文化批评理论中的彼此交叉和相互"组合"。比如说,20年代的"巴赫金小组"在其理论建构中既面对着国内的庸俗社会学和形式主义两种迥然相异的学术思想的交锋,同时,20世纪早期的非理性主义思潮、科学主义思潮也成为其进行学术论辩的对象。正是在这一过程中,马克思主义对"社会""阶级"的关心、形式主义对"语言""符号"的青睐、精神分析对"心理""意识"的强调共同构成了"巴赫金小组"的学术语境。"巴赫金小组"的学术努力正是力图克服彼此的缺陷,以便将三者整合成全新的理论体系。正因为如此,《文艺学中的形式主义方法》才会一方面打着马克思主义的旗号,以"意识形态科学"为名恢复"内容"的地位;另一方面又以批判形式主义方法为名,肯定"材料"和"手法"的价值。《弗洛伊德主义批判纲要》才会一方面用马克思主义批判弗洛伊德,将之归入"主观心理学的变种"行列;另一方面又利用弗洛伊德主义对个人意识的发现去修正马克思主义的意识形态,进而发现"日常思想观念"这一新的研究领域。同样,《马克思主义与语言哲学》借助马克思主义对意识形态的强调去克服索绪尔结构主义语言学忽视"言语"的弊病,而其"意识

---

① 相关文献参考自殷杰《从语义学到语用学的转变——论后分析哲学视野中的"语用学转向"》(《哲学研究》2002年第7期)、殷杰《论"语用学转向"及其意义》(《中国社会科学》2003年第3期)、李佃来《语言哲学的转向和普遍语用学——试析哈贝马斯的语言哲学》(《武汉大学学报》2003年第4期)及曾文雄《人文性与科学性的融合:语言哲学"语用学转向"》(《山东外语教学》2006年第5期)等。

形态符号"的独特概念不失为打通"社会"与"符号""意识"的绝好途径,其"多重音性"虽系语言学术语,但其更具有应对现时代纷繁复杂多元交融的社会现实的能力。与之相似,作为文化研究学派的代表的伯明翰当代文化研究中心(CCCS),在其诞生之初便将如何沟通"社会意识"和"语言符号"作为其努力的方向。早在60年代,"在读到米哈伊尔·巴赫金关于理解小说中的意识形态和体裁动力的著作成为流行倾向很早之前,威廉斯就已经努力将它们视为一个作者的社会关系结构的结果或表达来理解它们间的相互关系了"①。威廉斯文学研究方面的思考方向与巴赫金可谓不谋而合;70年代,当代文化研究中心在霍尔的主持下,围绕媒介、亚文化和语言三个方面展开了系列研究,其中,语言研究具有研究方法的范式转换的意义。伯明翰学人对语言问题的关注早在60年代就已开始。是时,霍加特在《文字的用途》中已经探讨了工人阶级语言问题,威廉斯在《漫长的革命》中则提出过语言与交流的问题,70年代早期,霍尔等人的媒介研究对结构主义符号学进行了大量借鉴,霍尔也在此过程中对传播符号学进行了思考,其代表作就是《电视话语中的编码和解码》。不过,伯明翰学人也发现,尽管索绪尔的语言学、罗兰·巴特的符号学能够非常方便地用来剖析各种语言的、图像的文本,但其"理想主义的"和"与历史无关的"弊病已经暴露无遗②。正因为如此,从1975年10月起,当代文化研究中心专门成立"语言和意识形态"小组,旨在反思自索绪尔以来的语言学理论,以探讨确立语言的理论重要性和清理不同的传统理论资源问题。在研究小组所开列的一长串研究名单中,不仅将马克思主义语言和意识形态理论单列,还将马克思、斯大林、沃洛希诺夫和阿尔都塞置于非常重要的位置。在此过程中,更为重要的是当代文化研究中心面临着从60年代开始并在70年代开始激化的"文化主义"和"结构主义"研究范式之争。其所面临的主要问题是:文化研究的方法论在文化主义与结构主义的两极之争中,难以取得相融与突破。比如说,媒介研究多借鉴结构主义思路,从文学文本到视觉文本到社会文本,而亚文化研究则以社会学、人类学方法,注重社会调查,采取民族志的方式进行。所有矛盾的焦点集中到了如何处理语言和言语的关系,如何处理主体和意识形态的关系,如何处理社会意识和语言符号的关系上。这种理论视野及其问题意识的纠缠和转换在希利斯·米勒身上也有体现,在其批评生涯中,他早年始于新批评(关注语言)而后则偏向于布莱的意识批评

---

① Raymond Williams, Ed. by John Higgins. *The Raymond Williams Reader*, Oxford: Blackwell, 2001. p.92.

② Chris Weedon, Andrew Tolson, Frank Mort. Introduction to Language Studies at the Centre, *Culture*, *Media*, *Language*. Ed. Stuart Hall, Dorothy Hobson, Andrew Lowe and Paul Willis, London: Hutchinson, 1980. p.181.

(关注意识),最后再通过德里达转向解构批评(再次回到语言),正如他自己所回忆的,"这些书有两个参照中心:意识与语言"①。

进入21世纪之后,曾经令人欢欣鼓舞、意气风发的批评理论时代似乎已经远去,即便是在中国,那个曾经为文学、美学和文化而热血沸腾的80年代也已一去不复返。理论激情的消失是否真是"理论之死"的表征? 在伊格尔顿2003年出版的《理论之后》中写道:

> 文化理论的黄金时代已成一个遥远的过去。雅各·拉康、克罗德·列维-斯特劳斯、路易·阿尔都塞、罗兰·巴特和米歇尔·福柯离开我们已经几十年了。雷蒙德·威廉姆斯、露丝·伊利格瑞、皮埃尔·布尔迪厄、朱莉娅·克利斯特瓦、雅克·德里达、爱莲·西克苏、尤根·哈贝马斯、弗雷德里克·詹姆逊和爱德华·赛义德等早期筚路蓝缕的著作也都过去了。在此之后,没有什么著述再能与这些奠基前辈们的雄心和创意相比的了。他们中有些人后来倒下了。命运使巴特倒在了一辆巴黎洗衣房的面包车下,让福柯染上了艾滋病;它送走了拉康、威廉姆斯和布尔迪厄,又让阿尔都塞杀了自己的妻子而被放逐到一所精神病院之中。看来,上帝不是一个结构主义者。②

三、文化批评的当代性

文化批评在当代的凸显,绝不仅止于有众多新潮文化理论的涌现,其根本原因在于20世纪出现了前所未有的文化危机,迫使人文学者面对当下发言。因此,如果不理解20世纪这个"大时代",不理解文化批评的当代性,我们将无法区别它与传统文化批评的界限。

1. 反思现代性成为文化批评的内在动力

20世纪有别于其他世纪的另一标志是两次世界大战,世界格局的动荡与重组自不用多说,其对文化理论的影响也不可小视,在战争阴影的笼罩下,"反思现代性"成为文化批评理论生生不息的强大动力。如果说19世纪末现代主义兴起时,对社会现代化和人类未来发展多少还是悲观与乐观并存、礼赞与批判同在,

---

① 转引自台湾地区《中外文学》第20卷第4期,参见希利斯·米勒:《小说与重复——七部英国小说》"前言"(朱立元撰),天津:天津人民出版社2008年版,第4页。
② 转引自盛宁:《是起点还是终点?——〈理论之后〉的启示》,《社会科学报》2005年12月1日。其中部分译名依约定俗成的译法作了修改。

那么,随着两次世界大战的爆发,人文思想界对现代性的怀疑、批判、否定和反思则成为一以贯之的主题。其标志性的事件在于历史学家斯宾格勒《西方的没落》(1918年出版)在一战进入尾声时出版,其时对于人类历史及其未来的悲观失望情绪弥漫于整个西方人文学界。科学技术及其背后的科学主义成为现代性反思的对象。尽管胡塞尔的现象学素以"面向事物本身"而著称,尽管在其学术话语中已经将世事纷争高高地悬置(一战中,胡塞尔的一个儿子战死,一个儿子头部中弹),但是当胡塞尔在晚年提出了"生活世界"的概念时,我们不难发现他试图克服现象学的科学主义倾向的努力。1933年,希特勒上台,胡塞尔作为犹太人被剥夺了学术活动的权利,但他仍不顾年老体弱和政治风险去作哲学演讲,《欧洲科学的危机和先验现象学》便是其第二次演讲的成果。解释学传统在20世纪的发展也是一样,伽达默尔曾指出:"当我们今天在哲学本身内开始把解释学独立出来,真正说来我们乃是重新接受了实践哲学的伟大传统,这种传统曾被上世纪的科学垄断精神所压倒。在我的小书《科学时代的理性》书名中,理性这个概念所表示的,是知识和真理的整个为科学的方法意识所不能把握的半圆状态。"①此外,本雅明对机械复制时代的艺术作品的冥想、海德格尔对技术的存在之思、哈贝马斯对作为意识形态的科学技术的批判不一而足。反思现代性的另一个主题是对资本主义的批判。如果说第一次世界大战中苏维埃作为第一个社会主义国家获得了胜利,那么随着第二次世界大战的结束,新的社会主义运动则伴随着民族独立自决的热潮而在全球漫延。与此同时是直接从马克思主义那里汲取精神营养的左翼思潮成为西方人文思潮中不可忽视的一脉。不用说卢卡奇、葛兰西等人直接与国际共产主义运动紧密相关,也不用说法兰克福学派被视为西方马克思主义的杰出代表,对西方资本主义的失望和对苏联社会主义的向往使得大批知识分子急速地向左转,形成奇特的"红色的30年代"。第二次世界大战结束之后,尽管西方不少知识分子纷纷失望于斯大林的残酷与霸道,但来自中国的"毛主义"却对后半个世纪西方左翼思潮产生了很大的影响,阿尔都塞、詹姆逊、德里克、安德森……都曾一度是"毛主义"的痴迷者。

2. 60年代和反文化源流

1968年发生了一场被沃勒斯坦称为"世界体系历史上最伟大的形成性事件"——"五月风暴"。在马尔库塞的"新感性"、萨特的"存在主义"、托洛茨基的"不断革命"等理论的影响下,法国爆发了一场规模浩大的学生运动。这场运动起因于反对美国对越南的武装干涉,激化于欧洲各国内部复杂的社会矛盾,而爆发于大学生对大学教育体制的极度不满。受此影响,欧洲各国迅速爆发学生运

---

① [德]伽达默尔:《科学时代的理性》,薛华等译,北京:国际文化出版公司1988年版,第3页。

动,甚至一度达到革命的临界点。其实,1968年只是整个60年代反叛浪潮的缩影。从学生运动来说,1964年由美国加州柏克利大学学生发起的"言论自由运动",1965年由美国密歇根大学发起反对越战的运动(随后,哥伦比亚、哈佛、耶鲁等名校学生也积极响应,形成遍及全国的学生反战运动),1966年,联邦德国、法国、英国等国也出现反对越战的学生运动,并在1967年达到高潮。受中国"文化大革命"及"红卫兵运动"的影响,美国、法国、联邦德国、英国、意大利、爱尔兰、澳大利亚和加拿大等西方主要国家相继出现以青年为主体的文化革命浪潮。1968年4月,美国哥伦比亚大学的学生抗议学校为越战服务的研究项目和种族主义政策与军警发生冲突,并引发全国性的抗议运动;1968年5月,法国爆发"五月风暴",一千万名学生、专业人士、工人走上街头,引发全国性的罢课、罢工;1968年3—10月,英国学生罢课、上街,抗议越战;1968—1969年,意大利的学生和工人运动掀起高潮,出现"火热的秋天";1968—1969年,北爱尔兰学生要求民主,导致内战;1970年5月,美国学生反战运动达到高潮,全国罢课学校有900余所,一半以上的高校教师和学生参加这一运动。60年代的学生运动的文化影响极其巨大。学生运动一方面以民主、自由为口号,反对越战,反对旧的教育制度;另一方面又以性解放、文化革命为旗帜反对现代文明、颠覆传统伦理道德。从某种意义上说,波澜壮阔的学生运动仅仅是整个欧洲60年代时代精神的缩影,在这个"漫长的60年代"(long sixties),出现了一系列新事件、新思潮、新主义、新运动:如"布拉格之春"、新左派运动、反战运动、黑人民权运动、青年反主流文化运动、学生运动、女权运动、环境保护运动以及流行音乐兴起、家庭和社会关系变化、性观念革命、社会价值观的改变、后现代思潮兴起等。60年代,也对西方文论格局产生了重大影响。以法国的"五月风暴"为例,正当学生运动如火如荼之时,结构主义大师罗兰·巴特却态度暧昧,从而引发"结构从不上街"的批评,并成为结构主义不支持"五月风暴"的身份标记。随后,格雷马斯、福柯、列维-斯特劳斯等人纷纷遭此厄运,被戴上"结构不上街"的帽子。结构主义由此"一蹶不振"。德里达的解构主义则从内部瓦解了"结构",从此开始进入"后结构主义"时代。德国也不安宁,60年代末期的学生运动把法兰克福学派推向辉煌的顶点,但也使之处于瓦解的边缘。面对学生运动,马尔库塞对学生全力支持、阿多诺与学生尖锐对立,哈贝马斯则持相对温和的批判态度,这种立场上的分歧促成了法兰克福学派内部的分化。1969年,阿多诺去世,哈贝马斯接任社会研究所所长,但在学生和政府的双面夹击下,法兰克福的代表人物纷纷离开,就连哈贝马斯也于1971年去了慕尼黑。1968年对于英国的伯明翰学派也有影响。革命的风暴既给他们带来无比的兴奋与乐观,但随之而来的失望也使他们进入反思的状态。也是在这一年,斯图尔特·霍尔接替霍加特,担任CCCS的第二任中心主任,伯明翰学派进入新的历史阶段。60年代以后,另一重大的思潮变迁来自"后—"学的兴起。尽管"后现代"这个词最早可追溯到1870年,"后现代主义"早在1934年就出现了,但直到60年代之后,才开始被人们普遍接受,并在20世纪80年代之后成为全球性的文化浪潮。与"后现代"相呼应的,诸如"后工业社会""后马克思主义""后女性主义""后殖民主义"共同推动了"后—"学时代的来临。

3. 视觉媒介的文化征候

当代文化被称为视觉文化,其实质是特指以现代视觉技术(如照相术、摄像机、放映机、电视台、影院、电脑网络等)为媒介、以运动影像为呈现形态的文化现象。现代工业革命的浪潮所带来的正是视觉媒介及其观看方式——"视角"——的革命。就在1880年到1930年间(后来被人概括为"现代主义"的那段时期),1889年建成的埃菲尔铁塔作为当时法国巴黎世界博览会的标志性建筑就给当时的人们带来巨大的视觉震撼。正如罗伯特·休斯所描述的:"你无法躲开这座铁桥。它过去是,现在仍然是唯一的建筑物,从巴黎的每个角落都能看到它。除了罗马的圣彼得大教堂外,欧洲还没有一个大都市,是那样地在视觉上被一座单独的建筑物所控制;甚至今天,埃菲尔的芒尖在自己的城市中比米开朗基罗的大穹窿更普遍地昭著显眼。铁塔一夜之间成为巴黎的象征,而且宣告'这个光辉的城市'成为现代主义的首都——超然不同于任何其他可以文字形容、谱曲、制作或绘画的事物。"①由此,巴黎成为20世纪各种先锋思潮的汇聚地、发酵所。在这里和这个时期,"视觉的文化基础已经开始变化,埃菲尔铁塔就意味着这一点。19世纪90年代最引人注目的事情还不是从地面斜视铁塔,而是从塔上俯看地面"。埃菲尔铁塔启发了一种空间观念——虽然这种空间观念在铁塔建成之前已经由现代主义美术的代表人物高更、莫里斯·丹尼斯等人开始尝试了——这种观念就是取消透视、深度的平面感的回归。不过,这种平面感不再是原始主义壁画或者镶嵌图案之类的平面感了,它直接寄寓在由现代工业文明所建造的埃菲尔铁塔以及其后的飞机、火箭、航天飞机等给人所带来的俯视大地的感受之上——在那里,地面上所有的一切都仿佛成了一张地图。这就是现代主义艺术所努力寻求的"一种平面蕴含动力与运动观念以及建筑结构和地图所固有的抽象特性,那是许多最先进的欧洲艺术在1907年到1920年间将要展示的空间"②。现代工业革命的另一项最大发明同样也改变了我们的观看方式,这就是照相术。照相机的摄像头成为人类肉眼的延伸,不仅可以替代肉眼从特定的角度进行观

---

① [美]罗伯特·休斯:《新艺术的震撼》,刘萍君、汪晴、张禾译,上海:上海人民美术出版社1989年版,第3页。

② [美]罗伯特·休斯:《新艺术的震撼》,刘萍君、汪晴、张禾译,上海:上海人民美术出版社1989年版,第7页。

看,更重要的是通过相片的形式将人类行为的瞬间固定化,并获得保存,进而改变了人们的记忆方式。照相术精确复制现实的功能也使一向以再现现实为理想的绘画艺术也受到了挑战,正如苏珊·桑塔格说:"摄影所从事的就是篡夺画家的任务,提供精确地模仿现实的形象的任务。为此'画家应深表谢意',就像许多摄影家在此之前和从那以后所表达的那样,将这种篡夺看成是事实上的解放。"①"随着第一种真正革命性的复制手段——照相术——的出现,艺术感到了危机的来临——数百年后,这一危机已毋庸置疑。"②

4. 都市化进程及其问题

文化研究从哪里来? 从理论上讲,我们可以由伯明翰学派追溯到法兰克福学派,进而与19世纪末以来的人文思潮广泛地联系起来。但是这些人文学术思潮又从哪里来? 其实正来自西方现代工业文明的兴起,以及与之相联系的工业化、城市化、现代化进程。当法国著名社会学家格拉夫梅耶尔声称,在法国,可以将96%的法国居民归入"工业与城市人口地区"时,我们可以发现,支撑西方人文学术,因而也是文化研究的重要现实背景正是城市/都市。因此,从某种意义上说,都市性构成了文化研究对象的空间属性。在近些年各种以"都市文化/城市文化"为名的研究/言谈中,我们很容易发现来自不同学科领域的话语在相互角逐、彼此激荡。从政治的角度来看,都市文化作为建设国际化大都市的必备条件,并以凝聚和提升"城市精神"为核心问题展开;从经济的角度来看,都市文化的评价标准则成为文化经济或文化产业中的创意和文化产品的生产与消费;从社会的角度来看,对都市文化的关注则更多地聚焦于都市化进程中的文化矛盾与问题;而从人文学术的角度来看,都市文化则集中在一个城市的性格生命,反映在市民的文化心理和都市的历史记忆之中。因此,如果从这一角度重新审视都市文化研究,不难发现,在都市文化研究中有两个基本的范式值得特别关注:一个可以被称为人文主义范式,它基于文学艺术和人文学术对城市化问题和都市文化的敏感,强调对城市的感觉印象,关怀城市化过程中人的主观感受;另一个可以被称为科学主义范式,它基于现代化的理论背景,关注城市化进程,强调都市文化的各项量化指标及其要素资源配置。在这两种范式之间其实还存在着一些交叉的领域:比如说从人文主义范式出发,吸收科学主义范式的影响,在量化标准基础之上从事的都市文化研究。这种研究的特点在于有意识地区分出了城市化和都市化,并将都市文化作为一种全新的文化形态,直接在全球化语境之中对之进行考察③。再比如说从科学主义范式出发,吸收人文主义范式的观念,

---

① [美]苏珊·桑塔格:《论摄影》,艾红华、毛建雄译,长沙:湖南美术出版社1999年版,第110页。
② [德]本雅明:《经验与贫乏》,王炳钧、杨劲译,天津:百花文艺出版社1999年版,第267页。
③ 刘士林:《都市与都市文化的界定及其人文研究路向》,《江海学刊》2007年第1期。

特别是文化研究的思路,展开对资本主义文化矛盾、大众文化、文化工业的建设或批判等。

当前中国都市文化的研究热潮中有两个现象值得特别关注:一是现实层面上大大提速的中国都市化进程,这一进程可以具体描述为"农村——城镇——中小城市——大都市——都市带/都市圈"的线性发展,其中后一环节构成了对前一环节的超越,中国的城市化进程使得"全球城市""世界城市""巨型城市"成为都市化发展目标;二是理论层面上西方的都市社会学成为中国学者信奉的理论经典,无论是对都市社会学的中性研究,如滕尼斯、迪尔凯姆(又译为"涂尔干")、戈特曼、柯司特(又译为"卡斯特"),还是都市社会学的人文批判,如齐美尔(又译为"西美尔")、韦伯、芒福德、本雅明,都无一例外地被大量引进中国。不过,西方的都市化进程和都市社会学研究赖以支撑的最重要的事实在于较高层次的都市化水平,而据《2005中国可持续发展战略报告》统计,截至2000年底,中国的城市化率比世界平均水平要低12个百分点,比世界发达国家平均水平低40个百分点。那么,所缺的部分是什么呢?是农村。不难发现,直到现在,城乡二元结构仍然是中国都市化进程中的基本结构范式,农村因素的重要性仍然不可轻易忽视。也许,正是因为这一中国问题的特殊性,才使得我们的都市文化研究有了真切的现实针对性。

5. 传统文化与文化传统

就当代中国而言,文化领域中最具有本土性意义的问题大概就是文化传统及其在当代的传承问题。这也成为有别于20世纪西方文化批评理论的中国性问题。改革开放以来,中国对待传统文化的态度大概经历了三个阶段:第一,从"文革"结束到20世纪80年代末,改变了"文革"时期彻底地反传统立场,认识到文化传统并非简单的封建的落后的东西,但是在社会现代化的诉求中,文化传统仍然作为负面的东西需要克服;80年代中期,文化寻根思潮的兴起,使传统文化开始以正面的形象得到重视,但这一重视仍然是以西方相关思潮为背景。第二,20世纪90年代初到90年代末,文化保守主义兴起。亚洲四小龙的经济腾飞激发了儒学与现代资本主义制度进行嫁接的意愿,但是在1998年亚洲金融风暴中,上述努力中断了。新儒学在失去了与现代文明结合的努力之后,进一步退回自身,成为一股保守主义势力。第三,20世纪90年代末到21世纪初,文化传统重新寻求其在当代社会中存在的价值。因此,在文化传统的"复兴"中,保守的、激进的、实用的努力都体现得相当明显,呈现出异常复杂的情形。① 文化保守主义。以蒋庆为代表,鼓吹儒学复兴;以"十博士"为代表的无论是对"洋节"的抵制还是对"于丹"的批判,都体现出以传统文化为本位的文化立场;此外,以"祭孔""祭黄"等为代表的文化活动也是这方面的表现。② 文化激进主义。以历史剧"历史观"批判为代表,尖锐抨击"清宫戏"鼓吹皇权、为封建制度歌功颂德、批评"戏说剧"歪曲历史和混淆真实、批判"新历史主义"文艺的历史观。③ 文化实用主义。以中国人民大学成立"国学院",北京大学成立"国学俱乐部"为代表。人大国学院直接将国学纳入现代高等教育体制,国学俱乐部则将目标对象锁定在老板身上,甚至还用上了"国学短信"的方式,使国学成为现代教育、商品经济的对象。

不过,上述对文化传统在当代中国的演变的清理只是凸显了文化传统的"精神层面"。从"器物层面""制度层面"和"风俗层面"来看,文化传统在当代中国的境遇还有更为丰富的内涵。从文化传统的"器物层面"来说,21世纪以来最为巨大的呼声呈现在城市建设中的文化遗产保护上。吴良镛早在20世纪80年代初就警告说:"好的拆了,滥的更滥,古城毁损,新建凌乱。"①这在90年代中后期,尤其是21世纪之初成为共识。但是,在文化遗产保护中,视现代城市为破坏性力量的文化保守主义的学术立场,无法确认城市在文化保护中的合法性,也使得文化保护与城市的经济、社会发展相冲突。由于器物层面的传统文化正在以极快的速度和极大的规模向城市集聚,城市正在成为传统文化的新的集聚地。如何将城市视为文化传承的积极性力量使之发挥作用还有待进一步研究。从文化传统的"制度层面"来说,经过一百五十年来的社会历史变迁,封建制度已经终结。但精神层面的封建意识仍然没有根除,它还以各种形式残留在现行的社会结构中,成为亟待解决的制度性障碍。但是,对制度层面的封建性的清算还没有得到应有的展开,而对封建主义的反思则只是停留在学术的层面。从文化传统的"风俗层面"来看,近年来,以"非物质文化遗产保护"的名义对口传文化遗产的保护及对民俗文化的开发性保护正在形成热点。但是,重申报轻保护,重商业开发轻艺人培养的现象仍普遍存在。

此外,本教程还提出了"商品消费""身份认同"等,都是文化批评当代性的体现,在此就不一一论述了。

---

① 吴良镛:《城市规划设计论文集》,北京:燕山出版社1988年版,第350页。

文化的观念与文化批评

一、文化研究的发展历程及其文化观念

1. 以伯明翰学派为中心的英美文化研究发展

"文化研究"是近半个世纪以来具有较大影响的学术思潮。作为一种新的研究文化的方式,文化研究采取了一种极具包容性的姿态,研究对象和研究方法都试图跨越日益严密的学术分科体制,文学、历史学、社会学、人类学等学科知识和方法都被纳入文化研究中来,文化研究因而成为一项学科大联合的事业①。

本章所述的文化研究是以伯明翰学派为中心的英美文化研究。伯明翰大学当代文化研究中心的创办被视为文化研究思潮的发端。1960年,英国的企鹅出版社因出版《查特莱夫人的情人》而受到指控。时任英国大学教师的霍加特作为专家证人出庭。他认为劳伦斯的作品合乎道德,如果我们坚持视它为淫秽,只有说明我们自己的肮脏。在霍加特以及三十多个证人的努力下,企鹅出版社赢得了官司,《查特莱夫人的情人》也因此开禁。作为回馈,霍加特得到了企鹅出版社每年3 000英镑的资金资助,于1964年在伯明翰大学成立当代文化研究中心。在霍加特的带领下,当代文化研究中心将工人阶级文化、通俗文化纳入学术研究的视野,形成有别于英文系文学研究传统的学术风格。同年,中心推出第一份研究报告,宣布了着手要研究的七个项目:① 奥维尔和20世纪30年代的气候;② 地方报业的成长与变化;③ 通俗音乐中的民歌和俚语;④ 当代社会小说的层次及其变迁;⑤ 国内艺术及肖像研究;⑥ 流行音乐及青春文化;⑦ 运动的意志及其表征。他们在人才培养上也一反常规,不再强调授课、考试的程式,而是鼓励研究生成立各类研究和读书的兴趣小组,开展讨论、交流,并在此基础上发表论著。1972年,伯明翰大学当代文化研究中心脱离英文系成为独立单位,1987

---

① [美]詹姆逊:《快感:文化与政治》,王逢振等译,北京:中国社会科学出版社1998年版,第399页。

年与社会学系合并,成立新的文化研究系。2002年6月,伯明翰大学当代文化研究中心与社会学系关闭。

以伯明翰学派为中心的英美文化研究大体可分为三个明显的时期:第一个时期是"霍加特时期",即1964年当代文化研究中心成立到1968年霍加特离开伯明翰大学,这个时期的特点在于形成了文化研究的"文化主义"研究范式,其研究方法以文学和历史为主,成果形式以学者个人专著为主。第二个时期是"霍尔时期",即从1968年霍尔接任第二任中心主任到1979年霍尔前往英国开放大学。这个时期在霍尔的带领下非常活跃,在研究对象、研究方法上锐意进取,形成文化研究的"结构主义"范式,伯明翰学派也进入"集体学术生产"时期,整个70年代,霍尔组织进行了一系列有效的系统学术规划和集体研究项目,分别在媒介研究、亚文化研究、语言研究等诸多方面取得突破性进展。1979年以后,伯明翰学派进入第三阶段,可称为"泛伯明翰学派时期",伯明翰大学当代文化研究中心虽然在第三任中心主任理查德·约翰逊和第四任中心主任乔治·拉伦两任主任的主持下努力实现学术转型和突破,但来自研究中心的影响已明显式微,相反,斯图尔特·霍尔将开放大学打造成新的文化中心,大批曾受教于或者工作于伯明翰大学当代文化研究中心的学者陆续分散到英美(包括澳大利亚)各个高校和研究机构,这种群体性研究的因素仍然存在,学者间彼此的合作也仍然频繁。虽然2002年伯明翰大学当代文化研究中心关闭,但文化研究的势头并未真正消退。

伯明翰大学当代文化研究中心并不能溢美英美文化研究的全部,如雷蒙德·威廉斯、汤普森等人并未参加研究中心,但他们的研究成果、学术思想息息相通,都被视为伯明翰学派"文化主义"范式的代表;伊格尔顿本人并没有与伯明翰大学当代文化研究中心有直接的研究上的合作,但其马克思主义的思想传统,使得其在许多重要问题上与伯明翰大学当代文化研究中心存在共鸣与呼应。

2. 雷蒙德·威廉斯:重新定义"文化"

雷蒙德·威廉斯(Raymond Williams,1921—1988)是英国文化研究的精神领袖,被誉为"英语世界中最具权威、最言行一致、最有原创性的社会主义思想家""战后英国最重要的社会主义思想家,知识分子与文化行动者"。在1961年受聘剑桥大学之前长达十五年的时间里,他都积极投身工人阶级成人教育事业。雷蒙德·威廉斯一生著述甚丰,代表作有《文化与社会 1780—1950》(1958)、《漫长的革命》(1961)、《关键词:文化与社会的词汇》(1976)、《乡村与城市》(1973)、《电视、技术和文化形式》(1975)、《马克思主义与文学》(1977)、《现代主义的政治——反对新国教派》(1989),等等。

雷蒙德·威廉斯对文化研究的贡献在于从理论上为"文化研究"之"文化"给

予了新的界定。正是这一定义,使得文化研究与此前的"研究文化"区分了开来。在《文化与社会》中,雷蒙德·威廉斯考察了18世纪以来对英语生活思想变迁带来重大影响的几个关键词:工业、民主、阶级、艺术和文化。就"文化"来说,18世纪以前,人们所熟悉的"文化"意义基本上就是"培养自然的成长",后来指代人类训练的过程。但是在18世纪到19世纪初期,"文化"开始被赋予了更多的意义,用来指某种事物的文化,用来指称"心灵的普遍状态或习惯""整个社会里知识发展的普遍状态""各种艺术的普遍状态"以及"文化是一种物质、知识与精神构成的整个生活方式"。而"文化观念"则是"针对我们共同生活的环境中一个普遍而且是主要的改变而产生的一种普遍反应。其基本成分是努力进行总体的性质评估"①。在《漫长的革命》中,雷蒙德·威廉斯将这些词汇用法及背后观念的变迁进行了更为精确的概括,提出了文化的三种定义的看法。在他看来,文化的第一种定义是"理想的"文化定义,即"就某些绝对或普遍价值而言,文化是人类完善的一种状态或过程"。如果按照这个定义,我们所关注的文化就是构成我们生活以及作品中所体现的一种永恒的价值和理想。文化的第二种定义是"文献式"文化定义,即"文化是知性和想象作品的整体,这些作品以不同的方式详细地记录了人类的思想和经验"。按这个定义的理解,文化即具有文化价值的经典,对这些经典作品的解读,无论是讨论其思想和体验的性质,还是语言、形式或惯例,都可以被视为文化分析,因此,雷蒙德·威廉斯说,"从这种定义出发,文化分析是批评活动"。文化的第三种定义是文化的"社会"定义,"根据这个定义,文化是对一种特殊生活方式的描述,这种描述不仅表现艺术和学问中的某些价值和意义,而且也表现制度和日常行为中的某些意义和价值"。如果对这种定义的文化展开研究,它的目的就是"阐明一种特殊生活方式、一种特殊文化隐含或外显的意义和价值"。值得注意的是,雷蒙德·威廉斯区分的这三种文化的定义具有极大的包容性,基本能够将人类历史上形成的林林总总的对文化的理解都包括进来。就雷蒙德·威廉斯本人而言,这三种定义均有价值,也正因为如此,他紧接着指出:"我认为,在文化作为一个术语而使用的过程中,意义和指涉的变化,不但必须被看做阻碍任何简捷和单一定义的一种不利条件,而且必须被看做一种真正的复杂性,与经验中的真实因素相一致。"因此,他主张同时考虑这三种定义的价值及局限,排除其中任何一方,都可能是不完备的。如果只强调"理想的"定义,它会将人的理想与人自身的"动物本性"或物质需要的满足对立起来;"文献式"定义则将书写和绘制的记载与人的其他社会生活截然分开;而"社会"定义也有

---

① [英]雷蒙德·威廉斯:《文化与社会》,吴松江、张文定译,北京:北京大学出版社1991年版,第18—19、374页。

问题,它"将一般过程或艺术和学术总体当作纯粹的副产品,是对社会真正利益的消极反映"①。因此,雷蒙德·威廉斯的看法是,必须将文化视为一个整体来看待。

尽管如此,文化研究仍然从中提取了对自己最有价值的文化定义,即雷蒙德·威廉斯所界定的第三种定义:文化的"社会"定义。文化研究所理解和想要研究的文化,是作为生活方式的文化,是作为正在发生尚未完成的日常生活中的文化,是普通的文化。

3. 斯图尔特·霍尔:文化的循环

斯图尔特·霍尔(Stuart Hall,1932—2014),伯明翰学派奠基者之一,伯明翰大学当代文化研究中心第二任中心主任,是文化研究学术活动的重要组织者。20世纪50年代,斯图尔特·霍尔与汤普森、拉斐尔·萨缪尔、雷蒙德·威廉斯等人一起创办了《新理性主义者》和《大学与左派评论》两个激进刊物,1961年合并为《新左派评论》。1964年加盟霍加特创办的伯明翰大学当代文化研究中心,1968年接任霍加特成为第二任中心主任。1979年,斯图尔特·霍尔离开伯明翰大学,来到英国开放大学工作直到1997年退休。作为重要的学术组织者,霍尔不仅组织策划了整个70年代伯明翰大学当代文化研究中心的学术活动,而且他还积极总结、推动文化研究的研究范式转型。霍尔完全独著的著作并不多,但是主编的著作却影响深远。霍尔撰写的有影响的论文有:《电视话语中的编码与解码》(1973),后修改为《编码,解码》(1980)和《文化研究:两种范式》(1980)等。其主编的文化研究代表性著作有:《控制危机》(1978)、《文化、媒体和语言》(1980)、《艰难的复兴之路》(1988)、《仪式抵抗:战后青年亚文化》(1989)、《现代性及其未来》(1992)、《现代性的形成》(1992)、《撒切尔主义和左派危机》(1993)、《文化认同问题》(1996)、《做文化研究——索尼随身听的故事》(1997)、《表征:文化表象与意指实践》(1997)及《视觉文化》(1999)等。

斯图尔特·霍尔对文化研究最大的贡献并非其提出了"编码—解码"理论,而是在对当代文化运行机制的整体把握上,提出"文化的循环"理论,并以此作为文化研究的基本理论框架。这一理论在其《做文化研究——索尼随身听的故事》和《表征:文化表象与意指实践》中均有详细讨论,成为霍尔文化研究方法论的高度概括和总结。这一理论包括三个最为基本的判断:其一,"文化涉及的是'共享的意义'"②,也就是说,文化研究说到底就是一种对于意义的研究。"这种

---

① [英]雷蒙德·威廉斯:《文化分析》,罗钢、刘象愚主编:《文化研究读本》,北京:中国社会科学出版社2000年版,第125—127页。
② [英]斯图尔特·霍尔编:《表征:文化表象与意指实践》,徐亮、陆兴华译,北京:商务印书馆2003年版,第1页。

观点认为,文化与其说是一组事物(小说与绘画或者电视节目与漫画),不如说是一个过程,一组实践。文化首先涉及一个社会或集团的成员间的意义生产和交换,即'意义的给予和获得'。"其二,文化的发展由"表征、认同、生产、消费和规则"这五个过程组成,它们在一起形成一种循环,即"文化的循环",也就是说,当我们进入任一文化现象时,我们都得回答如下一些相关性问题:"它是如何被表征的;与之相联系的是什么样的社会认同;它是如何生产和消费的,以及运用什么机制规范它的销售和使用",在方法论意义上,"从循环中的哪个环节开始并不重要,因为在你结束研究之前必须对整个循环进行研究。需要注意的是,循环中的每个环节都与下一个环节相连并在下一环节重现"①。其三,尽管这五个要素被赋予了在文化循环中的平等地位,但是"表征"(representation)仍然被视为这五个要素中的"头一个要素"。所谓"表征"有两个方面的含义:其一是作为象征、代表、标本或者替代,它建立起的是我们头脑中的观念与其所对应的社会现实之间的关系;其二是对事物的描绘或者模仿,即通过描绘或想象在头脑中想起它。前者意指"表象",后者则指"意指实践"。将表征置于文化循环的头一个因素,与斯图尔特·霍尔从70年代以来形成的借鉴罗兰·巴特符号学和阿尔都塞意识形态理论而形成的文化研究构成主义的研究范式有关。

二、文化研究的研究范式

1. 两种范式:文化主义和结构主义

1980年,斯图尔特·霍尔撰写了《文化研究:两种范式》一文,成为对伯明翰学派前两个阶段的总结和对第三个阶段开启的宣言。在这篇文章中,霍尔把从50年代开启的文化研究之路划分了"文化主义"和"结构主义"阶段,并提出文化研究正在探索第三种研究范式——"葛兰西转向"。由此,霍尔的这一观点也成为把握文化研究发展历史的经典概括。

霍尔将由霍加特的《识字的用途》、雷蒙德·威廉斯的《文化与社会》和《漫长的革命》视为第一阶段"文化主义"的代表。在霍尔看来,这三部书"绝对不是那些为了建立一种新的学术分支学科而撰写的'教科书'","无论这三部书关注的是历史还是当代,都必须聚焦它们成书时所处的时代和社会的现实压力,并对人们对于这种压力的各种反应进行组织和建构。它们不仅严肃地看

---

① [英]保罗·杜盖伊、斯图尔特·霍尔等:《做文化研究——索尼随身听的故事》,北京:商务印书馆2003年版,第3—4页。

待'文化'——将其看作要充分理解古今历史变迁必不可缺的一个维度;而且,它们自身也具有《文化与社会》意义上的'文化性'。它们迫使读者们关注以下命题:'文化这一词所浓缩的是由历史巨变直接引发的各种问题,工业、民主和阶级方面的变革都以自身的方式呈现了这些变迁,艺术上发生的变革也是对这些变迁的密切回应'"。斯图尔特·霍尔追述了雷蒙德·威廉斯在《漫长的革命》中对"文化"的重新定义,汤普森在对《漫长的革命》的评论中进一步对"社会存在"和"社会意识"的区分,以及雷蒙德·威廉斯在《马克思主义与文学》中进一步确立的"马克思主义文化理论中的经济基础与上层建筑"理论,指出,文化研究的文化主义范式展开非常丰富的研究视野,它既关心文化的日常生活层面,即作为生活方式的文化,也关心作为阶级的文化模式及不同文化模式之间的斗争;它们既关心文化的历史变迁过程,也力图从总体上理解文化的形态及其价值。

但是,"文化研究中的'文化主义'脉络,由于'结构主义'知识场景的到来而被打断了"。结构主义对于文化研究的介入所带来的最大影响是,"意识形态"成为阐释的对象和目标,即从 70 年代开始,伯明翰学派开始有意识地吸取来自阿尔都塞的意识形态理论和罗兰·巴特的符号学理论,并将两者结合起来,形成将社会现象视为"社会文本"而展开的意识形态分析。斯图尔特·霍尔的"编码—解码"理论正是文化研究"结构主义"范式的典范。与"文化主义"范式相比,"结构主义"范式在理论方法和价值立场上更加自觉。如果说,"文化主义"范式中,霍加特、雷蒙德·威廉斯以及汤普森等人多少是由于自己是工人阶级出身而带来阶级感情,并采用社会文化史的方法来展开研究的话,那么在"结构主义"范式中,他们在"意识形态"问题上更加自觉地坚持了马克思主义的路线,并在文本分析技巧上,更加精致细密;如果说,"文化主义"范式中,经验对于研究者相当重要,"经验就是场所——'亲历的'领域,意识和条件在其中相互交叉"的话,那么,"结构主义"范式则强调"'经验'不能被定义为任何东西的场所,因为人们只能在各种文化范畴、分类和框架之中并通过它们去'感受'和体验自身的生存条件"。斯图尔特·霍尔认为,"结构主义的巨大活力在于对'决定性条件'的强调",也就是说,人们所处的社会中的意识形态位置是整个社会阶级结构所召唤的,它迫使人们开始思考"那种建基于不能还原为'人们'之间关系的结构关系"。"结构主义"范式的第二种活力在于它承认抽象的必要性,并且"呈现为一种产生于不同层面的抽象之间的连续而复杂的运动",因而结构主义的文化研究更具有理论性,也更具有反思性。这种抽象性还有助于确立"整体"的观念,它提出了结构统一体的看法,充分重视构成结构、系统各要素之间的复杂关系。霍尔认为,"结构主义"范式还有一个活力在于它"对'经验'的去中心化","意识形态"问题被置于所有概念领域的核心位置。

2."葛兰西转向"和接合理论

尽管如此,文化研究的"结构主义"范式也并非完美无缺的,其最大的弱点在于对主体的忽视。因此,必须找到一条沟通"文化主义"和"结构主义"范式的研究路径。斯图尔特·霍尔认为,实现"葛兰西转向"正是必经之路。他认为:"文化研究通过运用葛兰西著作中探讨过的一些概念,试图从结构主义与文化主义著作的最好要素中推进其思路,使其非常接近于对这一研究领域的需要。"因为尽管文化研究的文化主义与结构主义彼此在研究对象、问题意识以及研究方法上存在诸多差异,但是它们仍然有一个根本的共同点,即它们都在共同探讨一个重要的问题:"什么必须是文化研究的核心问题。它们不断将我们带回由具有紧密耦合性(coupled)但并不互相排斥的文化/意识形态概念所标志的领域。"①因此,文化研究要想获得进一步的发展,必须通过实现"葛兰西转向"来超越过去的"文化主义"和"结构主义"两种范式。霍尔在《文化研究:两种范式》中并没有真正展开"葛兰西转向"的全部内容。

在葛兰西那里,"文化霸权"的实质就是一种意识形态领导权,"一个社会集团的霸权地位表现在以下两个方面,即'统治'和'智识与道德的领导权'……一个社会集团能够也必须在赢得政权之前开始行使'领导权'(这就是赢得政权的首要条件之一):当它行使政权的时候就最终成了统治者,但它即使是牢牢地掌握了政权,也必须继续以往的'领导'"②。很显然,葛兰西的"霸权"与阿尔都塞的"意识形态国家机器"在对统治阶级的意识形态的关心上是相同的,但不同的是,阿尔都塞简单地将统治意识形态视为单纯的压制、灌输与强制,葛兰西更多地注意到了统治阶级在实施文化领导权时的策略,如一方面要求获得赞同,但另一方面又允许不同声音的存在;一方面要遏制异己,但另一方面也并非一定要"斩草除根",统治阶级的意识形态正是以这样一种既支配又协商的方式实施文化领导权的。尽管葛兰西的理论进入英国文化研究学人视野的时间比较早(如1973年斯图尔特·霍尔的"编码—解码"理论中已包含了葛兰西"霸权"的思想,1976年出版的《仪式的抵抗》中就已经有了相当多的葛兰西式的文化理解),但真正将之推向"葛兰西转向"高度的,是由斯图尔特·霍尔完成的。在80年代,在后马克思主义的影响之下,霍尔的思想发生了重要的转变,1983年,他用《意

---

① [英]斯图尔特·霍尔:《文化研究:两种范式》,孟登迎译,本文采取的是译者2011年根据全文所做的重译。此前数个译本均为节译,可参见罗钢、刘象愚主编:《文化研究读本》,北京:中国社会科学出版社2000年版);陶东风、金元浦主编:《文化研究》第1辑,天津:天津社会科学院出版社2000年版。

② [意]安东尼奥·葛兰西:《狱中札记》,曹雷雨等译,北京:中国社会科学出版社2000年版,第38页。

识形态问题：没有担保的马克思主义》一文对正统马克思主义的结构决定论、经济还原论进行了批评，认为我们现在已不可能用本质主义的方式来界定何为统治阶级、何为被统治阶级，经济基础决定上层建筑的观念无法担保阶级斗争、文化矛盾的预定发生和必然走向。在这种不确定性当中，葛兰西的文化霸权思想能够发挥重要作用，也就是说，一个阶级是否拥有领导权，并非由其"本质"所决定的，而是由社会力量在具体的历史发展过程中逐渐形成的。这就彻底改变了此前正统马克思主义对阶级、阶级关系、统治阶级与被统治阶级等的一系列看法和观念。"葛兰西转向"由此超越了文化研究的带有本质主义性质的文化主义和结构主义，以策略性的方式消解了文化/意识形态之间的对立。

作为文化研究"葛兰西转向"的进一步延伸，斯图尔特·霍尔还从后马克思主义那里抽取了"接合"（articulate）。"接合理论"（theory of articulation）是伯明翰学派在实现"葛兰西转向"过程中逐渐形成的新的理论范式，这种接合理论意在既描述一种社会现象、社会形态的特点，但又不至于陷入还原论（经济还原论和阶级还原论）和本质论的陷阱，这种策略主义的态度，具有明显的"后学"特征（后现代主义、后马克思主义），并使之成为"当代文化研究中最具生产性的概念之一"。何为"接合"？斯图尔特·霍尔曾经对"接合"作了极为简明清晰的解释：

> 我总是使用"接合"一词，不过我不知道我赋予这个词的意义是否得到准确理解。在英国，这个词具有微妙的双重意义。因为"articulate"的意思是指发音（to utter）、说出来（to speak）、清晰表达（to be articulate），它具有用语言表达（languageing），表达（expressing）等方面的含义。但我们也称一部'铰接式的'（articulated）卡车：一部车头（驾驶室）和后半部（拖车）可以——但毋需必然——相互连接起来的卡车。这两部分彼此相互连接，但是要通过一个特别的环扣（linkage）连接起来，但这环扣也可以拆开。因此，一个接合乃是能够在一定条件下将两个不同的元素形成一个统一体的一种连接形式。这环扣并非永远都是必然的、确定的、绝对的以及本质的。想必你要问，在什么情况下，一个连接能够被制造或锻造出来？因此所谓一个话语的'同一'（unity）实际上是不同的、相异元素的接合，这些元素可以用不同的方式重新接合，因为它们并无必然的'归属'（belongingness）。'同一'之所以重要，是因为它是被接合的话语和社会力量之间的一个环扣，借此，在一定的历史条件下，它们可以但非必然连接起来。因此，一种接合理论既是理解意识形态的要素如何在一定条件下，在某一话语内部被连接在一起的方式，同时也是一种询问它们如何在特定的时机（conjunctures）上，成为

或不成为与一定政治主体相接合的方式。①

由此,"接合"就成为跨越文化主义和结构主义范式之间的重要的桥梁,一方面确立结构主义范式中主体受意识形态话语形塑的特点,另一方面又强调在这意识形态话语的背后,还有一个现实的世界需要我们考虑。

3. 把政策引入文化研究

托尼·本尼特(Tone Bennett,1947—),伯明翰学派后期的代表性人物。1976年始受聘于英国开放大学,并与伯明翰大学当代文化研究中心建立联系。1979年,斯图尔特·霍尔正式受聘于开放大学,开放大学遂成为继伯明翰大学之后一个新的文化研究的中心。1983年,托尼·本尼特移居澳大利亚,于格里菲斯大学成立文化政策研究所,1998年重返英国开放大学,接替斯图尔特·霍尔的位置。2009年,他再度返回澳大利亚受聘于西悉尼大学。其代表作有《形式主义与马克思主义》(1979)、《文学之外》(1990)、《文化:一个改革者的科学》(1998)、《理解日常文化》(2001)等。

继"葛兰西转向"之后,文化研究在处理文化与权力的关系问题上更加敏感,也更加复杂。这里除了葛兰西"文化霸权"思想、巴赫金"多重音性""杂语"思想的影响之外,福柯的话语权力理论、布迪厄的文化资本理论等也日益占据重要的位置。文化与权力的关系,变成了一种相互影响、渗透、争夺领导权的行为,更重要的是,处于文化弱势的一方也不仅仅被视为被压迫、受奴役的对象,而是拥有了更积极、更能动的抵抗性力量。尽管如此,文化研究仍然被视为批判性知识分子的事业,马克思主义文化批判的立场一直是他们保持学术热情的动力。但是这一立场到了80年代,开始发生重要的变化。在接受福柯的话语权力理论的同时,福柯的另一思想也受到了文化研究者们的注意,这就是"治理"(government)。1978年,福柯在法兰西学院讲授"安全、领土和人口"课程时指出,在16世纪,欧洲的政治结构发生了重要变化,一方面是国家的集权化,另一方面是分散和宗教的异议运动,这就将"如何接受统治、严格到什么程度、被谁统治、为了什么目的、用什么方法等"问题提了出来,而处理这些治理问题的办法和手段,就被福柯称为"治理术"(art of government)。福柯认为"治理术"包括以下三层意思:"1. 由制度、程序、分析、反思以及使得这种特殊然而复杂的权力形式得以实施的计算和手法的总体,其目标是人口,其主要知识形式是政治经济学,其根本的技术工具是安全配置(apparatus of security)。2. 在很长一段时期,

---

① David Morley, Kuan-Hsing Chen ed. Stuart Hall. *Critical Dialogues in Cultural Studies*, London and New York: Routledge, 1996, pp.141-142.相关中译版本,参考自萧俊明:《新葛兰西派的理论贡献:接合理论》,《国外社会科学》2002年第2期。

整个西方存在一种趋势,比起所有其他权力形式(主权、纪律等)来说,这种可称为'治理'的权力形式日益占据了突出的地位。这种趋势,一方面导致了一系列治理特有的机器的形成,另一方面则导致了一整套知识的发展。3.'治理术'这个词还指这样一个过程,或者说这个过程的结果,通过这一过程,中世纪的司法国家,在15、16世纪转变为行政国家,而现在逐渐'治理化'了。"①因此,福柯的结论是,我们现在就生活在"治理术"的时代。

托尼·本尼特在此基础上进一步指出,文化、政策和治理,三者是密不可分的。他认为,英国的文化研究史事实上发展出了两种政治:一种是批判政治,即以批评为手段,以调整人与那些文化形式之间的关系为目标,其核心问题是处理文本与意识形态之间的关系;另一种是文化政治,即以政治的主体或选民为对象,思考如何组织动员集体性的政治力量来对抗权力集团。托尼·本尼特认为这两种文化研究的政治目标可以结合起来,即"把文化看作为历史生成的社会管理层面,其独特性要依据以下四个方面来辨识和说明:① 特殊的行为品性和行为方式,这些被构建为文化的目标;② 用来培养或转变这样的行为品性或行为方式的技术;③ 这样的技术集合成特别的管理手段;④ 这种手段在特定文化技术的运转程序中的刻写"。由此,便需要将"政策"引入"文化研究",并从"治理"的角度提出如下的问题:"它是如何处于特别的文化技术之中?它所追求的什么样的差异性造成那种文化技术的功能?它将指向什么样的新方向?并且要表明,要开始思考可以呈现了管理规划形式的政治可能性,同样也要思考一类文化研究的可能性,这种文化研究的目的是生产知识,从而能帮助发展这样的规划,而不是无休止地花费力气去组织仅仅作为它自己的修辞幻影效果才存在的主体。"经过这一理论转换,托尼·本尼特便将批判的文化研究发展成建设的文化研究,这种文化研究不仅超越了葛兰西的霸权理论,不再将所有的文化活动都绑到与霸权所作的斗争上,而且还斥责阿尔都塞的意识形态国家机器,只考虑个人与意识形态之间的关系。将政策引入文化研究之后,所要做的事情包括:"它可能意味着在服务于特定文化行动集群时更加小心翼翼地集中地工作。它可能意味着在特定文化机构的运转程序和政策议程之中,计划着用学术工作来作出更多策略性的干预。它可能意味着计划用艰难困苦的统计工作来使一定的问题更清楚显明,这采用的方式使它们浮现在政治争论的层面,或以促进管理规划的方式,侵入了政策制定过程。它可能意味着给私有公司提供了这样的信息"等等②。

---

① [法]米歇尔·福柯:《治理术》,冯钢编选:《社会学基础文献选读》,杭州:浙江大学出版社2008年版,第469、485页。
② [英]托尼·本尼特:《本尼特:文化与社会》,王杰、强东红等译,桂林:广西师范大学出版社2007年版,第164、165—166、171页。

进入 90 年代之后，文化研究的势头一直不减，但其形象已日益多元，各种文化研究范式之间并不存在彼此替代、线性进化的关系，而是一种相互叠加、丰富发展的形态。尽管伯明翰大学当代文化研究中心已经关闭，但其开创的文化研究的事业仍后继有人。

三、当代中国的文化批评

1. 主流大众文化：形成中的支配性文化

当代中国文化批评的对象究竟是什么？宽泛地回答说是"正在发生的当代中国的新的文化现实"是远远不够的，因为学界对文化的认识正前所未有的复杂，不同的立场、视角都会形成不同的文化观念以及相应的文化研究的对象，从官方文化、民间文化和精英文化的三分，到精神文化、制度文化、器物文化和习俗文化的四分；从大众文化、视觉文化、都市文化、网络文化等各文化形态的横向铺陈，到传统文化、现代文化、后现代文化的纵向展开，更不用说文化思想领域中保守主义、激进主义、左和右的较量、亚文化与反文化的汹涌，足以让人们在这"新的文化现实"面前束手无策；而如果狭隘地将文化批评的对象指涉为"大众文化"，同样也有问题，当代中国的"大众文化"是何种意义上的大众文化？是霍克海默、阿多诺（又译为"阿道尔诺"）所说的"被工业所生产出来的文化"，还是霍加特所说的"工人阶级文化"？是斯图尔特·霍尔在 20 世纪 70 年代关注的"作为抵抗的仪式"的青年亚文化，还是 20 世纪 80 年代之后被约翰·费斯克颂扬的由大众所创造出来的消解商业文化影响的"抵抗的游击术"？答案如果放之太宽，文化批评往往会变得貌似无所不包而其实却容易大而无当；对象如果限之太死，文化批评则会变成一种小儿科、装饰物，失掉其应有的参与文化批判和文化建设的功能。

当代中国的文化批评应该在这林林总总的文化现象、思潮、冲突与激荡中形成对当代中国文化发展特征的某种认识，或者更准确地说，应该致力于"形成中的支配性文化"的参与性研究。所谓支配性文化（control culture）又称"主导文化"（dominant culture），这是文化研究、文化批评者必须首先面对的对象。雷蒙·威廉斯在《马克思主义与文学》中明确指出，"在我称之为'划时代'的那种分析之中，某一文化过程总被看做是某种具有决定性的主导特质的文化体系"，对主导文化、支配性文化的判断和把握不只是对这一特定的文化时代进行命名，更重要的方法论意义在于"通过这种方法，从那些通常被抽象为某种体系的事物中找出一种运动的意义来"，因为"在真正可信的历史分析中，最有必要的是应当在每个阶段上都认识到那存在于特定的,有效的主导之内或之外的各种运动、各种倾向之间的复杂关系"。正是在这一个意义上,雷蒙·威廉斯将文化的形态分为"主导""残余""新兴",并以此展开它们之间各种复杂的文化运动。詹明信(又译为"詹姆逊")在其《后现代主义或晚期资本主义的文化逻辑》中也是在"主导文化""文化的主导风格"的意义上定义后现代主义的,他明确指出:"我们必须视'后现代主义'为文化的主导形式,我们的历史分期观才能有出路。我认为,只有透过'文化主导'的概念来掌握后现代主义,才能更全面地了解这个历史时期的总体文化特质。有了'文化主导'这个论述观念,我们才可以把一连串非主导的、从属的、有异于主流的文化面貌聚合起来,从而在一个更能兼容的架构里讨论问题。"①由此所提出的问题是:20世纪90年代以来中国所兴起的文化批评热潮是不是建立在对支配性文化、主导文化的分析基础之上的?

答案可能并不尽然。一方面,90年代中国文化批评的兴起与90年代社会主义市场经济转型密切相关,从这个意义上说,应该是把握了这个时代的"支配性力量"和"主导方向"的。90年代中国文化批评的起步是从大众文化批评开始的。作为早期大众文化批评的旗帜性学者,戴锦华曾作过如此描述:"90年代以后我始终处于相当迷茫的状态,这种迷茫到92、93年之交达到了极致,这主要是因为商业大潮不期而至,就个人经验而言,我经历了真正的'失落'。首先是80年代自己所从属的学术群体的崩溃,似乎所有人都在一夜间放弃了学术。"面对似乎是一夜间就降临到中国的"大众文化、商业文化、文化市场的全面兴起,……我经历了一场'知识的破产',自己过去所娴熟使用的大部分理论和方法都在新的现实面前显出了苍白无力"②。陶东风一方面承认大众文化理论借鉴于西方,但是另一方面,"90年代中国的文化现实发生了巨大的变化,尤其是市场化、世俗化以及大众文化的兴起使得人们感觉到了文化研究的理论魅力"③。事实也确实如此,1992、1993年之交,社会主义市场经济所推动的商品化、市场化的浪潮给已经因思想启蒙失望而心灰意冷的中国知识界的头顶再浇上了一盆凉水,知识分子的边缘化、人文精神的失落加速了知识界的分化,以关注大众文化起步的文化批评正是在这种混合着政治失望、商业恐慌、文化挫败以及学术与思想分野等多重复杂情感的状态中兴起的。

但文化批评者们所借重的理论资源却并没有有效地实现其展开对"正在形成中的支配性文化"的分析。当大众文化成为文化批评的第一块试金石时,中国

---

① [美]詹明信:《后现代主义或晚期资本主义的文化逻辑》,《晚期资本主义的文化逻辑:詹明信批评理论文选》,张旭东译,北京:生活·读书·新知三联书店1997年版,第427页。
② 戴锦华:《犹在镜中——戴锦华访谈录》,北京:知识出版社1999年版,第5、215页。
③ 陶东风:《文化批评向何处去》,《天津社会科学》2000年第4期。

的文化批评者所借鉴的理论资源主要就是法兰克福学派的文化工业理论,他们认同霍克海默、阿多诺将文化工业视为"大众欺骗的启蒙"的观点,将大众视为文化工业的被动消费者,于是"文本的贫乏""与权力同构或合谋""商业主义"以及"被动接受"等就成为众口一词的大众文化批评态度,在这背后正暴露出90年代中国的大众文化批评理论资源的单一和思想立场的片面①。进入21世纪之后,伯明翰学派文化研究中的大众文化理论开始引入中国,陆扬、王毅合著的《大众文化与传媒》一书拓展了西方大众文化理论的面向,费斯克、洪美恩、德赛都等人的理论开始产生影响②,大众文化不再只是文化工业所生产出来的文化,也包括大众自己生产的文化、各种青年亚文化,还有新的文化形态,诸如视觉文化、都市文化、流行文化、网络文化、新媒体文化等纷纷进入文化批评者的视野。换言之,文化批评者关注的重心转向了"新兴文化"的方面,对此雷蒙·威廉斯曾一针见血地指出:"新的意义和价值、新的实践、新的关系及关系类型总是在不断地被创造出来。但麻烦的是,人们很难把那些真正属于新阶段主导文化的因素同那些实质上只是取代或对立于主导文化的因素区别开来——严格地说,新兴绝非新奇之物。"因此,"要最终理解这种既有别于主导又有别于残余的新兴文化,关键在于要懂得这样一点:新兴文化诚然决定性地依赖于找到新形式或找到对形式的适应方式,但它绝不仅仅是某种直接实践的事物"③。视觉文化研究的兴起来源于90年代之后影视艺术的蓬勃发展,更得益于网络、新媒体在21世纪以来以前所未有的速度实现了日常生活的全方位渗透;都市文化研究的兴起既与当代中国城市化进程的提速有关,更与城市作为文化主体的自觉有关,从城市形象、城市精神的讨论到城市经营、创意城市、城市软实力的推进,都市(城市)文化研究也获得了地方政府的支持。但是,文化批评各种面向的展开并没有最终完成其参与当代中国支配性文化(主导文化)形构的论证。在文化批评者眼里,大众文化仍然是知识分子所主导的精英文化所不耻的世俗、庸俗、媚俗的产物,也是官方意识形态千方百计努力收编的对象,视觉文化研究者更多地将之与新兴的视觉媒介、视觉技术联系起来考虑;都市(城市)文化也更多地与特定的区域、地域的历史和文化联系起来。而这一切正表明,当代中国的文化批评正有意无意地疏离对支配性文化、主导文化的关注,或者说在对各种新兴文化、残余文化的分析中并没有将它们与主导文化的关系作为一个重要的问题纳入研究视野。

---

① 陶东风:《大众文化:何时从被告席回到研究室?》,金元浦、陶东风著:《阐释中国的焦虑——转型时代的文化解读》,北京:中国国际广播出版社1999年版,第110—114页。
② 还有与之同时推出的罗钢、刘象愚主编的《文化研究读本》,陆扬、王毅选编的《大众文化研究》,陶东风、金元浦、高丙中主编的《文化研究》丛刊等共同实现了大众文化领域的拓展。
③ [英]雷蒙·威廉斯:《马克思主义与文学》,王尔勃、周莉译,开封:河南大学出版社2008年版,第129—135页。

2. 文化产业：当代中国的文化生产

在"新意识形态下"解码"半张脸的神话"的王晓明一直都将"文化生产机制"作为破解中国当代文化现象的一把钥匙。其在《面对新的文学生产机制》一文中将这一文化生产机制分解为国家文化政策和管理措施、发表和传播体制、文化/文学教育体制、新的消费趣味和消费能力、文化生产者的物质生活状况和社会地位、文化记忆和想象、跨国资本以及知识分子批判性分析等不同层面[1]。确实，当代文化批评在新的文化现实面前的理性选择。"新的文化现实"之所以不同于"旧的文化现实"，归根结底在于它是现代工业革命，尤其是信息革命以来的产物。正是工业技术、信息技术为文化艺术创造了全新的以高科技媒介为基础，以商品化为取向的全新艺术媒介和文化形态。因此，从其与现代工业革命和后工业革命的紧密关系着手，将"生产/消费"逻辑引入当代文化的分析是顺理成章的。正是在这个思路下，作家、艺术家不再是追求独创、彰显个性的"天才"，而是受制于文化工作团队的"符号创作者"，他按需供应，定制生产；文化产品既不能简单地对接"传统"（文化传承），又不是"个人才能"（想象力）的展现，而是首先来自文化受众的消费欲望；用于出售/购买的商品属性及其经济价值成为创作形态、购买需求及创作方式的内驱力；等等。在这一以媒介技术、商品消费为取向的文化生产大潮中，处于支配性地位的便不再只是纯文学、高雅艺术和精英文化，而是由权力、资本、技术和相应的文化趣味交织而形成的通俗文化、大众文化以及相应的文化产业形态。

但是在对待文化产业的批判性分析方面，当代中国的文化批评也同样存在着因理论来源的单一而形成的简单化现象。从来源于法兰克福学派的"文化工业"（cultural industry）到中性化的"文化产业"（cultural industries），包括对"创意产业"（creative industries）或"文化创意产业"（cultural creative industries）的吁请，中国的学术界对文化产业的研究在近几十年里经历了从视之为批判性对象到视之为建设性目标的演变过程。不过，从事文化研究和文化批评的大多数学者并没有与时俱进，甚至采取了相对保守沉默的方式。

伴随着90年代大众文化批判而来的是对法兰克福学派的文化工业理论的同步借鉴，并以此来展开对社会主义市场经济背景下出版、演艺、MTV、影视剧等文化生产方式的分析[2]。文化工业视角的引入带来了文化批评上的三个后

---

[1] 王晓明：《面对新的文学生产机制》，《文艺理论研究》2003年第2期。
[2] 如潘知常：《MTV——当代人的"视觉快餐"——当代文化工业的美学阐释》，《南京社会科学》1994年第2期；潘知常：《邂逅摇滚：当代文化工业的美学阐释之一》，《益阳师专学报》1994年第2期；韩锺恩：《当下人文生态及其文化工业语境》（上下），《交响》，《西安音乐学院学报》1995年第3—4期；杨经建：《90年代影视剧作："文化工业"的典型产品》，《理论与创作》1995年第6期。

果：其一，借助文化工业的视角，揭示出90年代之后中国文化生产从过去听命于政治和行政命令，而现在则必须进入市场，接受消费者的选择的历史性变化①，这是有积极意义的。其二，在具体运用中去直接套用霍克海默、阿多诺等人的逻辑，直接将物质生产的特点等价为文化生产的规律，而忽略了精神生产的特殊性，认为文化工业所生产出来的文化产品完全是按照工业生产方式生产出来的，文化工业的结果就是文化的商品化，文化产品成为"彻头彻尾的商品"②。在对文化工业的生产机制的分析中，他们并没有像马克思的《资本论》那样，深入到文化工业具体的制作环节中进行细致分析，而更多的是在隐喻的意义上谈"工业"、话"生产"，更强调的是工业生产标准化、齐一化的要求对文化产品多样性的抑制。更重要的是其三，忽视了中国大众文化与西方大众文化的差异及两者间所存在的极大的错位，并最终导致文化工业理论在中国成为"未结硕果的思想之花"③。

在引进法兰克福学派的文化工业理论的同时，中国的经济学界和文化政策研究者开始启用与"文化事业"相对应的"文化产业"的概念④，随着文化产业逐步从民间的呼唤上升为国家政策甚至国家战略的层面，西方文化产业的相关理论也开始引入。文化产业概念的背后所包含的理论前提是对市场经济体制的认可，是对文化产品的工业化生产这一现象的中性化分析性立场⑤，同时也是党和政府所推行的社会主义文化建设的重要方面。文化批评并非不关心影视、网络、新媒体以及相关的文化现象，但是他们的分析往往沿用奠基于纯文学、高雅艺术基础之上的理论范式，更多地关心在读图时代对文学阅读和文学经典的影响，关注影视作品是如何改编经典文学作品并影响作家的写作风格。即便单纯地分析影视作品或者网络小说，他们也以作家独创和经典作品的方式分析导演或写作的风格，影像、网络文本的表象及其意指实践或结构及其隐含意义。他们也关心这些新的文化现象的产生原因和社会背景，但往往套用布迪厄的场域理论和福柯的话语权力理论，图解为各种权力、资本的运作结果。也就是说，文化批评者

---

① 金元浦：《试论当代的"文化工业"》，《文艺理论研究》1994年第2期。
② [德] 阿多诺：《文化工业再思考》，《文化研究》第1辑，天津：天津社会科学出版社2000年版，第198页。
③ 赵勇：《未结硕果的思想之花——文化工业理论在中国的兴盛与衰落》，《文艺争鸣》2009年第11期。
④ 所谓"文化事业与文化产业二分"是指经过文化商品属性的大讨论，在社会主义市场经济体制建立的背景下，对文化商品属性的认可，并以赢利和非赢利作为区分文化产业和文化事业的标准，从而强调党和政府应该将工作重心放在"文化事业"上。
⑤ 据郝斯蒙德夫考证，大写的单数"cultural industry"一词经法国社会学家（如Morin、Huetetal、Miege等人）创造性地运用于联合国教科文组织的政策制定领域，并将之更改为小写的复数的"cultural industries"，用以"指出文化产业的复杂程度，还想辨别不同类型文化生产所遵循的不同逻辑"。（[英] 赫斯蒙德夫：《文化产业》，张菲娜译，北京：中国人民大学出版社2007年版，第19页）

对当代文化生产方式的隔膜已经严重制约了其批评的效力,以至于出现凌空蹈虚的现象。

从文化政策的角度来看,文化产业有一个逐渐浮出水面到面目日渐清晰的过程。1992年,国务院办公厅综合司编著的《重大战略决策——加快发展第三产业》,明确启用了"文化产业"的概念。1998年,文化部增设文化产业司,主要任务是研究拟定文化产业发展规划和相关政策、法规,扶持和促进文化产业的发展和建设,协调文化产业运行中的重大问题。2000年,《中共中央关于制定国民经济和社会发展第十个五年计划的建议》中明确提出"推动信息产业与有关文化产业结合","完善文化产业政策,加强文化市场建设和管理,推动有关文化产业发展"。根据党的十五大报告,2001年10月,文化部制定了《文化产业发展第十个五年计划纲要》和《文化事业发展第十个五年计划纲要》。2002年11月8日,中国共产党在十六大报告中明确提出"积极发展文化事业和文化产业,继续深化文化体制改革"。文化事业与文化产业的区分,直接触及了对文化生产的属性定位和所有制问题,成为中国文化体制改革向深水区迈进的标志。2009年《文化产业振兴规划》的出台将文化产业上升到国家战略层面。文化产业振兴不仅具有"调整结构、扩大内需、增加就业、推动发展""应对国际金融危机"的重要作用,而且能够极大地提升城市文化创新力、凝聚力和影响力。2011年,十七届六中全会通过《中共中央关于深化文化体制改革、推动社会主义文化大发展大繁荣若干重大问题的决定》,提出"社会主义文化强国"的口号,文化产业日益成为主导性的文化生产方式。但是,文化产业的发展一直存在着"重产业轻文化""重硬指标轻软影响"的问题。所谓"重产业轻文化"是指,过于强调文化产业的经济贡献度,如追求文化产业增加值等;过于简单地从经济部门角度将文化产业定位于"2.5产业";过于依赖行政、经济和法律的手段,如强调政府职能的完善;等等,但忽视了文化产业的"创意"扶持,包括文化传统的激活、当代文化的繁荣、自由思想的鼓励、个人才能的发挥等。所谓"重硬指标轻软影响"是指,在文化产业发展评估上,过于依赖政府部门和经济统计部门对与文化产业相关的硬指标的量化分析,而缺少柔性指标,文化产业的文化性不足正说明人文知识分子的参与程度不够。

因而,当代中国的文化批评需要在文化产业领域进行强有力的批判性质疑和建设性参与,从而真正介入并影响支配性文化的形成。

文献导读

1. 文化分析①

雷蒙德·威廉斯

> **导读**
>
> 雷蒙德·威廉斯(Raymond Williams,1921—1988),当代著名的马克思主义文化分析家、理论家,通常被视为文化研究的灵魂人物,著有《文化与社会:1780—1950》《漫长的革命》《电视:技术与文化形式》《文化社会学》等。"文化分析"节选自《漫长的革命》第二章第一节。雷蒙德·威廉斯在此文中清楚界说了三种关于文化的定义及其各自的价值,深入探讨了文化分析的实质内容。威廉斯提出用"感觉结构"这一术语来描述一个时期活生生的文化,并揭示了文化观念与文化分析之间的密切关系。
>
> 威廉斯首先概述了文化的三种常见定义:① 用于描述某些绝对或普遍的价值,人类依据此种"文化"而不断趋于完善;② 用于指涉一系列知性和想象的作品;③ 用于描述特殊的生活方式。他强调,这三种定义都有自身的价值,在使用"文化"这一术语时,不仅要注意其具体的指涉,更要把握它们之间的关系。其中第三种定义包含前两种定义之外的文化因素,如生产组织、家庭结构、表现或制约社会关系的制度的结构、社会成员借以交流的独特方式等。文化在本质上是处于整个生活方式的总体过程之中。这种文化观念表现出明显的唯物主义倾向。它超越了英国精英文化传统把文化抽象于整个生活之上的文化观念,进入到广阔的社会生活和日常生活层面。威廉斯提出,整个生活方式可通过"感觉结构"这一术语来描述。感觉结构是人们对自己所在独特世界的深层反应。每个时期乃至每一代人都有自己的感觉结构。这在实质上形成文化传承与创新、精英文化与大众文化辩证统一的文化观念,为文化分析奠定了坚实基础。
>
> 与文化定义相对应,文化分析有三种基本方式:① 发现和描写作品或生活中的永恒价值;② 描写和评价作品中的思想或体验的性质、语言的细

---

① 选自罗钢、刘象愚主编:《文化研究读本》,北京:中国社会科学出版社2000年版。

节,以及它们活动的形式和惯例;③ 阐明一种特殊生活方式,发现其中隐含的或外显的意义和价值。威廉斯认为,第三种分析包含历史批评,即把知性和想象性作品与特定的传统和社会联系起来分析,由此延伸而来的一种分析方式便是从文献的角度来分析整个生活方式诸多要素之间的关系。"文化分析就是去发现作为这些关系复合体的组织的本质。在这个语境之下分析特定的作品或体制,就是去分析它们的组织的基本种类、分析作品或制度作为总体组织各个部分而加以体现的关系。这类分析中的一个关键词是模式:任何有用的文化分析始自于发现一个独持种类的模式,总体的文化分析所关注的正是这些模式之间的相互关系。"这可以说是威廉斯关于文化分析的根本观点。

[文献]

文化一般有三种定义。首先是"理想的"文化定义,根据这个定义,就某些绝对或普遍价值而言,文化是人类完善的一种状态或过程。如果这个定义能被接受,文化分析在本质上就是对生活或作品中被认为构成一种永恒秩序、或与普遍的人类状况有永久关联的价值的发现和描写。其次是"文献式"文化定义,根据这个定义,文化是知性和想象作品的整体,这些作品以不同的方式详细地记录了人类的思想和经验。从这种定义出发,文化分析是批评活动,借助这种批评活动,思想和体验的性质、语言的细节,以及它们活动的形式和惯例,都得以描写和评价。这种批评涉及范围很广,从非常类似于"理想的"分析过程,经过着重强调被研究的特定作品的过程(以阐明和评价这部作品为主要目的),同时对传统发生兴趣,并发现"世界上构思和写得最好的作品",直到一种历史批评,在分析特定的作品之后,历史批评试图将它们与它们从中出现的特定传统和社会联系起来。最后,是文化的"社会"定义,根据这个定义,文化是对一种特殊生活方式的描述,这种描述不仅表现艺术和学问中的某些价值和意义,而且也表现制度和日常行为中的某些意义和价值。从这样一种定义出发,文化分析就是阐明一种特殊生活方式、一种特殊文化隐含或外显的意义和价值。这种分析将包括总是被提及的历史批评,在历史批评中,分析知性和想象的作品与特定的传统和社会联系起来,但是这种批评也包括对生活方式中诸因素的分析,而文化其他定义的追随者认为这些因素根本不是"文化":生产组织、家庭结构、表现或制约社会关系的制度的结构、社会成员借以交流的独特形式。此外,这类分析涉及的范围包括"理想的"重点,即发现某些绝对的或普遍的、或至少是高级或低级的意义和价值中经以阐明一种特殊生活方式为主要目的的"文献式的"重点,一直到这样一种重点,它研究特殊意义和价值、目的不在于对它们进行比较以确立一种标准,而是通过研究它们的变化方式,去发现从总体上更好地理解社会和文化发展的某些一般"规律"或"趋向"。

在我看来,上述每一种定义都有价值。因为,不仅在艺术和知性作品中,而且在制度和行为方式中,寻求意义和价值、寻求创造性人类活动记载,看来肯定都是非常必要的。与此同时,在我们对过去许多社会和我们自己的社会的发展阶段的认识中,我们对保持重要交流能力的主要知性和想象作品的依赖程度,从这些角度对文化进行描述,即便不够全面,至少也是合理的。的确可以这样认为,既然我们可以比较宽泛地描述"社会",我们就能够将"文化"恰当地限制在这种比较有限的指涉中。然而,"理想的"文化定义的一些因素,在我看来也很有价值,它们鼓励保留宽泛的指涉。现在记录的许多比较研究结束之后,我发现很难将人类完善的过程与"绝对"价值的发现等同起来,就像平常所界定的那样。我接受了这种批评,这些"绝对"价值通常是一个特殊传统或社会的价值的延展。然而,如果我们不将这个过程称作人类的完善,人类的完善意味着我们努力的目标是一种已知的理想,而称之为人类的进化,以表示作为物种的人类的一般发展过程,我们就能够认出其他定义可能排斥的事实领域。因为,在我看来,特定个体在特定社会中发现的、社会传统所保存的、特定种类的作品体现的意义和价值,确实被证明是普遍的,即,当被人们所掌握时,它们在任何特定情况下都完全有助于发展人的能力,以便丰富生活、管理社会和控制环境。我们深刻地意识到以特殊技巧的形式,出现在医学、生产和传播中的这些因素,但是,显而易见,这些因素不仅依赖比较纯粹的知性学科,这些学科只有创造性地掌握经验才能产生,而且,这些学科本身,连同某些基本伦理前提和某些主要艺术形式,被证明同样能够被汇集成一种一般的传统,而这种一般的传统,通过许多变化和冲突,似乎代表了一条共同的发展路线。称这个传统为一般的人类文化,并补充说它只有在特定社会发挥作用、是由受到较多当地和临时系统塑造的,似乎很有道理。

我认为,在文化作为一个术语而使用的过程中,意义和指涉的变化,不但必须被看作阻碍任何简捷和单一定义的一种不利条件,而且必须被看作一种真正的复杂性,与经验中的真实因素相一致。三种主要定义中的每一种都有一种重要的指涉,如果情况确乎如此,值得我们注意的是它们之间的关系。在我看来,任何充分的文化理论必须包括这些定义所指向的三个事实领域,相反,排除彼此指涉的任何一种特殊的文化定义,都是不完备的。因此,"理想的"定义试图将它描述的过程从它详细的体现和特定的社会塑造中抽象出来——把人的理想发展看作脱离、甚至对立于他的"动物本性"或物质需要的满足——在我看来,这种定义无法接受。此外,只从书写和绘制的记载中看到价值、将这个领域同人的其他社会生活截然分开的"文献式的"定义,同样不可取。另外,"社会"定义将一般过程或艺术和学术总体当作纯粹的副产品,是对社会真正利益的消极反映,在我看来同样是错误的。然而,无论在实践上有多大困难,我们必须将这个过程视为一个整体,即便不显著至少通过终极指涉,将我们的特殊研究与实际和复杂组织联系起来。

……

从文献角度分析文化极为重要,因为能产生它从中得以表现的整个组织的特殊根据。我们不能说我们了解社会的一个特殊形式或时期,也不能说我们将看到它的艺术和理论如何同它联系在一起,因为在了解这一切之前,我们的确不能宣称自己认识了社会。这是一个方法问题,这里提到它是因为,许多历史实际上都是在这样的一个假定基础上书写的,即社会的基础,它的政治的、经济的和"社会的"分类构成了核心事实,而艺术和理论可以从中得以引证作为边缘性说明或"对照"。在文学、艺术、科学、哲学等学科的历史中,这个过程被利落地颠倒过来了,当这些学科被描述成按它们自身的规律发展的事物时,一种被称为"背景"的东西(在普遍的历史上居于核心的东西)也被概述出来了。显而易见,在概述讲解时选择某些活动加以强调是必要的,在暂时的分类中去追寻发展的独特线索也是完全合理的。但是文化史是从这类独特的工作中慢慢地积累而形成的,只有当积极的关系被重新建立起来,所有的活动都受到平等对待时,编写文化史才是可能的。文化史肯定大于这些特定的历史的总和,因为这些特定历史之间的关系、整个组织的特定形式才是它所特别关注的。我则愿意把文化理论定义为是对整体生活方式中各种因素之间的关系的研究。分析文化就是去发现作为这些关系复合体的组织的本质。在这个语境之下分析特定的作品或体制,就是去分析它们的组织的基本种类、分析作品或制度作为总体组织各个部分而加以体现的关系。这类分析中的一个关键词是模式:任何有用的文化分析始自于发现一个独特种类的模式,总体的文化分析所关注的正是这些模式之间的相互关系,这些模式有时揭示出迄今分别加以考虑的活动中出乎意料的同一性和对应,有时又揭示出出乎意料的非连续性。

……

我建议用以描述它的术语是感觉的结构,它同结构所暗示的一样严密和明确,然而,它在我们的活动最微妙和最不明确的部分中运作。在某种意义上,这种感觉的结构是一个时期的文化:它是一般组织中所有因素产生的特殊的现存结果。正是在这方面,一个时期的艺术,包括论证中的独特研究方法和基调,非常重要。如果这个特点在某处得以表现的话,那么就是在这里,它的表现通常是不自觉的,但却通过以下事实表现出来,在我们仅有的载体被记录的传播例子中,实际的现存感觉,使交往成为可能的强烈的共同性,被自然地加以利用。我的意思并不是说,比起社会特征,感觉的结构为社群中许多个体以同样的方式占有。但我认为它是所有实际社群中一种非常深刻和非常广泛的支配,因为确切地说,它正是传播所依赖的。尤其有趣的是,它似乎并不是以各种形式习得的。一代人训练自己的后继者,在社会特征或一般文化模式方面获取尚好的成功,但是,新的一代人将有其自己的感觉结构,他们的感觉结构好像并非"来自"什么地方。极为独特的是,因为在这里,变化的组织产生于有机体中:新的一代人将会以其自身的方式对他们继承的独特世界做出反应,吸收许多可追溯的连续性,再生产可被单独描述的组织的许多内容,可是却以某些不同的方式感觉他们的全部生活,将他们的创造性反应塑造成一种新的感觉结构。

一旦这种结构的载体死去,文献式的文化是我们接触这种重要因素最便捷的途径,从诗歌到建筑和服装时尚,正是这种关系赋予从文献角度界定文化以意义。这决不意味着文献是自主的。只是说,正如以前所认为的那样,我们必须根据整个组织来寻求一种活动的意义,整个组织决不是它的各部分的总和。我们一直寻求整个组织在那里表现的真实生活。最为明显的是,文献式的文化的意义在于,当活着的见证人沉默的时候,它直接向我们表现那种生活。与此同时,如果我们反思一种感觉的结构的性质,看到即便密切接触它的活着的人们,在掌握包括当代艺术在内的大量材料的同时,也未能完全理解它,这时,我们认为,我们所做的不过是利用各种渠道形成一种方法,一种粗略估计而已。

我们需要就文化最一般的定义区分文化的三个层次。在一个特定时期和地点活生生的文化,只有生活在那个时代和地点的人才能完全理解它;各种被记录的文化,从艺术到最普通的事实;一个时期的文化,也存在把活生生的文化和时期文化相联系的因素,选择性传统的文化。

……

在一个整体社会中,在它的全部活动之中,文化传统可被看作对先人的持续选择和重新选择。特殊的发展路线将被勾画出来,往往长达一个世纪之久,然后,在发展过程中,由于某一新阶段的突然出现,这些路线将被取消或削弱,从而勾画出新的路线。在当代文化分析当中,选择性传统的现存状态至关重要,因为情况往往是,这个传统的某种变化——确立有关过去的新路线,突破或重新勾画现存路线——是一种激进的当代变化。我们往往低估文化传统不仅作为一种选择而且作为一种阐释的程度。我们通过自身的经验来看待大多数往昔的著作,甚至没有努力从它们起源的角度来看待它们。分析所能做到的并不是要扭转这种局势,使一部作品复归到它所在的时期,而是通过显示历史的替代选择,使阐释变得有意识;将阐释与它所依赖的特定当代价值联系起来;通过探讨作品的真实模式,使我们面对我们正在做出的选择的真实性质。我们将发现,在某些情况下,我们使作品存活是因为它真正对文化的发展做出了贡献。我们将发现,在其他情况下、我们正出于自身的目的以一种特殊方式使用作品,认识到这一点,比无条件地信奉"伟大的评价者,时间"这种神秘主义要好。为了利用时间这个抽象物,我们自身主动选择的责任就是压制我们经验的核心部分。所有的文化作品,要么能够与它从中被表现的整个组织联系起来,要么与它从中被利用的当代组织联系起来,联系得越是主动,我们越是清楚地看出它的真正价值。这样一来,"文献式的"分析从作品中走出来而成为"社会"分析,无论是在一种经历过的文化中,过去的一段时期,还是在自身是一个社会组织的选择性传统中。如果我们在这个层面上,并不是将这个过程当作人类的完善(走向决定价值的运动),而是将它当作许多个体和群体为之做出贡献的人的一般进化的一部分来接受,发现永久的贡献将导致同类的一般分析。在这个意义上,我们分析的每一种因素都将是能动的:在许多不同层次上,每一个因素都将体现一些真实关系。在描述这些关系的过程中,真正的文化过程将显现出来。

2. 各种意义的文化[①]

特瑞·伊格尔顿

导读

　　特瑞·伊格尔顿(Terry Eagleton,1943—),当代著名的马克思主义文学理论家、文化批评家,著有《批评与意识形态》《批评的作用》《文学理论:导论》《意识形态:导论》《文化的观念》等。"各种意义的文化"节选自《文化的观念》。伊格尔顿在该文中探究了文化的各种不同含义,勾勒了文化观念演变的轨迹。

　　伊格尔顿首先追述了文化的词源学意义,并对与自然相关的文化意义作了深入研究。"英文中 culture 这个词的一个原始意义就是'耕作'(husbandry),或者对自然生长实施管理",其拉丁语词根 colere 的含义包括"耕种、居住、敬神和保护",经宗教崇拜(cultus)演变成"礼拜"(cult)。在词源学上,文化是派生于自然的概念。这在后来被引申为对人的心智的培育。自然不仅仅包括外在的自然,即无机物、植物和动物构成的自然,还

[①] 选自[英]特瑞·伊格尔顿:《文化的观念》,方杰译,南京:南京大学出版社2003年版。

包括内在的自然,即人的自然性,自发的欲望、情感等。文化是人对自然(包括人的自然性)的规范或引导,使之不违背自然规律又合乎社会发展的目的而趋向完美。自然决定论和精神决定论都不符合社会发展事实。社会历史的发展实质上是一种文化过程。

其次,伊格尔顿分析了与文明相关的文化意义。他认为,文化在词源学渊源上就有"某种类似'礼貌'的东西",在18世纪,英、法、德等国的具有差异的文化概念,都"差不多变成了'文明'的同义词,意指一种普通的知识、精神和物质进步的过程"。但到19世纪,作为与"文明"同义的文化意义发生了转变:① 转变为"文明"反义词;② 从其个人意义转向其社会意义;③ 从"文明"转向"批判"。"作为事实的文明"与帝国主义纠缠在一起,"作为价值观的文明"则受到质疑,文化因而从"文明"的含义中派生出一些意义,包括:① 对资本主义的批判;② 意义缩小的复数的"整个生活方式";③ 艺术。

最后,伊格尔顿发掘了专门用于指称艺术的文化意义。艺术以自身独有的想象性或创造性区别于一般的智力活动。当文化逐渐专门用于指涉艺术、将创造性限于艺术活动时,艺术就获得了"一种重要的社会意义"。"浪漫主义就试图在从美学文化中寻找一种政治的替代物与改变了的政治秩序的范式本身"。现代主义也试图赋予艺术以"维护上帝、幸福或政治上的公正"的重负。一旦这些意义得到强化,艺术能量便将趋于枯竭。在某种意义上,文化是自我毁灭性的。伊格尔顿认为,以艺术来指称文化是文明危机的一种表征,同时也是"一种解决办法"。它是"对交换价值和工具主义理性的无声批判"。

[文献]

据说"文化"(culture)是英语中两三个最为复杂的单词之一,而"自然"(nature)这个有时被认为与之相对立的术语则通常荣幸地成了其中最为复杂的一个。虽然,时下流行将自然看作是文化的派生物,但从词源学上来说,文化却是一个派生于自然的概念。英文中"culture"这个词的一个原始意义就是"耕作"(husbandry),或者对自然生长实施管理。我们用来表示法律公正的单词,以及像"资本""债券""金钱"和"英镑"这样的术语,莫不是如此。"coulter"与"culture"是同源词,意为犁锋。我们从劳动与农业生产活动中派生出这些表达人类最优雅活动的字眼。弗朗西斯·培根(Francis Bacon)以一种对粪便与精神之间的区别意味深长的迟疑谈到了"心智的栽培与施肥"。这里的"culture"意指一种活动,而这个词之开始指称一种存在则是在很久以后。尽管如此,大概直到马修·阿诺德(Matthew Arnold)的时候,它才丢掉了诸如"道德的"和"知识的"这样的形容词得以独立使用,表达"文化"这个抽象概念。

……

因此,文化的观念意味着一种双重的拒绝:一方面是对有机决定论的拒绝,另一方面则是对精神的自主性的拒绝。对于无论自然主义还是唯心主义,这都是一种回绝:它反对前者,坚持在超越和废除决定论的自然中存在着决定论,并且反对后者,坚持认为即使最高尚的人的主体性,其卑微的根源也在于我们的生物学和自然环境之中。文化(在这种意义上和自然是一样的)可以既是描述性的又是评价性的,既指实际上已经展开的东西又指本该展开的东西,这个事实与这种对自然主义以及唯心主义的拒绝息息相关。如果说这个概念坚决地反对决定论,它也同样小心翼翼地对待唯意志论。人并非仅仅是他们周围事物的产物,那些事物也非全然是用作他们任意进行自我塑型的黏土。如果说文化使得自然理想化了,那么,它就是一个自然将多种严格的限制强加在其身上的构想。

……

文化作为一个词语的两面性还有另外一层意思。因为它还能暗示我们自身内在的一种区分,即我们从事培养和美化的那部分与我们内部构成这种美化之原料的无论什么东西之间的区分。一旦文化被理解为自我—文化,它就会将一种二元性置于高级与低级才能、意志与欲望、理性与激情这些东西之间,然后又马上主动将其克服掉。自然如今不仅是世界的材料,而且是自我的危险性食欲的材料。像文化一样,这个词语既指我们周围的一切又指我们内部的一切,而内部分裂性的动力可以轻而易举地等同于外部无政府主义的力量。因此,文化是一个既自我克服又自我认识的问题。如果它赞美自我,那么它也惩戒自我,美学与苦行并举。人的本性与一片甜菜根不尽相同,但是它像田地一样的需要耕作——以至于当"文化"这个字眼将我们从自然转向精神的时候,它也暗示了这两者之间的一种密切联系。如果我们是文化的人,我们也是我们试图影响的自然的组成部分。实际上,正是"自然"这个词的一部分意义,让我们想起了我们自己与我们的环境之间的统一体,正如同用"文化"这个词来突出其差异一样。

……

雷蒙德·威廉斯(Raymond Williams)对"文化"这个字眼多少有些复杂的历史进行了探讨,区分出该术语的三种主要的现代意义。根据这个词在农业劳动中的词源学渊源,它的意义首先是某种类似"礼貌"(civility)的东西,然后在十八世纪差不多变成了"文明"的同义词,意指一种普通的知识、精神和物质进步的过程。作为一个概念,文明意味深长地等同于举止和道德:变成文明人,这包括不往地毯上吐痰以及不杀死战俘。这个字眼本身就暗示了彬彬有礼的举止与道德行为之间一种悬而未决的相关性。在英国这些举止和行为还可以从"绅士"这个字眼中找到。作为文明的同义词,"文化"属于启蒙运动的普通精神,对世俗的、渐进的自我发展顶礼膜拜。文明主要是一个法国式的概念——那时以及现在,人们认为法国人对接受教化拥有垄断权——而且命名了社会净化以及向它展示的乌托邦式的终极目的。但是,尽管法国式的"文明"特别包括政治、经济和技术生活,德国式的"文化"却更狭义地指涉宗教、艺术和智力。它还可以指一个群体或个体,而不是作为整体的社会的智力净化。"文明"减少了民族差异,而"文化"却使得它们更为突出。"文化"与"文明"之间的张力与德法之间的敌对状态有很大关系。

　　然后,在大约十九世纪初叶,这种概念遭遇了三件事。首先,它开始从"文明"的同义词转而变成了其反义词。这是一个极其罕见的语义转向,而且是一个获得了重要的历史意义的转向。和"文化"一样,"文明"一部分是描述性的,一部分是规范性的:它要么可以中立地标示一种生活形态("印加文明"),要么可以暗示性地赞颂一种生活形态的人性、启蒙和净化。形容词形式的"文明的"如今显然是这样。如果文明的意思是艺术、城市生活、公民政治、复杂技术等等,如果这被认为是对以前所发生的一切的进步,那么"文明"的描述性与规范性就是密不可分的。文明意味着我们所了解的生活,但也暗示这种生活是超越野蛮的。如果文明不仅是其自身的一个发展阶段,而且是其内部不断进化的一个阶段,那么这个词就再一次将事实与价值统一起来。事物的任何现存状态都暗示一种价值判断,因为它必须合乎逻辑的是对过去事物的提高。现存的一切事物不光是正确的,而且比过去的事物要好得多。

　　当"文明"这个词的描述性与规范性分离时,麻烦也就开始了。这个术语确实属于前工业社会欧洲中产阶级的语汇,让人想起礼貌、高雅、教养、礼仪和温文尔雅的交往。文明因此既是个人的又是社会的,而教养是一个关于人格的和谐、全面发展的问题,但是任何人都不能孤立地去做。当然,正是由于开始认识到了不能孤立地去做,这才促成了文化从其个人意义向社会意义的转变。文化需要一定的社会条件。由于这些条件可能关系到国家,文化还会具有政治的维度。教养与商业关系密切,因为正是商业中止了乡下人的粗鲁,使人际关系变得复杂并且因此磨光了人的棱角。但是在我们这个乐观的时代,工业资产阶级的继承者们也许更难以让自己相信,作为事实的文明与作为价值观的文明是同一的。扫烟囱的年轻人容易罹患阴囊癌,这是早期工业资本主义文明的一个事实,但是很难将其看作是一个相等于威弗利小说或者兰斯大教堂的文化成就。

　　其间,到十九世纪末叶,"文明"还不可避免地附和了帝国主义的声音,这在一些自由主义者眼里足以让文明的声誉扫地。因此,需要另外一个词语来表示社会生活应该怎样而不是确实怎样,德国人为此从法国人那里借来了文化这个字眼。文化(Kultur 或 Culture)于是就成了对早期工业资本主义的浪漫主义、前马克思主义的批判的名称。文明是一个交际性的术语,涉及天才的智慧和惬意的举止,而文化则完全是一件精神的、批判的、傲慢自大的东西,与世界的关系不那么轻松和谐。如果前者程式化地属于法国,后者则一成不变地属于德国。

实际的文明越是显得掠夺成性和本质低劣,文化的概念就越是被迫采取一种批判的态度。文化批评(Kulturkritik)正在与文明交战,而不是与之认同。如果文化过去曾经与商业结成同盟,这两者现在正日益争执不休。诚如雷蒙德·威廉斯所言:"一个曾经象征着在更为确定的社会内部的训练过程的字眼,到了十九世纪,则变成了对于一个激进的、痛苦变革之中的社会有深刻意义的反响的焦点"。那么"文化"这个术语出现的一个原因,是"文明"作为一个价值观术语正变得越来越不可信这个事实。所以十九世纪初就出现了文化悲观论,其最为重要的文献也许是奥斯瓦尔德·斯本格勒(Oswald Spengler)的《西方的衰落》,但是这在英国造成的反响只见于 F. R. 利维斯(Leavis)那有着醒目标题的《大众文明与弱势文化》。自不待言,这个标题的联接词标志着一个引人注目的反差。

……

如果"文化"这个词语的第一个重要的派生意义是反资本主义的批判,第二个是这种概念缩小并对整体生活方式复数化,那么第三个就是逐渐专门用于艺术。即使在这里,这个词也可以收缩或扩张,因为这种意义上的文化可以包括一般的智力活动(科学、哲学、学术研究等等),甚至小到指称那些据说更为"想象性的"追求,比如音乐、绘画和文学。"文化"人是那些在这种意义上有文化的人。这个词语在这种意义上还预示着一种戏剧性的历史进步。它首先暗示科学、哲学、政治和经济学不能再被认为是创造性的或想象性的。它还暗示——用最黯淡的话说——"文明的"价值如今只能够在幻想中发现,而这显然是对社会现实的一个刻薄的评论。如果创造性现在可以在艺术中找到,那么是因为不能在别的地方找到它吗?一旦文化开始意指学术和艺术这些只有少数人从事的活动,这种思想马上就得到强化并且枯竭。

艺术发现自己具有一种重要的社会意义,但是它们实际上无力使之持久,因为一旦被迫维护上帝、幸福或政治上的公正,它们就会从内部崩溃;在这种时候,文化如何作用于艺术本身的故事,属于现代主义的叙述。试图减轻艺术的这种压迫性的焦虑重负,敦促它们忘却所有这些可怕的梦魇,因此解放它们使之进入颇为无关紧要的那种自由,这是后现代主义。然而,早在那之前,浪漫主义就试图在从美学文化中寻找一种政治的替代物与改变了的政治秩序的范式本身这两者之间做无法做到的事情。这并不像它看起来的那么难,因为如果艺术的全部意义就是它的不得要领,那么最为派头十足的美学家在某种意义上也是最献身于革命的,立誓忠于一种正好相反于资本主义利益的自我确认的价值观。艺术这时可以模仿上等的生活,不是通过再现生活而是简单地作为正常的艺术,通过它所展示的而不是它所说的,奉献出关于其自己空洞自说存在的流言蜚语作为对交换价值和工具主义理性的无声批判。但是这种提升艺术为人服务的做法终究是自我毁灭性的,因为它给予浪漫主义艺术家一种与其政治意义不一致的先验状态,并且在全部理想的完美境界的那个危险的陷阱中,上等生活的形象逐渐地代替了其实际的无效。

……

正如我们已经看到的,对于作为文明的文化危机的第三种反应,是将整个范畴缩小到少数艺术品。文化在这儿指的是具有人们所认同价值观的大量艺术与知识产品,以及生产、传播和控制这些产品的机构。在这个词的相当新的意义中,文化既是征候又是解决的办法。如果文化是价值观的绿洲,那么它提供了各种各样的解决办法。但是,如果知识和艺术是创造性的唯一的生存地,那么我们毫无疑问地处于可怕的麻烦之中。在什么社会条件下创造性变得局限于音乐和诗歌,而科学、技术、政治、劳动和家庭生活变得令人厌倦、枯燥无味的呢?人们可以向这种意义的文化要求马克思之要求于宗教的东西:是什么原因使得令人忧伤的疏远如此超越而变成了一种可怜的补偿的呢?

可是,这种少数人的文化观,尽管是历史危机的一个征候,也是一种解决办法。如同作为生活方式的文化一样,它为作为文明的文化的启蒙运动的抽象概念提供了风格与结构。从华兹华斯(Wordsworth)到奥威尔(Orwell)的最为丰富的英语文学批评流派中是艺术,尤其是普通语言的艺术,提供了作为整体的社会生活质量的一个敏感的索引。但是,如果在这种意义上的文化具有作为生活方式的文化感觉上的直接性,那么,它也继承了作为文明的文化的标准化倾向。艺术可以反映优雅的生活,但也可以作为其衡量的尺度。如果它们包含,那么它们也就做出评价。在这种意义上,它们以激进政治的方式将现实与理想联系在了一起。

文化的三种截然不同的意义因此不容易分开。如果作为批判的文化不过是一个无用的幻想,它一定指向现在的那些实践,这些实践预示着它所向往的那种友谊与满足。它部分地在艺术生产、部分地在还没有完全被功利主义的逻辑吸收的那些边缘文化中发现这些实践。通过在这些其他的意义中把文化隔离开来,作为批判的文化试图避免"坏的"乌托邦的纯粹主观性的情绪,这样的乌托邦仅仅是由一种引入怀念的渴望构成的,一个在现实中没有任何基础的"如果要是岂不很妙"(wouldn't it be nice if)。这种乌托邦的政治对等物是知名的极端左倾的幼稚的混乱,以某种不可思议的选择性未来的名义否定现在。相形之下,"好的"乌托邦在现在的那些力量中发现一条沟通现在与未来的桥梁,这些力量能够潜移默化地改变它。一个理想的未来必须也是一个切实可行的未来。将自己与这些其他意义的文化联系在一起(这些意义至少具有实际存在的优点),更具乌托邦标志的文化因此可以变成一种形式的内在批判,通过用现在所产生的标准来衡量现在,以判断现在之不足。在这种意义上,文化还可以统一事实与价值,既作为对现实的说明又作为对理想的预示。如果现实包含自相矛盾的东西,那么"文化"这个术语注定要面临两条道路,解构只不过是表示,这种内在批判的传统概念的一个轮新的名称,因为它展示了在依附于它的努力中注定要违背其自身的逻辑这种情形。对于激进的浪漫主义者,艺术、想象、民间文化或"原始"社会都是创造性能量的征兆,必须推广至整个政治社会。对于尾随浪漫主义而来的马克思主义,这是一种不那么尊贵的创造性能量,即工人阶级的创造性能量,它可能改变产生它的社会秩序本身。

……

文化批评与西方马克思主义

一、西方马克思主义的文化批评范式

西方马克思主义的文化批评,伴随着中国学界文化研究的兴起与发展,一直备受瞩目。文化研究,作为一种思潮在20世纪末的英美学界产生广泛影响,英国伯明翰学派的文化研究,带有强烈的世俗关怀,所关注的文化是作为生活方式的文化,是作为正在发生尚未完成的日常生活中的文化,是普通的文化,它的发展大体经历了从20世纪60年代的工人阶级文化到70年代之后的青年亚文化,再到80年代之后的大众文化研究。西方马克思主义的文化批评,则可作为文化研究的另一条路径。它关注人类"更美好生活的梦"、启蒙辩证法、文化工业、辩证意象、交往行动、意识形态、物化与异化等概念,具有深邃的哲学关怀和思辨特质。大略地说,英美文化研究侧重于大众文化批判的表层细节,西方马克思主义的文化批评则更关注大众文化的深层内里。尽管西方马克思主义有着共同的理论源泉,即以马克思和恩格斯的思想为基本内涵或研究起点,但是西方马克思主义并非铁板一块,而是有着不同的理论主张和原则,因而西方马克思主义的文化批评范式不是单数而是复数,并且作为始终敞开着的、不断生成的理论矩阵,在对话与修正中不断演进,甚至重建,显示出内在的创造力和批判的张力。从20世纪20年代起,以匈牙利哲学家、文学批评家卢卡奇的《历史与阶级意识》的出版为标志,西方马克思主义在近100年的历史沿革中,自觉吸收了当代哲学、心理学、社会学等领域的重要理论成果,逐渐形成了众多的文化批评流派,呈现出多样化的表述形态。

西方马克思主义又称为新马克思主义,它并不是指在一个明确的时间段或特定的地理区域出现的理论、思潮、流派。如果我们以第二次世界大战为分界,在此之前西方马克思主义的重要代表有卢卡奇、布洛赫、科尔施、葛兰西,他们一般被称为人本主义的新马克思主义者。在第二次世界大战之后,西方马克思主义逐渐形成百花齐放的发展态势,如法国哲学家阿尔都塞的结构主义的马克思主义、法国存在主义的马克思主义、德国以社会批判理论著称的法兰克福学派、以文学批评著称的英国伊格尔顿的马克思主义,还有以巴迪欧、齐泽克为代表的当代欧陆激进左翼的马克思主义等。接下来我们将重点介绍在文化批评领域,包括在美学理论与文学、艺术批评方面多有建树的西方马克思主义学者及其核心思想。

乔治·卢卡奇,匈牙利哲学家、美学家和文学批评家,被公认为西方马克思主义的奠基者。在文化批评领域,卢卡奇在其早期著作《小说理论》中提出,希腊文化是一种具有"总体性"特质的文化,是囊括了历史哲学、美学、心理学等各类学问的综合体,而在现代资本主义社会中传统价值瓦解,生活变得分崩离析,失落了以史诗、悲剧与哲学为表现形式的古希腊那种完整的文化。卢卡奇在此基础上提出,小说作为现代社会的典型艺术形式,能够揭示生活中隐藏着的总体性,重构古希腊那种完整的文化。卢卡奇还细致研究了马克思《资本论》中的商品拜物教理论,并结合马克斯·韦伯的文化哲学、乔治·齐美尔等人的思想,形成了同马克思的"异化"概念极为接近的"物化"概念,在卢卡奇看来,物化现象的出现同资本主义商品生产紧密联系,在资本主义社会商品结构渗透到社会的各个方面,物的关系逐渐掩盖、支配人的关系。卢卡奇立足"物化"概念,对发达工业社会技术对人的统治、人的主体性的丧失等系列现代人的生存困境问题进行了深刻剖析。

恩斯特·布洛赫,德国哲学家、文化批评家,继承和发展了经典马克思主义作家的文艺思想,并产生了广泛、持续的影响。他的重要著作有《乌托邦精神》《希望的原理》《预兆美学》《踪迹》等,成为20世纪马克思主义理论当中无法绕过的艺术哲学作品,其中1 600多页的《希望的原理》(1959)的第1卷和第3卷,多处出现与美好生活相关的论述,这些论述既涉及马克思主义哲学、德国古典哲学、希腊哲学,当中融入了布洛赫在资本主义社会及纳粹统治下的生活体验,充满了对资本主义社会各种供人娱乐、消遣的文化产品,也有对某些古老传统、新兴事物的赞美。在布洛赫看来,真实的美好生活意味着具有现实根基的生活理想,它借由富有历史底蕴、生命力与创造力的文化产品变为现实。

安东尼奥·葛兰西,意大利共产党创始人之一,杰出的无产阶级革命家和思想家。在文化批评领域,葛兰西最具启发意义的是文化霸权理论。20世纪20年代,葛兰西由于开展反法西斯活动不幸被捕,他在狱中写下篇幅达300余页的笔记,后经人整理出版,题名为《狱中札记》。在这部源出于革命实践、影响深远的理论著作中,葛兰西提出了文化霸权理论,它揭示出,在一定社会形态下,某一社会集团为了巩固他们的领导地位,因而在思想、意识、文化、道德等方面采取劝诱的方式,让大众从内心认同统治集团的意识形态,进而在不知不觉中屈从于统治阶级的支配与压迫。说到底,文化霸权即意识形态的领导权,主导阶层与被主导阶层之间,是一种非暴力、非强制、有协商的动态控制关系,主导阶层通过诸如家庭、教育制度、教会、大众传媒这类机制运行,生产出被主导阶层认可的感觉、话语、知识与意义,进而将后者纳入霸权实施和推广的阵营当中。

　　法兰克福学派,距今已经过三个阶段的发展历程,学派第一期代表人物霍克海默、阿多诺、本雅明等,他们都具有犹太文化背景。纳粹掌权后,霍克海默、阿多诺流亡美国,合著了《启蒙辩证法》,其中专门有一章讨论"反犹主义"的社会根源与心理机制,他们都对大众文化持否定态度,通过"文化工业"一词,深刻揭露资本主义文化生产的系统性、控制性、标准化与伪个性化。本雅明与社会研究所的关系密切,在纳粹上台前曾定期为《社会研究》杂志撰稿,在流亡期间也与霍克海默、阿多诺保持通信,他对大众文化的态度相较霍克海默、阿多诺显得较为中立,在《机械复制时代的艺术作品》中不仅看到德国法西斯主义的"政治的美学化",还有可与之形成对抗的苏联共产主义的"艺术的政治化"。他的文化批评的代表作《单向街》采用散论、格言、寓言相互交织的意象拼贴的方式,旨在揭露现代生活的愚蠢与堕落之处。学派第二期代表人物哈贝马斯的文化批评,立足于他的交往行动理论,他发现,随着大众传媒技术的发展,大众文化日益凸显出独立的精神,并非一味受制于市场机制的灌输与影响,文化的再生产与交往行动密切关联。在此基础上,哈贝马斯对霍克海默、阿多诺的大众文化概念进行了修正,使用在德文中含义更为接近他所理解的大众文化本质的"Volkskultur"——民众创造的文化,具有反抗的内在动力,替代了具有更多否定性意涵的"Massenkultur"——大众被动接受的文化,具有消费与宰制的性质。学派第三期的代表霍耐特所谈论的"文化"内嵌于他的承认理论,他提出"为承认而斗争"标志着批判理论第三代的崛起,在霍耐特看来,"文化"与"成就"的承认形式紧密相连,个体及其从属群体的特殊价值的实现,在某种程度上依托文化上的转型和更新,因而作为社会价值参考框架的"文化",也自然地在社会冲突的合解中扮演着重要角色。当主体在经受蔑视体验这一情感上的伤害时,所采取的有效方式就是实现文化转型并进一步扩展团结关系。

　　路易·阿尔都塞,法国哲学家,被誉为"解构主义马克思主义"的奠基人。阿尔都塞从马克思主义出发,吸收了结构主义的方法、精神分析学说,形成了一种独具特色的结构主义意识形态理论,代表作有《保卫马克思》《阅读〈资本论〉》。阿尔都塞在文化批评方面最值得一提的是他的"征候阅读"方法,他对马克思的理解正是基于对马克思经典文本的"征候阅读"——将文本看作是一种双重结构,即表层结构与深层结构,两者不可分离,通过直接的阅读可以把握表层结构,而只有依据"征候阅读"才能发现深层结构,依据字里行间的各种"征候"——"空白""缺失""疏漏"把握文本的深层结构,是"征候阅读"的核心所在。阿尔都塞正是通过"征候阅读"法,发现了马克思在哲学思想发展过程中的"认识论断裂"与总问题的转换。

特瑞·伊格尔顿,英国马克思主义文化批评家,他师承雷蒙·威廉斯,在后者的影响下广泛阅读了马克思主义的理论著作,又受法国阿尔都塞的意识形态理论的影响,考察了意识形态与文学文本之间的复杂关联。伊格尔顿在《文化的观念》一书中,以一种后现代的哲学视野,追溯了"文化"词义的原初意涵及其历史变迁,并且揭示出自19世纪以来西方世界的文化危机,"作为文明的文化""认同文化""商业文化"三者之间相互交叠、争战,号召批评家们以革命性的批评实践参与到文化权力的争夺战中,即通过"敌对的文化",打破将西方意识形态合理化的一般文化,保持文化的对抗性。

弗里德里克·詹姆逊,美国后现代理论家、马克思主义文化理论的领军人物,20世纪80年代,他来华讲学,讲课稿以《后现代主义文化理论》为题出版,成为中国学者理解后现代主义的代表作之一。詹姆逊认为,西方资本主义大体经历了三个发展阶段,即市场资本主义或国家资本主义阶段、垄断资本主义或帝国主义阶段和二战以后的跨国的、以前所未有的商品化为标志的"晚期资本主义"。同资本主义发展的三个阶段相对应,文化的发展大体也经历了三种不同的发展形态,即现实主义、现代主义和后现代主义,后现代主义不仅是一种新的美学风格,而且是晚期资本主义社会的主导文化,其特征是取消了高雅文化与大众文化(商业文化)之间的界限。他在《后现代主义或晚期资本主义的文化逻辑》一文中,将晚期资本主义文化时空命名为"超级空间",是一个由数据信息、金融资本构成的巨型网状系统,它取代了地缘社会当中真实的人际关系网,陷入时空混淆是后现代个体的处境,他们既无从把握自身,也无从洞悉文化系统的运行。

20世纪70年代激进左翼思潮逐渐兴起。解构主义大师、法国哲学家德里达,以《论文字学》批判西方哲学的语音中心主义,或曰逻各斯中心主义,以《马克思的幽灵》重启马克思的思想遗产的阐释路径。法国哲学家、文化批评家德勒兹结构主义哲学,以《资本主义与精神分裂症》(上卷《反俄狄浦斯》,下卷《千高原》)重新界说弗洛伊德的欲望概念,展开对资本主义现代性压抑机制的批判。后现代主义思想家鲍德里亚(又译为"波德里亚"),以《消费社会》开启对后工业社会以符号消费为表征的消费文化的批判。法国社会学家、哲学家皮埃尔·布尔迪厄在《区隔》中重新定义文化,将其与日常生活中的趣味相联系,指出趣味的资本与文化资本紧密勾连,不同阶层在艺术趣味上的差别,源自社会经济、政治权力的运作。欧陆哲学家、文化批判家齐泽克,深受黑格尔、马克思的哲学以及拉康精神分析理论的影响,善于敏锐捕捉最新的社会文化现象,从歌剧、小说、电影到政治事件、灾难……颇有席卷天下之势,他以坚决的批判态度、直截了当的话语,揭露现代资本主义社会的诸多怪象,拷问其发生的根源。法国作家、哲学家、毛主义者阿兰·巴迪欧师从法国马克思主义的旗帜性人物阿尔都塞,又受到法国科学主义思潮的浸染,"事件"是巴迪欧哲学思想的核心,他注重剖析欧洲发生的政治事件,并指出当代共产主义面临的困境及出路。

西方马克思主义的学者根据自身所面临的历史境遇、社会问题,在不同程度上对经典马克思主义理论进行了借鉴、回应,并且发展出了以批判资本主义意识形态为主体的文化批评理论。他们所提出的一些概念、问题在中国现代化的语境中也值得探讨,他们趋向多元化的理论视角、摆脱宏大叙事的理论构建方式也值得借鉴。

本章通过以下四小节,将从细部逐一呈现西方马克思主义的代表人物布洛赫、霍克海默、阿多诺与本雅明的文化批评范式。

二、布洛赫的希望哲学与美好生活理论

第一种是以布洛赫为代表的文化批评范式,他通过对其所身处时代文化产品逐一评述的方式,展开关于美好生活的肯定内容与否定内容,主要集中批判了资本主义社会美好生活流行观念的虚幻性,同时颂扬了苏联社会主义社会美好生活观念的真实性,在他看来,虚幻的美好生活观念,为腐朽、黑暗的现实提供辩护,以欺骗和麻痹大众为目标,而真实的美好生活观念,为大众的启蒙与教育提供助推,以回归具有丰富想象力、创造力的人的本真存在为目标。他在考察古希腊哲学、德国古典哲学关于"最高的善""幸福"的一般刻画、一般看法,反思儒家和道家分别给出的"福音",以及批驳资本主义社会阻碍美好生活实现的图像、书籍、意识形态的基础上,提炼出马克思主义哲学对于实现美好生活的方法论价值。

布洛赫美好生活理论内嵌于他的希望哲学。他敏锐洞察到,西方哲学史是一部关注过去而忽视未来的历史,并且宣称:马克思开启的新哲学乃是关于新东西的哲学,它彻底打破了过去与未来之间的隔阂。"更美好生活的梦"显然是朝向未来的梦,在布洛赫的描述中,这个"梦"在不同人生阶段的轮廓迥然相异,他着力探寻美好生活、未来和乌托邦这样的概念,如何在一般意义上与个体存在内在关联,并且创造性地将"尚未"置于关联的中心。

布洛赫给予"未来"很高的哲学定位,把哲学的基本课题概括为:"尚未形成

的、尚未达到预定目标的'家乡'(Heimat)"①,他指出人们自童年时起一直追寻的就是这个"家乡"。马克思主义哲学在布洛赫眼中是一种"未来哲学",即在过去当中蕴含着未来的哲学,其标志为"尚未"(Noch-Nicht)。不妨说,"尚未"对应事物发展过程中的一种未完成的状态、一个过渡阶段,并且意味着在它当中已包含某种现实的可能性。

《希望的原理》第 1 卷第 2 部分,布洛赫专门以"尚未被意识到的东西"(Noch-nicht-Bewuβtes)为核心设立主题,重点讨论了青春、创造性、乌托邦等概念,他最终将"尚未被意识到的东西"总结为:存在于面向未来的心理进程之中,是一种预先推定的存在物,它作用于希望的领域,与社会发展的真实的进程密切相关。可见,"尚未被意识到的东西"与乌托邦类似,它导向一种更好的未来,导向一个更人道的世界,探索的是事物发展的现实的可能性。

布洛赫提出的"尚未被意识到的东西",既区别于柏拉图"回忆说"中被遗忘掉的东西,也不同于弗洛伊德精神分析意义上被压抑的、隐匿在意识最深处的"不再被意识到的东西"(Nicht-Mehr-Bewuβtes)。因为不论是"回忆说"中存在于前世的被遗忘了的记忆,还是弗洛伊德潜藏于意识深处的东西,均直接指向需要不断去回溯的过去,即已经发生过的事物、记忆中的残片,而"尚未被意识到的东西"则从当下指向未来,是十足的可能的存在。布洛赫将"人道主义"作为尚未存在的典型例子,给出的理由是:人们尚且不能够体验到它的存在,也无法确认它,但这一方向业已清晰可见②。可以说正是由于"尚未"的这一双向特质,让美好生活、未来和乌托邦这些概念,焕发出崭新的意义,使其不再局限于纯粹欲望的狭隘范围,而致力于超越曾经的个体存在。

在此基础上布洛赫指出,马克思所开启的新哲学——未来哲学,是可能存在的、更美好生活的根基,因为它充满生命力并尊重历史,抓住未来趋势且献身于创新的理论和实践。与之相对,黑格尔的辩证法受制于柏拉图的"回忆"说——与过去相联系但与未来相距甚远。在布洛赫看来,马克思在德国古典哲学的基础上,重新确立"变化的激情",并且放弃了"直观与阐释"的理论,打破了过去与未来之间的隔阂,让未来在过去之中变得可见,使已经完成的过去出现在未来之中。因而他运用马克思主义的批判视角,去观省人生不同阶段的"更美好生活的梦"(die Träume vom besseren Leben),并追问一般意义上的个体与美好生活的内在关联。

布洛赫观察到,童年到少年时期的"更美好生活的梦",是去体验对他们而言

---

① Ernst Bloch. *Das Prinzip Hoffnung*, Suhrkamp Taschenbuch Wissenschaft Verlag, 1976, S.8.
② 参见[德]布洛赫:《希望会成为失望吗?——图宾根 1961 年开讲词》,梦海译,《现代哲学》2008 年第 1 期。

并非清晰可见的、充满奇异色彩的外部世界。根据布洛赫的描述,七八岁的孩子充满了对陌生事物的想象,并渴望开启自己的冒险之旅;13岁的少年发现了自我,他们的"更美好生活的梦"是逃避学校和家庭束缚的轻骑兵,并且为日渐明晰的愿望搭建了第一个宿营地。他们所追求的是超越父辈、更加高贵不凡的生活,而这种幸福生活在当下是被禁止的,因此他们渴望另起炉灶、重新开张;13岁到十五六岁少年的"更美好生活的梦"反映他们积极进取的愿望,但其总归是不够成熟的,充满了浪漫的、荒诞的色彩,由于缺乏付诸实施的主客观条件,这些梦想大都以破灭告终。可见,在布洛赫的理解中,个体在童年至少年时期"更美好生活的梦"的变化,体现出人在成长过程中自我意识的逐步觉醒,这种觉醒让他们更愿意去拥抱奇异陌生的外部世界,同时更容易与所熟知的世界发生决裂,从追求消极自由过渡到积极自由,不论成败与否,积极进取的愿望颇为值得肯定。

青年到中年时期的"更美好生活的梦"是人生成熟期的梦。成熟之处体现在,这一时期人们开始对愿望设定范围,即成年时期所憧憬的是过去可能实现的愿望,以及过去应当实现的正当愿望,很明显这些愿望来自某种遗憾或事与愿违。所以,这种梦更多的不是培育未来的美好生活,而是通过想象可避免损失的那个瞬间,来填补那些可能发生却最终擦肩而过的美好生活。成年时期"更美好生活的梦"在资产阶级小市民那里体现为:由于自己未能成为剥削者,而将对自身无能的愤怒报复在犹太人身上;沉溺于对物欲的追逐和满足,梦想着拥有橱窗中昂贵的陈列品,或者在异国纵情享乐。在布洛赫看来,这种生活乏味至极,因为当中缺乏崇高的生活目标,也缺乏对既定现实否定的维度。反之,非资产阶级所向往的美好生活,则是一种没有剥削的生活,若要过上这种生活需要去期望、谋划某种未知的东西,须得进行超越既定现实的努力,因而关于这种美好生活的梦具有革命的性质。

布洛赫对非资产阶级美好生活的勾勒主要基于两点:一是幸福不再源于他人的不幸并以此作为尺度;二是周围的人不再是自身自由的障碍物,而是实现自由的前提。后者可追溯至马克思《共产党宣言》"无产者与共产党人"一节末尾,马克思从自由的角度,对未来社会进行了描绘:"代替那存在着阶级以及阶级对立的资产阶级旧社会的,将是这样一个联合体,在那里,每个人的自由发展是一切人的自由发展的条件。"①也就是说,非资产阶级的"更美好生活的梦"是共产主义社会中自由人的生活,在这个社会当中每个人的自由发展以一切人的自由发展为条件。

老年人的"更美好生活的梦"乃是一种舒适安逸的宁静生活。年老之时,人

---

① 《马克思恩格斯选集》第1卷,北京:人民出版社2012年版,第422页。

往往会感到身体机能日渐衰退,因此万念俱灰、闷闷不乐、怨天尤人、吝啬自私等消极心态油然而生,并且在其胸中长久缠绕。对此,布洛赫提出的建议是,将目光从末日移向硕果累累的收获,在他看来老年阶段可以体验各种幸福的结局,如充沛的学识可以让老年期过得像采葡萄、酿葡萄汁时期一般充实,奉献而非索取可以让老年人生活得更加舒适。在探讨如何满足老年人最一以贯之的愿望——对于宁静生活的想望时,布洛赫强调,社会主义社会较之晚期资本主义社会,可以更好地实现老年期的美好生活。布洛赫将社会主义理想的实现,作为老年人过上美好生活的客观条件,他预见,社会主义社会的老年人能够拥有丰富的精神生活、高雅的旨趣和达观的态度,即人的本质存在与美好生活的理想具有内在的统一性。

这是不是说社会主义的"更美好生活的梦"也优于资本主义的？对于物欲的追求和满足是属于资产阶级小市民的,而非资产阶级具有崇高的目标,不断地为超越既定现实而努力,这些洞见是不是显得有些绝对和夸张？但毋庸置疑,它们大体上是布洛赫对资产阶级和无产阶级的看法。然而对于个体而言,问题的关键是如何区分"更美好生活的梦"的真实与虚幻,进而将处于潜势的"尚未"导向一个真实的美好生活,避免陷入他人精心构筑的骗局。

三、霍克海默的大众文化批判与启蒙反思

第二种是以霍克海默为代表的文化批评范式,霍克海默继承了文化在德语语境当中的两个传统,将它们融入具体的文化批评,因而他的文化概念也具有了双重性,文化既是一种自由精神又包括文明的要素;霍克海默的文化批评,从对大众文化的省察,到对启蒙以及理性的反思,既是基于启蒙作为进步精神和极权主义的双重性之上,又是基于理性之分为主观理性与客观理性两个方面,其中任何一方的极端发展都会导致非理性的倾向的认知至上。霍克海默并没有沉醉在文化的理想乌托邦里,他的文化批评与艺术堕落的现实紧密联系,他所理解的艺术具有自律和创造的本性,与他对文化作为自由精神的理解相一致。霍克海默从文化概念内部展开批判的方式,以及他对启蒙的深层反思,都可为当今的文化研究提供借鉴。

霍克海默在1931年就职法兰克福学派大学社会研究所所长,一直将文化问题置于批评理论的核心位置。作为法兰克福学派批判理论的开启者,他的大众文化批判一直都受到哲学、社会学及文化研究领域中学者们的关注。但若用大众文化批判理论来概括霍克海默的整个文化批评理论则有失偏颇,换言之,大众

文化批判只是霍克海默文化理论中一个外显的层次,其背后则是他对欧洲启蒙运动的深切反思。霍克海在1941年发表《现代艺术与大众文化》,文章对艺术逐渐被大众文化所取代的现实进行了抨击,指出大众文化具有欺骗性和操控性。1944年,《启蒙辩证法》中"启蒙的概念"一文指出启蒙退化为神话,被"彻底"启蒙的世界陷入了野蛮状态;1946年,《工具理性批判》将批判的锋芒直指理性的主观化倾向,认为主观理性对客观理性的压制,导致文化偏离了追求真理的轨道。可见,霍克海默的文化批评理论是一个逐层深入的体系,文化、启蒙、理性共同构筑了一个类似于同心圆的批判历程。

霍克海默的大众文化批判,指向日常生活中的价值失落现象,它包括现代人只为金钱而奔忙的职业状况,沉溺于快感的休闲生活,以及艺术认知感的消弭。在霍克海默那里,大众文化既不是指一种由大众自发创造的文化,也不是指文化的大众性,它指的是失去反思、创造以及批判性的文化机制。这一机制的可怕性在于,人们对它似乎只能顺从和适应,在这一过程中人性的创造力被压制了,只是沉醉于丰富的文化商品所带来的虚假满足之中。霍克海默以贝多芬的《英雄》在公演时与听众的互动为例,说明艺术在大众文中丧失了批判性、否定性,变成了像古董一样的东西,艺术曾作为对世界的表达、最后的判断,现在已变得完全中立了,充满趣味的艺术活动已经蜕化成了纯粹的娱乐活动。

霍克海默的大众文化批判其实是在文化(自由精神)与文明(给定的机制)对立的基础上展开的。他发现大众在一种给定的机制下被操纵和愚弄,大众文化自上而下对人的控制,实际上是对自由精神的压制。霍克海默以美国广播滑稽剧为例,批判了娱乐工业的乏味性,在他看来,大众文化的流行性是被文化工业的管理者决定的,因而大众对流行文化的接受表面上是一种自由选择,实际则是被操控的。由于进行艺术创造的私人领域不断受到文明科技(广播、电视等大众传媒)的干扰,社会中有一种大众文化日益取代艺术的倾向。比如:好莱坞的商业电影,投资于每部电影的资金数目可观,因而要求迅速回收资金,因此好莱坞的经济关系不允许对艺术作品内在逻辑——艺术作品的自律性进行追求。在霍克海默看来,好莱坞这个电影工厂无法创造出艺术,只能提供流行娱乐,在资本主义经济机制的影响下,实际上很难找到纯粹的艺术形式,一切都被贴上了文化的标签,而其本身则是一个的商业化的系统。

霍克海默并没有沉醉在文化的理想乌托邦里,他对大众文化的批判与艺术失落的现实紧密联系,他所理解的艺术具有自律和创造的本性,与他对文化作为自由精神的理解相一致。霍克海默的大众文化批判其实是对资本主义文明消极性的揭露,这样一种批判根植于对启蒙的辩证思考当中,因而,他的大众文化批判是为启蒙作批判的前奏。

启蒙与科学知识相关,在启蒙与神话的辩证关系中,启蒙一开始用人类掌握的自然科学知识祛除了神话中的愚昧,但是当启蒙具有了足够的权力后,人类却深深地陷入了野蛮的状态。即启蒙倒退成了神话,启蒙的倒退带来了两种后果:技术对人的控制和人对自然的压制。因此,霍克海默认为,启蒙文化自身包含着自己的对立面,具有矛盾的双重性。

启蒙的第一重含义是指:一直在进程当中的进步精神,它跟神话相对立,反对一切原始遗存并旨在消除一切统治性文化,它永远在进程之中。第二重含义是指:具有神话般极权性质的宰制性文化,它确立了人类对自然的统治权,这种启蒙已经实现它的目的,世界正笼罩在它所招致的灾难当中。正是启蒙的两重性导致了文化在历史的发展过程中与自身的分裂,第二重意义上的启蒙让人成为主宰者的同时,也确立了普遍的原则和规范,这些文明化的原则又反过来压制文化的自由发展,因此,启蒙两重性之间的对立是文化与文明相对立的原因。

启蒙的极权性最突出的表现是德国的纳粹统治。纳粹统治在霍克海默看来是一种"强制性平等的胜利",是一种平等的非正义,启蒙思想一开始是祛除愚昧的进步文化,但被"彻底"启蒙的世界却成了纳粹的屠宰场,这里的启蒙显然不是追求自由,并致力于推翻统治权的第一重意义上启蒙,而是确立人类极权统治权的第二重意义上的启蒙。极权统治不但残酷地控制人,而且有计划、按步骤地"清除"所谓异己,暴戾至极如同古代神话当中的人祭活动。启蒙的极权性也体现在大众文化当中。"大众文化"在霍克海默那里具有特别的含义,它并不是指从大众当中自发生长出来的文化,也不是大众艺术的当代形式,甚至与艺术无甚瓜葛,"大众文化"而是指一种依照某些流行的标准被人为制造出来的文化,它是经济王国的派生物,一种自上而下的被管理的失去内在创造力的文化。

我们可以看到,启蒙的双重性既是启蒙与神话的辩证关系的依据,也是启蒙文化批判的立足点。首先,一旦知道了霍克海默是在两重意义上使用启蒙概念,就会明了"神话就是启蒙,而启蒙却倒退成了神话"这一表面令人迷惑的辩证观念;其次,霍克海默对启蒙概念进行批判,实乃对第二重含义上的启蒙的极权性进行批判,这也是大众文化批判的根源,正是由于极权化的思想渗透在文化当中,才使与文化成为权威的附属物,从而丧失了追求真理的维度,变成了具有欺骗性和操控性的大众文化。最后,启蒙批判暗含了理性批判,因为启蒙是人类理性发展的产物。人类通过自身来思考自然界,人的理性具有一种趋向,那就是将自然界的散漫无序都整合成一个体系,由此产生了极权性及同一性倾向。

因而,霍克海默在《工具理性批判》中直接跳跃到了理性概念,将理性作为文化批判的核心进行考察。他首先将理性作了区分,理性具有主观理性与客观理性两个方面,主观理性是以计算、工具为手段,依照主观目的行事,它最终走向了形式化的理性即非理性,客观理性是以客观的标准、原则来行事,它以追求真理为至高目的。理性概念的双重性决定了它的辩证运动,主客两方,一方被压制、另一方占主导的状况轮番交替在理性发展的进程中。霍克海默在《工具理性批判》第一章"工具与目的"中分析了理性扭曲的整个过程:首先,主观理性已经或多或少被人接受,因为它具有适于达成某种目标的智谋,实际上这种完全致力于个人目标的主观理性,只是出自"自我持存"的考虑。然后,当这种理性在某个机构当中发挥作用,它的使用就带有逻辑的、计算的倾向。在主观主义者看来,理性自身没有目的,因此去讨论相对立的目的之优先性是毫无意义的。可能的讨论,仅存在于当两个目标服务于第三个或者更高的目标之时,这就意味着理性只是工具性的而非目的性的。最后,理性完全成了手段,被主观化、形式化地用于现代科学、普遍主义的法律观念和道德观念,而忘记了理性在受到"自我持存"推动的同时,也还应该具有超越"自我持存"的力量,即客观理性的力量。

纵观霍克海默的文化批判历程,从文化到启蒙最后到理性,一路都在追寻文化陷落的真正原因,正如他在《传统理论与批判理论》说:"人类的未来有赖于批判行为的存在,它当然包含在传统理论的要素以及正在流逝的文化的要素当中。"①霍克海默从西方传统理论中找到了启蒙文化的极权主义倾向,在人类理性的觉醒中看到了主观化、工具化的一面,对理性的合理化倾向进行了批判。他从文化出发最后深入到对理性的反思,这样一种大众文化批判增强了人们对启蒙进行反思的意识,也让我们对现时代的快餐文化、怀旧文化、网络文化、娱乐文化等多了一重思考。

四、阿多诺的文化工业理论与艺术反思

第三种是以阿多诺为代表的文化批评范式,对文化的管理维度的深刻洞察,是阿多诺文化批评的出发点,在他看来,文化同时具有自由精神与管理的特质,后者对前者的遮蔽导致艺术的堕落、群体间的疏离、创造力的消失。他通过"文化工业"概念,对20世纪中期美国资本主义文化生产的运作模式进行揭露,文化工业意味着文化的大批量生产,它具有三大特点:系统性、控制性、标准化或伪个性化。阿多诺指出,在工业化生产模式下,大批量、平庸化的文化产品被制造和消费,从而将大众控制在一种越来越盲目的状态之中,随之而来的是,艺术的

---

① Max Horkheimer. Traditionell und kritische Theorie, *Gesammelte Schriften Band 4:Schriften 1936—1941*, Herausgegeben von Alfred Schmidt, Frankfurt am Main:S.Fischer Verlag, 1988, p.216.

堕落与大众审美能力的退化。

阿多诺既是一位训练有素的作曲家，又撰写了大量了音乐批评作品，同时也是法兰克福学派第一代中的核心成员，他在20世纪中叶同霍克海默合著的《启蒙辩证法》多次再版，且在中国学界具有广泛的影响力。阿多诺在进行文化批评时，经常使用"同一性""垄断"这样的概念，在他看来，文化一次本身便具有内在的矛盾，它既捍卫自由、传播自由，又一步步让世界走向宰制，因此阿多诺的文化批评有着内在的张力，它不是文化外部寻找其败落的原因，而是洞察到文化内部具有的管理统治的向度，他表面上批评艺术的堕落等文化现象，实则是对现象背后的管理机制进行揭露。因此，阿多诺的文化批评是一种意识形态批评，致力于拯救被极权所管控的大众文化。

"文化工业"一语，是法兰克福学派批判理论的关键词，最早出现于霍克海默的《现代艺术与大众文化》(1941)，在此文中他表示，艺术与"文化工业"的操纵者所生产出来的东西无甚瓜葛。"文化工业"正式被提出并且与"大众文化"(Massenkultur)相对举见于《启蒙辩证法》(1947)一书，阿多诺在《再论文化工业》的开篇就解释说，为了避免"大众文化"仿佛是从大众自身中自发成长起来的文化、是大众艺术的当代形态这种望文生义的诠释，力主用"文化工业"替代"大众文化"。阿多诺、霍克海默对文化工业的敌视，源自对20世纪中期德国法西斯国家社会主义和美国资本主义的亲历，离开这两个典型语境一切批判都要重新思忖。当我们用"文化工业"概念来剖析中国大都市的大众文化现象时，自然不能将法兰克福学派理论家所批判的"现实"与中国的现状一一对号入座，但文化工业理论对大众文化同一化、伪个性化等一系列的质疑，可视为对大众文化的产物——艺术与时尚日渐弥合现象的一种警示。

在现代都市中，人们会注意到艺术和时尚这两种不同的文化形态，开始服务于同一个目标。同一套运作模式，即"文化工业"模式。何谓"文化工业"？《启蒙辩证法》中有一章为"文化工业：作为大众欺骗的启蒙"，通篇仅有关于文化工业的片段性描述而没有确切的定义，可将其总结为：一种用带有娱乐成分的文化产品对大众进行控制和迷惑的生产机制。文化工业与文化的大批量生产紧密相关，文化工业实际上是一个带有讽刺意味的概念，它意指工业化、批量化的精神活动，在工业化生产模式下，大批量、伪个性的文化产品被制造和消费，从而将大众控制在一种越来越盲目的状态之中。

阿多诺在《再论文化工业》这篇文章中，详细地论述了文化工业的诸多特点：第一，系统性。文化工业的所有部门都是为大众而量身定做的，而各个部门之间相互适应，构成一个几乎没有缺陷的系统。这一方面得益于日新月异的科学技术，另一方面得益于经济和行政上管理的集中。第二，控制性。文化工业自上而下有意识地整合它的消费主体,将高雅艺术与低俗艺术强行结合。大众是被算计的对象,是机器的附属物,其影响通过"大众传媒"的确立来确立,大众传媒强化他们被给予的、被假定的心理,广告就是控制人最好的媒介。第三,标准化或伪个性化。"工业"这个词本身就很容易让人联想到"规格"和"标准",阿多诺举例说,经常看电影的人会发现,电影的制作过程即是传播技术合理化的过程。每一个文化工业产品都好像是有个性的,但个性本身却是为意识形态服务的,文化工业所使用的传播技术和机械复制技术,总是外在于它的对象并且已被标准化,因此,在文化工业中,个性就是一种幻象。

文化工业是怎么样控制人的呢? 首先,文化工业的产品预先规定了消费者的每一个反应,"这种规定不是通过自然结构,而是通过符号做出的,因为一旦人们进行了反思,这种结构就瓦解掉了"①。其次,文化工业借助广告,使消费者产生购买某一产品的"需求",阿多诺犀利地指出,人们很容易陶醉于"文化工业"的欺骗,只因为它所给予的瞬间的满足,即便是认清了它的圈套,也故意视而不见,因为这意味着生活将变得再也无法忍受。最后,文化工业中,消费者的大脑被灌输了各式各样有关品牌符号的记忆,他们在购买商品之前已预先做出了选择。

阿多诺从一开始就对艺术提出了明确的要求:艺术应具有超越现实的要素,为人们提供现实当中无法安放灵魂的家园。他评价勋伯格的《月光下的皮埃罗》(1922)是"为我们灵魂的无家可归的状态而吟唱"。当他身处美国爵士乐氛围时,内心中却对古典音乐的缅怀油然而生。然而,在文化工业的主宰之下,艺术不仅与真理无涉,甚至成为商业用来哗众取宠的工具,由此,阿多诺站在批判现实的立场上,持一种非同一的、在风格上实现一种自我否定的艺术观:"所有伟大的艺术作品都会在风格上实现一种自我否定,而拙劣的艺术作品则常常要依赖于与其他作品的相似性,依赖于一种具有替代性特征的一致性。"②阿多诺在《美学理论》中更是主张,艺术作品是靠否定其起源而称为艺术的,这意味着艺术的本意在革新,一种立足于自身的革新;艺术不是靠一种永恒不变的概念范畴被一次性界定的,每件艺术作品都是艺术观念运动过程中的一个瞬间,而艺术有史以来如同瞬息万变的星座。总之,在阿多诺看来,艺术在现存社会中应具有自律的、否定的特性,真正的艺术既抗拒现存的秩序,同时又提供一种新形态的超越现实的因素,艺术的使命在于破除那些占支配地位的意识形态和日常经验。根据阿多诺的艺术观,艺术对待现实应该持批判的态度。艺术引人思索,激发人的

---

① [德]马克斯·霍克海默、西奥多·阿道尔诺:《启蒙辩证法》,渠敬东、曹卫东译,上海:上海人民出版社2006年版,第124页。

② [德]马克斯·霍克海默、西奥多·阿道尔诺:《启蒙辩证法》,渠敬东、曹卫东译,上海:上海人民出版社2006年版,第117页。

创造,它既产生于现实又拒绝以同一的姿态去肯定现实,它追求非现实之物,因而具有异在性、超前性、否定性、超越性。

在文化工业的控制下,艺术丧失自主性,沦为了商品。阿多诺指出,艺术在现代社会已经完全将自己与需求等同起来,它与一般的商品无异,以欺骗为手段,让人无法摆脱一切以效用为准的原则①。他在《论音乐的拜物教性质和听觉的堕落》中批评流行音乐导致音乐感知能力的退化,他敏锐地感知到,流行音乐被无可救药地标准化了,它们的曲调基本如出一辙,为的是迎合听众早已形成的习惯。文化工业将流行音乐陈腐的因子巧妙隐藏,用虚假的创新和个性加以包装,艺术本应具有的自律性和否定性,成了来自审美乌托邦遥远的回响。

五、本雅明的文化批评与辩证意象

第四种是以本雅明为代表的文化批评范式,本雅明并没有专门讨论过文化概念,但他的《单向街》则对20世纪20年代德国的文化状况进行了全景式呈现,并对资本主义现代文化给予总体性的批判,充分展现了都市文化的流动性与生动性。在这部书中,他不再是枯坐书房的文学批评家,而是像流浪汉般在街上闲逛的文化批评家,透过充满辩证意涵的城市意象,重新审视现代文化中传统精神的失落。《单向街》中的三组意象:中国书籍的誊本、古老民族的风俗、书籍与妓女,折射出本雅明对古老文化传承的省思和对现代文化的批判,提醒现代人不应遗失对大自然深深的敬畏之情,警示现代文化在商业运作下正逐步走向衰退之路。

本雅明被誉为"欧洲最后一位文人"、文化批评家,擅长见微知著的具象思维,文化在他那里既横跨人文科学的几乎所有部类,又意味着街头巷尾的生活方式、传统习俗。从本雅明的代表作品《单向街》(1928)来看,他的文化批评主要侧重对已经逝去或正在消失的传统风俗的追思,并以独特的批判方式呈现现代文明的缺乏与腐朽,文化在他那既是极具创造力的母体,又是满目疮痍亟须拯救的废墟,他对现实的思考与过往的文化碰撞出一个个意象的火花,恰到好处地呈现出古老文化的精髓。

"单向街"是德国城市街道拐角处经常可以见到的,意指单向行驶的交通标识,一般用粗黑醒目的大字,提示司机下一街将要单向行驶。本雅明的《单向街》

---

① [德]马克斯·霍克海默、西奥多·阿道尔诺:《启蒙辩证法》,渠敬东、曹卫东译,上海:上海人民出版社2006年版,第143页。

多少带有隐喻的色彩,他用表征市民生活的丰富意象及尖锐评论,批判通货膨胀愈演愈烈的德国,其社会状况将"稳定"而"持续"地走向衰颓。《单向街》的写作方式奇诡,一改此前本雅明在《德国浪漫派的艺术批评概念》和《德国悲剧的起源》中的长篇论述,而采用了散论、格言、寓言相交织的意象拼贴的方式。"意象"(Denkbilder)一词,在德文中是由"思考"(Denk)和"图象"(Bilder)组合构成,一则思想的深度和景象的生动相得益彰,另一则"思考"在前"图象"在后,这说明"意象"的主导是为"思",《单向街》中思考的景象多来自街道两旁,然而内容的主体不是这些常被命名为章节标题的景物,乃是作者对时事鞭辟入里的批判,间或还夹杂了许多文学批评的箴言,它们呈现于作家的细致的观察、精微的描述之中,作者在街上"游荡",并非走马观花,也不只是将街道两旁扑面而来的景物尽情收纳于眼底,而是借助街景引出他的文化批评。

本雅明的写作,常被誉为是打破传统概念思维的明晰和严密,以一种摧毁的方式达到对现实真相的揭露,如理查德·沃林谈到本雅明的著作时说:"它在形式上呈现为矛盾重重,是一种分崩离析的极端思想之网络——毫无疑问,它呈现出来废墟的形式。"[①]王才勇先生将这种方式称为"反智",意指对传统概念思维的反叛,我们认为,这种写作方式本身充满了哲学的智慧,"反智"的目的是为打破陈腐的逻辑思维、突破传统概念框架,更好地达到对现实之"真"的寻觅和揭示。

《单向街》既是本雅明在创作上的一次革命,也可视为本雅明由文学批评转向文化批评的一个标志,他通过《单向街》从《德国悲苦剧的起源》这样学院式的写作中解放出来,并突破了之前囿于文学批评领域的创作局限,从此进入了更为广阔的文化批评领域。因此在此书中,本雅明不是坐在书房里迷恋古董的收藏家、鉴赏家,抑或文学批评家,而像流浪汉般在街道上闲逛,是脑海中拼命构思城市意象的文化批评家。

《单向街》这部作品内容零散而博杂、梦境与现实斑斓交错,文章体例不一,但纵览全书可从中领会出作者的题旨乃是文化批评;有以下几组代表性意象为证:其一,中国书籍与誊本;其二,古老民族的风俗;其三,书籍与妓女。

本雅明认为誊本对于保存文化至关重要,关键在誊抄它的过程当中,一边誊写一边阅读的人,灵魂容易产生触动,单纯的读者只会任由思绪在梦幻中飘散,很难了解到文本内在的崭新观点。就好像走在公路上的人与乘坐飞机俯瞰公路的人的感受迥然不同,飞机上的乘客仅仅看到道路如何在景色中延伸,而看不到

---

① [美]理查德·沃林:《瓦尔特·本雅明:救赎美学》,吴勇立、张亮译,南京:江苏人民出版社2008年版,第258页。

消失在森林中的道路,而走在公路上的人会注意到每一次转弯所需的距离、林中的空地大小以及道路标识,他就好像指挥前方士兵的将领,切实感受到了脚下道路的气势。他在《中国古董》一篇的末尾写道:"……中国的书籍副本是无可比拟的文学文化之保证,并且抄写誊本的实践是打开中国之谜的钥匙。"①本雅明出生在极富裕的犹太家庭,耳濡目染深谙古董收藏之道,他的童年纪事《驼背小人:1900 年前后柏林的童年》中就曾提到为家中沙龙增色的中国瓷器,也在著名的《开箱整理我的藏书》一文曾谈到,一本旧书可以在藏书家那里获得新生,藏书家可以通过收集新藏品从而复活一个旧时代,本雅明对古籍内在价值的珍视,使得他能将中国的古籍副本看作是文学文化之保证,从中国古籍表意化的文字当中,领悟到打开中国之谜的钥匙在其抄写的过程。

  本雅明可谓"信而好古"之人,他不仅对偶然看到的中国古籍副本念念不忘,而且还常常忆起遥远的古老风俗,他认为,许多古老的风俗正在向现代人发出警告是:"在我们接受大自然的丰厚的赐予的时候,要防止一种贪婪的姿态。因为我们没能对我们的土地有任何馈赠,因而在领受时表示敬意是恰当的,首先在接受时,我们要归还她一部分……"②这样一种在"接受"与"归还"之间保持平衡的风俗体现在古代的祭酒仪式和农事采摘中,人们常用剩余的物品来表达对自然的敬意,而现代人遗忘了这些美德,只知道贪婪地掠夺自然,忘记了自己将赖以存活的土地变得贫瘠,干净的水源逐渐稀缺,忘记了对大自然的深深敬意,这在本雅明看来才是现代人所失落的最宝贵的东西,并且此种遗失将会导致土地贫瘠、农田颗粒无收。

  本雅明对现代生活方式所持的悲观态度,渗透至《单向街》的字里行间,他批评当时人们对无望时局的盲目忍耐,对当时普通人们的口头禅:"事情不要再这样下去"嗤之以鼻,认为此态度的结果就是集体的毁灭,他想让德国市民阶层清醒地意识到生活即将面临崩溃的局面,基于此,本雅明指出,人们出于内在狭隘的私人利益,在行为上却更多地被大众的本能所决定,并且这种本能比任何时候都要疯狂并且远离生活之旨。在《单向街》最长一篇《德国全景:德国通货膨胀巡视》中,从对日常生活中用品的价格的离谱暴涨,到人们非自由选择的社区中关于金钱的话题,以及整个社会对待穷人的轻视和冷漠……本雅明都一一审视,他绝望地发现,在危险临近时,人竟不如动物,动物大难临头尚可凭借本能的直觉觅得出路,社会中的人只有动物的麻木却没有动物的直觉,每个人作为盲目大

---

  ① W. Benjamin. Einbahnstrasse, *Walter Benjamin Gesammelte Schriften Band* Ⅳ·Ⅰ, Frankfurt am Main: Suhrkamp Verlag, 1972, p.90.
  ② W. Benjamin. Einbahnstrasse, *Walter Benjamin Gesammelte Schriften Band* Ⅳ·Ⅰ, Frankfurt am Main: Suhrkamp Verlag, 1972, p.101.

众里的一员,甚至看不到自己身边的危险,只是随波逐流放任自己在刻板的生活中沉沦。

"贫困"是本雅明所描述的二战前期德国市民的关键词,普遍的贫困像是巨大的阴影笼罩在中欧的上空,这样的贫困让穷人感到不堪,但仍然惯性般地依附于政府的谎言,以至于人们原本运用理智的能力不战而挫。德国市民整体所处状态是:"一幅愚蠢的图像:缺乏安全感,那是生命本能的反常,软弱无能,那是智力的衰退"①。他最后总结出,让德国一蹶不振并且与欧洲其他民族产生隔阂的原因,是由于愚蠢而陷入对集体力量的屈从,并最终走向笨拙的野蛮。

本雅明不仅哀叹个人自由的失落,而且对书籍也展开了辛辣的讽刺。在《单向街》中,他一改往日里藏书家的憨厚模样,对书籍写下了许多貌似不敬的格言,尤其是他将书籍与妓女作为一对辩证意象写下的格言,既令人忍俊又耐人寻味。他说:"书籍和妓女都可以带上床;书籍和妓女,他们有各自的男人,以他们为生并且令其烦恼,就书而言,这样的男人是批评家;书籍和妓女都喜欢在展示自己的时候转过身去;书籍的注脚是妓女长袜中的钞票……"②书籍和妓女原本风马牛不相及,一个好像永远处于高雅的殿堂,另一则常出没藏污纳垢之所,但在本雅明笔下,书籍与妓女的境遇似无本质的不同,商业化的书,如广告,不也是打扮得花枝招展站在街头引人暇顾吗?

显然,本雅明是站在一个批评家的角度去理解书籍的,他哀叹书籍的传统形式在商业化的社会正走向末路,在广告、电影的影响下,图画书写的时代已然到来,诗人似乎只能通过与统计技术图表的合作来开辟疆域,书籍亘古的宁静已经被铺天盖地的彩色图面所侵扰,同时,作家的工作成了测量和实验,现代学术的代表作读起来就像目录表,本雅明在"大部头书的原则或者厚著写作技巧"一节对现代学术著作进行了最尖刻的讽刺,这篇文章表面上是教人如何写成鸿篇巨著,实际上是批评那些拖沓冗长又机械的学术著作,这在今天读来,仍有现实意义。

从《单向街》中关于文化批评的三组意象——古籍誊本、古老风俗、书籍与妓女,贯穿着对古老文学、文化、风俗的敬意,并在深沉的敬意中饱含了作者对过去的眷恋。在《单向街》的最后一节,本雅明谈到古人与现代人最根本的区别在于,古人完全投入到跟宇宙的交流体验当中,同时从宇宙中汲取力量,而现代人对这种体验完全是陌生的,近代天文学的发展繁盛让古人对宇宙的迷狂状态淡出了

---

① W. Benjamin. Einbahnstrasse,*Walter Benjamin Gesammelte Schriften Band* Ⅳ·Ⅰ,Frankfurt am Main:Suhrkamp Verlag,1972,p.96.

② W. Benjamin. Einbahnstrasse,*Walter Benjamin Gesammelte Schriften Band* Ⅳ·Ⅰ,Frankfurt am Main:Suhrkamp Verlag,1972,p.109 - 110.

现代生活,现代人妄图开发和驾驭宇宙,抛弃了同宇宙的交流体验,故而在贪婪的掠夺中遭致灾难。科技迅猛发展的现代社会,在本雅明看来是破碎的,现代人的困境并非仅是长期通胀导致的物质匮乏,而是对过去的遗忘和丢弃,若要逃过现代文明的异化,获得灵魂的救赎,唯有从过去的古老文化中寻找答案,在他眼中,古老的"过去"反倒是人类精神的青年时期,如同一个人在青年时的意识抑或尝试,日后忆起总会让精神得以振奋,来自过去的弥赛亚也能让现代文明的缺失得以弥补。

关于现代文明堕落的话题,法兰克福学派的另外两位代表人物霍克海默和阿多诺也对它进行了批判,其核心的观点是,启蒙在帮助人挣脱神话的枷锁之后,又将人带入理性的捆绑,因而这样的启蒙还是不够成熟的,真正的启蒙将扬弃工具理性的顽疾,他们的文化批评实际上是对启蒙的医治,其宗旨还是面向未来的,并继续依托于理性的自省能力。而在本雅明这儿,批评的归宿乃是拯救,拯救的希望并不在于继续启蒙,而是朝向过去,寻访古老文化的精华,并用这些精华来滋养灵魂,他的作品与收藏,无一不是从古老文化或童年记忆中得来的,然却给人一种耳目一新的感觉。

从破碎的现实转向似乎完美无缺的过去的文化批评,似乎注定只能是充满意象的断片和未完成的线索,因它既不限定于一个既成的框架,又向迷离的过去、变动的意象靠拢,正如本雅明所说,真正有价值的批判活动是在纳入社会系统之前发生的,所谓的纳入社会体系前,就是不被当时的意识形态或定见所扰,因而,《单向街》所呈现的生动意象,是未经概念的美化和包装的,对社会现实最直接的批判,同时它亦具有开放的姿态。

《单向街》留给人这样的印象,读到一段的末尾处,像是还未写完,作者像是暂时搁笔,像忙着做什么事去了,大约闲暇之时还会补上,但实际上他在一个段落结束后,似乎忘了有这回事一般,又栩栩如生地去说另一件事了。整部作品虽说是断片,但文章的批判性的题旨却一直贯穿始末,那些戛然而止处恰是作者的留白,正如他自己所说:"对于伟大的作家来说,完成了的作品的分量要轻于那些贯穿他一生的断简残篇。……他在未完成的作品里施展魔力。"①这话本是用来评判他人,但不自觉地成了本雅明自己的作品的注脚,他最为人乐道的作品《拱廊街》也仿佛是华丽的废墟,《单向街》虽成书出版,但其中意象、格言背后的深刻寓意,还有待于从他模糊的言辞、排列宛若星丛的断片中拯救出来。

《单向街》的"未完成",实际上也是一种文化批评的尝试,它的方法与内容其

---

① W. Benjamin. Einbahnstrasse, *Walter Benjamin Gesammelte Schriften Band* Ⅳ · Ⅰ, Frankfurt am Main: Suhrkamp Verlag, 1972, p.88.

实都源自其内在的准则——不被体系与概念所缚。读过它的人也许只能摊开双手说:"喏,这就是本雅明的风格!读它宛若陷入泥潭。"本雅明从德国传统秉承来的文化,存在于自己内在经验和古老习俗,也流淌在可悲的乞丐和赤裸的孩童的血脉之中,或披挂于一栋建筑或一件古玩之上,因而,他的文化批评既是杂乱无章的只言片语,又无比逼真地呈现出现代文化的矫揉造作与现代人的贪婪放纵……。我们从中看到他寻求拯救的希望,那希望在阅读中间的惊叹和不得不的停顿中闪现,如《单行街》中所描述的:"莎士比亚、卡尔德隆的戏剧的最后一幕总是充斥着战斗,国王、王子、骑士侍从和跟班们'匆忙登台',在他们被观众看见的瞬间停住。"①《单向街》的"未完成"留给了人省思的余地,而正是在读者看到并且瞬间停住的时刻完成了它自身。

因此,阅读本雅明作品的体验也是不同寻常的,因为本雅明实际上只写下了他想要说的一部分,那文字仿佛是中了魔法的符咒,让你必须字斟句酌地去读,然而又不能耽于单个的字词,必须让你的经验和想象,伴随着一幅幅生动的图像在脑中、在眼前唤起,有时会让人瞬间停住,展开遐思。这种文字的魔力源自本雅明对古老文化乌托邦似的重构,以及对现代文化的解剖,他的文化批判是一种面向过去的书写,这种书写等待面向未来的人去将它完成,借助思考或者批判,而他只负责唤醒人们去思考,如何将我们破碎的文明修补完整,因而当本雅明看到《新天使》这部画作,觉得这是自己的画像,就不足为奇了,他在对新天使的描绘中,带有一种绝望的情愫,他写到,天使最终被一阵风暴刮向他背对着的未来,而这场风暴正是进步,所谓的进步在本雅明那里如同暴风,他抵挡不了进步的风暴,但至少警示了拥抱所谓进步的世人。

---

① W. Benjamin. Einbahnstrasse, *Walter Benjamin Gesammelte Schriften Band* Ⅳ・Ⅰ, Frankfurt am Main: Suhrkamp Verlag, 1972, p.143.

文献导读

1. 传统理论与批判理论[①]

马克斯·霍克海默

导读

马克斯·霍克海默（Max Horkheimer，1895—1973），德国哲学家、社会学家、法兰克福学派创始人。1895年生于斯图加特的一个犹太裔家庭，1919—1922年在慕尼黑、法兰克福和弗莱堡上大学，1925年获得法兰克福大学授课资格，1930年被任命为社会哲学正教授和社会研究所所长，1934年流亡美国并在哥伦比亚大学建立社会研究所，1949年返回德国并于次年重建法兰克福社会研究所。1973年在纽伦堡去世。其著作有《权威与家庭》（1936）、《启蒙辩证法》（与阿多诺合著，1947）、《工具理性批判》（亦称《理性之蚀》，1967）、《批判理论》（1968）等。

理论是有关某一学科命题的总汇，其中一部分构成基本命题，其他命题由基本命题推出。命题的真正有效性取决于派生命题是否符合实际，就其与事实的关系而言，理论通常是一个假设。如果理论的缺陷在我们加工材料的过程中开始显现出来，那就必须准备改变理论。当前可以把理论分为传统理论和批判理论两类。

传统理论的对象总是要形成一般的、内在一致的原则来描述世界，无论这个原则是像笛卡尔理论那样由演绎产生，还是像穆勒那样由归纳产生，抑或像胡塞尔那样从现象学产生，这个原则总是坚持的，甚至重视经验和证实的盎格鲁-撒克逊科学也追求一般命题，传统理论的目标历来是纯粹知识而非行动。如果说培根式的科学指明了活动的方向，那么其目标也是做世界技术上的主人，这与实践是完全不同的。无论何时，传统理论总是在思想和行动之间保持严格的分离。

批判理论产生于当今垄断资本主义时期的启蒙运动，是具有批判思维的知识分子的自我认识；它以一定历史生活中生产者的人为对象，以马克

[①] 选自［德］马克斯·霍克海默：《批判理论》，李小兵等译，重庆：重庆出版社1989年版。

思主义政治经济学批判为基础；它拒绝把知识作为与行动不同并优越于行动的东西来崇拜，而且它认识到非功利的科学研究在一个连人自身都不自律的社会中是不可能的；知识分子作为主体既不是完全自律的，也不是完全依他的，研究者的价值必然影响到他的著作，知识和利益最终是不可分割的，同时研究对象不仅仅依赖于自然，还依赖于人来对它施加的影响；在批判思维的影响下出现的概念，如阶级、剥削、剩余价值、利润、贫困化等，都是对现存秩序的批判，它们的意义不是在对当代社会的维护中实现，而是在将社会改造成一个合理社会的过程中得到的，它的目标在于把人从奴役中解放出来。

霍克海默受马克思主义的启发，在本文中主要研究和分析了批判理论，为整个法兰克福学派奠定了理论基础。他首先指出理论是什么，然后将理论分为传统理论和批判理论两类，进而分析了传统理论与批判理论在时代背景、研究对象和方法、社会意义等方面的不同，由此得出现在真正的理论更多的是批判性的社会理论。

[文献]

"理论"是什么？这个问题对当代科学来说似乎相当容易回答。对大多数研究者来说，理论是关于某个主题的命题总汇；这些命题之间紧密相联，有几个是基本命题，其他命题由基本命题推出。与派生命题相比，基本原理的数目越少，理论就越完善。理论的真正有效性取决于派生的命题是否符合实际。如果经验与理论相互矛盾，其中之一必须重新加以检查。不是科学家未能正确地进行观察，就是理论原理出了毛病。因此，就其与事实的关系而言，理论永远是一个假说。如果理论的缺陷在我们加工材料的过程中开始显现出来，我们就必须准备改变理论。理论是储备起来的知识，它采取一种有助于使它尽可能准确地描述事实的形式。彭加勒把科学比作一所必须不断扩充的图书馆。实验物理学是负责采购的馆员，它通过提供新材料来扩大知识。数学物理学——严格意义上的自然科学理论——整理目录；若无目录，我们就无法利用图书馆的富藏。"这就是数学物理学的作用。它必须指导概括，以便增加那种我刚刚称之为科学的产量的东西。"一切理论的一般目标都是成为一种不局限于特殊论题、包括一切可能对象的普遍系统的科学。从相同的基本前提推出特殊领域的原理的工作正在摧毁学科间的藩篱。为分析无生命的自然而制定的概念工具，同样也用于对有生命的自然的分类；而且，一旦掌握了那个工具的使用方法,即掌握了推导规则、符号和把推出的命题与可观察的事实进行比较的方法,任何人都能随时使用那个工具。不过,我们现在离这样一种理想状况还相当遥远。

……

逻辑学家要么把作为推论起点的最普遍的命题认作是经验的判断,认作是归纳(正如约翰·斯图亚特·密尔那样),认作是不证自明的洞见(像在理性主义者和现象主义学派那里一样);要么把它看作是任意的公设(像在现代公理方法那里一样):这取决于逻辑学家本人的一般哲学观点。在当代最先进的逻辑(胡塞尔的《逻辑研究》即是代表)里,理论被定义为"一个封闭的科学命题系统整体"。完备的理论是"一套系统地联结起来的命题,具有系统一致的推演形式"。科学是"某种命题总体……,它以一种或另一种方式从理论工作中产生出来。根据那些命题的系统次序,某个对象总体得到定义"。任何理论系统都必须满足的基本要求是它的所有部分都应该紧密相联,没有冲突。在魏尔看来,和谐是理论的必要条件,它包括无矛盾和无多余的东西这些对可观察现象没有影响的纯粹独断的因素。

就这种关于理论的传统看法表现了一种倾向而言,它倾向于纯数学的符号系统。在理论的要素中,在命题的组成部分中,经验对象的名称变得越来越少,而数学符号则越来越多。逻辑演算本身甚至已经合理化到了如此程度,以至理论形成至少在自然科学的大量领域里变成了数学构造的事情。

关于人和社会的科学也试图学习那些取得了巨大成功的自然科学的榜样。那些更多地取向于研究事实的社会科学学派与那些比较注重原理的学派之间的差别,跟对理论本身的理解并没有直接关系。在一切有关社会生活的学科里勤奋地搜集事实、收集与问题有关的大量细节、通过细心设计的问卷及其他手段进行经验的调查(这是学术活动,尤其是斯宾塞时代以来盎格鲁-撒克逊大学里学术活动的主要部分),所有这一切都表明了一种模式,这种模式外表上很像由工业生产技术支配的社会生活的其余方面。这样的研究方式似乎极为不同于空想的学者对抽象原理的阐述和对基本概念的分析,而这种阐述和分析却正是一部分德国社会学的典型特征。然而,这些分歧并不意味着思想方式上的结构性差异。最近,当代社会所谓的人性研究(精神科学)只有起伏不定的市场价值,它一定会模仿比较成功的、实际价值不成问题的自然科学。

事实上,各种不同的社会学学派无疑具有相同的关于理论的概念,这与自然科学中的理论概念一样。对于业已得到详尽阐发的理论应该是什么样子这个问题,经验取向的社会学家和他们那些理论取向的兄弟们具有相同的看法。当然,前者相信,鉴于社会问题的复杂性以及科学的现状,必须把一切探讨普遍原则的活动看作是游手好闲、懒散成性。如果要做理论工作的话,我们就必须坚定不移地着眼于事实;在可以预见的将来,不会出现综合性理论陈述的思想。这些学者十分迷恋精确表述方法,尤其迷恋数学方法,这些方法与上面描述的关于理论的概念特别相似。他们反对的与其说是理论本身,不如说是那些对经验科学问题没有亲身体验的人在神经错乱的情况下编造的理论。一旦我们把社区与社会(特尼斯)、机械的一致与有机的一致(杜尔克姆)、或文化与文明(韦伯)等区别作为人类社会的基本形式,并试图把它们应用到具体问题上,它们马上就会表明自己的价值是可疑的。就当今的研究状况而言,社会学必须采用的方法(它已被证明)是:从对社会现象的描述艰苦地上升到对它们的详细比较,然后才能形成一般概念。

……

我们现在必须进一步说,有一种以社会本身为对象的人类活动①。这种活动的目的不是简单地消除一种或另一种滥用,因为它认为这类滥用与社会结构的组织方式有必然的联系,尽管它本身产生于社会结构,但它的目的却不是帮助这个结构的任一要素更好地运行;不管从它的主观意图还是从其客观意义来说,都是如此。相反,当较好的、有用的、恰当的、生产性的和有价值的范畴被人们在现存社会秩序中加以理解时,它怀疑它们,并拒绝承认它们是我们对之无能为力的非科学的先决条件。一般说来,个人必须坦白地承认他存在的基本条件是给予的东西,他必须努力完善它们。由于完成了和能够完成与他的社会地位有联系的任务、由于勇敢尽职(虽有尖锐的批评,他可能仍愿意去做某件事),他得到了满足和赞赏。但我们说的批判态度却根本不相信现存社会为其成员提供的行为准则。个人承认给他的行动规定的限度是自然的,因为个人和社会是分离的。批判理论把这种分离看作是相对的。它认为,由个人活动之间的盲目作用决定的整个社会结构(现存的劳动分工和阶级划分)是一个起源于人类活动的函数,因而是一个能够有计划地决定并合理地规定目标的对象。

在采取了批判态度的人看来,现存社会整体的两面性是一个有意识的对立。他们认为现存经济形式及由此产生的全部文化都既是人类劳动的产物,又是人类目前能够并且已经给自己提供的组织的产物。因此,他们认同于这个整体,并

---

① 以下段落称这种活动为"批判的"活动。在这里,我们不是在唯心主义的纯粹理性批判那个意义上使用这个术语,而是在政治经济学的辩证批判这个意义上使用术语。它表明了辩证社会理论的根本方面。——作者注

认为它就是意志和理性。这个整体是他们自己的世界。同时,他们也感受到,社会可以与非人的自然过程、可以与纯粹的自然作用相比拟,因为由战争和压迫支撑着的文化形式并不是一个统一的、自觉的意志的创造物。这个世界不是他们自己的世界,而是资本的世界。

因此,从前的历史不能被真正地理解;只有其中的个人和特殊群体是可以理解的,而且这些个人和群体也并不是完全可以理解的。因为他们对非人社会天生的依赖性表明,这些个人和群体即使在有意识的活动中,也有很大程度的机械性。这样,具有批判思想的人与社会认同的特征就是紧张,而紧张又是一切批判思想概念的特征。因此,这类思想家对劳动、价值和生产率等经济范畴的解释,刚好同他们在现存社会制度中得到的解释一样。而且,他们还把其他任何解释都看作是唯心主义的。但他们同时认为,简单地接受解释是不诚实的;批判地接受支配着社会生活的范畴,同时就包含着他们的宣判。当代人自我解释的这种辩证特征,归根结底也是那种使康德的理性批判晦涩难懂的东西。只要人还作为一个缺乏理性的有机体的成员活动,理性就不能洞悉自身。作为一个自然地发展和衰亡的统一体的有机体,不能成为一种社会模型,而只是一种社会必须由之解放出来的僵死的存在形式。打算实现这种解放、打算改变整个社会的态度,可能会有助于在既存现实范围内进行的理论工作。但这种态度缺少实用性——传统思想作为一种有社会用途的专业活动所固有的实用性。

在传统的理论思想里,个别客观事实的起源、思想借以把握事实的概念系统的实际应用以及这类系统在活动中的地位,都被看作是外在于理论思想本身的东西。这种异化用哲学术语表达就是价值与研究、知识与行动以及其他极端之间的分离,它使学者免于陷入我们指出的那些紧张,并给他的活动提供一种确定的框架。但是,一种不接受这种框架的思想似乎有它不接受的理由。如果理论过程不借助于可以达到的最简单、最分化的概念系统去规定客观事实,那么,它除了是一个无目的的智力游戏(半是概念诗歌、半是精神状态的软弱表达)之外,还能是什么呢?对事实和理论的社会条件作用的研究可能确实是个研究课题,甚至可能是理论工作的全部领域,但这类研究怎么能根本不同于别的专门研究呢?意识形态研究或知识社会学已经从社会批判理论中分了出去,成为一门具体学科,因而它们不论在目标上还是在其他追求上都不与分类科学范围内进行的常规活动相对立。

在这种对批判理论的反应里,思想的自我意识本身被归结为发现理智立场和这种立场的社会定位之间的关系。由于批判态度的构造物旨在超出通常的社会活动方式,它与如此构想的社会学科的关系,并不比它与自然科学的关系更密切。一般说来,它与传统理论概念的对立,与其说是产生于客体的不同,不如说是产生于主体的不同。由于事实是从社会劳动中产生出来的,所以,对具有批判思想的人来说,事实不是外在的东西,不像学者或其他跟狭隘的学者一样思考的专门人材所认为的那样。后者期待一种新型的劳动组织。但就知觉给予的客观实在被认作是原则上应该由人类控制的产物、或至少在将来会实际上由人类控制的产物而言,这些事实已经失去了纯粹事实的特征。

"作为"科学家,学术专家把社会现实及其产物看作是外在于他的东西;但"作为"公民,他又通过政论文章和政党党员或社会服务组织成员的身份、通过参加选举来对现实发挥影响。不过,他没有把这两种活动统一起来,也没有把他的其他活动统一起来;他至多只能从心理学上作些解释。相反,当前推动批判思想的动力,是试图超越紧张的努力,是试图消除个人目的性、主动性、合理性与那些社会建立于其上的劳动过程关系之间的对立的努力。在这种对立消除以前,批判思想肯定要把人理解为自相矛盾的。如果由理性支配的活动是人特有的活动,那么,塑造了个人生活(包括细枝末节)的现存社会实践就是非人性的,而这种非人性又影响了社会中的任何事物。永远会有外在于人的智力活动和物质活动的东西存在,就是说,永远会有社会必须对付的、包含着尚未受到控制的成分的自然总体存在。可是,当完全取决于人的情况、人在劳动中的关系和人自己的历史进程都被当作是"自然"的组成部分时,作为结果出现的外在性就不是超历史的永恒范畴(即使上面描述的纯粹自然也不是),而是可鄙的弱点的标志。屈服于这种弱点就不是人、就失去理性了。

……

在目前这样的历史时期中,真正的理论更多地是批判性的,而不是肯定性的,正如相应于理论的社会不能叫作"生产性的"一样。人类的未来依赖于现存的批判态度;这种态度当然包括传统理论要素和普遍衰退的文化要素。人类已经被一种虚幻地、自满自足地考虑实践构造的科学遗弃了;这种科学所从属并为之服务的实践,就好像某种在科学界限之外的东西一样;这种科学满足于思想与行动的分离。然而,思想活动的特征是独立地确定它应该干什么工作,尽什么职责,而这种工作和职责又不是零散地完成的,而是整体性地完成的。因此,思想活动的内在本性使它面向历史的变化,面向人们之间公正关系的建立。在大声疾呼"社会精神"和"国家共同体"的背后,个人与社会的对立变得空前巨大。科学的自我定义变得空前抽象。但是,思想上的顺从主义和坚持思想是社会整体中的一个固定行业、一个自我封闭的王国的观点,都背叛了思想的本质。

2. 文化工业：作为大众欺骗的启蒙①

马克斯·霍克海默、西奥多·阿道尔诺

导读

西奥德·阿道尔诺（又译为"西奥多·阿多诺"，Theodor Wistugrund Adorno，1903—1969），出生于法兰克福的一个犹太裔家庭，从小受到很好的音乐和哲学教育。1921年入歌德大学攻读哲学、社会学、心理学和音乐理论等课程，1924年获哲学博士学位，1933年被社会研究所聘为讲师。1938年流亡美国，1949年回到德国，1953年起主持法兰克福社会研究所的工作。1968年在西欧学生运动中因不支持学生造反而受到攻击，迁居瑞士，不久便逝世。其著作有《启蒙辩证法》（与霍克海默合著，1947）、《多棱镜：文化批判与社会》（1955）、《否定辩证法》（1966）、《社会批判论集》（1967）等。

文化工业使个人越来越屈服于资本主义的绝对权力，强大的经济权力促使技术获得支配社会的权力，技术合理性已经变成了支配合理性本身，具有了社会异化于自身的强制本性。批量生产的产品不仅具有不同的质量，而且也有一定的等级秩序，每个人都会自发地按照他先前确定和索引好的层面来行动，选择适合于他这种类型人的批量产品的类型。消费者被分成不同的群体，技术变成了用于各种宣传的工具，这些技术机制和人员支配都是经济选择机制的一部分。

一旦文化工业为消费者提供服务，就会将消费者图式化、索引化，把消费者进行归类。机械化批量复制生产的作品依赖丧失了个性的一致性而得以将消费者归类和图式化，它是某种意识形态的要求，即对社会等级秩序的遵从。

文化工业具有娱乐的成分，而这种娱乐是劳动的延伸。机械化规定着娱乐商品的生产，使娱乐成为劳动过程的残余影像，快乐变成了厌烦，取乐代替了快乐。那种利用现有技术资源和设备的文化产品并没有实际满足大众审美消费的欲望，取乐和虚假的笑声欺骗性地满足了欲望。

文化工业把人当成了类成员，当成了一种实在，使大众主体成为对象。每个人都可以代替其他人，可以相互转变，是一个复制品，人们完全成

---

① 选自[德]马克斯·霍克海默、西奥多·阿道尔诺：《启蒙辩证法》，渠敬东、曹卫东译，上海：上海人民出版社2003年版。

为了社会为行使某种职能而不断加以培训或肯定的产物。文化工业所关心的就是让所有人成为消费者和雇员。文化工业把自己造就成蛊惑权威的化身,其意识形态的欺骗本质就是如此编造出来了。

每个人都在文化工业的意识形态的控制之下,人们丧失了思想和否定的能力,丧失了道德,每个人都认识到自己是孤立无助的,他只能依靠社会及其意识形态。人们只能意识到自己是一无所有的,只能认识到只有失败才是自己所能做到的一切,绝望的人们充斥着这个世界。个体臣服于社会,两者实现了虚假的同一性,个性被祛除了。

文化工业可以成功解决个性问题,满足为了实现个性而产生的私下秘密的欲求。在文化工业中,以前的伟大艺术品已经转变成了以交换价值为目的的文化商品,消费变成了快乐工业的意识形态。法西斯主义者就是利用文化工业能够提供免费的各种礼物的规训手段,用强制的方式把人们组织了起来。

广告破坏了词语与物之间本来存在的充满神秘色彩的联系,并为词语注入特定的指涉,将它们盲目而又迅速地传播开来,这种非神秘化的启蒙运动活动使语言重新变成了巫术,而广告则成了极权口号。这种普遍的极权语言被施加在人们身上,而使人们不得不接受,无从选择,体现了资产阶级意识形态的权力的偶像化和强制性。

在这篇文章里,作者首先提出了文化工业与社会权力的关系,人们成为受控制的对象,接着论述了人们是如何被产品所物化、所图式化和分类的,同时这种分类的过程也是一种获取娱乐的过程,然后作者又论述了商品的娱乐性被剥夺了,作为主体的生产者反而成为一种可供复制的任意挑选的"产品",由此作者认为人们丧失了自主性,绝望充斥着世界,个性被祛除了,最后作者认为文化工业可以成功解决个性问题,它使消费变成了快乐工业的意识形态,它通过非神秘化的普遍的极权语言像巫术一样强制地把人们控制了起来。

[文献]

一

……

利益群体总喜欢从技术的角度来解释文化工业。据说,正因为千百万人参与了这一再生产过程,所以这种再生产不仅是必需的,而且无论何地都需要用统一的需求来满足统一的产品。人们经常从技术的角度出发,认为少数的生产中心与大量分散的消费者之间的对立,需要用管理所决定的组织和计划来解决。而且,各种生产标准也首先是以消费者的需求为基础的,正因为如此,人们才会顺顺当当地接受这些标准。结果,在这种统一的体系中,制造与上述能够产生反作用的需求之间便形成了一种循环,而且越演越烈。然而,却没有人提出,技术用来获得支配社会的权力的基础,正是那些支配社会的最强大的经济权力。技术合理性已经变成了支配合理性本身,具有了社会异化于自身的强制本性。汽车、炸弹和电影将所有事物都联成了一个整体,直到它们所包含的夷平因素演变成一种邪恶的力量。文化工业的技术,通过祛除掉社会劳动和社会系统这两种逻辑之间的区别,实现了标准化和大众生产。这一切,并不是技术运动规律所产生的结果,而是由今天经济所行使的功能造成的。……

二

……

整个世界都要通过文化工业的过滤。正因为电影总是想去制造常规观念的世界,所以,常看电影的人也会把外部世界当成他刚刚看过的影片的延伸,这些人的过去经验变成了制片人的准则。他复制经验客体的技术越严谨无误,人们现在就越容易产生错觉,以为外部世界就是银幕上所呈现的世界那样,是直接和延续的。自从有声电影迅速崛起以后,这种原则通过机械化再生产得到了进一步的增强。真实生活再也与电影分不开了。有声电影远远超过了幻想的戏剧,对观众来说,它没有留下任何想象和思考的空间,观众不能在影片结构之内做出反应,他们尽管会偏离精确的细节,却不会丢掉故事的主线;就这样,电影强迫它的受害者直接把它等同于现实。对大众媒体消费者来说,想象力和自发性所受到的障碍不必追溯到任何心理机制上去;他应该把这些能力的丧失归因于产品本身的客观属世,尤其要归因于其中最有特点的产品,即有声电影。不可否认的是,有声电影的如此设计,使人们需要借助反应迅速的观察和经验才能保持持续的思想。即使反应是半自动的,但也没有留给他们任何想象的空间。那些被电影世界以及其中的形象、手势和语言深深吸引住的人,不再满足于真正创造世界的东西,不过,他们也不必把生活建立在电影放映的具体机制上。他们所看过的所有影片和娱乐业的产品,教会了他们要期待什么;同时,他们也会自动地做出反应。工业社会的力量留在了人类的心灵中。娱乐制造商知道,即使消费者心烦意乱,仍然会消费他们的产品,因为每一个产品都是巨大的经济机器的模型,这些经济机器无论是在工作的时候,还是在闲置的时候,都会像作品那样,为大众提供有力的支持。没有人会从每一个有声电影或每一个广播节目中推断出社会效果,但是社会效果却是为所有人共同分享的。整个文化工业把人类塑造成能够在每个产品中都可以进行不断再生产的类型。在这一过程中,从制片人到妇女俱乐部,所有机构都在小心谨慎地保证这种心态的简单再生产不会以任何方式得到细致的描绘和扩充。

……

在文化工业中,这种模仿最终变成了绝对的模仿。一切业已消失,仅仅剩下了风格,于是,文化工业戳穿了风格的秘密:即对社会等级秩序的遵从。今天,自从人们把精神创造总结成文化,并使其中性化以后,审美的野蛮特性就使那些能够对精神创造造成威胁的因素荡然无存了。当人们谈论文化的时候,恰恰是在与文化作对。文化已经变成了一种很普通的说法,已经被带进了行政领域,具有了图式化、索引和分类的涵义。很明显,这也是一种工业化,结果,依据这种文化观念,文化已经变成了归类活动。所有知识生产领域也采用了同样的方式,服务于同样的目的,从晚上下班到次日早晨上班,所有这些都占据着人们的感受,与此同时,人们在一整天的劳动过程中,也留下了这样的印记。正是这种归类活动,以嘲讽的方式满足了同一文化的概念,而这一概念恰恰是人格哲学家们用来对抗大众文化的武器。

三

……

不过,文化工业还依然是保留着娱乐的成分。文化工业对消费者的影响是通过娱乐确立起来的;公开宣布的法令并不会对此产生破坏作用,相反,娱乐规则中所固有的敌意倒会产生这样的作用,因为这种敌意比它针对自己的敌意还要强。既然文化工业的所有趋势都深深扎根于整个社会的公共生活之中,这一地区的市场就会对其产生推动作用。因此,需求还没有被纯粹的服从所代替。众所周知,第一次世界大战之前,制片业大规模重组和扩张的物质前提,就是通过票房纪录来确定满足公众需要的程度,而电影刚刚产生的时候,人们还没有认识到这种做法是极其必要的。甚至在今天,制片业巨头们还持有这样的观点,他们或多或少把流行歌曲当成了一种标准,从来没有诉诸相反的标准,即一种真值判断。商业就是他们的意识形态。毫无疑问,文化工业的权力是建立在认同被制造出来的需求的基础上,而不是简单地建立在对立的基础上,即使这种对立是彻底掌握权力与彻底丧失权力之间的对立。晚期资本主义的娱乐是劳动的延伸。人们追求它是为了从机械劳动中解脱出来,养精蓄锐以便再次投入劳动。然而,与此同时,机械化在人的休闲和幸福方面也会产生巨大作用,它能够对消遣商品生产产生巨大的决定作用,于是,人们的经验就不可避免地变成了劳动过程本身的残余影像。表面上的内容变成了褪了色的前景;而浸入其中的则是标准化操作的自动化过程。人们要想摆脱劳动过程中,在工厂或办公室里发生的任何事情,就必须在闲暇时间里不断接近它们。所有的消遣都在承受着这种无法医治的痛苦。快乐变成了厌烦,因为人们不需要做出任何努力,就可以快乐下去,他们只要按照老掉牙的程序严格操作下去就行了。不要指望观众能独立思考:产品规定了每一个反应,这种规定并不是通过自然结构,而是通过符号做出的,因为人们一旦进行了反思,这种结构就会瓦解掉。文化工业真是煞费了苦心,它将所有需要思考的逻辑联系都割断了。任何发展都必须尽可能从最近出现的情况出发,并从整体观念出发。对于那些专心致志的电影爱好者来说,任何个别的场景都可以向他展现全部内容。甚至那些被设定的形式看起来也是很危险的,尽管这些形式可能很拙劣,但还是提供了某种意义,不过,唯有那些毫无意义的形式,他们才乐于接受。在旧有模式中,那些根据性格和事态的发展而发展出来的情节被毫不留情地删除掉了。相反,编剧需要考虑的是,下一步究竟要采取什么样的手段,才能在特殊情境下产生最让人吃惊的效果。编剧精心编排出来的离奇情节打断了故事的线索。就像恶作剧一样,整个故事的发展最后变成了毫无意义的废话,这就是流行艺术的合法成分,不管是滑稽剧和小丑,还是卓别林和马克斯兄弟,都是这种真实类型的最明显的例子。尽管在格里·加尔森(Greer Garson)和贝蒂·戴维斯(Bette Davis)主演的影片中,前后一致的社会心理学个案研究设定了某种比较连贯的情节,但是,在标新立异的歌词中,在恐怖片和卡通片里,上述情形还依然对自己作出了全盘肯定。于是,观念,连同悲剧和喜剧所要表现的东西,都已经被搞得支离破碎,残缺不全。要想写出标新立异的歌曲,就必须把所谓的意义彻底丢在一旁,就像精神分析的创始人和追随者一样,把意义还原为纯粹的特征。今天,侦探片和探险片已经不再为观众提供体验的机会了。在各种固定的体裁中,剩下的只有简单的恐怖情景,而这种恐怖与任何事情都搭不上关系。

  人们曾经一度把卡通片当成一种幻想,用来对抗理性主义。卡通片可以使那些残缺不全的东西获得新生,从而保证这些被重新注入生命的生物或事物受到公正的对待。今天,它们所要做的一切事情就是让技术理性彻底战胜真理。几年前,卡通片还有固定的情节,只有在结束的时候,才会连续出现几个很刺激的镜头,因此,它们看起来非常类似于原来的那种闹剧。不过在现在,时间上的联系已经发生变化了。在最开始的时候,它们就设定了一个动机,这样,整部影片的播放过程就变成了不断破坏这个动机的过程:观众最想看的,就是把主角变成毫无价值的东西,变成暴力攻击的对象。这样,有组织的娱乐就变成了有组织的施暴过程。制片业与自己委任的检察官建立了亲密关系,后者的任务就是检查展现犯罪的镜头,而犯罪却像打猎一样乏味而冗长。取乐代替了快乐,它所带来的满足能够一直维持到大屠杀的那一天。只要卡通片千方百计地迫使感觉追上新的发展速度,它们就会把原来的教训灌输进每个人的大脑中:不断产生的摩擦,以及瓦解所有人的抵抗力,正是这个社会的生活条件。卡通片里的唐老鸭,以及现实生活中的倒霉蛋,总会不断遭到重创,这样,观众也就学会了怎样经受惩罚的考验。

……

六

……在大众文化的发展过程中,广播后来居上,目前它所带来的所有结果,就是通过虚假市场的形式来否定电影。这是因为,制片商还可以为自己专门划出一块领地,可以随意地产生偏差,而商业广播系统的技术结构则把这些领地彻底根除掉了。广播公司虽说是私人企业,但它却代表着整个国家的主权,因此,相对于其他企业而言,它始终领先一步。切斯菲尔德公司是国家的烟草大王,而广播却是国家的喉舌。尽管广播把所有文化产品都带入了商业领域,但它却没有把文化产品变成直接提供给消费者的商品。在美国,广播电台从来就不向消费者征收税金,因此广播也就成了不冷不热、不偏不倚的权威的虚幻形式,这种形式是最适合法西斯主义的胃口的。广播变成了领袖的话筒;领袖的声音通过大街上的喇叭传播出来,就像塞壬的嚎叫一样,引起了极度恐慌——现代宣传机构也没什么两样。国家社会主义者很清楚,如果说出版印刷可以带来宗教改革,那么,无线电广播则完全可以缔造他们的事业。从形而上学的角度说,领袖的卡里斯玛是宗教社会学的发明,然而归根到底,这种卡里斯玛不过是广播中播放出来的悬河般的口才,是对无所不能的神灵的拙劣模仿。重要的是,这种无所不在的声音代替了它的内容,就像广播中托斯卡尼尼的慈善之举取代了交响乐本身一样。所有听众都无法把握其中的真正意义,而领袖的演说也不过是彻头彻尾的谎言。制造演说者的语言和虚假的指令,就是广播的内在取向。于是,推荐便变成了命令。用不同的商标来推荐相同的商品,或者用《茶花女》和《黎恩济》序曲中平缓的曲调来称赞泻药的科学作用,都很清楚地说明它们已经不再是什么作品了,而是到了荒唐之极的地步。总有一天,生产的法则和现实的广告(目前,它的现实性已经被选择的假象掩盖掉了)完全变成了领袖的公开命令。在法西斯主义党羽天罗地网的社会里,法西斯主义已经把自己当成了这样一种社会产品,它有权配合国家的需求。不通过任何仪式,领袖就能够直截了当地发布屠杀命令,或者向社会提供垃圾。

……

七

……

人们总想通过说话,来为文化的广告特征做出自己的贡献。然而,语言越是在公开声明中完全丧失掉自己,作为意义载体的词语就越会受到贬低,成了毫无意义的符号;词语越是能够纯净透明地与人交流,就越会变得无法让人理解。于是,语言的非神秘化,就成了整个启蒙运动的组成要素,从而使语言重新变成了巫术。尽管词语与基本内容是不同的,但它们之间却也密不可分。比如忧郁、历史甚至生活这样的概念,在词语中就可以得到认识,词语可以把它们分隔开来,分别保存。词语形式不仅构成了这些概念,还可以反映它们。绝对的分隔不仅造成了各种偶然事件,而且还可以将其与任意一个客体联系起来,从而使词与物之间充满迷信色彩的联系寿终正寝了。在特定的文学作品里,任何与事件无关的事物,都会被当作不清楚或形而上学的东西而被丢掉。然而,这样一来,词语,这种今天看来没有任何意义的符号,便与事物之间建立起了非常稳定的关系,以至于变成一种僵化的程式。这种情况,不仅能够影响到语言,也能够影响到客体。词语不仅没有变成经验性的客体,相反,纯粹化的词语反而把客体看作一个抽象的实例,其他一切都在现实中消退了。今天,就连那些需要借助表达加以澄清的事物也被排除在外,甚至表达本身也杳无踪迹了。球队里的左前卫、黑衫党的党员、希特勒青年军的成员,如此等等,都不过是一些名字而已。如果说在理性化以前,问语产生了谎言和渴望,那么现在,在理性化以后,词语进一步约束的则是渴望而不是谎言。实证主义把世界还原成又哑又盲的数据,然后把它们转化成语言本身,限制用语言去记录那些数据。同样,术语本身也变得无法理解了;它们获得了一种惊人的力量,一种附和厌恶的力量,这样,它们便走向了自己的反面:巫术。……总有一天,当德国法西斯决定用高音喇叭开始说"无法忍受"的时候,第二天,整个国家也都会异口同声地跟着说"无法忍受"。同样,在"闪电战"中,受到德国重炮袭击的国家,也把这种说法写在了自己的标语中。统治者采取的措施就是,不断重复这些名词,让人们尽快熟悉它们,就像在自由市场里,如果每个人嘴边都经常挂着产品的品牌,产品就会销量大增一样。为词语注入特定的指涉,将它们盲目而又迅速地传播开来,这种做法完全可以把广告同极权口号联系起来。为演说者编造语汇的经验层次已经不复存在了;在迅速调动语汇的过程中,语言必须是冷冰冰的,直到现在,我们也只有在广告牌或报纸的广告栏里,才能找到这种冷冰冰的语言。无数的人在使用他们无法理解或运用的词语和表达,因为这些词语和表达能够引起他们的条件反射;从这种意义上说,词语就是商标,人们越是与词语所指涉的事物之间形成稳固的联系,也就越难以掌握它们的语言意义。当公共教育部长谈到"动力"的时候,他也不了解这个词究竟有什么意思,尽管流行歌曲不停地奏出"梦幻曲"和"狂想曲",然而大众化的基础却是晦涩难懂的巫术,它们只能创造出一种超拔生活的震撼力量。其他某些定型的东西,如记忆,人们还能够理解其中的一部分,然而记忆从曾经为其提供内容的经验那里逃走了,就像说话中出现的"飞地"一样。在弗莱斯(Flesch)和希特勒的德语电台里,播音员做作的发音可能会让人们辨认出来,他对全体国民说:"晚上好,大家!""这里是希特勒青年军"等等,甚至他说"领袖"的声调也受到了成千上万的人模仿。在这种陈词滥调里,沉积的经验和语言之间的最后联系也终止了,尽管这种联系在19世纪的方言中还能起到一种调和作用。然而,记者们单凭奴颜婢膝的态度,就可以被委任为国家的总编辑,正是在记者们拼凑起来的无聊文章中,德语变成了一种僵化陌生的语言。每个词语都可以证明,它已经被法西斯主义虚假的民间共同体糟蹋到了极点。当然,这种语言目前已经变成了普遍的极权语言。在词语身上施加的所有暴力,已经使人们几乎不愿再听到它们的声音了。……人类之间最亲密的反应都已经被彻底物化了,对他们自身而言,任何特殊的观念,现在都不过是一种极端抽象的概念:人格所能表示的,不过是龇龇牙、放放屁和煞煞气的自由。在文化工业中,广告已经取得了胜利:即便消费者已经看穿了它们,也不得不去购买和使用它们所推销的产品。

文化批评与结构主义符号学

一、结构主义符号学的发展脉络

结构主义和符号学本是两个各具独立意义的流派和研究方法,20世纪60年代以来,两者连用的频率大大提高。在特瑞·伊格尔顿、特伦斯·霍克斯等人的表述中两者并列连用为"结构主义和符号学",有时他们也用"结构主义—符号学""结构主义的符号学""符号学的结构主义"等术语。国内学人在转述和阐发这些理论时常常更倾向于偏正连用的方式,并把助词"的"省去,于是就有了"结构主义符号学"的字样。"结构主义符号学"乍看起来像是一个明确的理论流派和独立学科。其实,这是一种误解。结构主义符号学并不是一个成熟的流派,也未获得学科的合法性。由于两者在诸多方面的类似和联系,它们才常常连用。今天,"结构主义符号学"作为新生的学术语汇,其影响越来越大,有必要把它的含义与来龙去脉梳理清楚。

1. 什么是结构主义符号学

从字面上看,结构主义符号学由结构主义和符号学两个关键词构成。所以,要弄清"结构主义符号学"的意义,须先弄清楚结构主义和符号学各自的特点、运作规律以及两者的历史关联和逻辑关联。

首先,结构主义符号学表明结构主义和符号学两者在逻辑上的内在关联。

在历史上,早期的结构主义和符号学首先是一种并列的思潮。它们都是瑞士语言学家索绪尔语言符号学的延伸和发展,是处于同一理论空间的学问。作为结构主义的启蒙者和符号学的创始人,索绪尔语言学的诸多理论同时为结构主义和符号学的建构与发展提供了营养滋补。所以,远在两者起始时期,就有一种天然的连理关系。就两者的历史发展而言,其在领域、方法、兴趣等方面有较强的一致性,作为结构主义者的罗兰·巴特、罗曼·雅各布逊、朱丽娅·克里斯蒂瓦等同时也是符号学专家。当然,更为重要的是,两者在内在精神上也是相通的。其一,就研究对象而言,结构主义起初以语言学为对象,后来扩展到范围更大、类型更多的文化符号学领域,结构主义语言学于是就走向了结构主义符号学,作为方法的结构主义最终找到了自己的理论归宿——(作为研究领域的)符号学。其二,两者都关心的意义问题,意义的生成机制问题是符号学的核心问题,但意义的产生离不开符号系统所具有的结构性关系,意义只有通过与结构中其他符号的差异和关联才能生成,它自身不能独立构造意义。所以,意义充当了结构主义和符号学联姻的红娘。

其次,从史学角度理解,结构主义符号学是结构主义和符号学两者汇流的成果。

结构主义和符号学有着很深的关联,它们常被人不加区分地使用。实际上,两者的含义范围有所不同:"一方面,除结构主义者所运用的符号学方法外,还有其他的符号学研究;另一方面,通常所说的'结构主义'也不限于指它所运用的方法或方法学的讨论部分,同时还指运用这一方法所产生的种种结论,以及结构主义者所具有的一般哲学态度和倾向。此外,目前国外多数符号学家的研究都限于比较技术性的具体问题,在研究的内容与风格上都与结构主义者很不一样。"这就是说,结构主义所涉及的范围远不止符号学,而符号学研究也可以不采取结构主义方法。从学科发展来看,当代西方符号学有两大流派,一是美国卡西尔、苏珊·朗格从文化人类学出发的符号学,一是欧洲大陆从结构主义语言学推衍而来的符号学。结构主义符号学是符号学的一个分支。从结构主义的运动轨迹和历史影响看,结构主义作为一学术思潮,其鼎盛时期已过,其学术智慧已被符号学吸纳,并在今天发展成为结构主义符号学。"结构主义和符号学的结合才是法国结构主义运动的完整表述:结构主义的符号学(因此不是美国符号学)和符号学的结构主义(因此不是当前美国的认知结构主义流派)。"[①]所以,从史学角度看,结构主义符号学是结构主义和符号学的交叉部分,是两者相遇的成果,它既属于结构主义,又属于符号学领域。

再次,结构主义符号学主要是一种方法论的称谓。

严格来讲,结构主义符号学不是明确的理论流派或学术思潮,它没有明确意义上的创始人,没有起草过统一的宣言,没有形成相对自觉的理论群体,一般被贴上此标签的理论者并不感到有什么真实的教义或主张把他们联合在一起。结构主义符号学甚至也不是独立的学科概念,它还未被完全制度化为一门学院化的"科目"。确切地说,结构主义符号学,主要就方法论视角而言,是一种方法论

---

① [比] J. M. 布洛克曼:《结构主义:莫斯科—布拉格—巴黎》,李幼蒸译,北京:中国人民大学出版社 2003 年版,第 26、194 页。

称谓。它广泛吸收了语言学、哲学、逻辑学、心理学、文艺学、文化学、传播学等的研究成果,把这些学科的相关知识集合在同一方法论框架中,把它们视为意义产生、传达与释义的不同表现。它以语言学模式为基本依托,重视系统的自足性、完整性,尽量避开价值判断,保持一种超然的批评态度。所以,在分析文化文本的意义生成机制和意识形态构造过程的时候,结构主义符号学能够发挥一种特殊的优势。不妨这样认为,结构主义符号学是分析意义和意识形态生产机制的一种重要方法,它强调一种对常识的怀疑精神和一种非自然化的研究理路。

最后,结构主义符号学的研究对象主要是大众文化,它倾向为文化批评实践服务。

结构主义符号学立足于语言学而兴盛于符号学,它的兴盛主要得益于大众文化的发展。大众文化在已往的学术研究中常被人忽略,遭尽贬损,人们往往冠以简单化的价值标签。今天,大众文化的兴起,不仅表现在量上如潮水般向我们涌来,我们难以阻挡,更重要的是,我们已经意识到我们就生活在大众文化之中,大众文化构筑了我们最为真实的呼吸氛围,高雅文化只是"艺术",而大众文化才是生活的"本色"。大众文化的文化地位的实质性提升吸引了理论的关注热情,结构主义符号学正是在这股潮流中滋生成长的。结构主义符号学以其对文化文本的天然热情和其在文化批评中的客观性、科学性和批判性品质而在文化研究中大放异彩。

2. 结构主义符号学的发展脉络

从历史发展的因革脉络观察,结构主义符号学大致经过了以下几段历程:

(1) 发生期。

结构主义符号学的理论植根于索绪尔的语言学理论。索绪尔的主要作品是他去世后由学生整理并于1916年出版的《普通语言学教程》。索绪尔的语言学,既是结构主义的源泉,又是符号学(semiology,即欧式符号学)的最早酝酿地。由他的理论衍生出结构主义符号学是顺理成章的事情。索绪尔关于语言学的几个基本界定——语言学的研究对象是语言而非言语、语言是一种符号系统、符号由能指与所指构成、能指与所指是一种任意性关系、语言符号的连接是由组合关系和聚合关系组成等,为结构主义符号学奠定了理论基础,也为结构主义符号学的形成提供了最初例证。索绪尔的理论,明确了结构主义符号学的目标、方法,在结构主义符号学的创立中起了关键作用,称其为结构主义符号学的"鼻祖"该是一种中肯的评价。结构主义符号学在最初的酝酿中也借鉴了美国实用主义哲学家查尔斯·桑德斯·皮尔斯从逻辑性角度创立的美式符号学(semiotics)理论。与索绪尔对符号的探讨仅限于语言学符号(尽管索绪尔曾指出语言学是符号学的一个分支)不同,皮尔士将之扩展到各类符号现象,有效地弥补了索绪尔符号理论的盲区。20世纪30年代皮尔士的理论经实证主义哲学家威廉·莫里斯体系化之后,被雅各布逊、安伯托·艾柯等吸收和借鉴到结构主义符号学的理论中。总体来说,在结构主义符号学的发生时期,其理论集中在语言符号的探讨上,为后来的发展奠定了理论和方法基础。

(2) 发展期。

1926年,以布拉格集会为标志,欧洲大陆正式成立了布拉格学派(又称"功能"学派)。布拉格学派之前,索绪尔的影响主要在语言学领域,到布拉格时期,特别在其杰出代表雅各布逊的时候,索绪尔的结构语言学模式开始向人文社会科学领域蔓延。雅各布逊表示:"每一个信息都是由符号构成的;因此,称之为符号学的符号科学研究那些作为一切符号结构的基础的一般原则,研究它们在信息中的作用,研究各种各样符号系统的特殊性,以及使用那些不同种类符号的各种信息的特殊性。"①这里,作为"符号学的符号科学"的明确提出意味着其研究领域从语言学开始向文化扩展。雅各布逊还在索绪尔基础上提出了著名的隐喻/转喻的二元模式,这两种模式不仅适用于语言学,更重要的,它是一切文化产品最基本的符号组织方式,适用于所有类型文本的建构。所以,隐喻/转喻模式也从一个侧面向我们展示了布拉格学派研究视野的这种转变和扩张。正是由于布拉格学派研究视野的这种扩张,所以"'结构主义'这一术语开始或多或少地与'符号学'融合起来"②。"或多或少"意味着,一则有转变和扩张的苗头和趋向,二则布拉格时期的结构主义符号学并未真正走入文化领域,结构主义与符号学也未完全实现汇流。

(3) 成熟期。

20世纪五六十年代,当法国结构主义步入高峰之时,结构主义符号学理论也走向了成熟。此时,索绪尔开创的结构主义符号学理论被广泛运用到法国流行文化和日常生活的分析之中。这一时期的代表人物,一是被誉为"结构主义"之父的列维-斯特劳斯,一是被视为符号学真正创始人的罗兰·巴特。斯特劳斯的主要贡献在于将索绪尔理论扩展到人类学的诸多问题如前工业社会的神话中去,这有助于扩大结构主义符号学的运作范围。在他的帮助下,"结构主义"成为人文社会科学的"总方法论",但斯特劳斯对结构主义符号学的影响是间接的、旁涉性的,其影响主要在结构主义领域。

相比而言,巴特之于结构主义符号学的关系是正宗的、直接的。其主要贡献

---

① [英]特伦斯·霍克斯:《结构主义和符号学》,瞿铁鹏译,上海:上海译文出版社1997年版,第129页。
② Terry Eagleton. *Literary Theory: An Introduction*,北京:外语教学与研究出版社、布莱克韦尔出版社2004年版,第87页。

有二：一是文化符号学研究，真正打通了结构主义符号学的研究视阈，并将其落实和扩展到通俗文化和日常生活的研究上。二是神话研究，在分析通俗文化各种符号意指的基础上，将其同意识形态和阶级利益联系起来，从而赋予结构主义符号学研究以人文深度和历史内涵，克服了结构主义偏重共时的局限。

（4）转型期。

1968年五月风暴之后，结构主义被突破、超越，开始转向解构主义和后结构主义，相应地，结构主义符号学也转向了后结构主义符号学。从其本性上讲，符号学从其与结构主义融合开始就酝酿了反叛与超越的基因。因为结构主义作为总方法论，重系统的自足性、完整性、封闭性，这种强调正好形成对符号学的束缚，符号学势必会突破这种约束，解构其总方法论的霸权地位，瓦解其自足性、封闭性。这一时期的主要代表有德里达、波德里亚、克里斯蒂瓦、艾柯，以及俄罗斯塔尔图—莫斯科学派等。

二、结构主义符号学的理论取向

文化是一种语言，它在诉说意义，它要求我们聆听，呼唤我们解释，而解释的最佳方法便是结构主义符号学。结构主义符号学的核心问题是意义问题，它不是意义是什么的具体问题，而是意义的生成机制问题。结构主义符号学对意义问题强调的目的在于批判并扭转人们关于意义来源问题的传统思维定式，把人们的思考视角从客观世界和主观情思角度转移到语言学角度上来。

1. 符号

理解意义的生成机制问题，首先须从符号入手。事物本身没有意义，只有转化为符号才有意义。符号，是人与事物建立认识与情感关系的中介，是意义的中介。只有从符号的角度观察事物，才能与物进行对话，从而建构意义关联。比如山中的一块石头，当我们没有与它建立关系时，它是自在的，无所谓意义，当我们把它转化为猴子、仙女、骏马等意象符号时，它对我们就有了意义。当然，符号本身并不包含明确的意义内涵，它只是为我们探索意义提供了某些线索和依据。

符号理论是进入结构主义符号学的第一站，索绪尔的全部理论都围绕它展开。在《普通语言学教程》中，索绪尔对符号进行了解剖，将其分为能指与所指两个构成要素。这一划分确立了结构主义符号学的理论基础和论证起点，对结构主义符号学的发展起到关键作用。"能指"是被感官把握的符号的物质形式，如"湖水"一词的声音或文字形式；"所指"是所指涉之物在心中形成的观念概念。能指与所指的结合体构成了符号。索绪尔的这一分析矫正了常识中把符号仅视为能指的误解,也矫正了符号是由事物与名称联结而来的观点。从能指到所指的滑动,我们称为意指,意指的结果生成意义。如"林黛玉"三字所以有意义,就是白纸黑字的"林黛玉"(能指)向我们观念中的林妹妹形象(所指)滑动游移的结果。一个不懂汉字的外国人就很难完成这一意指活动,"林黛玉"对他来说就没有意义。符号学主要研究符号的意指行为而不在意其具体内容,所以,结构主义符号学的本质正如巴特所言,是一种形式科学。

在符号的构成中,任意性被视为符号学的第一原则。所谓"任意性",一则符号与指涉物的关系是任意的,如"猪"字或"zhu"音与猪本身是任意性关系;二则能指与所指的关系是任意的、不自然的、无逻辑关联的。当然,索绪尔的这一界定主要是就语言符号而言的,皮尔士称之为象征符号,而对于非语言符号,这种任意性关系就显得勉强了。比如肖像符号的能指与所指间存在着相似关系,如照片;标志符号中两者则是一种因果关系,如烟意味着起火。皮尔士对符号类型的这一论述(即将符号分为肖像、标志和象征三类)对结构主义符号学理论是一个很好的补充。

2. 系统

表面看来,意指活动在符号自身内部运行。其实,符号自身无法保障意指活动的顺利完成,也即符号单靠自身内容、实体或概念还不能生成意义。那么,谁来保证这一活动的有效进行呢?结构主义符号学给出我们答案,那就是系统。符号只有在系统中通过与其他符号建立关联时才显出意义。如绿色交通信号灯的意义依赖整个红绿灯系统及其与红灯、黄灯的差异;"南方"一词只有当其与"北方""西方""东方"等词语对比时才有意义。这就是说,符号意义的获得离不开结构语境的支持。所以,关于意义问题,我们的视野很自然就从符号转向系统。这一点体现了结构主义符号学对结构主义相关原理如结构、系统、差异的借用,也体现了结构主义符号学与卡西尔、朗格符号学理论的本质差异。

结构主义,就其本质而言,是20世纪理解世界的一种典型方式。19世纪达尔文主义、马克思主义等宏大叙事侧重于原因、起源的阐释,20世纪则转向对关系与系统的普遍关注,如现代物理学、天文学、信息论、结构主义等。它们不把世界当作拥有自身固有属性的种种事物的集合体,而是"把世界解释成为一种关系的体系,其中某个'事物'的属性(如一个原子、一个符号或一个个体)源于其内部与外部关系"①。这种世界由关系而非内容构成的观念是结构主义思维方式的第一原则,它构成了一个时代理解世界的典型方式。

---

① [美]约翰·费斯克等编撰:《关键概念——传播与文化研究辞典(第二版)》,李彬译,北京:新华出版社2004年版,第279页。

索绪尔关于语言/言语的区分正是这一观念的反映。索绪尔认为语言学所要研究的不是具体的言语表述,而是这些言语背后的整体性体系、规律、机制,也即"语言"。言语为语言所规定,每一个具体言语符号意义的获得需要整体符号系统赋予,需要借助其与系统中其他符号的对比来理解。一定程度上,意义的获得是由其他不具备该意义的符号来确定。索绪尔的这一理论是其语言学理论的中心思想,也是整个结构主义的理论基础,其影响对于后结构主义、后现代主义都有重要意义。当然,结构主义符号学的很多术语,如"二元对立"①"缺席"②"搭配"③"换码测试"④"分辨特征"⑤等都是这一观念的运用和体现。

总之,在结构主义符号学的视野中,意义并非来自外在物质现实或符号本身固有的某种品质,而是源于被符号系统决定的各种符号单位间差异关系中的结构感。在任何特定情境中,意义由既定情境中的其他因素决定。

3. 符号在系统中的组织方式

符号在系统中最基本的组织方式是组合与选择。举例来说,"春风又绿江南岸"中"春风"等几个词按前后相继顺序排列起来的方式叫组合,作者在"绿""到""吹"等具有同义关系的候选词语中挑出"绿"字是一种选择。一般来讲,一个句子的建构需要两个维度,或者说两个坐标轴,即"组合轴"和"选择轴",处于同一结合轴上的各符号构成组合关系,处于同一选择轴上的各符号构成选择关系。语言如此,文化现象亦然,如穿衣过程中内衣、外衣、领带、鞋等按一定顺序穿戴起来,这是组合,而在每一个具体的穿戴项目中,又需要做出相应的选择。

这一分析建立在索绪尔关于聚合关系/组合关系的理论分析之上,后来雅各布逊作了引申。在《语言的两个方面与失语症的两个类型》(1962)一文中,他通过对大量失语症案例的研究,发现隐喻和转喻的运行机制与聚合关系/组合关系模式存在内在关联。隐喻以"相似性"为基础,事物依照与之类似的事物来描绘(也即在指代同一意义的情况下,用一个能指取代另一能指),如把"荷叶"称为"舞女的裙",相似性同样是选择关系的基础,正是借助相似性,词语才从一堆类似的候选语汇中被选出,所以,选择关系与隐喻相关。转喻以"邻接性"为基础,与某一事物相连的事物可以代替该事物(即依据一种意义从一个能指滑向另一

---

① "二元对立",表明符号的意义依靠与其相对立符号的性质来界定,如"男人"符号的意义需要借助于其对立符号"女人"。
② "缺席",说的是考察某一符号元素的意义,可以通过考察其缺席效果来完成。
③ "搭配",意即符号的意义可以从其常用搭配中见出。
④ "换码测试",是把属于同一联想关系的某个单元换成其他单元,通过对其变化效果的考察来判断此单元的意义。
⑤ "分辨特征",是指一个符号同与它处于同一联想关系中其他符号区别开来的特征,我们只有知道一个符号不表示什么,才能确定它到底表示什么,换言之,符号最精确的特征就是别的符号所不具备的内容。

个邻近的能指),如用白宫代替美国政府,邻接性也是组合关系的基础,正是借助邻接性,词语才逐次排列在句子中,因此,组合关系与转喻相关。

隐喻/转喻是一切文化产品最基本的符号组织方式,是表征的基本手法和策略,许多文化编码和意识形态话语正是用此方式渗入其中,值得深入研究。

4. 符码与文化成规

意义的生成机制涉及很多问题,它需要将物转化为符号,置入符号系统的背景中,并通过一定的方式组织起来在这些环节中,文化作为一隐在规定者,是一个易遭忽略但具有决定性意义的因素。

符号从空洞变为充实,使其充实的原因不仅有主观意图,更重要的是文化成规的灌注。也就是说,符号言说意义的功能不是由自然赋予的,而是社会政治、经济、历史、文化、习俗、传统和现实等的需要。符号系统的建构同样需要文化为其提供凝聚力,文化潜含在系统中,以无意识的方式规定着系统,没有文化的支持,系统将溃不成军。在某种程度上,特定的符号系统意味着特定的文化,而特定的文化需要特定的符号系统与之相适应。文化还规定着符号的选择与组合活动,在某种文化系统中能够组合在一起的符号,放在另一种文化语境中未必产生出同样效果。如汉语有折柳相赠,在英文语境中就没有"柳"与"留"这样的隐喻关系,所以无法将"折柳"与送别联系起来。从符号内涵意义的具体构成来看,内涵本义为"附加",源于希腊语"connotare",指的是附加在符号上的象征的、历史的和情感的内容,也即是文化的内容。所以,归根结底,文化是灵魂,没有文化的参与和支持,意义的建构不过是空谈。

但文化是无形的,看不到的,非明说的。好在文化沉淀在符号、系统、方式中的规则可以见到,这就是符码。一般来讲,符码需要其社会成员共同的文化经验作为基础,为大家普遍赞同、默认、遵守,成为人们处世接物的潜在规则;符码常被人视为自然而然,不容置疑;并且,系统符码一旦为社会接受,就产生巨大的文化惰性,很难更改。通常,我们使用符码来处理信息,称为编码,使用符码来解释信息,称为解码。

综合来看,结构主义符号学理论的中心问题是意义在文本中的生成方式问题,分析这一问题需要符号学、结构主义等多种理论的支援,需要从上述直接涉及意义建构的问题入手。当然,意义问题还旁涉主体和意识形态问题,对这两个问题的理解将会加深我们对意义的深层运作机制的理解和把握。

5. 主体问题:意义的旁涉问题之一

传统理论视主体为意义的来源和终点,结构主义符号学则从根本上反对这一观念。他们认为,在此问题上,结构与系统发挥了更为重要的作用,而传统主体失去了发言表决的机会,开始变得无足轻重,最后尴尬出局。这就是今天我们常说的"主体的去中心化"。当然,也有人把主体的这种境遇夸张为"主体之死"。这一声音成为继尼采"上帝之死"后又一具有超强震撼力的学术标语。巴特、拉康、福柯等后结构主义者对此进行了详细深刻的阐释。他们普遍认为,主体(如作者)的作用和权力在传统理论视野中被极限放大了,它们其实只是一种想象,是人类个人中心主义的历史表述,作者绝非文学之母,他从根本上无法左右文学文本,无法掌控文本意义的阐释,"我"充其量只是一语法形式,而非有血肉的行动者。在1968年的一篇文章中,巴特认为,文本间意义相互交织,充满多种互文关联,作家不能通过写作来"表述"自己,只有混合、调配和重新组合已存在作品的能力,只能依靠那"永远已经写成的"语言与文化的巨大词典。

作者主体失去了意义建构活动的中心席位,此时,"系统"乘虚而入,填充了这一空缺,成为新的主体。像传统主体一样,系统具有自律、统一、自我修正等传统个人主体的基本素质和特征。于是,不再是人塑造语言,而是语言塑造人,系统塑造人(同时也塑造着人的世界),特别是被文化系统隐在规定的文化符码,就成了塑造人的思想、价值体系、信仰体系和世界观的根本因素。

经过结构主义符号学的分析,本来有生命色彩的传统主体失去了生命力,成为非人结构里的语法形式;而没有生理生命的"系统"则萌生了生命的活力,一跃而成为万物意义的决定者和控制者。在这场生命与非生命的较量过程中,后者堂而皇之取得了胜利,而前者的价值和作用遭到极大贬损。这让传统人本主义者大为震惊,他们常常用"反人本主义"一语评价结构主义符号学。

6. 意识形态问题:意义的旁涉问题之二

对意义问题的深层分析,不可避免地要触及意识形态问题。意识形态分析是结构主义符号学的重要问题,也是其理论目标。进入这一问题需要从意指原理入手。意指原理最早为索绪尔发现,后来由巴特作了引申。他认为,一次意指过程不一定能完成意义建构,很多时候需要两次意指过程,即两个意指序列[①]。在意指的第一序列,能指向所指滑动生成符号的表面意义或外延意义。第二序列仍然是能指向所指的滑动,所不同的是,这一序列中能指是第一序列能指与所指共同建构的符号,所指则是内涵与神话,是符号的内在意义,其主要成分为意识形态。比如电影《父辈的旗帜》中有一幅主题照片,内容是几个美军士兵升起了一面美国国旗。从意义建构的角度分析,这幅照片涉及两层意指过程。在第一序列,战士和旗帜是能指,他们共同建构了战役刚刚结束、美军获胜并在山头立起一面国旗以壮军威的叙事,此为直接意指。在第二序列,战士和国旗共同建

---

① 后来,约翰·费斯克与约翰·哈特利又在巴特理论基础上,提出意指的"第三序列",旨在凸显意识形态问题。实际上,巴特的第二序列已经包含有意识形态分析,费斯克两人只不过将分析程序细化而已。

构的第一序列的符号叙事成为新的能指,所指则是二战胜利必将属于盟军、美利坚民族不可摧毁的引申叙事,这一引申叙事的主要内容是美利坚合众国的国家意识形态,此为含蓄意指。

意识形态的建构有一个特点,它不明说自己,而是通过闭合性暗示,让接受者按照预设的解码方式自行填充和建构。其模式是"它让我们不由自主地想到符号之外的××"。为了让接受者自行解码,它需要把本来充实的符号消耗或改编成空洞的能指,以便留出让读者建构所指内涵的空间。所以,我们看到,在第一序列中,士兵的名字和旗帜是具体的、有出处的。但到了第二序列,士兵和旗帜却成了空洞的、抽象的能指符号。它们被剥夺了历史和记忆,它们是谁和从哪儿来已经不再重要,它们只是意识形态表述自我的手段和途径。正因为此,巴特称神话为"元语言",即用来说明另一种语言的语言,这样就不需要探讨言语活动对象的具体构成,无须顾及语言学模式的细节,只要了解其整体符号即可。

三、结构主义符号学对文化批评的意义和价值

结构主义符号学常常将语言学的概念和研究模式应用到文化领域,把文化视为不同的符号体系,从而使文化可以像语言一样得到研究。从结构主义符号学的发展脉络来看,其研究视野立足于语言学而落脚于文化,这说明结构主义符号学对于文化批评有特定的理论优势。

作为一种方法论,结构主义符号学在具体的文化批评实践中,科学性与批判性并重。其目的虽不在意义,却为意义分析提供了一套严谨细腻的方法流程。这种意义分析往往能抵达文化文本深层的意识形态内核。其研究理路的反常识化也为我们认识文化现象的本质提供了帮助和启迪。

1. 结构主义符号学为文化批评实践提供了一套方法论

结构主义符号学为文化批评提供了一套行之有效的方法论,可以对影视、广告、汽车、消费、时尚等文化现象进行诠释。这套方法论主要用来剖析文本意义的建构机制,其优点是全面、客观、细腻,结构主义符号学也因此被誉为"开启万物意义的钥匙"和"阐释性科学的王后"①。

---

① [美]阿瑟·阿萨·伯杰:《媒介分析技巧》,李德刚、何玉译,北京:中国人民大学出版社2005年版,第17页。

运用结构主义符号学的方法原理，巴特对日常生活特别是法国通俗文化进行了富有新意的阐释。在《服装体系——符号学与服饰符码》一书中，他将流行服装杂志视为一种特别的语言、一种表意工具、一种用来制造流行神话的机器。在《符号帝国》中，他把日本人生活的许多方面，诸如语言、饮食、游戏、城市建设、商品包装、木偶戏、礼节、诗歌、文具、面容等，都视为独特的文化符号，从中发掘出隐藏于这些现象背后的深层文化内涵。当然，巴特的分析远不止这些。20世纪60年代，结构主义符号学也被麦茨等人成功地运用到电影领域，由此创立了"电影符号学"。此外，意大利符号学家艾柯对邦德系列小说的分析、波德里亚对电视广告的解读、霍尔的编码/解码理论、费斯克和哈特利对电视文化的解读、前国际美学学会主席阿莱斯·艾尔雅维茨对视觉文化的阐释等，都为我们提供了很好的范例。

在具体操作过程中，可以将其分解为一系列的步骤。我们以杂志《大都会》的封面为例，看一下英国学者利萨·泰勒的精彩解读，泰勒借鉴了荷兰学者祖伦的符号学分析方法。第一步程序，她确立了封面中符号的能指是由模特照片、杂志名称、主要文章标题、色彩等构成。然后把目光集中在符号的组合轴与聚合轴，着重研究这些符号在横向组合轴上的关系，并确立了符号的组织方式：模特在中央、杂志名称在抬头、文字在两侧……这一组织方式构成了该杂志较为恒定的格式，封面内容期期都有变化，但这一格式却很少变动。符号的组合轴一旦确立，就可以通过换码测试原理检测符号的分辨特征和聚合意义。使用换码测试分析符号的联想关系往往能见出符号的隐性意义。比如，泰勒分析道，在杂志封面中央，为什么所选模特是白种人而非中国人或加勒比黑人妇女，这里可能蕴涵某种以欧洲为中心的文化观念。再如模特的穿着，既不是正装也非工装，而是一套显示身体诱惑的休闲装扮，这呈现出来的也许是"一种对现代感，不经意的性感的表达"，从而凸显出模特作为性的存在物方面的特征。通过这两步分析，泰勒认为该杂志封面的外延意义已经比较清晰，即封面照片是一个漂亮、苗条、浓妆、衣着现代、充满身体诱惑的白种妇女，封面文字是关于性的，色彩由红、白、蓝、黄四色构成。在表层意义基础上，可以自然引申到符号文本的第二次表意。这层表意主要与女性特征关联在一起，杂志中没有涉及有关妇女与政治、妇女与工作等方面的表述，封面中也没有出现"男性气质"的符号，所以此杂志主要特点都与女性有关，旨在表明女性是一种性的存在物。它摒弃了主流文化中女性被动的观念，与主流文化对于妇女和性征的表述有一定矛盾，但它"清楚地表明作为流行形式的女性主义已经赢得了主流读者"。细观之下，模特的外貌特征完全符合传统西方女性美丽特征的文化惯例，模特的姿态、表情、眼神显示出其在性方面的开放性和自信心，它"引起女性消费者的亲近感，消费者反过来希望能像画中模特那样符合男性的消费眼光"①。在这个层次上,封面文本的深层含义意味着:尽管模特形象表露出对性的自信,尽管与主流文化观念有一定出入,但在根本上并未否定女性文化价值的传统定位,并未否定女性取悦于男性的男权主义观念,它让女性的身份意义不明,让她除吸引男性之外的其他东西变得无足轻重。

2. 结构主义符号学可用来分析文化现象背后深藏的意识形态

就目的而言,结构主义符号学醉翁之意不在意义,而在意义背后的给予者和决定者。它能帮助我们揭示出隐藏在文化现象背后的权力操纵者与施动者,揭示其意识形态的操作机制。

在意识形态问题上,罗兰·巴特有过许多精辟见解,他认为:"写作根本不是一种交流的手段,也不是一条仅仅为语言(language)意向的通行而敞开的大路。"②一切写作都是意识形态的,非意识形态的写作,或曰"零度写作",最终被证明只是一种幻想。实际上,一切表征活动、一切有意义的文化创造活动都有意识形态意味。借用费斯克的话说,文化是"争夺与确立霸权的地带",是"文化斗争的场所"③。这是因为,凡经人创造的产物都有目的性、倾向性,或者说有价值立场和价值指向。这暗示了价值对立立场的存在,预设了其与对立面间的辩论、对抗和利益争夺,这正是意识形态的体现。

对于意识形态问题,并非所有方法论都能有效进入。除了我们熟悉的马克思主义理论,结构主义符号学是为数不多的一套理论话语。它为意识形态分析提供了许多具体方法和理论指导,如巴特所言,符号学的各种方法能够有效揭示包含在文化神话中的各种意识形态,它是意识形态批评的一种基本方法④。

一般情况下,意识形态通过隐喻/转喻、神话等策略渗入到符号文本,结构主义符号学通过考察符号的这些组织方式、呈现方式或传播方式来发掘意识形态的蛛丝马迹。比如广告中通常使用隐喻,以美好、幸福、和谐、健康等理念来隐喻商品,以此唤醒消费者的购买欲望,广告中的这种隐喻明显带有商业意识形态的操纵痕迹。电视专题片中对某座城市的视觉呈现常常使用转喻的方式,其呈现效果取决于所选取的该城市的具体画面,显然,选择城市中心广场与选择郊区贫民窟存在天壤之别,而选择动机受控于某种意识形态的操纵。与隐喻类似,"置

---

① [英]利萨·泰勒、安德鲁·威利斯:《媒介研究:文本、机构与受众》,吴靖、黄佩译,北京:北京大学出版社 2005 年版,第 23—24 页。
② [法]罗朗·巴尔特:《写作的零度》,林青译,选自伍蠡甫、胡经之主编:《西方文艺理论名著选编(下卷)》,北京:北京大学出版社 1994 年版,第 445 页。
③ [美]约翰·费斯克等编撰:《关键概念——传播与文化研究辞典(第二版)》,李彬译,北京:新华出版社 2004 年版,第 65 页。
④ 参见[英]多米尼克·斯特里纳蒂:《通俗文化理论导论》,阎嘉译,北京:商务出版社 2003 年版,第 122 页。

换"，即处于同一选择轴上符号间的互换行为，也是意识形态的常用伎俩，比如A. 多夫曼和阿曼德·马特拉的研究表明，在唐老鸭动画片中不存在工人阶级角色，工人阶级被置换为罪犯，它们拥有工人阶级的特征，但却被表现为社会异端行为者，从而在下意识中表明在中产阶级化的资产阶级社会中不存在工人阶级是正当的、合理的、自然的。

意识形态较为隐蔽的传输方式是借助神话或通过制造神话实现的。《大都会》封面中所隐含的男权主义意识形态或祖伦所谓的"支配性的女性气质意识形态"①就借用了西方关于妇女的神话，即妇女被视为"性的存在物"，她首先需要在性方面取悦男性、为男性服务。正是借助传统的妇女神话，模特形象尽管与主流文化有一定出入和矛盾，尽管模特是现代的、时尚的，尽管可能导致某种误解，但在根本上没有否定妇女的传统文化定位。事实上模特的特征符合传统文化关于妇女美貌的规定。所以其形象展现完全在男权文化视野中完成，而其在性方面的开放与自信更是对男权文化立场和男权意识形态的强化表述。

大多情况下，意识形态自己制造神话，让人不自觉认可其存在的合理性、自然性。其特征大致如下：一是利益主体隐匿。在当代，特别是西方社会，资产阶级意识形态处于利益的核心位置，它是神话的利益主体，但当它表述自我时，常常将自己的名字抹掉，成为没有名字的阶级。用巴特的话说，资产阶级意识形态的特征是要否认资产阶级的存在，以确保其不被命名。他们通常把自己的利益置换为人民、大众的利益，以此来掩盖利益的真正主体，从而隐在地传输自己的价值观念。二是自然化。神话的首要功能是将文化自然化，即将文化的东西（如资产阶级的各类价值形态）作为自然的和必然的东西予以呈现，让历史意图披上自然的合理外衣，让偶然事件以永恒面目出现，从而麻痹大众的辨别能力，确保并维持自身利益。具体来说，自然化有诸多运作路径，如把意识形态编码为娱乐方式，将其裹上一层糖衣，以"不过是娱乐而已"为幌子传输自己的文化价值、意识形态和利益目标；又如电视节目借助实况方式，为观众提供了一种丰富、实际、显而易见、顺乎人意、近乎透明的形象，促使他们"按照事件本身而不是按照表述事件的方式去理解镜头"，于是观者的视线只有跟着镜头的控制者。意识形态自然化的策略常常把自己的观点看法表述为"常识"。表述为显而易见、自然而然、无须证明、永恒不变的知识类型，因此，常识也就成为"非政治与非哲学的政治哲学"②。当然，神话并没有撒谎，它"不隐藏任何东西"，"它的功能在于改变，而不

---

① ［荷］祖伦：《女性主义媒介研究》，曹晋、曹茂译，桂林：广西师范大学出版社 2007 年版，第105 页。
② ［美］约翰·费斯克等编撰：《关键概念——传播与文化研究辞典（第二版）》，李彬译，北京：新华出版社 2004 年版，第 5、45 页。

在于使东西消失"。所谓的"改变",即剔除历史,"把历史改变成自然"①,这是一种健忘症。三是意识形态闭合。借助这种技巧受众被鼓励按照某种特定的方式解读文本,从而抹杀差异,使多样性隶属于统一性的价值观念,解读的方式也由协商式或对话式变为倾向式。在倾向式解读中,非意识形态成分被排除,而特定的意识形态内容则占领了传播的信道。比如巴特所说的锚定,即用来说明图片的文字,像上文《大都会》封面中文字对照片的作用就是锚定。本来,照片属于潜在的开放性文本,而文字却引导受众对其画面进行倾向性解读,从而"锚定了所指的浮动链条",减少影像的潜在"开放性"。巴特说,"(词语)文本加诸画面,给它添加了一种文化、道德、想象的重负"②。上文提到的"实况""常识"等都是意识形态闭合的关键技巧,它们将倾向性解读锚定在显而易见、无可争辩的事实之上。

结构主义符号学的方法被用来揭示隐藏在文化现象深层的意识形态,在这一方面,它与马克思主义文化批评理论是一致的、相容的。与马克思主义理论略显不同的是,它从文本出发、从文化符号的操作实际着手,细致、全面、逐层深入,与马克思主义着重于宏观的社会历史形成视角上的互补,从而丰富了意识形态批判理论。

3. 结构主义符号学有助于培养文化批评的怀疑意识与去蔽精神

通过以上分析,我们可以总结出结构主义符号学在文化批评中,秉持一种去自然化和反常识化的研究理路,这有助于培养我们对文化常识的怀疑意识、对文化现象的批判精神和对文化表征的去蔽辨真能力。

就文学而言,浪漫主义曾创造了一种文学的"物神",认为文学源于天才或神赐,而结构主义符号学则证明,文学作品与其他普通的语言产品一样都是建构的产物,都可以拿来像科学对象一样剖解分析,没什么神秘可言。因为意义由系统而非作者创生,所以,结构主义符号学从根本上打破了创作者的权威,表现出一种去神秘化的精神。反映在媒介文化领域,作家电影论和导演主创论把导演/作者视为天才的神话已经从根本上得到扭转。结构主义符号学的这种去神秘化精神体现出一种挑战常识和去除成见的气魄。生活中,我们总结了许多经验常识,这些常识被认为理所当然、不证自明,因而它们往往衍化为成见、成规。比如常识认为,世界和我们看到的是一个样子。然而,是一样的吗?如果是的话,为什么迄今为止我们并未真正认清我们的世界?所以常识是我们理性休眠的地方,

---

① [法]罗兰·巴特:《罗兰·巴特随笔选》,怀宇译,天津:百花文艺出版社2005年版,第106、115页。
② [美]约翰·费斯克等编撰:《关键概念——传播与文化研究辞典(第二版)》,李彬译,北京:新华出版社2004年版,第12页。

常识需要重观。结构主义符号学方法论正体现出这种与常识的对话意识和对话能力,这就是我们所谓的怀疑精神:怀疑娱乐、实况、神话及其背后的深层内涵和意识形态。在一定程度上,一旦进入文化批评领域,结构主义符号学就会使我们重新思考与关注一直以来理所当然的观念和信仰。

结构主义符号学不仅培养了我们对文化成规的怀疑意识,更为重要的,它还赋予我们以辨别真实、敞亮是非的能力。辨别真实是个大智慧。以视觉影像为例,结构主义符号学告诉我们影像不能等同于现实,原因在于:一是影像不是直接的现实,而是现实的符号化与介质化表述,两者遵从能指与所指的任意性关系或皮尔士视野中的相似性关系,虽然等值但不能等同,如画中马与现实马的关系,或电视画面与现实场景的关系本质上正是能指与所指的关系;二是影像是表征,既是表征的方式,又是结果,表征的本性是扭曲①,零度表征只是幻想,所以影像表征也是对现实某种程度的扭曲,并且,影像完全可以制造假象;三是影像与现实是以偏代全式的转喻关系,影像只是现实某个角度、某个部分在平面上的影像投射,用它来代表整体对象只能以偏代全。从以上这几方面可以见出,影像符号绝不是最自然、最准确的再现世界的方式。

结构主义符号学去自然化和反常识化的研究理路有着极为重要的哲学意义。它教会我们透过生活表象,质疑我们之前认为理所当然的常识观念;它敞亮真相,去除遮蔽,赋予我们怀疑意识和辨真能力;它展示了文化、历史、政治被自然化的机制和历程,探讨了意义得以维系的结构系统,发掘了文化深层潜含的意识形态操控力量和文化权力的施动者和受动者。它全景扫描了权力建构和意义变迁的动态历程,有着知识考古学的精神风范。

当然,结构主义符号学也存在着明显缺陷,它排除了符号具体表述的内容,把精力集中在它们之间关系的探讨上,所以它常常忽略文本,缺乏美学判断;在排除客体同时,它也排除了主体的价值和位置,正是这种双重作用限定了结构主义符号学的活动空间。另外,在价值判断和史观等方面,结构主义符号学也常常遭人批评。

但是,结构主义符号学的特点和优点仍然是非常突出的,特别是在文化批评方面,它具有意义生成机制分析和意识形态批判的双重天然优势,一方面它重视科学性、严密性、客观性,另一方面它重视批判性立场的把持,有效地融合了社会科学和人文科学的特色和优势。

---

① [英]丹尼·卡瓦拉罗:《文化理论关键词》,张卫东等译,南京:凤凰出版传媒集团、江苏人民出版社 2006 年版,第 51 页。

文献导读

1. 什么是结构主义的哲学思考①

J. M. 布洛克曼

导读

J. M. 布洛克曼(Jan M. Broekman,1931—),比利时著名哲学家和法哲学家,比利时皇家勋章获得者,曾任卢汶大学法学院院长和阿姆斯特丹大学哲学教授,并曾在美国、阿根廷等国多所大学任教。作者在结构主义、现象学、分析哲学、马克思哲学、法哲学、医学伦理学等领域建树卓越,著作颇丰。代表作有:《现象学与自我学》(1963)、《哲学与精神病学中的现象学思想》(1965)、《哲学与自明性》(1967)、《美学价值判断》(1969)。

《结构主义:莫斯科—布拉格—巴黎》是一本关于20世纪结构主义思想发展历史的概论,创作于20世纪六七十年代,正值结构主义如日中天之际。该书在欧美学界影响很大,曾被列入美国认识论丛书,并被《卢汶哲学评论》誉为关于结构主义的权威性导论。在国内,它是第一本介绍结构主义的译著,也是关于结构主义的一本经典著作。

作为简史,本书有以下特点:一是从地缘角度把结构主义分为莫斯科文学形式主义、布拉格哲学和文学功能主义、巴黎人文科学结构主义几个阶段,这种分期方法切合历史发展的事实;二是倾向于从认识论和方法论角度发掘结构主义思想的哲学根源;三是侧重结构主义文论和美学方面的介绍,抓住了结构主义理论的核心(结构主义活动最突出地体现在文论美学领域,结构主义文论是结构主义的第一所指)。

全书共六章,第一章是铺垫性的,介绍了与本书的一些基本概念和设想,之后的三章作者从历史角度分别梳理了结构主义发展的三个重要环节,在此基础上,第五章作者论从史出,系统阐释了关于结构主义的哲学思考,第六章"今日结构主义"是作者特意为中译再版增设,目的是使我们了解结构主义盛期之后近30年的历史演变情况。

---

① 选自[比]J. M. 布洛克曼:《结构主义:莫斯科—布拉格—巴黎》,李幼蒸译,北京:中国人民大学出版社2003年版。

> 本文选取了第五章的全部内容。作者认为,"结构主义不是一种新哲学",不存在一种独立的结构主义哲学,但可以把结构主义当作一种哲学来看待。作者围绕"结构主义的哲学思考既是系列的实践,又是秩序的哲学"(即结构主义既是可操作的,又是可反思的)这一中心理路,从"系列"和"秩序"两个角度展开论证,提出了一种新的结构哲学观,透露出作者探讨一种"结构主义哲学"的企图。

[文献]

以上我们一直在强调说,并不存在一种独立的结构主义哲学。结构主义不是一种新哲学,它也不是一种可比拟于存在主义或现象学的哲学运动。文学杂志中赶时髦的作家也许希望它真的会成为一种哲学,但从哲学观点来看,这是没有根据的。只是由于时尚所趋我们才以为一种哲学取代了另一种。正是流行的时尚把巴黎结构主义宣扬为最新思潮。实际上,很多像吕先·果尔德曼那类所谓的结构主义作家都说过,在法国精神生活中,人们早就熟悉结构概念了。与俄国形式主义同时期的法国立体主义可以为证。结构概念与20世纪科学和哲学思想中的重要发展密切相联,因此我们不能把结构主义轻易地说成是"今日之物"。

然而,我们这样说却并未解答结构主义的哲学思考究竟意味着什么这一问题。要想回答这个问题就得记住两个方面。一方面,按照罗兰·巴尔特的说法,存在着结构主义活动。在与我们的问题有关的范围内,这意味着,哲学思考本身就是一种结构主义活动,而不管这个活动结果可能是什么。另一方面,我们可以把结构主义的哲学当作一种哲学来看待,在这里,结构主义活动的可能性及其成立条件都是非常重要的。只有当我们愿意去考虑这样两个方面时,我们才能真的提出这个问题:什么是结构主义的哲学思考?

1. 系 列

我们已经说过,罗兰·巴尔特把结构主义局限于结构主义的活动。这有两重意义。第一,我们必须一开始就把一切坚持一种坚实的哲学立场,即一套科学或哲学知识的资料体(corpus)的主张,都看成是相对性的。第二,我们可以把结构主义本身看作一种不仅与知而且也与行有关的活动。我们已经反复说过,这一活动主要由两种典型的操作手续组成:编配与分析。然而它们本身并非目标,而是由它们来确定福柯、巴尔特和其他许多人所说的那种作为结构主义活动目标的目标,即引出新的对象。这一目标也有两个方面:构造方面和重造方面。两者之间可以区别,但绝不能分开。构造方面在结构主义倾向的美学(例如法国立体派和俄国构成主义的前驱活动)中更为重要。重造方面则在对这类美学的哲学反省中较为明显。结构主义活动企图重造一个对象的方式是:使对象据以发挥作用的规则显露出来。如此显露出来的结构就成为对象的影子(simulacrum)。在作为既定的与件与重造的与件之间的边缘区内,我们发现了可理解的(intelligible)因素。这种"可理解的因素",尤其使以一种技术的可理解性的形式出现的,被结构主义思想家看作是人类每一项创造的本质。就构造的和重造的活动是不可分地联系在一起的来说(后者在胡塞尔现象学的意义上通常就是一种"本质性的"[eidetic]活动),哲学与艺术、文学或科学之间就不再有根本的区别。这就使福柯能够说哲学不再存在了。其实它并未消失,而是分裂为许许多多不同的活动。于是,语言学家、历史学家、诗人、革命家等等的活动,都可以说是哲学活动的诸形式。而19世纪的所谓哲学,则可以在对象得以成立的条件所进行的反省中看到,(按照福柯的说法)现今任何一种能使新的对象出现的活动,无论是在实践中还是在认识活动中,都是哲学。至于这种活动究竟被看成是属于数学、语言学、人种学,还是历史,则无关紧要。

当人们企图说明一旦把结构主义哲学看作一种哲学时它可能做出什么贡献,问题就更困难了。这时我们就必须确定上面所说的那种活动的可能性与条件,而且,还必须确定这一活动的专门属于哲学的方面是什么。于是哲学问题所呈现的轮廓就难以描摹了。在论证的最初阶段我们谈到过,结构概念有多种含义而且往往很零乱。结构主义思想中的其他哲学主题的情形也类似,如意识、真理、成就、系统、主体、能指、所指等。不同的作家往往各依己见地来运用这些概念,因此不可能得出一幅可供哲学反省的统一画面。我们讨论过的各种结构主义团体的哲学构想的歧义性可资为证(如德里达、福柯和阿尔都塞的哲学构想)。这些作家都冒着只根据一种原则为背景来研究每件事物的危险:每件事物都成为踪迹,每件事物都成为话语,每件事物都成为实践。

这种研究实际上对于一种逻辑中心论哲学(借用德里达的术语)来说是破坏性的。不过,由于种种理由,结构主义作家仍然想要用相对性的术语来陈述逻辑中心论哲学。哲学问题的轮廓既不能再以迄今所用的词汇来描绘,也不能根据通常的逻辑性(logicity)加以确定。它们至多是结构主义认为重要的某些哲学性问题综合体的系列。这些系列必然同时既具有相同的又具有不同的特性,正像蒙德里安的四边形在形式上相似,而在颜色和大小上又显得不同一样。这些在种种构造的和重造的结构活动中肯定要发生的系列的变化,随即就会导致全体的变化。这样,按照德·索绪尔的语言学原理,固有的哲学问题由于其边界,由于作为哲学问题综合体内部的实际的或甚至潜在的成分的分界,而使其存在成为有意义的了。重要的不再只是问题综合体的内容,它们在系列中的位置以及该系列在整个结构中的位置,同样也已经存在的系列。在这方面,对哲学中基本概念的内容和用法的讨论获得了新的意义,而且这一点特别适用于结构的概念。

在结构主义理论中可以区分出种种系列,它们都在当前的哲学探索中发挥作用,虽然是在不同的认识论层级上。我们不求完备,只举出一些系列来作为例示。

知识型	主体性	历史
结构	功能	系统
相对主义	实证主义 形而上学	科学主义
科学	美学	哲学/神秘主义
知识	知识	知识
经验	反省	验证
结构	结构	意思
本质	图式	意义

这些系列以及类似的其他系列,都各自变得越来越复杂,它们都在各种结构主义的位置上发挥着作用。应当把它们都排列在一个表格中,这样就可以不仅从水平方向,而且也可以从垂直方向和对角线方向来阅读它们。于是表格中的截断、转换或变化的对比含义,就可以从功能上加以分析。借助最终得到的"哲学活动雕塑"(philosophical mobile)①,结构主义哲学就可以作为一种结构主义活动而加以发展。

2. 秩　　序

结构主义的思考的的确确是"游戏性的"(playful)。然而很明显,不应根据某些哲学概念的内容或解释,而应根据从这些概念及其内容中可能产生的活动来描绘结构主义。

由此得出一个影响深远的结论:在结构主义中,特别当它被看做哲学活动

---

① 活动雕塑(mobile),此为 A.考尔德 1932 年的雕塑作品,他将轻金属板与其他材料穿在线上使各部分迎风自动,而又彼此维持着平衡。布洛克曼以此来比喻他所开列的认识系列表中各项之间的关系。

时,秩序的问题就变成了哲学的对象,而不再像较老的本体论式理性宇宙论(cosmologia rationalis)中那样,被看做是哲学的基础。

在20世纪的美学中,这一原则已得到明确的应用,特别是在立体主义、形式主义和构成主义之中。于是无数艺术和美学活动的研究都完全可以纳入结构思想史。艺术作品不是按照预定的秩序创造的,创造作品的正是秩序本身。

在这种情况下,艺术的基本性质是由秩序概念确定的,艺术的目标相当于任何创造秩序的活动的目标。毫无疑问,美学作用应该理解为一种秩序化的活动。对此我们不必惊异。任何美学现实都是对混乱的制服,它证实了艺术作品的合法性:现存的艺术作品必须就是它所是的这个样子,而且必须是如其所是的这个样子。否则,它就只是一团混乱或另外的某种艺术品了。

这种思想就构成了广泛流传的形式主义的背景,这一形式主义于这样一种重要事实有关:诸如"编制""蒙太奇"和"改编"等概念在20世纪如此流行,并且被用来形容艺术作品。这一情况不仅可用于说明罗兰·巴尔特或俄国形式主义者,而且也可用于说明克利、康定斯基、爱森斯坦、勒·柯布西耶、托马斯·曼·韦勃恩、斯特拉文斯基和师托克豪森。黎尔克在他1917年所写的一封谈论毕加索的"分解的绘画"的信中,表述了不再在一个规定的秩序结构的内部,而是以赋予秩序的方式来创造艺术的困难。他在信中说道:"我想认识一位大画家,他(看来毕加索就是其人)独立开创了立体主义。大概只有他才能提供给我们一个充分的线索去理解塞尚那种宏伟的、开拓性的和全力以赴的工作,也就是那种通过漠视所描绘的事物的具体特点的手法把一幅画中的所有成分都同等看待的尝试。很难相信画家受主体先入倾向的影响竟有那么大。圣母玛丽亚和苹果是等价的,但是细部各处仍然是由内容主宰着。"末一句话不仅反映了由于追求形式主义而产生的内心斗争,而且也提出了秩序的美学问题。

以上所谈都可以在严格的意义上适用于哲学问题。结构和秩序的关系,就是从古典本体宇宙论向近代宇宙论过渡的主题,在近代宇宙论里,由于普遍性的秩序主题从一个特殊的秩序中解脱了出来,它才真的能成为主题。在古典宇宙论中,存在被解释为"有"(BEING)。包含在"有"中的秩序的"世界"主题,即凡存在者均相互联系的命题,必然被忽略了。一旦这一主题摆脱了束缚,就肯定会发生变化。这一点可以从三种古典的努力中清楚地看出来,这三种古典的努力都沿着我们所描述的方向,使秩序主题取得了进展。(5.7,51ff.)其中第一个是理性宇宙论,它以联系和相互联系(nexus et connexum)为其主要论题。第二个努力可以在康德的《纯粹理性批判》的先验逻辑中看到,它以齐一和蕴涵(Einstimmigkeit und Enthaltensein)为其主要论题。第三次努力来自黑格尔的《小逻辑》,它以某物和他物(Etwas und Anderes)为主要论题。

这个某物(在结构主义中被叫作"成分")在古典宇宙论中不被看作实体(ens),而被看作相关系列中或相关联系中的事物(res in serie rerum or in rerum nexu)。它强调决定性因素之间的普遍性相互联系。然而这些相互联系受其基本法则,即同一律、矛盾律、排中率和充足理由律的制约,这样就使秩序的主题不是独立的了。

在康德的"纯粹的"和"形式的"逻辑中,秩序的主题还是本体论的,但是在其先验逻辑中,尤其在与可能性的概念有联系之处,似乎出现了变化。因为康德毕竟在实在的、逻辑的和先验的诸种可能性概念之间作了区别。如果把这一思想换成"世界"主题,我们就看到了康德在1789年给莱因赫德的信中所描述的这一区别。"……神意是一回事,现存世界是完全不同的另一回事。但是前者应产生后者。"这样康德拒绝了莱布尼兹-沃尔弗的传统,后者从传统宇宙论的秩序主题中排除了神学和本体论。齐一和蕴涵的主题(《纯粹理性批判》第二版,第628页)也与此有关。根据第628页,"可能性"就意味着与在任何情形下都适用于可能的经验知识的一般条件相符。这与经验总体范围内的蕴涵概念完全不一样。然而这一区别在传统宇宙论的领域里却没有意义,在那里,已经提过的原则也就成了一切综合命题的最高基本原则。而现在可能性概念不只是建立在前面所说的齐一性基础之上,而且(按照该书第二版第628页)也建立在整个经验范围之内蕴涵的基础之上,这就涉及了存在概念以及世界主题。这是秩序主题的一次重要解放。

在黑格尔的逻辑中,这个"某物"也不是在相关联系中,而是作为一个相互关系网中的独立组成成分来规定的。作为秩序问题的这一相互关系的问题,需要我们在某物和他物的相互关系的格局内予以注意。这个问题比某物本身的问题更重要——"诸物"根本上是互相从属的。这一逻辑所强调的不是同一性和矛盾性的问题,而是这些"某物"的绝对缠结(categorical entanglement)的问题。(5.2)

这样,秩序主题的解放就成了西方哲学中哲学思考的对象。20世纪,一个与认识论密切关联的哲学之外的学术三角系统被创造出来了:语言学、文化人类学和精神分析学,在这个学术三角系统中,重新又提出了秩序的问题:它是结构主义思想的中心主题。就哲学思考可以看成是一种结构主义活动而言,这一活动的任务之一就是促进上述那些秩序问题的发展,并综合地去考察这些发展。这或许是结构主义哲学思考的最重要的"系列",同时也是知识型的最重要的突破。就存在着这样一种活动的哲学(或理论)来说,它对这一或者来自边界(如德里达所做的),或者来自中心(如福柯所做的)那种综合考察的条件提出疑问。结构主义的哲学思考既是系列的实践,又是秩序的哲学。

2. 今日神话[①]

罗兰·巴特

导读

罗兰·巴特(Roland Barthes,1915—1980),法国结构主义、后结构主义、符号学的代表人物,著名的哲学家、文论家。巴特一生成果丰厚,主要代表作有《写作的零度》(1953)、《神话学》(1957)、《符号学原理》(1964)、《服装体系——符号学与服饰符码》(1967)、《S/Z》(1970)、《符号帝国》(1970)、《文之悦》(1973)、《罗兰·巴特论罗兰·巴特》(1975)、《恋人絮语》(1977)……其成果至今仍有参考价值,特别在文学和文化研究领域。

1954年到1956年,巴特每月给莫里斯·纳多一篇稿子,发表在左翼杂志《新文学》中。这些稿子以时评短文形式为主,共54篇,后来结集为《神话学》,由门槛出版社于1957年出版。《神话学》是巴特影响最大的著作之一,内容集中在法国日常生活和通俗文化领域。可以说,它为20世纪50年代法国读者提供了当时社会文化状况的全景扫描。《神话学》旨在告诉我们,日常生活中各种文化现象(及其神话)本质上是一种表征文本,像语言一样,它构成了一个完整独立的意指系统,呼唤并要求我们阅读,而阅读的最佳策略和方法就是结构主义符号学。巴特提示我们不要把目光仅放在表层现象上,而要从表征角度和符号意指角度理解意义乃至其背后意识形态的生成机制和操作原理。

全书以文化案例分析为主,巴特以其智慧、幽默、讽刺和富于诗意的笔触详细解读了摔跤、电影、肥皂剧、儿童玩具、雪铁龙汽车、竞选照片、炸牛排和炸薯条、嘉宝的面庞、米舍兰的《蓝色指南》、阿斯特拉牌的人造黄油广告等流行文化现象。后记《今日神话》是其理论篇,系统阐释了结构主义符号学的基本思想。全文共11节,主要探讨了神话的意指属性、符号学构成、意指机制原理、自然化理论、左翼神话与右翼神话问题以及意识形态方面的问题。巴特认为,神话是一种语言(广义的语言,更确切来说是符号),是受意识形态操纵的语言,其间利益主体被隐匿,历史话语被改写为自然话语,并以自然化形式在文化中广泛传播。这就造成了当代文化中历史和

---

① 选自[法]罗兰·巴特:《罗兰·巴特随笔选》,怀宇译,天津:百花文艺出版社2005年版。

自然相互混淆,也即文化被资产阶级意识形态操控的现象。所以挖掘文化现象背后的意识形态问题,应该是神话学的主要任务和责任。

由于篇幅较长,本教材只选取第二小节"神话,作为符号学系统"的内容。这一节主要探讨了神话的符号学构成,它为我们提供了有关能指、所指、符号和意指的基本概念,这是理解巴特神话理论的基础,也是学习结构主义符号学的基础。这一节主要讲述了三个问题:一是神话学的学科性质(既属于作为形式科学的符号学,又属于作为历史科学的意识形态);二是符号学体系中三个重要术语(能指、所指和符号)的关系;三是神话的二级符号学系统的构成及两种符号学体系(语言学体系和神话体系)间的连接机制。其中第三个问题是重点,文中黑体字标明的术语须重点掌握。

[文献]
……

2. 神话,作为符号学系统

作为对言语的研究,神话学实际上只是这种广阔的符号科学的一部分;索绪尔在四十年前曾以 sémiologie 一词假设了这门科学。符号学还没有建立。不过,自索绪尔以来,有时甚至独立于索绪尔,当代探索的整整一部分不停地回到意指问题上:精神分析学,结构主义,遗觉心理学,文学批评的某些新的探讨——巴什拉尔提供了这方面的榜样,只根据事实所意指的东西来研究事实。然而,假设一种意指,这即求助于符号学。我不想说,符号学可以阐明所有这些探索:这些探索有着不同的内容。但是它们具有共同的地位,它们都是价值科学;它们不满足于接触现象:它们为现象下定义并把它当作一种等价。

符号学是一种形式科学,因为它研究意指而撇开其内容。我想要说的是一种这样的形式科学的必要性和其界限。必要性,这便是任何准确的言语活动的必要性,吉达诺夫(Jdanov)嘲笑哲学家亚历山大罗夫,说他妄谈"我们星球的球面结构"。吉达诺夫说:"似乎直到现在只有形式可以是球形的。"吉达诺夫说得有理:我们不能以形式术语来谈论结构,反之亦然。在"生命"方面,很可能只有一种整体性,它在结构与形式方面是不可分的。但是,科学不需要无法言表的东西:如果它需要改变"生命",它就必须谈论生命。与在综合方面的柏拉图式的某种堂吉诃德论相反,任何批评都应该赞成分析的艰苦性和人为性,而在分析中，它应该使各种方法与各种言语活动相适宜。历史批评并没有被"形式主义"的幽灵所吓倒，看来它也许不是无效的；它似乎已经理解，形式的特定研究与整体性和历史的必要原则是丝毫不矛盾的。恰恰相反：一种系统越是特定地在其形式中得到了确定，这种形式就越是服从于历史批评；要是由我来滑稽地模仿别人说过的一句话，那就是，有那么一点点形式主义在远离历史，但许多形式主义又重归于历史。在萨特的《圣－若奈》一书中，对于圣洁的描写既是形式的又是历史的，既是符号学的又是意识形态的，难道还有比这种描写更好的整体性批评吗？相反，危险的却是把形式看作是含混不清的客体，看作是半形式和半物质，并赋予形式一种形式物质，就像吉达诺夫的现实主义所做的那样。符号学就其极限而言，并不是一种玄奥的诡计：它是一种必要的但非足够的科学。重要的是要理解，一种解释的完整性不能依靠对其各种探讨的割裂，而是要按照恩格斯的说法依靠与之相关的各种科学的辩证的协调。于是，便出现了神话学，它既属于作为形式科学的符号学，又属于作为历史科学的意识形态：它研究形式化的观念①。

因此，我会重新提到，任何符号学都要在能指与所指这两个术语之间设想一种关系。这种关系涉及不同范围的对象，因此，它不是一种等同，而是一种等值。在此，必须注意的一点是，与只告诉我能指表现所指的通常的言语活动相反，在任何符号学系统中，我与之打交道的不是两个术语，而是三个不同的术语；因为，我所领会的，根本不是一个一个的术语，而是连接它们的相互关系：因此，便有了能指、所指和符号，而符号则是前两个术语的结合整体。假设有一束玫瑰花：我让它意指我的激情。难道不是有一个能指与一个所指即玫瑰与我的激情吗？根本不是这样：这里只有"被赋予激情的"玫瑰。但是，在分析的平面，有三个术语：因为这些带有激情的玫瑰可以完整和准确地被分解成玫瑰和激情；它们在结合并形成第三个对象即符号之前都存在着。同样，从实际上讲，我确实无法把玫瑰与其带有的讯息分开，在分析平面上，我同样无法把玫瑰与能指混为一谈，把玫瑰与符号混为一谈：能指是空的，符号是满的，符号是一种意义。我们再假设有一块黑石头：我可以以多种方式使之表明意义，它是一种普通的能指；但是，如果赋予它一种确定的所指（例如在不具名的投票当中被判处死刑），它就将变成一种符号。当然，在能指、所指和符号之间有一些功能上的联系（例如部分与整体的联系），这些联系极为密切，连分析也显得无能为力；不过，我们立即就

---

① 广告、报纸、广播、插图，还不算那些依然活跃的效不尽的沟通习俗（它们是社会显示性习俗），这一切都使符号科学的建立比任何时候都更急迫。在一天当中，我们能跑遍多少真正无意义的地方呢？很少，有时甚至没有。我站在大海边上：大海无疑不会带来任何讯息。但在海滩上，符号材料何其多！旗帜、标语、广告牌、衣服，甚至光洁之物，它们对于我来讲均构成讯息。——原注

会看到,这种区分对于把神话当作符号学模式具有极大的重要性。

当然,这三个术语纯粹是形式上的,我们可以赋予其不同的内容。请看以下例子:索绪尔曾致力于研究一种特殊的但在方法论上却是典范的符号学系统——语言,他认为,所指是概念,能指是听觉意象(属心理范畴),而概念与意象的关系是符号(例如词)或具体实体①。在弗洛伊德看来,我们知道,心理现象是一种等值厚度即等价厚度。第一个术语(我不赋予它一种超群地位)由行为的表面意思构成,第二个术语由其潜在的意思或其本义(例如梦的原梦)构成;至于第三个术语,它在此是前两个术语的一种相互关系:这便是整体的梦本身,是不成功的行为或神经官能症,它们都是作为和解现象来设想的,都是作为依据一种形式(第一个术语)和一种意愿功能(第二个术语)而起作用的协调现象来设想的。在此,我们看到,很有必要区分符号与能指:在弗洛伊德看来,梦已不是他的表面材料,而仅仅是其潜在内容,它是两个术语的功能结合。最后,在萨特的文学批评中(我只限于这三种已知的实例),所指是由主体的最初危机(波德莱尔很早就远离母亲,若奈②的早期行为被定名为偷窃);作为话语的文学构成能指;危机与话语的关系决定作品,作品便是意指。自然,这种三维的图示,尽管确实在其形式之中,但不是以相同的方式形成的:因此,我们不能一再地说,符号学只能在其形式方面而不能在其内容方面获得统一性;它的范围是有限的,它只关系到一种言语活动,它只认可一种唯一的操作过程:读解或译码。

我们在神话中重新找到了我刚才谈到的三维图示:能指,所指和符号。但是,神话是一种特殊的系统,因为它是根据先于它而存在的一种符号学链而建立的:这是一种二级符号学系统。在第一个系统里是符号(即一个概念与一种意象的结合整体)的,在第二个系统里变成了普通的能指。在此,必须指出,神话言语的材料(纯粹的语言,照片,绘画,招贴,习俗,客体等),尽管在最初和在其——被神话利用之后它们是那样有别,但它们还是同归于一种纯粹的意指功能:神话把这些材料只看作同一种原材料;它们的统一体,是它们都减缩为普通的言语活动状况。不管是属于文学方面的还是属于绘画方面的,神话想见到的仅仅是一种符号整体即一个整体性符号,这便是第一个符号学链的最后术语。恰恰是这个最后的术语马上变成它们所建立着的那个扩大系统的第一个术语或局部术语。这一切就好像神话在把前面那些意指的形式系统移动了一格。由于这种移动对于神话的分析是很重要的,因此,我以下列方式加以表示,图示的空间分配在此仅仅是一种普通的隐喻:

---

① 词的概念是语言学上最有争议的。我保留这个概念,为的是简便。
② 若奈(Jean Genet,1910—1988):法国诗人、小说家、剧作家。他童年很苦,做过犯法的事情。——译注

我们看到,神话中有两种符号学系统,其中一个相对于另一个来讲是分开的:一种语言学系统,即语言(或与之相似的那些再现方式),我称其为言语活动对象;因为它是神话用来建构自己系统的言语活动;再一个系统就是神话本身,我称之为元语言①,因为它是二级语言,而在这种二级语言中,人们谈到的是第一种语言。由于符号学考虑的是一种元语言,它就不再需要探讨言语活动对象的构成,就不再需要顾及语言学模式的细节:它将只需要了解整体术语即整体符号,只要这个术语适合于神话。因此,符号学家可以相同的方式来处理写作与图像:他从写作与图像所了解到的是,它们都是符号,它们都进入神话,并且由于具有相同的意指功能,每一种都是一种言语活动对象。

现在到了提供一两个神话言语例证的时候了。我先举瓦莱里的例子②:我在一所法国中学读五年级;我打开了拉丁语法书,我读到了一个引自伊索或费德尔③作品的句子:quia ego nominor leo。我停了下来,我思考着:这个句子有些含混。一方面,这些单词有一种简单的意思:因为我名叫雄狮。另一方面,这个句子明显地是要为我说明另一种东西:在这个句子向着我这个五年级学生说的时候,它明确地告诉我:我是一个语法例证,专用来表明表语的配合规则的。我不得不承认,这个句子丝毫不是在向我表明其意思,它并不寻求向我谈论雄狮和自我命名的方式;它的真正的最后意指,是要我承认它是表语的某种配合的出现方式。我的结论便是,我面前是一个特殊的和扩大了的符号学系统,因为该系统延伸到了语言:当然,这里有一种能指,可这个能指本身也是由一个符号整体构成的,这个符号整体只对这个能指来说便是第一个符号学系统(我名叫雄狮)。除此之外,形式模式在准确地展开:有一个所指(我是一个语法例证)和一个整体的意指——它不是别的,而是能指与所指的相互关系;因为,对雄狮的命名和语法例证都不是分开地提供给我的。

---

① 元语言:在语言学中,一般指用来说明另一种语言的语言。——译注
② 见其《这样》文集第二卷,第119页。
③ 费德尔(Phèdre,生卒不详):古拉丁寓言家。——译注

现在来看第二个例子：我在一家理发店等待理发，店主拿给我一份《巴黎竞赛》杂志。封面上，一位身着法兰西军装的黑人小伙子在行军礼，目光无疑是在盯着一面三色国旗。这一点便是这幅照片的意思，但是，不知是天真或是别的什么原因，我很清楚地理解它向我表明什么。它向我表明法国是一个伟大的帝国，她的所有的儿子，不分肤色，都忠实地效忠于她的国旗，这个黑人服务于其所谓的压迫者的热情是对诽谤所谓殖民主义的人们的最好的回答。因此，我在这里又面对一种加值的符号学系统：有一个能指，它本身已经构成了先前的系统（一个黑人士兵行法兰西军礼）；有一个所指（正是在此有意地把法兰西特征与军事特征混在了一起）；最后还有所指借助于能指的一种出现状况。

此为罗兰·巴特所分析的《巴黎竞赛》杂志的封面。

在对神话系统的每个术语进行分析之前，首先要使术语达成一致。现在，我们知道，在神话中，能指可以从两种观点加以考虑：作为语言学系统的最终术语和作为神话系统的最初术语；因此，在此要有两个名称：在语言平面上，也就是作为第一个系统的最终术语，我把能指称作意思（我名叫雄狮，一个黑人行法兰西军礼）；在神话平面上，我称能指为形式。对于所指，没有什么可能的含混而言：我们将命名它为概念。第三个术语是前两个术语的相互关系：在语言的系统里，这便是符号；但是，重新采用这个词，不可能没有含混之处，因为在神话里（而这，正是其主要的特殊性），能指已经是由语言的符号所构成。我把神话的第三个术语称为意指：该词在这里用得恰当合理，因为神话实际上具有两种功能：它表意和告知，它使人理解并强迫人理解。

……

文化批评与精神分析

一、精神分析学的早期发展

肇始于弗洛伊德的现代西方精神分析心理学无疑是 20 世纪全球最重要的学术思潮之一。从当下的视域回溯，我们可以肯定的是："贯穿整个 20 世纪、最具影响力、在文学全过程研究中最为有力的是精神分析学派的文学理论。无论现实主义文论，还是现代主义和后现代主义文论，精神分析及其文论都以不同方式被广泛采用，几近达到不了解它，就不足以读懂这个世纪文论的程度。"① 有意思的是，精神分析学在自己的学科基地——心理学论域却被当作非常另类乃至与许多学院心理学对立的流派，有道是"墙里开花墙外香"，正是它在哲学、社会学、人类学和文学艺术领域里产生的深远而重大的影响，才使得自己直到今天仍然是与冯特的行为主义心理学派、马斯洛的人本主义心理学派并驾齐驱的世界三大主要心理学流派之一。对无（潜）意识的深度追问和惊人发现是弗洛伊德对人类精神世界探索所做出的最伟大的贡献，全部精神分析学的理论大厦的建构都是以此为基石的。其实，精神分析与其他心理学派的最大区别在于它们各自的理论渊源迥异。那些学院派心理学的立论大都建基于心理学实验室，而精神分析却起源于对精神病患者的临床诊治。显然，精神分析最初是无意于建构一个洋洋大观的理论体系的，这种立足于解决具体问题的实践性和现实性往往使它的理论更有说服力和可验证性。就像荣格所言："我深信，心灵的探讨必定会成为未来一门重要的科学……这是一门我们最需要的科学。因为世界发展的趋向显示，人类最大的敌人不在于饥荒、地震、病菌或癌症，而是在于人类本身；因为，就目前而言，我们仍然没有任何适当的方法，来防止远比自然灾害更危险的

---

① 张首映：《西方二十世纪文论史》，北京：北京大学出版社 1999 年版，第 93 页。

人类心灵疾病的蔓延。"①毫无疑问,后现代社会层出不穷且日益严重的精神病变注定了这门心理科学将会继续保持其与生俱来的旺盛生命力,与此同时,众多的人文社会科学也将一如既往地从中汲取富有活力的话语资源和理论营养。

"从古典的弗洛伊德主义到修正的弗洛伊德主义,再到新弗洛伊德主义以至后弗洛伊德主义,从20世纪末直到今天,由弗洛伊德所奠基开创的精神分析学可以说始终在随社会时代的变迁而变迁。"② 1900年,弗洛伊德的第一部经典著作《释梦》出版,标志着古典精神分析学的诞生。该书一问世便连续八年畅销不衰,被译成多种语言风靡全球,以至此后精神分析学就以他的名字被人们称作弗洛伊德主义。迄至第一次世界大战,弗洛伊德陆续出版了他的一系列重要著作,包括《日常生活精神病理学》《性学三讲》和《图腾与禁忌》。一战期间,弗洛伊德将自己的很多讲演汇编成《精神分析引论》,这部著作连同1933年在维也纳出版的《精神分析引论新编》普遍被认为是有关这门学科的最有权威的阐述。至此弗洛伊德已经为自己的思想构建了一个由诸多全新概念组成的理论体系。该体系主要包括由潜意识、前意识和意识组成的心理结构说,由本我、自我和超我组成的人格结构说,由性本能、生本能和死本能组成的本能理论,由显性梦境和隐性梦境组成的释梦理论等。

弗洛伊德认为,如果把人的心理比作一座海上的冰山,那么我们能够感觉得到的露出水面的一小部分是意识领域,那藏于水下的我们无法感知到的大部分是潜意识领域,而处于心理结构最表层的意识和最深层的潜意识之间的屏障则是前意识。在弗氏看来,人的潜意识中蕴藏着大量不为社会所接纳的各种原始本能和欲望,它们是人类一切活动的动力之源,时刻企图冲出前意识的稽查和意识的约束而表现出来。对潜意识的深入研究以及由此发现的人类精神领域里的诸多秘密使得潜意识理论成为全部精神分析学的学理基础。弗洛伊德说:"精神分析所提出的第一个令人不快的主张是:心理过程自身是潜意识的,并且整个心理生活只有某些个别的活动和部分才是意识的。……存在着潜意识心理过程的假设为人类和科学的一种决定性的新取向铺平了道路。"③后来,弗洛伊德又提出了三重人格结构来进一步完善他早期的心理结构理论。弗氏补充道,本我是潜意识深层中最原始、最黑暗隐秘的部分,蓄积着人类先天的生理欲望和本能冲动,它遵循快乐原则。自我代表着人的理性和审慎,它按照现实原则来调节和

---

① [瑞士]荣格:《现代灵魂的自我拯救》,黄奇铭译,北京:工人出版社1987年版,第11—12页。
② 王小章、郭本禹:《潜意识的诠释》,北京:中国社会科学出版社1998年版,第14页。
③ [奥]弗洛伊德:《精神分析导论》,车文博主编:《弗洛伊德文集》第4卷,长春:长春出版社2004年版,第11页。

控制本我的非理性冲动,同时又适当地让本我的部分能量释放出来以协调它与现实世界的冲突。弗氏将自我与本我比喻成骑手与他的马的关系——"自我就像一个骑在马背上的人,它得有控制马的较大力量"①。超我则是一种理想化和道德化的自我,它奉行至善原则,是追求完美的倡导者,代表着人类生活的较高层次的那种东西一般由自我理想和良心两部分构成并以此监督指导自我更好地管理本我的冲动。本能论是弗洛伊德的精神动力论的基础,其研究目的在于探讨驱动并影响人的心理与行为的内在动力。弗氏早期将本能分为自我本能和性本能,后来又将两者合称为"生的本能",以区别与之相对立的"死的本能"。前者是一种表现个体生命的生存、发展和繁殖的本能力量,标示着人类生命中祈求创造和进取的活力;后者则表现为对人类生命具有攻击性和破坏性的力量,其终极目标在于将人的生命状态回复到无机物的毁灭状态。弗洛伊德学说特别重视性对个体人格发展的决定性作用,认为性本能及其背后的潜力即力比多乃是一切本能中最核心的本能和力量。弗洛伊德将力比多的能量即性能施加于人生的方方面面,譬如把力比多的能量转移至母亲身上而产生的恋母情结;把力比多贯注于父亲而产生的恋父情结以及将力比多专注于自身而形成的自恋情结等。他的学说也因此被人诟病为"泛性论"。不过日常生活中的力比多能量最终会通过梦境得到一定程度地释放。遗憾的是,梦中呈现的一切也有显意与隐意之分,我们总想看清的真实意图即隐意却是在改装变形为显意之后来表达自己,因此,他明确指出:"释梦是指发现其隐藏的意义。"②基于此他通过对精神病的医疗实践形成了一套解析梦境的方法,这些源于临床且不断修正的方法论也使得古典精神分析理论一致保持着年轻的生命力。

　　阿德勒本是精神分析学派创设时期的中坚力量,也一度担任过维也纳精神分析学会主席,但由于跟弗洛伊德的观点发生分歧并坚持己见而被弗氏赶出精神分析领域。阿德勒后来创立的个体心理学成为精神分析学派内部第一个反对弗洛伊德的心理学体系。阿德勒认为:"力比多以及种族遗传等神秘的先天性自然力量并不是精神生活的决定因素,只有社会因素和个人生活的经验才决定着人格发展的方向。"③他更加重视后天因素对人类心理和个体人格的重要影响。尤其难得的是,阿氏肯定了人是一个有意识的存在,居于人格中心地位的应该是意识而不是潜意识,这显然是对弗氏学说的一大反动。阿德勒认为,"追求优越"

---

① [美]约翰·克里曼编:《弗洛伊德著作选》,贺明明译,成都:四川人民出版社1986年版,第281页。
② [奥]弗洛伊德:《精神分析导论》,车文博主编:《弗洛伊德文集》第4卷,长春:长春出版社2004年版,第49页。
③ 转引自沈德灿:《精神分析心理学》,杭州:浙江教育出版社2005年版,第158页。

是人一切活动的总目标，人总是在清醒的自我意识中有计划地凭借向上的意志去实现这一目标。他还指出向上意志的深层心理根源其实是人所共有的自卑感："自卑感本身并不是变态的。它们是人类之所以进步的原因……我们人类的全部文化都是以自卑感为基础的。"①在人格发展的动力问题上，应该说，阿德勒倾向于遗传与环境相互作用论，他认为克服自卑和追求超越需要创造性自我，而创造性自我往往形成于先天的禀赋和后天的养成。从这一点来看，阿氏的个体心理学可以说是古典精神分析向新精神分析转折的中介。

荣格是瑞士精神病医生，他也较早的从弗洛伊德的古典精神分析学派中脱离出来并创建了自己的学术体系——分析心理学。但荣格与那些因不满弗氏学说而对之大加诋毁的人不同，他始终坚信弗洛伊德理论的不可替代的价值，并终生保持着对与他有知遇之恩的弗洛伊德的感激和敬佩之情。荣格只是认为弗氏学说不够完善，尚需修改和补充，故有人也将荣格的分析心理学称为修正的弗洛伊德主义。首先，荣格与弗氏的分歧肇始于他们对力比多的不同见解。弗洛伊德坚持认为力比多是作为无处不在的性力而成为人格动力的本源，人的一切活动包括儿童的行为都无不受此驱力推动。荣格则扩大了力比多的内涵，把它解释为一种普遍的生命力，所谓性爱只是力比多全部能量和驱力的一部分而已。其次，荣格发展了弗洛伊德的无意识理论，他将无意识进一步区分为个人无意识和集体无意识。荣格说："构成个人无意识的主要是一些我们曾经意识到，但以后由于遗忘或压抑而从意识中消失了的心理内容；集体无意识的内容从来就没有出现在意识之中，因此也就从未为个人所获得过，它们的存在完全得自于遗传。个人无意识主要是由各种情结构成的，集体无意识的内容则主要是原型。"②确切地说，集体无意识就是"在漫长的历史演化过程中世代积累的人类祖先的经验，是人类必须对某些事件做出特定反应的先天遗传倾向。它在每一个世纪只增加极少的变异，是个体始终意识不到的心理内容"③。集体无意识是人类世代祖先生活经验的储蓄所，对个人的当下行为具有重要的影响和作用。在《集体无意识的原型》中，荣格指出，就像个人无意识需要通过情结得到说明一样，集体无意识也经由原型才能得到理解。原型的本质是一种世代相传的原始意象，它凝结着人类几百万年繁衍生息所积淀下来的基本经验并通过遗传形成了某种先天的心理结构模式。集体无意识概念的提出是荣格对精神分析学说的最重要贡献。

---

① ［奥］阿德勒：《超越自卑》，刘泗编译，北京：经济日报出版社1997年版，第80页。
② ［瑞士］荣格：《心理学与文学》，冯川、苏克译，北京：生活·读书·新知三联书店1992年版，第94—95页。
③ 施春华：《神秘的原型》，哈尔滨：黑龙江人民出版社2002年版，第60页。

二、精神分析学的后期发展

以霍妮、弗洛姆、沙利文、罗洛·梅、埃里克森等为代表的新弗洛伊德主义注重吸收社会学、人类学、伦理学乃至政治学和经济学的理论精髓,并根据二战以后随着资本主义的迅速发展和变化而产生的各种复杂的社会文化问题,将思考的重心落实在后天教育、社会环境、人际关系、矛盾冲突、文化需求、自我意识、理想追求等与个体人格建设的关系上,深刻反思社会文化本身的缺陷和矛盾乃至父母教育的不当等对个体成长的不利影响。阿德勒的个体心理学和荣格的分析心理学对社会文化因素的重视,对 20 世纪 30 年代新精神分析学派在美国的兴起有很大的启发性。新精神分析学派的共同特点都是强调社会文化因素对人格形成和发展的影响,反对弗氏学说的"性一元论",故又被称为社会文化学派。霍妮的焦虑心理学建基于她的两个核心概念——基本焦虑和基本敌意之上。与弗洛伊德的"神经症的焦虑"和"现实的焦虑"不同,霍妮更多的是看到了社会竞争带给人的紧张的焦虑和利益冲突导致的敌对情绪。儿童的两种基本需要,即安全需要和满足需要却由于父母的不负责任、漠不关心以及其他不当的教育方式而使儿童感受到基本焦虑并由此产生对父母的基本敌意,用霍妮的话说:"这是一种在内心中不断增长,到处蔓延渗透的孤独感,以及置身于一个敌对世界中的无能为力的绝望感。"① 弗洛姆是新精神分析学的最主要代表,也是社会文化学派中对现代人的精神生活影响最大的人物。弗洛姆通过自己提出的"社会潜意识"和"社会性格"等新概念来纠正弗洛伊德的本能决定论,同时也将精神分析的重心指向现代人的精神处境,特别关注工业社会和市场经济条件下人的心理困境和实现人生幸福的途径,其学说也因具有浓郁的人本主义色彩而被称为人本主义精神分析学。弗洛姆在弗洛伊德的潜意识和荣格的集体无意识的基础上指出,社会潜意识是由社会不允许其成员所具有的那些思想、认识、态度和情感组成。弗洛姆的深刻在于他认为那些被社会压抑和排斥的思想感情并不都是邪恶的、不合理的,倒是社会常常将自身许多不合理的禁忌强加于人,从而导致现代社会的诸多精神危机。弗洛姆还指出,一个人的性格可分为两个部分,第一部分是个人性格,代表性格结构中个人不同于他人的那个部分。第二部分是社会性格,是同一文化群体中的大多数成员所共有的性格特征,是性格结构的核心部

---

① [美]卡伦·霍妮:《我们时代的神经症人格》,冯川译,贵阳:贵州人民出版社 1998 年版,第 55 页。

分。有学者认为:"弗洛姆的社会性格实际上就是弗洛伊德的'超我'。不同的是,弗洛伊德的重心在力比多,而弗洛姆则把重心由力比多转向环境,由个人转向社会。"①此外,弗洛姆还是一位坚定的马克思主义者,他毕生都在试图用自己的人本主义精神来调和马克思主义和弗洛伊德学说,旨在沟通两者并使之互相补充。他认为"马克思所思考的深度和广度远远超过弗洛伊德"②,但是,马克思也"低估了人类感情的复杂性。他没有充分认识到人性有着自身的需要和规律,这些规律同影响历史进程的经济状况不断地相互作用"③。

新精神分析学派的主要代表人物还有存在主义精神分析学的倡导者罗洛·梅。他重视人格的完整性,主张人既是环境世界、人际世界、自我世界的统一体,也是生理、心理、伦理的统一体,同时他还强调要把自我意识作为推动人格全面发展的根本驱动力。沙利文是人际关系论的创始人,他抛弃了弗洛伊德的本能论和泛性论,直接将精神分析与社会科学结合起来研究,重视人际关系在人格发展中的巨大作用。新精神分析学派中的自我心理学在弗洛伊德的女儿安娜·弗洛伊德创设之后,经由哈特曼而走向成熟,并最终通过美国心理学家埃里克森的自我同一性概念而闻名。其共同之处在于确立了自我的独立研究领域,在推崇自我对人格发展的主导作用的同时也注重社会文化环境对自我发展的深刻影响。

当然,精神分析学到了雅克·拉康这里又发生了更为重大的理论转向,有趣的是,这一影响世界的思想转向却是在拉康提出的"回到弗洛伊德"的口号下完成的。可以说,早期以原创性的"镜像阶段"理论而闻名的雅克·拉康是"在结构主义思潮这一文化语境中对精神分析学进行了一场'语言革命',实现了精神分析学的后现代转型,不但推动了结构主义向后结构主义的过渡,同时也对后现代文化的各个领域产生了深远的影响"④。关于无意识,拉康有两个著名的论断:其一是无意识具有类似语言的结构,其二是无意识是他者的话语。在拉康的无意识语言论看来,语言是进行精神分析必不可少的唯一媒介,与其说无意识先于语言而存在,不如说语言先于无意识而存在,"也就是说,在言语活动之外不存在无意识;无意识只不过是言语活动的底面或背面"⑤。拉康吸收了索绪尔的语言学思想,认为无意识中充满了言语和历史积淀的语言,而且无意识的法则与语言形成意义的法则是异质同构的。归根结底,是"人的欲望给予语言的能指以意义,欲望最终也由能指的链条所决定,无意识与语言相像,无意识的东西正如语

---

① 叶浩生:《西方心理学理论与流派》,广州:广东高等教育出版社 2004 年版,第 346 页。
② [美]弗洛姆:《在幻想锁链的彼岸》,张燕译,长沙:湖南人民出版社 1986 年版,第 11 页。
③ [美]弗洛姆:《健全的社会》,孙恺祥译,贵阳:贵州人民出版社 1994 年版,第 213 页。
④ 黄汉平:《拉康与后现代文化批评》,北京:中国社会科学出版社 2006 年版,第 89 页。
⑤ [法]罗杰·法约尔:《法国文学评论史》,成都:四川文艺出版社 1992 年版,第 403 页。

言那样构成的"①。就无意识是他者的话语而言,拉康指出:"无意识是我自己的他者。他者不是具体的个人,而是真实寄存的场所。这意味着无意识既是一种结构,同时又是一种话语,而这一结构是以自己的对立面即他者的话语的存在为其前提的。"②拉康的镜像阶段论是他对弗洛伊德的人格构成学说的全新创见,也是其结构主义精神分析学的出发点和立足点。一般而言,镜像阶段是指儿童在六至十八个月期间能够从镜子中辨认出自己的影像,并作出各种兴奋的表现和反应,拉康认为这是一种自我认证、自我确立的标志。主体在认定一个影像之后自身所起的变化表明自我形成于这个镜像阶段中。"在镜子阶段,儿童首次看到了自己完整的影像。在这之前,儿童对于自我与他人的认识是片断的、零碎的,也是幻想性的,没有得到实质性的认同。"③儿童在镜像阶段不仅具有了自我意识,而且开始建立一种"内在世界"和"外在世界"的关系。拉康说:"一个尚处于婴儿阶段的孩子,举步趔趄,仰倚母怀,却兴奋地将镜中影像归属自己,这在我们看来是在一种典型的情境中表现了象征性模式。"④后来,拉康就将弗洛伊德的本我、自我、超我的人格三层结构修正为现实性(the real)、想象性(the imaginary)、象征性(the symbolic)三个阶段或三种构成,并把它们建立起大致的对应关系。总而言之,尽管拉康的理论有艰深晦涩之嫌,但人们普遍承认"雅克·拉康在现代心理分析者行列中大概是最有独创性的人物了"⑤。的确,拉康就是以自己独创的概念体系和多学科交叉的研究方式对福柯、罗兰·巴特、德里达、阿尔都塞、克里斯蒂瓦等后现代文化思潮中的大批思想家产生了重大影响。不仅如此,当代女权主义批评、解构主义批评、后殖民主义批评等都纷纷从拉康这里汲取理论资源,所有这些都充分证明了精神分析学在拉康的理论取向中获得了较之弗洛伊德有过之而无不及的生命力。

三、精神分析学对文化批评的意义和价值

众所周知,当下方兴未艾的文化研究和文化批评无论是话语资源还是研究方法都并非空穴来风,这一点我们可以从它与女性主义、后殖民主义、解构主义、

---

① [美] M. 佩勒:《阅读理论:拉康、德里达、克里斯蒂娃导读》,台北:书林出版有限公司1996年版,第5页。
② 转引自陆扬:《精神分析文论》,济南:山东教育出版社1998年版,第148页。
③ 方汉文:《后现代主义文化心理:拉康研究》,上海:上海三联书店2000年版,第32页。
④ [法] 拉康:《拉康选集》,褚孝泉译,上海:上海三联书店2001年版,第90页。
⑤ [法] C. 克莱芒等:《马克思主义对心理分析学说的批评》,北京:商务印书馆1985年版,第226页。

新历史主义的论域重合中找到足够的证据。退一步看,就连其自身的出场也显然不是历史性的天外空降,马克思主义美学、艺术社会学、传统的社会历史批评等都可以检测出它的DNA中的混血成分。但是,我们似乎没有足够重视20世纪最具影响的、几乎波及所有人文社会科学的精神分析思潮与今天的文化批评的理论渊源。换而言之,作为文艺边界扩容和多学科交叉的产物,文化批评如果主动抛离精神分析学而过分青睐当下思潮中的后现代祈向,那么它批评的手术刀将不仅不能达到其应有的人性深度,更重要的是,它将因为丧失人本主义的立足点而沦为批评潮流中的匆匆过客。毫无疑问,问题域的重合和问题意识的聚焦使得文化批评可以从精神分析那里寻绎自己的理论旨归,即所有关于政治、性别、种族、阶级、权力、审美的诉求和追问最终都要回到个体人格和自我意识的原点上,而无论是文化批评还是精神分析,其论域始终应当在以人为圆心、以文化为半径的范围内。

斯图亚特·霍尔曾说过:"文化已经不再是生产与事物的'坚实世界'的一个装饰性的附属物,不再是物质世界的蛋糕上的酥皮。这个词现在已经与世界一样是'物质性的'。通过设计、技术以及风格化,美学已经渗透到现代生产的世界,通过市场营销、设计以及风格,图像提供了对于躯体的再现模式与虚构叙述模式,绝大多数的现代消费都建立在这个躯体上。现代文化在其实践与生产方式方面都具有坚实的物质性。商品与技术的物质世界具有深广的文化属性。"①的确,文化告别了"酥皮"的角色而直接与蛋糕难分彼此,商品—文化—审美三位一体或三元合一已经成为这个时代最耀眼的景观,文化的产业化(物质化)与产业(物质生产)的文化化构筑了当代文化研究最宏大坚实的基地。美国存在主义精神分析学家罗洛·梅提出应当在"三个世界"中考察现代人的精神嬗变和时代的文化征候,即"人与物的世界""人与人的世界"和"人与己的世界"②。在"人与物的世界"中,当代文化研究历史性地遭遇前所未有的物质的文化化和审美的日常生活化,这些都需要我们秉承精神分析学的理论特色——临床诊断的实践性和寻求病因的批判性,那种仅仅是纸上谈兵和坐而论道的所谓文化批评显然只能停留在当代文化征候的表层,既不能经由批评而彰显时代精神的新变或病变,亦不能在批评的开拓中预设时代文化的祈向或指归。在"人与人的世界"和"人与己的世界"的两个向度上,当代文化研究经常演练的主要论域——大众文化和视觉文化也需要我们重操精神分析学最锋利的人性解剖的手术刀。针对大众文化的全面欲望化、游戏化、平面化、低幼化和粗鄙化的趋向,从传统的弗洛伊德主

---

① 参见 Eduardo de la Fuente. Sociology and Aesthetics, *European Journal of Social Theory*, Vol. 3, No. 2, May, 2000, p. 245.
② 参阅[美]罗洛·梅:《人寻找自己》,冯川等译,贵阳:贵州人民出版社1991年版。

义出发寻找其合法性和从新精神分析学的社会文化视角对其精神病变进行深度考问都是文化批评不可缺少的维度。同时,面对阅读的衰落、观看的凸显和经典的退场,尤其是当代视觉文化的中心主义、专制主义和霸权意识,新弗洛伊德主义的人本立场和其社会文化的知识谱系无疑都会给当代文化批评提供老而弥坚的理论武器和话语资源。

就文化批评对语言学和结构主义理论的借鉴而言,拉康的精神语义分析无疑对后现代主义文化批评产生了无以复加的影响。詹姆逊在谈到拉康理论及其影响时说:"正是拉康给我们灵感,使我们找到了一种新的然而却尚未充分开发出来的关于意识形态本质的概念,这自马克思和尼采以来还是第一次。"① 应该说,拉康的无意识语言论、镜像阶段论和文化无意识等结构主义和语言学方法论对西方马克思主义、女性主义、后殖民主义、解构主义等后现代文化批评都具有很大的启示性。阿尔都塞就是在文本阅读理论中运用拉康的精神分析方法而创生了著名的"征候式阅读"。为此 1965 年阿尔都塞曾有感而发:"我们将这一成果——它使我们对弗洛伊德的阅读发生了革命——归功于雅克·拉康许多年以来孤独的、不妥协的和清醒的理论努力。当有朝一日拉康带给我们的重大创新开始通向公共领域的时候,每一个人都能以自己的方式运用它并从中获益。"② 事实上,不等人们将拉康的理论运用到更广阔的公共领域,拉康本人就已经尝试用自己的方法解读文学文本并引起强烈的反响,其中最著名的当属他于 1955 年对爱伦·坡的推理侦探小说《窃信案》所作的分析③。这次拉康没有再像弗洛伊德那样试图通过文本来揭示作者的无意识的真实意图和人物的心理,而是将自己的结构主义精神语义分析运用到文本的隐喻结构和无意识话语上。拉康认为《窃信案》小说的主角或决定性因素不是里面的人物或那封信的内容,而是信所在的位置,这封作为无意识隐喻的信就像能指在所指的链条上不断滑动那样决定了文本中各个人物的行为和心理。就这样,拉康以自己的阐释实践将文学批评的重心转移到文本和语言的关系上,正如有的论者所言:"拉康对于文学和文艺批评的重要性在于他不拘囿于一隅的跨学科性。拉康的'镜像阶段'理论,'父亲之名'对'母亲的欲望'的取代,想象界、象征界和实在界之间的相互作用等等思想观念给文学批评注入了活力,深刻地影响了西方女性主义理论乃至电影理论研究。"④

---

① [美]詹姆逊:《晚期资本主义的文化逻辑:詹姆逊批评理论文选》,张旭东编,陈清侨等译,北京:生活·读书·新知三联书店 1997 年版,第 258 页。
② 转引自孟登迎:《意识形态与主体建构:阿尔都塞意识形态理论》,北京:中国社会科学出版社 2002 年版,第 66—67 页。
③ [法]拉康:《拉康选集》,褚孝泉译,上海:上海三联书店 2001 年版,第 1—56 页。
④ 黄汉平:《拉康与后现代文化批评》,北京:中国社会科学出版社 2006 年版,第 103—104 页。

文献导读

1. 本能及其蝉变①

弗洛伊德

导读

西格蒙德·弗洛伊德(Sigmund Freud,1856—1939)犹太籍精神病医生,精神分析学派创始人。主要著作有:《梦的解析》《日常生活心理病理学》《精神分析引论》《精神分析引论新编》《弗洛伊德自传》等。

发表于1915年的《本能及其蝉变》是弗洛伊德关于本能问题的专门论述,也是我们认识弗洛伊德学说中的精神动力论的重要文本,对于研究古典精神分析学的三大理论支柱之一——本能论具有不可或缺的价值。弗氏通过分析本能的目的、对象、根源、动力以及本能的移置、变异和种类为我们阐明了深埋于人类的潜意识之中,推动并影响人的心理与行为的动力基础。为了廓清本能的基本内涵,弗氏首先从本能的内容上区分了本能与日常意义的生理刺激的差异。简言之,本能是来自机体内部,作用于人的心理且具有永久性和重复性的刺激,这显然有别于那种单一性和暂时性的,产生于机体外部的生理刺激。

弗氏认为,本能的主要根源就是人体内部的需要或冲动,而任何一种需要或冲动都能引起机体某个组织或器官的兴奋,从而将积淀在人体内的能量释放出来。那么本能的目的自然就祈向满足这些需要和冲动,想方设法解除或转移机体的兴奋状态和紧张过程。弗氏还专门归纳了本能的目的所具有的保守性、倒退性和重复性三个特点:本能的最终指归是使人回复到受兴奋干扰之前的平静状态,其活动取向总是从紧张状态恢复到松弛状态。但是,当人体本能的力量释放之后,人由兴奋、紧张变为松弛、平静时,本能与生俱来的倒退性又促使机体由刚刚获得的平静状态退回到先前的兴奋状态,如此循环往复、周而复始,直至机体的衰亡。本能的对象是指本能为达到其目的所利用的对象或采取的手段,后来弗氏又通过人格发展

---

① 选自[奥]弗洛伊德:《弗洛伊德文集》,王嘉陵等译,北京:东方出版社1997年版。

111

的五个阶段（口腔期、肛门期、性器期、潜伏期、生殖期）来说明本能利用的对象和手段是在不断变化的。当然本能的力量或压力也是有强弱之分的，它往往取决于个体所拥有的心理能量的多少，这一点我们可以通过个体在满足本能的过程中所克服的障碍程度来考察和衡量。

至于人类的本能有多少种，一般认为人体有多少种需要就有多少种本能。但弗洛伊德将研究的重心聚焦在更为强大和根本的原始本能上。弗氏把原始本能分为自我本能和性本能，前者是指有助于个体自我保存的一切原始性冲动，如口渴、呼气、饥饿、排泄等；后者是指以求偶和交配为内容的，与种族繁衍和爱欲直接关联的本能。1920年弗氏在《超越唯乐原则》一书中又把自我本能和性本能合并为生本能，并增加了一种与之相对抗的死本能。特别引起我们兴趣的是，弗洛伊德还详细地分析了性常态和性变态两种性表现形式，尤其是性变态，是指性对象和性目的上的失常和变异。它通常不采用一般成年异性间的性满足的方式，而是隐蔽地选择各种异常的办法来获得性快感，转移或释放性能量，譬如同性恋、露阴癖、窥淫癖、施虐狂和受虐狂等。弗氏的这些精辟见解对于我们充分认识精神分析学的核心概念——力比多、本我以及潜意识和隐性梦境等具有重要作用，他的这篇关于本能的专论由此也在精神分析学的学术史上占有重要的一席之地。

[文献]

……

对我们而言，心理学中的"本能"便属于这种约定俗成的基本概念，虽然它目前仍不精确，但却是必不可少的。让我们从不同的角度对其内容进行探讨。

首先从生理学的角度看。我们已经知道，生理学中有"刺激"概念及反射弧（reflex arc）模式，生物体通过行为对作用于生物组织（神经物质）的外界刺激做出反应。因为这种行为是将刺激物移开，使它不再起作用，因而是适宜的。

那么，"本能"与"刺激"的关系如何呢？没有什么可以阻碍我们将"本能"纳入"刺激"的概念之内，可以说，本能是对心理的一种刺激。但我们却不能将本能等同于心理刺激（mental stimulus）。很明显，除了本能刺激之外，还有其他的刺激作用于心理，这些刺激更像生理刺激。比如，当强光作用于眼睛时，就不是本能刺激。然而，咽黏膜的干燥及胃黏膜的疼痛本身就会使人感觉到。

我们已掌握了一些必需的资料，以对作用于心理的本能刺激与其他刺激（生理学的)作出区分。首先,本能刺激不是来自外部世界,而是源于有机体内部。正因为此,本能刺激对心理的作用是不同的,而为了移开这些刺激所采取的行为也是不同的,而为了移开这些刺激所采取的行为也是不同的。其次,如果假定本能刺激具有单一性,仅靠某种单一的行为即可将其处理,那么,刺激的所有本质都被掩盖了,典型的例子便是刺激条件下的逃跑。当然,这些作用可能重复或累积,但这并不影响我们对这一过程的认识,也不影响我们对于移动刺激条件的认识。从另一方面看,一种本能绝不仅仅产生一种暂时性的力量,而总是一种稳定的力量。再次,既然本能产生于有机体内部,那么要逃避它便是不可能的。描述本能的刺激的更好术语是"需要",要消除需要就要"满足",而满足只有通过对内在刺激的适当(足够)改变才能实现。

让我们把自己想象为几乎无助的生物体,在世界上毫无目标,其神经物质却在接受刺激。这一生物体很快就能够做出首次区分和选择方向。一方面它将意识到身体行为(逃跑)逃避的刺激,这是面向外部世界的。另一方面它还会意识到另一种刺激,逃避行为已毫无用处,这种刺激的特征便是恒定压力的持续。这些刺激是内部世界的信号,证明了本能需要的存在。这样,生物体便从身体行为的功效性上,对知觉物质作了"外在"与"内在"的分类。

这样,通过对本能主要特征的认识,即他们源于有机体内部的刺激并表现为一种恒定力量,我们首先认识了本能的基本性质。在此基础上我们又推测出了本能的其他特征,如无法用逃避对付它。然而,这种探讨过程并不能阻碍我们进行更深入的研究。为保证我们对心理现象的探讨,我们不单单将特定的约定俗成作为基本概念用于表述经验中的资料,我们还需使用许多复杂的"科学心理学设计"(postulates)。我们对本能的最重要方面已作了假设,现在所要做的便是将其表达清楚。这一假设具有生物学本质,并使用了"目的"(purpose)概念(或适宜概念 expedienxy),这意味着:神经系统是具有这种功能的器官,它可以去除刺激,或者将刺激降到最低的可能水平;如果可以,它会使自身保持在不受刺激的条件之中。我们现在不必找出这些观念的非限定性的例外,而是赋予神经系统这样的任务——用通常的术语讲——控制刺激(mastering stimuli)。这样,我们就会发现,本能的引入使得生理反射的简单模式变得极为复杂起来。外部刺激只需神经系统避开就行,这是借助肌肉运动实现的,而作为一种适宜的运动,它变成了一种遗传素质(bereditary disposition)。然而,源于有机体内部的本能刺激却不能用这种机制对待,它们对神经系统提出了更高的要求,使得它不得不采取一些联合性活动,借助这些活动使外部世界产生变化,以满足内在刺激的要求。总之,这些活动使神经系统恢复了它躲避刺激的理想意图,因为对神经系统而言,外部刺激的流入是源源不断和无法避免的。因此,我们或许可得出这样的结论,本能和非外部刺激才是使神经系统得以发展的真正动机力量,神经系统的非极限能力使得它发展到了目前如此高的水平,实质上没有任何力量可阻止我们做出这样的假定,本能本身,或至少部分地是外部刺激促动的,这是在种系发展的过程中给生物体带来的诱发变异(meditication)。

如果我们能发现即使是发展到最高水平的心理器官的活动,也服从于快乐原则,比如在愉快—不愉快的维度上受情感(feelings)的自动调节,那么我们就不能拒绝做更进一步的假设。这些情感反映了控制刺激过程的方式,也就是说,不愉快的情感会与刺激的增加相联系,而愉快的情感则与刺激的减少相联系。然而,在我们有可能发现存在于愉快与不愉快之间的关系及影响心理生活的刺激量波动之前,我们最好谨慎地将这种假设视为一种极不确定的形式。毫无疑问,可能存在着许许多多这样的关系,但却不是简单的关系。

如果我们现在从"生物学"的观点来思考心理生活,那么,我们就会将"本能"当作介于心理与躯体之间的概念;当作刺激的心理表征,这些刺激源于有机体内部并触及心理;当作心理活动的需要量,这是身心相互联结的结果。

我们现在便可以讨论与本能概念有关的一些术语了,如本能的"压力"(pressure)、本能的"目的"(aim)、本能的"对象"及本能的"根源"(source)。我们将本能的压力(Drang)理解为本能的动力因素(motor factor),是一种力量或它所展示出来的需要量。运用压力是所有本能的共同特征,事实上压力是本能的实质(essence)。每一种本能都是活动的一个方面。当我们不是严谨地说到被动的本能时,仅仅指本能的"目的"是被动的。

本能的"目的"(Ziel)在任何条件下都是为了满足,而满足的获得仅能在本能条件下将刺激状态移开。不过,尽管每一种本能的终极目的保持不变,但却可以通过不同的渠道达到目的。因此,我们可能会发现本能具有多种相近的、居间的目的,它们之间相互结合或相互交换。经验还使我们可以说,本能的目的是受到抑制(inhibited)的,这一过程表现为在本能满足获得后,本能便被抑制或被转移(deflected)。我们可以假设,即使这样的过程也渗透着部分满足。

本能的"对象"(Objekt)指本能所指的事物或本能为实现其目的所借助的事物,它们具有最大的可变性,与本能没有根本的联系,只是在使本能满足具有可能性时才与本能联系起来。本能对象未必是新异的,它也许是主体(subject)自身的一部分。在本能存在的整个过程中,对象可能会出现多次的变化,本能的移置(displacement)起着非常重要的作用。也许会发生这样的事情:同样的对象可以使多种本能获得同时满足,阿德勒将这视为本能的汇集(confluence of instincts)(德语为Triebverschränkung)。本能与其对象的最密切关系明显地表现为"固着"(fixation)。它经常出现在本能发展的最早期,通过对分离(detachment)

的坚决反对使本能的运动停顿下来。

本能的"根源"(Quelle)指的是身体过程,它产生于某一器官或身体的某一部分,其刺激以心理生活的本能表征出来。我们不知道这一过程是否必定具有化学性质,或对其他本能的释放做出反应(如机械的、力量的)。关于本能根源的研究显然超出了心理学范围。尽管本能完全是由身体原因决定的,而在心理生活中我们却只能通过其目的才能了解它。关于本能根源的确切知识,对心理学的研究或许并不是不可缺少的,有时其根源是根据其目的推断的。

……

我已经说过,可对这样的原始本能做出两组区分:自我或自我保护本能与性能。然而,这一设想并不像关于心理器官的生物学目的的设想那样具有必要的先决条件。它仅是一种活动性(working)假设,有用时才用,若代之以其他的假设,对我们的描述及分类工作几乎无甚区别。这一假设产生了精神分析的发展过程,起初用于精神神经症,或更确切地讲,是用于"移情神经症"(癔症和强迫神经症)。这表明,这些情感的根处存在着性需要与自我需要的冲突。同样可能的是,关于其他神经症情感的详尽研究(尤其是自恋精神神经症和精神分裂症)或许会改变这一惯例,并对原始本能做出不同的分类。不过,在目前我们尚不知道任何这样的惯例,也没有遇到任何不同意性本能和自我本能分类的争议。

在对心理资料研究的基础上,对于是否可以找到本能区分与分类的任何决定性要点的说法,我是全然怀疑的。这种研究本身似乎就呼唤关于本能生活的限定性假设的运用,如果这些假设可从其他的知识领域中得到并运用于心理学,那当然是我们所期望的。生物学在此所做的贡献显然与性本能和自我本能的区分并无矛盾。生物学表明,性并不与个体的其他功能相同,因为它的目的已超越个体而包括新个体的产生,即人种的延续。生物学还进一步表明,两种似乎建立得同样好的观点,可以用于自我和性的关系。一种观点认为,个体是主要的,性仅为个体活动的一种,而性满足则是个体的需要之一;另一种观点则认为,相对于准永生(quasimmortal)的生殖原生质(germ plasm),个体是一个暂时和过渡的附属物(appendage),它受生殖过程的委托。我认为,从化学过程上看,性功能不同于其他身体过程的假设,同时也是埃利希(Ehrlich)学校生物学研究的假设。

……

发展的过程及生命的过程对本能变化的探讨,必须限定在性本能之内,因为我们对此最为熟悉。观察表明,本能可能会出现以下变化:

变成对立的;

围绕主体的自我;

压抑；

升华。

既然我不准备在此探讨升华问题,而压抑则需要专门的章节予以讨论,我们也就只有描述和讨论前两点了。我们必须记住,当本能以不更改(unmodified)的形式进行时会受到动机力量(motive forces)的反抗,我们还可以将这些变化视为反抗本能的"防御"(defence)形式。

本能向其对立面的转化可分为两个过程：主动向被动的转化及本能的内容转化。由于两者在本质上是不同的,故必须分别予以讨论。

主动向被动的转化有两个例子：施虐狂——受虐狂(sadism — masochism)、窥视癖——裸露癖(scopophilia — exhibitionism)。转向仅仅影响到本能的"目的",主动性目的(虐待、观看)代之以被动性目的(被虐待、被观看)。本能内容的转化仅有一种情况,即爱转化为恨。

本能向主体自身的转化看似合理,即受虐狂实际上是施虐狂对自我的转化,裸露癖包括自视自己的身体。分析性观察的确令我们毫无疑问地认为,受虐狂分享着对自我攻击的快乐,裸露癖则分享着展示自我的快乐。这一过程的实质便是"对象"的改变,而目的则原封不动。我们不能不注意到,在这些例子中,无论是对主体自我的转化,还是主动向被动的转化,都是结合的或共生的。

……

在自我发展的早期阶段,性本能旨在寻找自体性欲满足。我们已习惯于把它叫作"自恋"(narcissism),但却从未就自体性欲与自恋的关系作过探讨。此后的问题是,窥视本能的预阶段(即主体的自身成为窥视的对象)必须在自恋条件之下予以分类,并被描述为一种自恋形成(narcissistic formation)。主动性窥视本能由此发展而来,而将自恋抛于身后;与此相反,被动性窥视本能却紧抓着自恋对象不放。施虐狂转化为受虐狂同样意味着对自恋对象的回归。在这两种情形下(被动性窥视狂和受虐狂),自恋性主体通过认同以另一外在对象予以替代。如果考虑到我们关于施虐狂的自恋性预阶段,我们就会得出一个更一般性的结论,即本能的变化(包括本能转向主体自我、主动性转向被动性)依赖于自我自恋性组织并染上了自恋的色彩。它们以防御的方式对各种欲望做出反应,而在自我发展的更高阶段上受到了其他因素的影响。

就此而言,我们必须清楚,迄今我们不过仅仅考虑了本能的两种对立现象：施虐狂——受虐狂、窥视癖——裸露癖,这是以矛盾方式表现出来的最显著的性本能,后期阶段上性功能的其他因素还没有进行很好的分析,因而无法用同样的方式予以讨论。一般而论,我们可以设想,它们的活动是自体性欲的,也就是说,与它们的根源——器官相比,对象是微不足道的,作为一条规则,对象与器官是一致的。然而,尽管窥视本能的对象一开始也是主体自身的一部分,但却不会是眼睛本身;而在施虐狂中、器官(或者是能够行动的肌肉组织)却直截了当地指向了另一对象,即便这一对象是主体自身的一部分,按照费德恩(Federn,1913)和杰克斯(Jakels,1913)貌似有理的建议,在自体性欲本能中,器官所起的作用既然是决定性的,那么,器官的形式与功能便决定了本能目的的主动性或被动性。

本能内容向其对立面的转化只在一种情形下被观察到了——爱向恨的转化。既然它们的共同特征表现为同时指向同一对象,那么,它们的共生性(co-existence)便成了矛盾情感的最重要例证。

……

2. 镜像期:精神分析实践中所揭示的"我"的功能构成[①]

雅克·拉康

导读

雅克·拉康(Jacques Lacan,1901—1981),法国精神医生及第二次世界大战后最具独立见解,而又是最有争议的欧洲精神分析学家,被称为"法国的弗洛伊德"。

有意思的是,拉康是在提出"回到弗洛伊德"的口号基础上完成自己的诸多原创命题的,他最负盛名的"镜像阶段"概念和理论恰好就是继承与独创相结合的产物。要很好地理解拉康这篇有关镜像阶段和自我认证的文章,我们还得从弗洛伊德于1914年发表的《论那喀索斯主义》一文说起。据该文引用的一则古希腊神话说,河神凯菲斯的儿子那喀索斯经常欣赏自己在水中的倒影并被水里的形象所迷恋,后来竟然为此抑郁憔悴而死。弗洛伊德认为这种自我爱恋的原型普遍存在于人类心中,那些喜欢孤芳自赏或顾影自怜的人都有这种较强的"自恋情结"或称作"那喀索斯情结"。弗氏将此情结与自我概念联系起来,并由此认为人的自我就是在这种心理情结作用下形成的。显而易见,"人对自我的认识需要凭借自己在外界的映像反作用于人的心理"这种观念对拉康有所启示,它使拉康意识到自我认证应该始于人从映射物中获取自我映像。只不过对于拉康而言,这个映射物不是河水而是更常见的镜子。

[①] 选自汪民安等主编:《后现代性的哲学话语:从福柯到赛义德》,杭州:浙江人民出版社2000年版。

拉康的镜像阶段本质上就是主体在获取一个影像之后自身所产生的认同变化。据此镜像阶段可以从时间上划分为三个时期：前镜像时期、镜像时期和后镜像时期。前镜像时期大致在婴儿出生到6个月这段时间，婴儿在此期间一切只能依赖母亲的照料才能生活下去，他只能被动地接受外界对他的作用，周围世界在他的印象里都是零碎的或片段的，他既没有形成一个完整身体的概念，也对自身躯体缺乏同一性的理解。到了大约六至十八个月的时候，婴儿一般进入拉康所说的镜像阶段。这一时期婴儿的一个显著变化就是经常会冲着镜中的自己发笑，他看到自己的映像就会变得兴奋，并做出各种姿势和表情来引起大人的注意，拉康认为这预示着婴儿从被动接受阶段向主动行为阶段的转变，这是一种自我认证、自我确立的标志。不仅如此，拉康发现婴儿区分自我的外界参照物就是自己的母亲，换言之，婴儿的自我意识首先是从"他者"身上开始的，在分辨自我与他者的心理过程中婴儿逐渐开始建立起一种"内在世界"与"外在世界"的关系。就这样，经过镜像阶段之后，儿童开始走向成熟，自我身份的确认使得儿童对周围世界的认识发生了质的变化，他一方面保持自己与他者区分的独立意识，另一方面又将自我规训为一个具有社会和文化意义的个体。

[文献]

13年前，在我们上一次会议中，我介绍过镜像期这一概念，自那时起，这个概念在法国学派的实践中已大致确立起来。然而，我认为它值得再次引起你们的注意，尤其是今天，因为我们在精神分析中试用它时，它为揭示"我"的形成过程投下了曙光，正是这种试用才使我们反对任何直接由"我思"而产生的哲学。

有些人可能记得，这个概念最初出现在人的行为特征里，而这个特征被一个比较心理学事实所表明。婴儿在某段时间内——无论这段时间多么短暂——在工具手段智力方面低于黑猩猩，但仍可以认出镜中他自己的形象。这个辨认在儿童发出"啊哈"的富于启发性的拟态中表现出来，科勒视其为情境认知的表现，一个基本的智力行为阶段。

一旦婴儿把握了这个形象，并发现它是空洞的，他的行为就不像猴子那样完结了，而是立即以一系列姿态动作反跳回来。他用这些姿态动作，以嬉戏的方式，来体验镜像运动和被反照的环境之间的关系，来体验实际混合物及其复制的现实之间的关系，这种复制的现实即婴儿自己的身体、围绕着它的人和物。

自鲍德温以来，我们就清楚，这种事情在婴儿6个月时就可以出现。而这种事情反反复复的出现常使我深思镜子面前的婴儿令人吃惊的情形。婴儿无法行走,甚至无法站立,它被某些支撑物,人或人造物紧紧地支撑着(在法国,我们称之为"会跑的娃娃"),但它还是以一阵欢快的行动克服了支撑物的障碍;它保持着微微前倾的姿态,使之控制在它的凝视中,最终将镜像的片刻面貌带回。

这个行为一直持续至婴儿 18 个月的时候。而这个行为在我看来颇具意义:这个意义揭示了至今仍疑窦丛生的力比多动力学和人类世界的本体论结构,后者同我对妄想狂认知的思考是相符的。

我们只能将镜像期理解为全部精神分析意义上的一个认同,也即是说,将"认同"理解为发生在主体身上的转换,此时,婴儿获取了一个形象。对阶段-效应而言,这个形象的命运是通过精神分析理论中的一个古老的术语"像"(imago)的使用而充分表现出来。

婴幼期的婴儿难以活动,全靠照护,但还是欢快地接纳了它的镜像。这种欢快的接纳似乎在一种典范的情境里暴露了象征的母体,在此"我"突然处于某种原始形式,之后通过和他者的认同辩证法,"我"被具体对象化了;语言也普遍性地使"我"恢复了主体功能。

如果我们想将这种原始形式吸纳进我们惯常的命名中,那么,它就应称之为理想—我,其意义是,它也将是二次认同的源泉。我愿将力比多标准化功能置放于这个术语名下。但是,重要的一点是,这种原始形式在被社会环境决定之前,就将自我机构安置于一种虚构的方向上,这对单独的个体来说,仍将是无以复原的,或者更恰当地说,只能是渐渐地回复至主体的成形过程,不论这种辩证综合如何成功。

事实是,主体依据身体全貌幻觉式地预见到了他的力量的成熟,这种身体全貌对他而言是格式塔式的,也即是说,只是一种外部性。在此,形貌肯定是组成性的而非已构造的,但是,对主体来说最为重要的是,形貌是种确定的尺度,是种倒转的对称物,它和主体所感觉到的富于活力的混乱运动刚好相对。这样,这种格式塔——尽管其动力方式不甚了然,但它的孕育仍应视作同物种密切相关——通过其外表的两个方面,象征着"我"的心理持续性,与此同时,它也预示了它的异化命运。格式塔也孕育着某些对应性,这些对应性将我同人投射于其中的塑像联成一体,将我同支配我的幻影联为一体,或者将我同那种在一种含糊的关系里自己的世界趋于完结的自动机器联为一体。

事实上,对"像"——在我们的日常经验中,在象征功效的隐约处,粗粗地看出它的遮掩的脸是我们的特权——而言,如果我们对有关自己的身体的"像"出现在梦中或幻觉中的镜子的排布进行判断,不管关注的是它的个人形貌,甚至是它的缺陷,抑或是它的客观—投射;如果我们依据重影的外相——在此,心理现实无论处于怎样的异质性,都表现出来——来观察镜子装置功能,那么,镜像似乎是可见世界的入口。

格式塔在有机体身上可以产生形成的效果,这一点已被生物学实验所证实,这个实验本身同心理因果论如此地格格不入,以至它无法用这些术语为自己说明结论。不过,这个实验还是意识到,雌鸽性腺成熟的必要条件是,它应该看到另一个它的同类,不论是雌性还是雄性。这个条件本身如此之充足,故只要把单个鸽子置于镜子反射的范围之内,预期的结果就会唾手可得。与此类似,就迁徙的蝗虫而言,在某个阶段内使单个蝗虫观察一个与之类似的形象,只要它被这个形象的运动方式所激活,而这种方式又同蝗虫种类特性足够地接近,那么,蝗虫从个体到群体的转变在一代时间里就会完成,这些事实归之于同形认同法则,这一法则本身又陷入美的意义这一更大问题之内,此处的美既是形成型的,也是色欲的。

但是,模仿的情况一旦被考虑为异形认同,同样也具有启发性,它们提出了空间对于活有机体的重要性问题——心理学概念对这些问题的阐明较之将这些问题化减为假想的最高适应规律的荒谬意图更为合适。我们只需回忆一下罗杰·凯路易斯(那个时候他还非常年轻,刚刚同指导过他的社会学派决裂)是怎样通过"传奇性的精神衰弱"这一术语来阐明主体的,他利用这个术语来证实形态模仿是对非实在性的空间的着魔般的迷恋。

我已经在社会辩证法——它将人类认知建构为妄想狂式的——中表明。为什么在同欲望力量领域有关的时候,人类认知比动物认知有更大的自主性;为什么人类认知取决于"微型现实"(little reality)——超现实主义者无休无止地将"微型现实"视作人类认知的界限。这些思考使我在镜像期所体现出的空间式的欺诈中,使我甚至在社会辩证法之前,认识到这样一个结果:人在其自然现实中的有机体的匮乏——只要"自然"一词还有某种意义的话。

因此,我被引至去将镜像期的功能视作"像"功能的一个特例。而这将在有机体及其现实之间——或者,如他们所言,在内心世界和外在世界之间——建立某种关系。

然而,在人那里,同自然的这种关系被处于有机体核心的某种断裂所改变,被新生儿的不安和不协调动作显示出来的原初混乱所改变。锥形体系在结构上的不完整性这一客观观点,以及母体的残存体液都证实了我提出来的观点:在人身上存在着一种真正的"特殊早产"。

顺带提及一下,值得注意的是这一事实被胚胎学家们认识到,他们将这一事实命名为胎型化(foetalization)。胎型化决定了所谓的神经高级器官,尤其是脑皮层的主导性,精神外科手术使得我们将脑皮层视作有机体内的镜子。

这种发展是作为一种时间辩证法而被体验到的，这种辩证法毅然决然地将个体的成型投入历史之中。镜像期是一出戏剧，它的内在驱力猛然由匮乏转向期待——这就为沉迷于空间认同诱惑的主体生产了一系列幻觉，这些幻觉从碎片化的身体—形象一直到它的总体性形式，我将后者称之为矫形外科——最终，则转向某种对异化身份防护甲的设想，而这则由于其生硬的结构标志着主体的全部心理发展。于是，要破除内心世界与外在世界的彼此循环，就会造成自我明证的无以穷尽的结果。

当分析活动碰到了个体身上某个层面的富有攻击性的零散化的时候，这种碎片化的身体——我已将这个术语导入我们的理论指涉系统中——通常在梦中现形。它以一种不连贯的肢体形式出现，或者是透视术所表现的器官形式出现，它长着翅膀，拿起武器，抗拒内心的摧毁——这同富于幻想的海尔尼玛斯·波希长期在绘画中、在从15世纪到现代人的想象极致的上升中所确定的东西一样。但这种形式在有机体的层面上，在确定幻觉构造的"碎片化"的界限内，还是可以确切地揭露出来，就像精神分裂症患者和歇斯底里阵发症状所表明的一样。

与此相关的是，"我"的形成在梦中是以一个堡垒、或一个露天体育场来象征的——体育场内的竞技场和围栏四周是沼泽和垃圾堆，竞技场和围栏将体育场划分为两个对立的竞赛领地，在此，主体挣扎着寻找高耸的、遥远的内部城堡，此城堡的形式（有时并置于同一剧本中）以一种极其令人吃惊的方式象征着本我。与此类似，在心理平面上，我们发现了设防工程结构，对此的隐喻是自发出现的，好像缘自症状本身，它也表明了强迫症的机制——颠倒、隔绝、删除、复制和置换。

但是，如果我们只凭借主体的假定物的话——不论我们是怎样地将它们束绑在体验的状况里，正是这种体验使我们将它们看作带有语言技艺特质的东西——我们的理论意图仍将受到指控：指控它们将自身投入到一个不可信的绝对主体中。这就是我为什么在目前的、以客观资料为基础的假想中为象征还原法寻求一个指南性坐标的原因。

这种象征还原法在自我的防御中建立了最初的秩序——根据安娜·弗洛伊德小姐在她那本伟大著述的第一部分提出来的看法——且（针对着那种通常的偏见）将歇斯底里的压抑及反复置放于比强迫症的颠倒、隔绝过程更为古老的时期，而后者反过来又是妄想狂式的异化的预示，这种异化始自镜像之我偏斜入社会之我时。

镜像期结束的那一刻，它根据同对应者的"像"的认同和（查洛特·布勒学派在婴儿过渡论现象中恰当地提出来的）原初嫉妒剧，提出了将我同社会复杂情势连在一起的辩证法。

这是这样一个时刻：通过对他者的欲望，它将全部人类知识转化为中介，又通过他者的合作，它在一个抽象的对等物中组构它的对象，并将我转化成这样一种机器：对它而言，每一次本能驱动都构成一次危险，即使是在响应自然成熟之机——这种成熟标准在人身上因而就取决于俄狄浦斯情结（以性对象为例）表明的文化中介。

在这个概念的启示下，原初自恋这一术语——精神分析理论通过它表明了这个时刻的力比多投资特性——揭示了在发明它的那些人身上的最为深刻的潜在语义意识，但是它也揭露了自恋力比多和性力比多的动态对立。当最初的一批精神分析学家求助于破坏本能，实际上也就是死本能，以便解释自恋性的力比多和"我"的异化功能间的明显联系的时候，解释在同他者的任何关系里，甚至是以乐善好施为目的的关系里，它所流露出来的攻击性的时候，精神分析学家还试图界定自恋力比多和性力比多的对立。

事实上，他们正碰上存在的否定性，当代的存在与虚无哲学都有力地宣告了这一存在的否定性事实。

但不幸的是，这种哲学只是在自足意识的限度内理解了否定性，作为这一哲学前提，这种自足意识同构成自我的误认联系起来，同将自己委身于其中的自主幻觉联系起来。这种匪夷所思的奇想，仿效着精神分析经验，在宣布提供了一种存在主义精神分析的佯称中，达到了登峰造极的地步。

在一个只承认实用功能的社会的极端历史结果里，在面对集中营式的社会联结体——它似乎将这种结果推向顶端——的个人焦虑里，存在主义应依据它为主体困境——这种困境正来自它——所做出的解释来评判；应依据监牢式的自由来评判；应依据表明掌握任何情势的纯粹意识的重要性的介入要求来评判；应依据窥淫癖—施虐狂式的理想性关系来评判；应依据只通过自杀才自我实现的人格来评判；应依据黑格尔式的谋杀方能满足的他者意识来评判。

就我们的经验教导我们不要将自我看作是知觉—意识系统的中心，或者是"现实原则"的组织而言——此现实原则正表达了对知识辩证法充满敌意的科学偏见——上述主张均遭到我们经验的抵制。我们的经验表明，我们应该从误认功能出发，误认功能对于自我的全部标记是结构，安娜·弗洛伊德小姐对此作了明确的说明。只要这些功能没有在宿命的层次上——这正是本我显身之处——被阐明，而如果这种功能的特有形式是否定，那么，它的结果大体上仍将隐而不露。

我们因此能够理解"我"的形成的惰性，并在那儿发现了对神经症的最广泛的定义——就像主体受到情势的欺诈从而赋予我们疯狂的最普遍定义一样，这种疯狂不仅仅是藏于疯人院墙之后的疯狂，它也是用其狂暴和噪音来吞没世界的疯狂。

神经症和心理症所引发的痛苦对我们来说是心灵激情的磨炼,就像精神分析天平的横杆一样,当我们测算它对全体社会产生威胁的倾斜时,它还向我们提供了磨灭社会激情的标示。

在这种自然和文化的交接处——现代人类学持之以恒地对此进行考察——独独精神分析认识到了想象的奴役这一死结,爱应当再次将这一死结解开,或者是割断。

因为这样一个任务,我们不再相信利他主义感情,我们赤裸裸地暴露了攻击性,这种攻击性潜藏于慈善家、唯心主义者、教师甚至改革者的行为后面。

在我们所保持的主体对主体的求助中,精神分析可以陪伴病人抵达狂喜的"thou art that"的边界,在此,现世命运的密码向他解开了,但是,我们这些精神分析从业者的绵薄之力无法将它引至真正旅程的起点。

3. 视觉快感与叙事电影[①]

劳拉·穆尔维

> **导读**
>
> 劳拉·穆尔维(Laura Mulvey,1941—),当代著名的女性主义电影理论家、导演、制片人,毕业于牛津大学,现为英国伦敦大学伯克贝克学院电影与媒体研究教授。其代表作有论文《视觉快感与叙事电影》,著作《视觉快感与其他快感》《恋物与好奇》《24倍速的死亡:静止与移动的形象》等。
>
> 近几十年来,弗洛伊德的人格结构论、精神动力论以及拉康的镜像阶段论等被广泛地运用于电影文本的分析,并取得了令人瞩目的成绩。精神分析学说一旦与电影艺术研究联姻,其批评的锋芒立即显示出其他理论解剖难以企及的深度,劳拉·穆尔维的《视觉快感与叙事电影》就是一次这样成功运用和结合的范例。一般而言,精神分析视域中的电影研究主要表现为三种理论方法:其一是一种病情学研究方法,其二是研究电影脚本的理论方法,其三是针对视觉文本系统的研究和诠释。劳拉·穆尔维试图从观看的快感这一视角切入,沿着视觉快感和女性身体是如何成为叙事电

[①] 选自李恒基、杨远婴编:《外国电影理论文选》,北京:生活·读书·新知三联书店2006年版。

影的结构形式与叙事动力这条线索展开论述,其中既涉及观众的性变异征候和具体电影脚本的叙事特征,又更多地将目光聚焦于文本的性别语言结构的研究和诠释上。

穆尔维开门见山地表明本文就是将精神分析理论作为一种政治性的解析工具,以便阐明性别差异和父权制社会话语是如何结构了电影的叙事形态,色情观看和视觉快感又是如何增强电影本身的魅力并发挥具体的叙事功能的。穆尔维认为,外在于菲勒斯意指功能的母性特质和根深蒂固的阉割情结使得女人在历史叙事中一直处于意义的承担者而不是制造者的位置,在父权制语言结构中女人只能作为男性的另一个能指而被各种富于幻想和沉迷的象征秩序所支配。从这个意义上看,精神分析学的确是揭示女性受压制的根源、解构父权秩序和话语的重要理论工具。穆尔维指出,所谓好莱坞风格的魅力究其实质就是对视觉快感的娴熟制作和充分满足,用弗洛伊德在《性学三论》和《本能及其蝉变》中的思想阐释,诸如窥阴癖、裸露癖、恋物癖等都是电影提供的快感之源,甚至观看一个被对象化的他者本身就是那种受到压抑的无意识满足的途径,而且,影院的黑暗环境和银幕上的亮丽光影所构成的鲜明对比也激发了观众窥淫的幻觉。再从拉康的镜像阶段理论来看,孩子的自我形象和自我意识在电影的影像世界里都能得到新的投射,电影对魅力的结构强大到足以造成自我的暂时丧失,而与此同时它又能极大地强化自我感知。

穆尔维反复阐明,为了形成强烈的视觉冲击和色情效果,观看的快感驱使女性的外貌和身体被编码成符合男性欲望的形式。从叙事的常规发展来看,女性的出场具有双重相反的功能,一方面她是制造奇观和视觉快感不可或缺的因素,另一方面由于色情的注视又会妨碍故事线索的正常发展。因此,电影叙事空间的连接和流畅需要将女性形象型塑为影片内外凝视的重合,穆尔维发现歌舞女郎的角色恰好在这两种观看中达到了统一。穆尔维还在文章中通过对希区柯克等人的电影个案分析,进一步说明精神分析视域中的视觉快感和电影叙事间的结构关系。

[文献]

Ⅰ. 序　　言

A. 对精神分析的政治性运用

……

女权主义者对这种分析显然怀有莫大的兴趣,这种分析的美在于准确地描绘出,在男性生殖器中心的秩序下所体验到的挫折。它使我们更接近我们受压制的根源,使我们更接近对问题的分析,使我们面对最终的挑战:怎样和类似通过语言构成的无意识(正是在语言出现的关键时刻形成的),而同时却依然困在父系语言之中。我们没有办法从这苍天中造出另一种系统来,但是我们可以通过对父系和它所制造的工具的研究来进行突破,在这方面,精神分析法不是唯一的,但却是重要的手段。我们和女性无意识的重大问题隔着一条鸿沟,女性无意识很少和男性生殖器中心理论有关:如女性婴儿的性行为及她和象征式的关系,作为非母亲的性成熟的女人,男性生殖器的表意以外的母性、阴户……但是读到这里,精神分析理论的目前状态至少可以促进我们对现状、对我们所陷入的父系秩序的理解。

B. 快感的毁灭是一激进的武器

作为一种先进的表象系统,电影提出了无意识(由主导秩序所形成的)构成观看的方式和看的快感的诸种方式。在近几十年内电影起了变化。它不再是以巨额的投资为基础的巨大的单一系统,其最佳典范就是三十年代、四十年代和五十年代的好莱坞。技术的进步(16毫米等)已经改变了电影生产的经济条件,它现在既可以是手工艺式的,也可以是资本主义的。由此就有可能发展出另一种电影。不论好莱坞怎样试图变得具有自我意识和带嘲讽味,它始终把自己局限于一种反映电影的主导意识形态观念的规范的场面调度之内;另外一种电影则为一种在政治和美学意义上均为激进的电影的诞生提供了空间,这种电影对主流电影的基本假设提出了挑战。这并非从伦理学来拒绝主流电影,而是强调指出主流电影的形式偏见如何反映了社会的那种产生主流电影的心理着魔(psychical obsessions),此外,它还强调,另一种电影必须开始专门针对着这些着魔与偏见做出反应。现在,一种政治上和美学上的先锋电影已经成为可能,但是它依然只能作为对位而存在。

……

Ⅱ. 对人形的看(looking)/入迷的快感(pleasure)

A. 电影提供若干可能的快感。其一就是观看癖(scopophilia)在有些情况下,看本身就是快感的源泉,正如相反的形态,被看也是一种快感。最初,弗洛伊德在他那《性别的三篇论文》中,把观看癖分离出来,作为性本能的成分之一,它是作为相对独立于动欲区(erotogenic zone)之外的内驱力(drive)而存在的。在这一点上,他把观看癖和以他人为看的对象联系在一起,使被看的对象从属于有控的和好奇的目光(gaze)之下。他举的特例都集中在儿童的窥淫活动,他们那想要看和弄清私处及禁看的东西的欲望(对他人的生殖器官和身体机能的好奇,关于有没有阳物,以及回顾原始景象的好奇)。在这种分析中,观看癖是主动的。(后来,弗洛伊德在《本能及其变迁》一文中进一步发展其观看癖理论,认为它最早属于前生殖期的自淫,此后的快感就按类同(analogy)的规律转到他人身上。在主动的本能及其进一步发展为自恋形式之间的关系有着密切的效果。)虽然本能得到其他因素,尤其被自我构成这一因素的调整,但是本能继续作为以他人为看的对象来取得快感的色情(erotic)基础而存在。发展到极端,它能固置为一种倒错,造成着魔的窥淫者(voyeur)和偷看的汤姆(peeping Torm)。他们唯一的性满足从主动有控的意义来说,可来自观看对象化的他人。

乍一看来,电影似乎远离那对一个毫无觉察和不自愿的牺牲者进行偷看的隐秘世界。从银幕上所看到的都是那么外露地表现出来的。但是主流电影的实体,以及电影在其中有意识地演变的成规,描绘了一个密封的世界,它无视观众的存在、魔术般地展现出来,为他们创造了一种隔绝感,并且激发他们的窥淫的幻想。此外,观众厅中的黑暗(它也把观众们隔绝开来)和银幕上移动的光影图案的耀眼光亮之间的极端对比,也有助于促进单独窥淫的幻觉。虽然影片确实是放映出来准备给人看的,但是放映的条件和叙事的成规给观众一种幻觉,仿佛是在看一个隐秘的世界。此外,观众在电影院中的地位公然地是裸露癖受抑制的地位,并且把这抑制的欲望投射给银幕上的表演者。

B. 电影满足观看的快感的原始愿望,但它还进一步发展了观看癖的自恋的一面,主流电影的成规集中在人形上。景别、空间、故事全都是神人同形同性论的。在这里,看的好奇心和愿望是与对类似和识别的人紧交织在一起的:人脸、人体以及人形及其周围环境之间的关系,人在世界中的可见的存在。雅克·拉康曾说明,一个孩子从镜子里认出自己的影像的那一时刻,对于形成自我是多么的关键。这一分析的若干方面在这里是有关联的。镜像阶段发生的时期正是孩子要超越他的原动力的有形的雄心,其结果是,他认出自己时所感到的愉快,是出于他想象他的镜像要比他所体验到的自己的身体更完全、更完善。于是,识别与错误的识别重叠了:被识别的影像被认为是自身身体的反映,但是错误的优越识别却把这个身体作为理想的自我而投射到自身之外,一个异化的主体,它又作为理想的自我而被重新摄取,于是引起随下一步及与他人的认同。这一镜子的时刻出现在孩子的语言之前。

对于本文来说重要的是这样一个事实,亦即是一个影像构成了想象的母体,构成了识别错误的识别和认同,以及由此构成了第一次对"我"的形成,构成了主观性。在这一时刻较早的对看的着魔(明显的例子是看母亲的脸)和最初的自我意识的模糊感觉相撞了。从此就诞生了在形象与自我形象之间的那漫长的恋爱/失望,这在电影中强烈地表现了出来,并且在电影观众身上引起了愉快的识别。不同于银幕与镜子之间的外在的类同(例如,把人形框在它周围的环境中)。电影对魅力的构成强大到足以造成自我的暂时丧失,而同时又强化了自我。自我最终感知到那种忘记了世界的感觉(我忘记我是谁,我在那里),是影像识别的前主观时刻的怀旧的回想。同时,电影在创造自我理想方面的特点特别表现在它的明星制度之中,当明星在施行相似与差异的复杂程序时(妖艳的人体现了普通人),他们既是银幕现场的中心,又是银幕故事的中心。

C. 第二部分的 A 段和 B 段提出了在传统的电影情境中观看的快感结构的两个相互矛盾的方面。第一个方面,观看癖,是来自通过视力使用另外一个人作为性刺激的对象所获得的快感。第二个方面,是通过自恋和自我的构成发展起来的,它来自对所看到的影像的认同。由此,用电影术语来说,一个是暗示主体的性欲认同和银幕上的对象是分离的主动的观看癖,另一个则通过观众对于类似他的人的着魔与识别来要求自我和银幕上的对象认同。第一个是性本能的机能,第二个是性的里比多(libido)。这个二分法对弗洛伊德是关键性的。虽然他把两者看作是相互作用和相互交叠的,本能的内驱力和自卫之间的张力。从快感来说却继续是一个戏剧性的变化。两者都是造型结构机制,而不是含义。它们本身并无表意,它们必须附着于一个理想化。两者所追求的目的都是对感知现实的漠不关心,它们创造了一个写象的、性欲化的世界概念,这个概念形成了主体的感知,并嘲弄经验的客观性。

在电影的历史进程中,它似乎发展了一种特殊的现实幻觉,其中里比多和自我之间的这种矛盾找到了一个极其和谐的相辅相成的幻想世界。在现实喂,银幕的幻想世界是屈从于创造这一世界的法则,在形成欲望的象征式秩序中,性的本能和认同过程具有一种含义。欲望(随着语言而诞生)提供超越本能和想象的可能性,但是它的参照点仍然回到它的诞生的创伤时刻:阉割情结。因此,看,对形状的快感,在内容上可以是带威胁性的,正是作为表象/形象的女人把这一矛盾现象具体化了。

Ⅲ. 女人作为形象,男人作为看的承担者

A. 在一个由性的不平衡所安排的世界中,看的快感分裂为主动的/男性和被动的/女性。起决定性作用的男人的眼光把他的幻想投射到照此风格化的女人形体上。女人在她们那传统的裸露癖角色中同时被人看和被展示,她们的外貌被编码成强烈的视觉和色情感染力,从而能够把她们说成是具有被看性的内涵。作为性欲对象被展示出来的女人是色情奇观的主导动机;从封面女郎到脱衣舞女郎,从齐格非歌舞团女郎到勃斯贝·伯克莱歌舞剧的女郎,她承受视线,

她迎合男性的欲望，指称他的欲望。主流电影干净利落地把奇观和叙事结合了起来。（但是请注意，在音乐歌舞节目中故事空间流程是怎样被打断了。）在常规的叙事影片中，女人的出现是奇观中不可缺少的因素，然而她的视觉出现往往妨碍故事线索的发展，在色情的注视时刻，动作的流程冻结了。于是这一格格不入的出场必须设法和叙事聚合起来。正如勃德·波埃蒂舍所说的：

> 算数的是女主人所挑起的东西。或者不如说是她所代表的东西，她就是那个人，或者不如说她在男主人公中所启发的爱或怕，或者换句话说，是他对她的关心，正是她使他那样做的。而女人自身却丝毫不重要。
>
> ……

B. 一种主动/被动的异性分工也同样控制了叙事的结构。根据主导的意识形态原则以及支持它的精神结构，男性人物不能承担性的对象化的负荷。男人不容易注视他同类的裸露癖者。因此，奇观与叙事之间的分离，支持男人的角色作为主动推动故事向前发展，造成事件的人。男人控制电影的幻想，同时还进一步作为叙事的代表出现，作为观众的观看的承担者，把这观看转移到银幕上，从而把作为观赏的女人所代表的外叙事空间（extra-diegetic）的趋向加以中性化。之所以可能，是由于通过围绕着一个观众可以认同的主控人物来构成影片，从而推动过程。当观众与男主人公认同时，观众就把自己的视线投射到他的同类身上，他的银幕替代者，从而使男主人公控制事态的威力和色情的观看的主动性威力相结合，两者都提供了全能的满足感。因此，一个男性明星的威力特征显然是注视色情对象的特征，而且是更为完全、更为有力的理想的自我的特征，也就是最初在镜子面前识别的那一时刻所孕育出来的特征。故事中的这个人物可以比主体/观众更好地制造事件和控制事件，正如镜像更能控制原动力的协调（moror coordination）。和作为影像的女人相对，主动的男性人物（认同过程的自我理想）要求一个与镜子——识别相适应的三维空间，因为那异化的主体在镜子——识别中把他自己对这一想象的存在的表象内向化了。他是景色中的一个人。影片在这里的功能就是，尽可能准确地再创造出所谓的人类感知的自然条件。摄影机技巧（尤其是大景深的例子）和摄影机运动（取决于主人公的动作）和隐藏的剪辑（写实主义的要求）结合起来，全都有助于模糊银幕空间的界限。男性主人公有左右舞台的自由，这是一个空间幻觉的舞台，男性主人公在其中形成那个观看，并创造出动作。

……

Ⅳ. 总　　结

……

　　(作为结束)的开始,窥淫——观看癖的目光是传统的电影快感的关键部位,它本身也可以打破。有三种不同的看的方式与电影有关:摄影机纪录具有电影性的事件的看,观众观看完成作品时的看,以及人物在银幕幻觉内相互之间的看。叙事电影的成规否认前两种,使它们从属于第三种,其有意识的目的始终是消除那摄影机的闯入,并防止观众产生间离的意识。不去掉这两者(纪录过程的物质存在,观众的评论性读解),虚构的戏剧就不能获得现实感、一目了然和真实感。然而,正如本文所论争的,在叙事性虚构影片中看的结构在它的前提中包含一种矛盾:作为阉割威胁的女性形象不断危及叙事交间的统一,并且作为干扰的、静态的、一维的恋物而闯入那幻觉的世界。因此从物质上出现在时间和空间中的两种看,是着魔地屈从于男性自我的神经病需要。摄影机成为制造文艺复兴的空间幻觉的机制,它那流畅的运动是和人眼相适应的,这是围绕着主体的感知作用的一种表象的观念:摄影机的看到否认,从而创造一个令人信服的世界,而观众的替身可以在其中进行逼真的表演。同时,观众的看也不被承认是一种固有的势力:一旦对女性形象的恋物淫式的表现威胁着要破坏幻觉的魔力,以及银幕上的色情形象(没有通过中介)直接显现给观众时,那么恋物淫的事实,尽管它像阉割的恐惧一样隐秘,就会冻结观众的看,把观众定住了,并妨碍他和眼前的形象之间获得一些距离。

　　这一看的复杂的相互作用是电影所特有的。对传统电影成规的巨石般的积累的第一个打击(已经由激进的电影制作者在干起来了)就是让摄影机的看在时间和空间中获得物质性的自由,并且解放观众的看,使它成为辩证的、超离感情的。无疑这将破坏满足快感,以及"隐身客人"的特权,以及电影依靠窥淫癖的主动/被动机制所造成的高举而女人她们的形象继续被窃取并用于此目的,至多不过把这种传统电影形式的没落看成是感伤的憾事。

文化批评与社会学方法

一、社会现象与当代文化

传统社会学习惯于把"社会事实"作为研究对象,这种社会事实有时通过个别事实表现出来,但又截然不同于个别事实的特殊实在。通过言传口教、教育师授,甚至文字的形式流传下来的习惯,渗透着公共性和约束力。迪尔凯姆就以"集体表象"的概念,建立自己独特的文化社会学。他的"集体表象"与广泛的文化概念意涵相近,包括团体意识、行为方式、制度等,这些都是超越个人心理的,具有外在性和强制性的特征。所以,在他那里,社会学对社会事实的研究,也是对"集体表象"的研究。这既反映了经典社会学对文化问题的一贯重视,也引发了其后在社会学领域内部,对文化地位问题的不同解读。迪尔凯姆认识到,工业革命不可遏止的发展,推动了经济结构、社会关系和基本的文化取向的深刻变迁,过去延续下来的价值、信仰、习俗、社会关系和谋生的模式,逐步土崩瓦解或趋于消灭,如何在社会语境下重建一种带动社会团结的规范和秩序,才是亟待关注的。像自杀、宗教、仪式等文化形式、机制的研究,正是为了巩固新的道德秩序的基础。文化,是解决个人与社会冲突关系的中介环节。

基于迪尔凯姆的文化功能主义立场,塔尔科特·帕森斯提出了有关文化与社会关系的另一种分类。帕森斯认为,"社会系统"是个体的互动体系,而"文化系统"则提供了共享的有意义的符号,从而使社会行动者能够相互沟通;文化系统定义了一个社会角色及其期望的模式化或制度化体系①。在帕森斯宏大的理论框架里,社会系统要想维持一种秩序,必须满足一定的功能先决条件,换句话说,社会系统要获得文化系统最低限度的支持,才能避免互动中断。因之,帕森

---

① [美]约翰·R.霍尔、玛丽·乔·尼兹:《文化:社会学的视野》,周晓红、徐彬译,北京:商务印书馆2002年版,第25页。

斯对文化系统中的价值、规范的命题尤其感兴趣,他认为包裹在制度文化中的信仰、象征、意识形态对其他如个性、集体以及文化客体具有整合功能,起到强化团结意识的功效。我们看到,帕森斯坚持一种分析的"自主性",集中于个人、社会与文化的"融合",这种"文化分析的巨大威力集中表明,价值在规范社会生活和形成个性中起着不可替代的作用"①;但帕森斯对文化系统只涉及很小的一部分,他专注价值,将其视为制度化的符号子系统,最终弱化了解释社会生活的能力。

　　帕森斯的"综合"努力,既使其建立起一个能够融合不同的传统和消除宗派斗争的分析体系,同时,当人们应用这些理论模式又不难发现其间所包含的一种更加理想主义、片面的立场,尤其是与现存的社会条件的明显冲突。以关注社会事实为己任的社会学家,必然要穿越这一理论的魔障,重新寻找能够解释现实矛盾的新视角。在帕森斯之后,从多个方面延展乃至解构帕氏体系者层出不穷,并形成多样化的理论模型和分析方式。例如,"历史社会学和政治文化是形成发展关于文化和社会结构的新观念的两个主要领域"②。他们关注政治问题以及民族国家的形成和消亡,特别对文化变迁——即文化是怎样与社会结构一道或独立地导致了民族国家、社会阶级或民族群体之间(或之内)的关系、日常生活的性质等方面的变化——感兴趣。在这些理论的发展过程中,有一个显著的变化便是越来越强化文化的独立自主性,甚至于文化比结构更具有基础性的意义。至少,文化不再只是受决定的大的社会系统里的一个微不足道的"结果",相反,文化属于宏观社会整合力量的类型,由语言、教育、出版、传播及消费品等具体机制得以落实。

　　社会学对文化的关注,或者将社会事实、社会现象着力从文化的角度来理解,成为20世纪末社会理论视野的重要景观。这得益于两个因素:一是整个人文社会科学集体性的"文化转向",人类学家、历史学家、文学批评家、哲学家,为了延展、开拓本门学科的疆土,重新找回学科曾经拥有的知识话语权力,文化被赋予迥异的意涵,堂而皇之地进入截然不同的叙述体系,成为连接个人、历史、文本和社会生活的桥梁。二是社会结构的变动,致使花样繁多、全新的社会现象接踵而至,它们以文化的面目闪亮登场。过去一直处在工业中心的制造业逐渐衰退,而商贸活动的频繁开展,服务业的急剧增长,使得餐饮、旅游、传媒、舆论、购物以及心理咨询和治疗等,越来越成为关涉人们日常生活行为和意识的运作机制。政治性的话语,怎样被日常生产、消费观念所解构,并通过权力重组、建构、

---

　　① [美]杰弗里·亚历山大:《社会学二十讲——二战以来的理论发展》,贾春增、董天民译,北京:华夏出版社2000年版,第228页。
　　② [美]戴安娜·克兰主编:《文化社会学——浮现中的理论视野》,王小章、郑震译,南京:南京大学出版社2006年版,第6页。

组织起一个更加一体化、结构化的"有机社会"①,必然引发对包括文化在内的诸多问题的省思。社会学领域的文化分析,恰恰根据经验和理论的互补性特点,有效提供社会、文化、权力相互关系的认知窗口。

吉登斯就从更大的范围,探讨过社会与文化的紧密关系。从发展的眼光看,社会有着不同的形态、规模,其结构规律亦各不相同。最早的狩猎和采集社会,小到只有三四十人,现代工业社会,就像一个包裹一切结构性因素的系统,将个体连接在一起且具有内在的关系。个体组织起来的方式,便是共同的文化。所以,文化对人类而言,既包括无形的信仰、观念、价值,也包括有形的实物、符号或技术,概括地说,文化是"一个社会的成员或其群体的生活方式,包括他们的服饰、婚俗和家庭生活、工作模式、宗教仪式以及休闲方式等"②。社会成员正是经过生活方式的熟悉和习得,发展出自我认同感以及独立思考和行动的能力,完成社会化的过程的。这意味着,一个时代的文化,除了集团内部关系,表征出来多种多样的社会征候,还因政治、环境、种族、传统的区隔,存在着丰富、复杂的文化形式。吉登斯在吸收人类学成果的基础上,对文化意涵的总结性界定,为我们认识、理解社会现象与当代文化的关系,作了极为明确的诠释。

不过,社会现象与文化之间的关系,显然不能仅仅局限在呈现与命名的对应模式上。当代社会理论中文化与社会的复杂性论述,还基于我们对文化本身结构、功能多层次的反思和考量上。19世纪以来,现实主义美学话语占据了首要地位,知识分子依赖艺术作品独特的现实性,获得关于外在世界权威性的解释框架。但是,消费主义的表征策略改写了现代主义艺术本质化的书写方式,代之以"指向其他意象的意象"的"广告"化的文化实践模型③。社会身份、自我意识不再来自客观现实的"反映",反而经由文化话语得以确立。文化与社会之间关系的新方式,不仅说明表现社会现实结构的本质在变化,而且意味着文化形式还在强有力地重绘着社会现实的图景。

二、社会学视野举要

1. 阶级文化

在社会学领域,社会阶级是一个与阶层、等级相关联的重要概念。但对"阶

---

① 迪尔凯姆在说明人类社会中个人与社会的关系时,从进化论立场出发,把社会划分为两种类型,即机械团结的社会和有机团结的社会。前者强调个人之间的相同、相近或一致性;后者指发达社会由于社会分工的推力,个人都执行专门职能,因而具有明显的差异性。
② [英]安东尼·吉登斯:《社会学》,赵旭东等译,北京:北京大学出版社2003年版,第20页。
③ [英]戴维·钱尼:《文化转向:当代文化史概览》,戴从容译,南京:江苏人民出版社2004年版,第217页。

级"的界定却莫衷一是。譬如阶级划分的标准、阶级的历史性、阶级如何构成一定程度的社会统一体等,不同的思想立场、社会观念,往往形成迥异的见解。卡泽纳弗从三个角度区别了阶级观念的差异。

一是马克思的唯实论阶级观。作为第一位认识到阶级存在的历史重要性的学者,马克思为后世任何一种阶级研究奠定了基调,并提供多方位探讨的可能性。同时,马克思本人著作里关于阶级论述的不确定性,又引发了阶级分析的歧义丛生。通常情况下,人们会借助《路易·波拿巴的雾月十八日》中提出的19世纪中叶法国小农问题,来考察他关于阶级分析的标准。马克思除了参考经济过程所处地位之外,还使用生活、利益和文化方式,以及实际的团结性,即"阶级意识"来定义。因此,阶级既是一种社会——职业的范畴,更是一种社会革命运动中参与意识的表现。二是韦伯的唯名论阶级观。韦伯提出了"阶级境况"的概念,以此为基础解析阶级及阶级与其他社会单位相互区别的标准。韦伯认为,任何社会人们都可以区分出三种等级,分别与经济秩序、社会秩序和政治秩序相对应,其中阶级由经济秩序来决定,声望、地位由社会秩序来决定,政党由政治秩序来决定。当阶级建筑在经济等级之上,并同声望、地位相区别时,其他社会学家则有用社会分层概念取代阶级概念,或将社会分层简化成社会阶级的倾向,通过名誉和声望来定义分层。三是熊彼特的经验研究。他说,一个阶级的成员相互之间的行为表现方式与他们同其他阶级的个人发生关系的方式不一样,他们具有类似的生活方式,可以利用行为方式、消费方式、婚姻制度甚至过往"遗迹"(流俗)来研究、证实,阶级在国家结构中的功能,既是经济的又是社会的。总之,熊彼特强调阶级所代表的是活生生的统一体①。

阶级观念的变迁、阶级与文化的密切关系,引起当代社会学家、文化研究学者的广泛关注。他们从社会分层的视角,考察到文化形态表面的多样性,却隐含着根深蒂固的群体—文化模式。赫伯特·甘斯将五种以阶级为基础的趣味文化同五种趣味公众联系在一起,即高雅文化、中上层文化、中下层文化、下层文化、准民俗下层文化。虽然甘斯承认,许多文化不单单从一个阶级中获得自己的阅听人,分层后的文化还有种族、性别、宗教等社会差异为基础的更为精细的区分,但他的这种并非真实群体抽象出来的"分析范畴",对我们思考阶级在文化上如何划分社会群体提供了样本②。

对社会差异具有不同寻常洞察力的布尔迪厄,则把文化与社会阶级的如何

---

① 可参阅[法]让·卡泽纳弗:《社会学十大概念》,杨捷译,上海:上海人民出版社2003年版,第162—173页。
② [美]约翰·R.霍尔、玛丽·乔·尼兹:《文化:社会学的视野》,周晓红、徐彬译,北京:商务印书馆2002年版,第182页。

关联视为自己社会学研究的核心议题。为了远离社会阶级问题"虚构的非此即彼"的主客观二元对立模式,他强调了对社会阶级的关系性理解。他把生活方式的指标、趣味、教育文凭、性别、年龄以及职业与收入,都包括在阶级分析之中,所以,布尔迪厄的阶级是"各种分层因素的综合体"①。他指出,文化需求是培养与教育的产物,"一切文化实践(参观博物馆、听音乐会、阅读等等)和对文学、绘画或音乐的偏爱,都与受教育的程度(由学历或由受教育年限来衡量)以及社会出身密切相关"②。群体家居生活细微差别的大规模集合,形成基本的生活方式——惯习。他还借用文化资本这一术语,指称知识、趣味和感受力在社会结构/关系中的累聚,经过富有竞争性的对区隔的追逐,获得一个人要求的尊崇和荣誉的权力。从这个角度讲,文化不仅仅是一种具有一般性和广泛分享性的知识和实践体系,其整个进程汇聚了社会分层和社会分化过程。

2. 拟剧理论

传统社会学倾向于关注宏观社会问题,像政治体系或经济秩序这样大规模的社会系统的运作、变革,是社会学研究的核心。至20世纪60年代,随着帕森斯王朝的崩塌,宏观社会学失去了其垄断地位。相应地,社会学家开始关心人们面对面互动情景下的日常行为的规律,这类聚焦个体或小群体的研究取向,被称为"微观社会学"。微观社会学研究对象广泛,形成多个规模不一、理论分殊的流派,以戈夫曼作品为中心的"拟剧理论"便是有影响的一种,并成为日常生活研究的经典案例。

与符号互动论的旨趣一样,戈夫曼也有意识地避免根据系统的命令来说明人的行为举止。虽然他本人并无处理社会理论核心问题的宏愿,也不喜欢作者著作被分类或归类的做法,但我们透过日常行为印象主义研究本身,还是能够激发对更大社会问题的想象,并明显感觉到西美尔(又译为"齐美尔")、米德等前辈的思想影子③。戈夫曼关注的是一个个体或群体在与他人互动过程中采取什么样的策略和技术,使得他人产生行动者所期望出现的形象。他引述了帕克的话作为佐证:"人"这个词的第一个意义是一种"面具","无论何时何地,一个人总是或多或少地意识到他(她)在扮演着一种角色……我们正是在这些角色中彼此了解的,也正是在这些角色中认识自我的"④。这要求行动者在日常交往时,必须

---

① [美]戴维·斯沃茨:《文化与权力——布尔迪厄的社会学》,陶东风译,上海:上海译文出版社2006年版,第167页。
② 罗钢、王中忱:《消费文化读本》,北京:中国社会科学出版社2003年版,第42页。
③ 有关戈夫曼受到前人学术的影响,可参阅[英]帕特里克·贝尔特:《二十世纪的社会理论》,瞿铁鹏译,上海:上海译文出版社2002年版,第95页。
④ 转引自[美]欧文·戈夫曼:《日常生活中的自我表演》,徐江敏译,昆明:云南人民出版社1988年版,第3页。

不断地监控自己,掩饰某些方面而突出另外的方面,达到希望中的自我。戈夫曼将努力产生、维护理想印象的过程比作戏剧表演,并用一套戏剧学的术语分析了个体和群体的各种技术。

戈夫曼认为,社会是一直在演出的戏剧舞台,每个人都是社会生活舞台上的演员,表演就是个体处在一批特定的观察者面前持续出现时所表现出的、对观察者具有影响作用的全部活动。表演的区域有前台、后台之分,前台是个体在其表演中有意或无意使用的标准的"表演装置",包括外部装置和个人门面。外部装置为表演者提供空间、舞台背景、舞台道具,从地理上看往往是固定的,但也有随表演者一起移动的;个人门面包括官职地位、衣着、性别、种族特征、相貌、姿势、谈吐、举止等,依照这些符号表达信息的功能,通常可以划分为"外表"与"举止"。一般我们期望外表与举止之间存在确定的一致性,期望"互动者之间社会地位的差异将能以某种方式,通过由预期的互动角色组成的指示性行为中存在的一致性差异而表达出来"①。在谈到"印象管理艺术"时,戈夫曼承认,特定表演者在其表演期间,总会有一些事实插进来,削弱或破坏塑造自己所期望的印象,这得采取必要性的防卫技巧予以控制:首先,"防卫的态度与实践",包括"拟剧的忠诚",意指剧班成员必须能够相互信任而且保守机密。其次,"保护的实践",指由于机敏,观众本身挽救表演者的演出,例如观众自愿地离开后台区域,或者面对尴尬的处境,人们乖巧地不注意。还有,表演者对观众给予的暗示保持敏感,以便依照着改变其行为②。

利用戏剧术语解释面对面互动关系的不只是戈夫曼,社会学家肯纳斯·伯克在《关于动机的原理》一书中,也制定了一套描述和分析社会上个人之间相互作用的拟剧模型。它包括五个构造要素,即动作、舞台、动因、目的、手段。动作是指在特定的社会情境下发生的活动;舞台指动作的背景,具有多样性;动因指反思着的个体——演员;目的指个体互动时形成的动机;手段指调节人的相互作用的语言③。整体地看,拟剧论、拟剧模型的研究工作,虽然没有宏大的理论建构,但对社会学史却产生重要影响,像科林斯的"互动仪式链"、哈贝马斯的"沟通理性"、吉登斯对宏观微观界限的弥合,都受到过它们的启迪。

3. 文艺社会学

社会现象存在于作品之前,作家通过观察社会、描写社会、反映社会,还有可

---

① [美]欧文·戈夫曼:《日常生活中的自我表演》,徐江敏译,昆明:云南人民出版社1988年版,第8页。
② [英]帕特里克·贝尔特:《二十世纪的社会理论》,瞿铁鹏译,上海:上海译文出版社2002年版,第98页。
③ 宋林飞:《西方社会学理论》,南京:南京大学出版社1997年版,第295—297页。

能希望改造社会,其视野必然受到社会条件的限制和规约;社会又存在于作品之后,经由接受者的阅读、鉴赏,作品以反向力回赠社会,生产新的文化趣味和阅读趋向。对社会与文学艺术关系的分析,具有悠久的历史,在史达尔夫人、泰纳、马克思时代,就已提出过被后来者延续着的一些基本原则。卢卡契从黑格尔那里借鉴了"美学类型的历史学"观点,创立了与社会密切相关的"文学体裁的辩证法"①。到20世纪中叶,文艺社会学作为一门学科或研究方法,达到惊人的理论高度和科学性。按照法国学者莱纳尔德的概括,文艺社会学的研究有两种主要倾向:一是文艺作品的社会学,如书籍、绘画、电影等,社会学家一直在研究它们的社会存在,尤其是"考察创作环境的社会组成以及它的法则和内在规律";二是把艺术作品本身看成一种物品,考察的是艺术品"得以存在的社会条件"②。于是,文艺社会学不仅产生各式各样的分支,还分裂为若干流派。

"波尔多学派"是个特殊的研究小组,其代表埃斯卡皮于1957年向法国大学出版社社长保罗·昂古尔旺提议,在《我知道什么?》丛书中出版一本"疑问"性的奇特的小书,就是次年出版的、影响广泛的《文学社会学》。在此期间,全国家庭补助基金管理局联合会的刊物《社会信息》出版了一期名为"文学和广大公众"的专号,埃氏撰文作总的介绍,作为从大众交际的角度探讨文学问题研究趋向的纲领。著名社会学家乔治·古尔维奇,亦在自己主编的《社会学概论》里设立文学社会学章节。之后,"文学事实的社会学研究中心"在波尔多大学文学系成立,研究课题是阅读的社会心理学和书籍的发行,"旨在表明我们对作为现象的文学比作为范畴的文学更感兴趣"③。埃斯卡皮认为,文学事实有三个重要的形态,即书、读物和文学作品,在日常用语中,这三个名词界限不明确,它们部分地交织在一起,是经常互相替换着使用的。他指出,书籍是一种文化交流的工具,图书品种的统计资料能向我们表明一个国家精神生活的丰富性和多样性,能使我们粗略地估计这个国家的作家人数和创作能力。但"并不是所有的图书都是文学书籍","凡不是作为一种工具,而是作为目的本身的作品,都是文学作品"④。也就是说,非实用性,满足文化需要的读物才是文学作品。埃斯卡皮从创作、发行、消费等方面,详细研究了文艺作品在社会中的生产、流通和消费过程问题,力图抹

---

① [法]让-伊夫·塔迪埃:《20世纪的文学批评》,史忠义译,天津:百花文艺出版社1998年版,第175页。
② 张英进、于沛编:《现当代西方文艺社会学探索》,福州:海峡文艺出版社1987年版,第342页。
③ 1965年,研究中心并入一个新研究所,取名为"文学和大众艺术技术研究所"。上述波尔多学派的历史演进过程,可参阅《文学社会学——罗·埃斯卡皮文论选》第五部分"关于波尔多文学社会学学派",杭州:浙江人民出版社1987年版。
④ [法]罗贝尔·埃斯卡尔皮:《文学社会学》,符锦勇译,上海:上海译文出版社1988年版,第21页。

去文学的神圣色彩,重写"人类社会史"。

埃斯卡皮的文学社会学强调社会调查和统计方法,带有很浓的经验主义的实证意味。几乎同时,另一位学者戈德曼在1959年进入巴黎高等研究实验学院,也开始主持文学社会学项目,并逐步形成了发生结构主义的文学社会学流派。他坚信,作家表达的不是个体变化的观点,而是处于相同的经济和社会条件下一个团体的思想体系。探索作品与社会阶级的关系,寻找作品产生的社会和文化条件,是批评家的重要工作。戈德曼说过,发生学结构主义思想立足的第一个看法是,任何关于人文科学的思考都不是从社会外部,而是在社会内部产生的,它是社会精神生活的一部分,这种精神生活也是整个社会生活的一部分;辩证和发生学社会学第二个基本概念是,人类的一切行为都是对个人或集体主体的回答,这种回答构成使既成形势向主体所希望的方向变化的意图,因此,任何人类的行为、事实都有意指特征①。按照戈德曼的意思,社会生活与文学创作之间的关系,不在人类现实中这两个领域的内容,而在一些"精神的结构",精神结构显现为小说等文学形式,它与人们之间相互关系、人们与财产的关系同源或同步。

正如西尔伯曼在反思文学社会学学科时所言,社会学与文学学探索的对象都是"人",尽管探索方式不同,但只要"两个领域都没有表现出垄断的欲望,都不坚持自己的法定利益,那么两个领域不仅可以互助互益,而且还是相互依赖的"②。

三、社会学方法举要

1. 民族志

民族志(Ethnography)又称人种志,在希腊文的字面解释是"对民族的描述",即对一个群体或者一个种族人们的生活方式的描述。这种方法源于20世纪初期文化人类学家对异民族文化的考察,他们对其研究的文化对象或目的物作田野调查,专注于发现和记录文化中的互动、事件和生活的意义,尤其是马林诺夫斯基创造的"参与观察法",用一套有效的科学规则把资料员与研究者的身份完美地合二为一,包含一整套完整的规范:其一,选择特定社区;其二,进行至少一年的现场调查;其三,能够使用当地语言;其四,先从本土的观点参与体验,

---

① 可参阅[法]吕西安·戈德曼:《马克思主义和人文科学》,罗国祥译,合肥:安徽文艺出版社1989年版,第62—64页。
② [德]阿尔方斯·西尔伯曼:《文学社会学引论》,魏育青、于汛译,合肥:安徽文艺出版社1988年版,第43页。

即先以"文化持有者的内部眼界"去看待文化,最终达成对对象的客观认识。这使民族志具有亲历性和内在性的特点。总之,民族志研究要求研究者亲身深入某一族群的文化,直接参与该族群的社会、经济、仪式等方面的活动,并在其中长期生活,从内部提供对该文化的意义和行为的叙述,并通过学习该族群的语汇和思考方式,来理解它的文化实践。由于民族志研究方法的独特之处,使得使用此方法的研究日益增多,呈现多样化特征。晚近学者在延续传统方法的过程中,更注重"对他们赋予研究对象以意义的过程的反思,彻底地让研究对象发出自己的声音"①。

格尔兹的阐释人类学在民族志研究史上具有重要意义。为了拯救文化人类学学科的存在与发展,他以"深描"和"地方性知识"为武器,以观察、移情、认知、自觉地追随"文化持有者的内部眼界"去阐释和维护民族志的地位,重新探讨文化之源。深度描述和记叙是对个人经历中的问题进行详细的描写,这类描写必须能将行为背后的意图和意义揭示出来。比较而言,浅度描述不涉及细节,只是简单地报道事实,常常还会被称作"说明"②。由于受到了韦伯关于文化是"富有意味的网"的观念的影响,格尔兹指出,"人是悬挂在由他们自己编织的意义之网上的动物",因此,对文化的分析"不是一种探索规律的实验科学,而是一种探求意义的阐释性科学"。他认为这张网是始终持续地被编织着的符号之网,而文化人类学家的任务则在于分析这些符号的交通,强调在社会人类学中"正是通过理解什么是民族志,或更准确一些,通过理解什么是从事民族志,我们才能开始理解作为一种知识形式的人类学分析是什么"③。因此,格尔兹的民族志是使用"深描"的方法寻求意义的阐释的"地方性知识",进而通过真实生活的踪迹触摸人们曾经拥有过的真实生活。

作为社会学人类学研究方法的民族志,在文化研究领域获得的重要成果,以霍加特《识字的功能》最为知名。霍加特根据亲身经历,描述了20世纪前半叶工人阶级文化的变迁。该书分为两部分,前一部分标题为"一个'旧的'秩序",描述了20世纪30年代英国工人阶级的语言、信仰、价值、家庭生活以及性别关系等;后一部分标题为"给新的让位",记录了50年代大众文化,尤其是美国的大众文化进入英国以后,工人阶级文化的衰落。在霍加特看来,传统的工人阶级文化侧重口头交往,虽然经济上拮据,生活中却充满合作与互助的精神,是一种家庭和

---

① [美]约翰·R.霍尔、玛丽·乔·尼兹:《文化:社会学的视野》,周晓红、徐彬译,北京:商务印书馆2002年版,第402—403页。
② [美]诺曼·K.邓金:《解释性交往行动主义:个人经历的叙事、倾听与理解》,周勇译,重庆:重庆大学出版社2004年版,第104页。
③ [美]克利福德·格尔兹:《文化的解释》,韩莉译,上海:上海人民出版社1999年版,第5页。

邻里的文化。但二战以后,随着商业化的大众传媒与大众文化的兴起,英国的工人阶级生活方式与文化传统受到了极大的污染和破坏。霍加特把童年记忆和当下观察结合起来,以自传体形式,通过文化对比,表露出对美国式消费主义、娱乐主义观念越来越深入地侵害工人阶级精神世界和文化传统的忧虑。

2. 话语分析

语言学视阈里的"话语"概念,不仅局限于和书写"文本"相对照的口头对话的延伸部分,也指涉书面语言及其延伸部分。概而言之,即针对主题或者目标的谈论方式,包括口语、文字以及其他的表述方式。话语不仅反映和描述社会实体和社会关系,还建构或"构成"社会实体与社会关系。不同的话语以不同的方式建构各种至关重要的实体(它们可以是精神疾病、市民权或文化水平),并以不同的方式将人们置于社会主体的地位,譬如成为医生或病人、资产阶级或无产阶级等。可以说,话语不是纯粹的个体行为或情景变量的折射,而是社会实践的一种形式。话语和社会结构之间存在着一种辩证的关系。一方面,在最广泛的意义和所有层次上,话语是被社会结构所构成的,并受到社会结构的限制,受制于社会层次上的阶级和其他关系;另一方面,话语实践又是建构性的,它有助于再造包括社会身份、社会关系、知识体系和信仰体系在内的社会本身,有助于改造社会、组成世界。

社会学里的话语分析法,大致分为"非批判的"方法和"批判的"方法两类。非批判的方法致力于话语分析的某种描述性体系,这类描述性体系以一些单位为基础,高级单位由低级单位构成。比如在语法中,一个句子由若干个子句构成,子句由词群构成,如此等等。批判的方法不同于非批判的方法的地方,"不仅在于描绘了话语实践,而且在于揭示了话语如何由权力和意识形态的关系所构成"[1]。话语被广泛地应用于批判性的社会理论和分析之中,是在福柯之后。在福柯那里,话语不只是语言,一种话语就是一种调控权力之流的规则系统。无论这种权力是肯定的,还是司法的。所以,福柯式分析的一个主要目标便是"理解那种创造出社会、政治、文化和经济空间的各种机制",他的分析一直是一种"行动"[2]。在诸如话语与权力的关系、社会主体和知识的话语结构、话语在社会变化中的功能等领域,福柯的工作对社会话语理论作出了重要贡献。

在话语分析过程中,除了文本分析之外,谈话分析经常被认为是给文化研究提供特别的机会。它是由一群自称为"民族方法学者"的社会学家发展起来的,侧重于交谈者用来制造和解释谈话的那些方法。特德里·波顿的《人们在谈论:

---

[1] [英]诺曼·费尔克拉夫:《话语与社会变迁》,殷晓蓉译,北京:华夏出版社2003年版,第12页。
[2] [美]艾莉森·利·布朗:《福柯》,聂保平译,北京:中华书局2002年版,第42页。按照奎因(Quine)的说法,逻辑上的一种变化,就是现实世界的一种变化。

139

谈话分析与符号互动》对其中的某些可能性作了评论,她将自然状态下的谈话描述为语言行动,视为社会互动的中心,她用自己的著作向我们表明了对日常互动过程中文化结构的运作的分析有着巨大的潜力①。

将话语置于研究中心的最大优势在于把心理学的关注与社会分析结合起来。传统社会心理学假设心理过程内在于个体之中,话语只是作为表达和反映先在心理实体的媒介。当话语被视为有着行动取向时,必然意味着对话语过程的描述亦是对社会过程的描述。话语分析的应用,存在多种模式。根据社会心理学家的概括,有两种模式得到广泛的使用。第一种是"通俗化",即尽可能主动地传播知识,譬如阿特金森通过谈话分析的研究来阐明政治演说家用以获得听众支持的技术。第二种是与被研究对象展开对话,譬如马尔凯参与到对科学家的话语分析当中,研究教育体系模式的成效②。随着话语分析的普及,社会学内部的应用已越来越多,包括性别研究、社会分层等知识领域都开始尝试着使用。

3. 问卷调查

社会科学研究中的价值问题是社会科学方法论的核心问题,其中价值中立论又是在西方影响较大的一种社会科学方法。鉴于解释性研究方法的主观性,传统社会学一直避免部分替代整体的定性研究,而强调定量分析。可以说,价值中立论是西方社会科学研究中带有唯客观主义色彩的方法论原则。这一方法的实质是研究主体在依据自身的主观愿望选择了所要研究的问题之后,应客观地描述关于该问题的全面资料和对这些资料进行分析所得出的结论。社会调查恰恰能够"收集那些能加以统计分析来显示模式或规则的数据"③,聚焦于一小部分人的深度研究,得出结论,再有限度地推广于更多的同类群体。

通过社会调查收集资料的一个主要路径是问卷。社会学家在确定研究对象之后,其重要工作是设计有效的问卷材料,样本的材料需要适合受调查的对象,并且和研究的某个侧面具有相关性,这样才具有效度。研究者可以利用自身的环境、条件,经由本人、他人或者某个调查公司送达答卷者,调查的人数根据研究的规模事先确定,可以是几百人,也可以是几千人不等。进行调查的问卷有两类,一类问卷是封闭式的,答案比较稳定,局限于一个范围之内,如设计者已经明确列出所要考察的内容,因而回答者无须做更多的思考,只在肯定或否定之间作出选择;另一类是开放式问卷,回答者有足够多的空间,完整地表述自己的观点,

---

① [美]约翰·R.霍尔、玛丽·乔·尼兹:《文化:社会学的视野》,周晓红、徐彬译,北京:商务印书馆2002年版,第408—409页。
② [英]乔纳森·波特、玛格丽特·韦斯雷尔:《话语和社会心理学》,肖文明译,北京:中国人民大学出版社2006年版,第186页。
③ [英]安东尼·吉登斯:《社会学》,赵旭东等译,北京:北京大学出版社2003年版,第613页。

甚至还可以予以论证、说明,研究者可以看到更详细的信息。从研究者的角度来说,两类问卷各有优缺点,前者适合进行具体的统计比较但缺乏周详信息,后者能得到更多的信息资源但时有材料散漫、难以归类的现象。

  调查研究必然涉及调查对象的获取,即样本。问卷调查中的样本择取,是一个重要的但容易引起争议的问题。一个社会学家从事具体的社会文化现象研究时,很难全面调查,而只能选取其中为数不多的样本进行考察。那么,"怎么抽样""抽样多少",以保证抽样的代表性、完整性,必须依据一定的规则。因为没有好的样本,就不会有好的结果。抽样调查的目的是通过有限的样本的统计量来估计总体,因此必然出现抽样误差。所以,代表性只是理论上的说法,即人们期望这种误差越小越好,实际情况是我们完全把握总体的参数。既然理想的设计在现实的层面遇到各种困难和障碍,那么,就得从可操作的层面予以校正。研究发现,抽样方法是影响样本代表性的一个重要因素。从统计学的角度看,随机抽样或者概率抽样,比目的抽样更能保证样本的代表性。

文献导读

1.《社会学方法的准则》"结论"①

埃米尔·迪尔凯姆

导读

埃米尔·迪尔凯姆(Émile Durkheim,又译涂尔干,1858—1917),法国著名社会学家,社会学的奠基人之一。1879—1882年就学于巴黎高等师范学校。1887—1902年在波尔多大学教书,并在那里创建了法国第一个教育学和社会学系。1891年,被任命为法国第一位社会学教授。1898年,创建了法国《社会学年鉴》,围绕这一刊物形成了一批年轻社会学家的团体——法国社会学年鉴派。《社会学方法的准则》是迪尔凯姆的一部重要著作,在该书中,他为社会学确立了有别于哲学、心理学、生理学的独立研究对象,即社会事实,并在自己的其他研究中,将有关社会事实的基本原理同统计学、人种学等经验方法结合起来,成为社会学史上的经典范例。

"结论"一文,基本涵盖了迪尔凯姆社会学研究方法上的基本主张。迪尔凯姆认为社会事实是一种独立存在,它的内容包括"一切行为方式",不论它是固定的还是不固定的,"凡是能从外部给予个人以约束的,或者换一句话说,普遍存在于该社会各处并具有其固有存在的,不管其在个人身上的表现如何,都叫作社会事实"。对于迪尔凯姆来说,一种思想和行为,表现为社会的普遍现象,或仅仅发生在单独的个人身上,都不能算作社会事实,只有通过某种方式或过程(如强制力)成为多数人的共同思想和行为才获得社会事实的性质。所以,社会事实可以被看作"社会的物",要么以整体的政治社会为基础,要么以社会内部的个别团体,诸如教派、政治派别、文学流派或同业公会等为基础。社会学研究就是在不失去固有的性质的前提下,依靠对社会现实的"特殊感觉"进行的科学研究。只有这样,社会学才有可能脱离其他已有的知识领域,发展成为一门独立自主的科学。

---

① 选自[法]埃米尔·迪尔凯姆:《社会学方法的规则》,胡伟译,北京:华夏出版社1999年版。

> 社会事实超越个体意识以外的特征,使得社会学研究呈现外在和客观的性征。迪尔凯姆指出,如果其他知识系统的主要事实也见于社会领域,那么会极具选择性,常常以有利于理解它们的性质的特殊形态出现,因为相关知识的特殊性质规约着"形态"的状貌。社会学的独立性,将使存在因果律的生活内容、概念、范畴闪耀新的色泽。但社会学的一项重要任务是"说明事实",而非"改造事实",它不以一种学说反对其他学说,力图通过直接接触事物,寻找能够产生这种事实的多种力量,"解释本身就是对它自己所作的证明"。这种以物观物的态度,意味着社会学研究是一种排出陈见,直探"事实"本身的客观性的学说。

[文献]

综上所述,社会学研究方法具有如下特征:

一 社会学独立于哲学

我们知道,社会学是从哲学的学说中产生出来的。它虽然已经分离出来,但到目前为止,仍然不能摆脱旧习,仍然依附于与它有亲缘关系的哲学学说。因此,以往的社会学不是属于"实证学派",就是属于"进化学派"或者"唯心学派"。然而我认为,社会学就是社会学,它不应该属于任何哲学学派。即使"自然学派",它也只是指出了社会现象是自然发展的现象,这种理论只不过表明了社会学者所研究的是科学而非玄学,仅此而已。因此,用自然学说来概括社会现象的本质,亦不能成为准确的社会学解释。

在各种各样形而上学的假设中,社会学采取不偏不倚的态度,既不附和自由论、也不承认决定论。社会学认为,所有社会现象都合乎因果关系的原则。这是一条重要规则。因为因果原则在自然界事物中得到证实以后,逐渐地推广物理学、化学,以至生物学、心理学,都无一例外地适用,因而人们有理由承认它也同样适用于社会上的事物。另外,承认这种因果原则适用于所有社会现象,并不是出于纯主观的推理,而是出于实验的假设,以合理的演绎方法加以总结出来的。现在,很多证据可以证明,因果关系无疑存在于社会事物中。

社会学从哲学中独立出来,对于哲学本身亦有诸多裨益。因为只要社会学者仍然依附于母体,不摆脱哲学的羁绊,哲学也就只能将社会书物中最普遍的现象当作社会现象,并将之与宇宙间其他事物同样看待。这样的哲学只能为哲学提供一些特别的证据,而不可能丰富哲学,给它带来新视野和新领域。在这种情况下，社会学没有自己新的研究对象，只是将哲学上的材料再叙述一番而已。事实上，宇宙间的基本现象也在社会中表现出来，这说明除了哲学上的普遍性以外，一定还有社会自身的特殊性质，需要加以研究。这就有必要离开哲学的角度，而用社会学的专门方法。只有这样，才能更好地认识它们，更详细地表述它们。因此，社会学必须从普遍性中走出来，进入到现象的实际中去，以发现这些特殊的社会性质。同时，随着社会学的专门化，也将为哲学思维增添一门新的参考科学。我在本书前面曾经提到，由于有了社会学研究，一些诸如"种类"、"机构"、"功能"、"健康"、"疾病"、"原因"、"目的"等等原来在哲学和心理学上不很清晰的概念不仅明确起来，而且有了新的意义。可见社会学对于社会现象的专门研究和解释，不仅可以给心理学，而且可以给哲学作基本的参考。

从实用方面说来，社会学方法更加需要独立。社会学并不是普通人理解的"个人主义"、"共产主义"、"社会主义"等等。因为这些学说强调改革社会现象，而不讲求解释社会现象。社会学十分讲究对社会现象进行解释的科学价值，不太重视只讲改革、忽略解释的学说。这并不是说社会学不注重实用，相反，我们研究社会现象就是想引导到实用的方面去，一旦取得有价值的研究成果，自然会成为有用的。不过，所谓实用是指要有研究成果，按事实而不是凭主观意气办事。我们知道，社会学所讨论的问题与一般人议论的问题不尽相同，所研究的结果也非零零碎碎的，或者与某党某派的结论相同的。从这一观点上说，社会学的角色正是不偏不倚，既不依附于某个学派，也不依赖于某种学说。社会学以科学的态度去考察社会现象，对目前的学说如此，对历史上的各种制度也如此，既尊重事实，又不盲从；既研究制度的必然性，又研究制度的暂时性；既说明制度的支持力量，又说明制度的无穷变化。

二　社会学研究方法具有客观性

所谓客观，也就是说所有社会现象都是事物，社会学研究它们，首先要把它们当作客观存在的事物来对待。关于这一点，孔德和斯宾塞曾经提过。不过这两位思想家只是从理论上提出，并未付诸实践。现在要加以实行，仅仅在口头上说把社会现象当作客观事物来研究是不够的，必须建立起一套学科体系，以便人们研究社会现象时能够按照一定的规则一步一步开展下去。我们今天的努力，正是为了建立这样一种学科。

前面讲过，社会学者研究事物时，应该摆脱个人成见的束缚，力求原原本本地认识事物，进行完全客观的分析；应该区分规则的和不规则的事物；以及应该使解释的方法和证明的方法与事实本身相符。如果学者掺杂个人感情去研究事物，无论他是根据事物的效用还是根据其他推理，都难免要出偏差。各种事物的原因和结果之间是有差别的,一件事物是一种力量,这种力量只能通过其他力量才能形成。正因为这样,人们在研究社会现象时往往只找那些足以创造它们的主要力量,而不问及其他。这样就容易把一种现象看作是与另一种现象无关的事情,只就事物的需要来解释事物。这种方法是将社会现象当作一种观念体系的"客观反映",它不需要求证于事实,只要依据理论本身的逻辑推理就可以得到解释。然后将这种解释当作证据,再加上几个比喻来证明就够了。社会学与此相反,认为一种现象总有它自己特殊的东西,不是用上述推理的方法和若干个理想的比喻所能解释的,要准确地了解它,非用客观的实验方法不可。

三 必须把社会现象当作社会的事物

所谓把社会现象当作客观事物,并不是指一般的事物。而是要当作社会的事物。这是社会学所独有的特性。由于社会现象相当复杂,人们往往认为其复杂程度使它不适宜于作科学考察;或者如果要进行科学考察,就需要删减它的一些基本因素。比如删减其中心理的、肌体的状况。相反,我却认为无论社会现象如何复杂,进行科学研究时都不能抽象掉它本身的特性。我不同意用这种"非物质性"来定义心理现象,更不同意大利学派将这种"非物质性"现象归类于社会现象。前面讲过,一种社会现象只能通过另一种社会现象才能得到解释;同时,我们在指出这种解释的可能性时,还强调集体演变的基本动力不能离开社会环境。社会学是一门独立的科学,不附属于其他任何学科。它有自身固有的特性和自主性。对于社会学者来说,只有掌握社会学的基本知识,才能认识社会现象。

我们认为,社会学研究的最主要的进步就在于社会学文化的提高。毫无疑问,当一门科学正在产生的时候,要想取得进步,必须借鉴所有现成的科学,将这些学科中宝贵的经验弃之不用,显然是很不明智的。然而,一门科学只有在真正建立起自己的个性并真正独立于其他学科时,才能成为一门真正的科学。一门科学之所以能成为特别的学科,是因为它所研究的现象,是其他学科所不研究的。如果各门科学所研究的现象相同,或者同样的概念可以不加区分地适用于各种不同性质的事物,那么,也就不可能有各门科学了。

上述三种特征,我认为是社会学研究方法的纲要。

这些社会学研究方法规则,与以往通用的方法比较,显得复杂且不实用。这是由于社会学至今仍是一门与哲学和一般文化没有严格区分开的科学,为了建立社会学研究方法的体系,我不得不多列举一些规则并且反复加以说明。事实上,一种方法的运用并使社会的特殊现象人人皆知,亦非易事。我在本书第一章中,就开宗明义要求人们在研究一事物时,摆脱以往对这一书物的一切成见和旧习,把它当作一种新的事物进行考察和解释。当然,要求所有人都摆脱原有概念的约束是不可能的,这也不是我们的目的。今天,社会学的重要任务是发展一种适合科学研究的特殊方法,而不在乎这种方法众人是否同意。这样,可以使社会学研究得到更高的信誉,它的研究结果也将更具权威性。因为社会学一日不摆脱政党的争论,一日不摆脱浅俗的思想,一日不摆脱普遍概括的解释,则社会学就永远也离不开用感情和臆断去从事自己的专门研究,也就难以指望社会学的提高。诚然,社会学成为一门真正的科学路途尚远;但是为了这个目的,社会学者必须从今日做起。

2. 什么是社会学?[①]

安东尼·吉登斯

导读

　　安东尼·吉登斯(Anthony Giddens,1938—　),是当代英国最重要的社会学家之一,1976年获剑桥大学博士学位,先后任教于莱切斯特大学、西蒙·弗雷泽大学、加州大学洛杉矶分校和剑桥大学,1997年至2003年任伦敦经济学院院长,中国社科院名誉院士。吉登斯一直处于当代社会学理论与实践的发展前沿,他的著作综括了近几十年来的社会政治变革,尤以构成理论、"第三条道路"以及对现代性的反思等理论在学界反响很大。他的主要著作有:《社会学》(1982)、《社会的构成》(1984)、《民族国家与暴力》(1985)、《现代性的后果》(1990)、《超越左与右》(1994)、《第三条道路》(1998)等。他在社会学理论方面著述甚丰,极大地影响了今天的社会学研究和教学。吉登斯所编教材《社会学》已印刷了60余万册,在许多国家的大学里已成为标准的基础读物,《什么是社会学?》一文便来自此书。与传统社会学家一样,作者为社会转型的变革所吸引,同时又赋予了社会学研究新的视野和思路,力图通过探求社会的结构化过程,超越和克服过往社会学理论的缺陷。

　　吉登斯通过对社会学史上各种流派作了批判性考察,认为社会学是对人类生活、群体和社会的研究,这种研究的范围极为宽广,关涉到我们每个人自身的存在、行为,以及规约它的社会背景。作为"我们生活的社会情境"

[①] 选自[英]安东尼·吉登斯:《社会学(第4版)》,赵旭东等译,北京:北京大学出版社2003年版。

的"社会结构","不但包括随机发生的形形色色的事件或行动,而且包括通过特点鲜明的方法结构化了的、成形的事件和行动"。不过,人的社会化虽出于必然,却并非完全处于被决定的受动位置。在个体与社会的互动关系中,个体的行为构建、塑造着我们周围的社会世界,同时又在被社会世界所构建、所塑造。所以,社会学研究不能仅仅依据个体熟悉的生活特征、经验主义地解释世界,它需要运用社会学想象力,以更为宽阔的视野,说明个体独特的存在方式、行为方式的深层原因,发现看似只与个体有关事件的"更大的问题"。

吉登斯从人类日常行为中经常遭遇的简单实例出发,提出了社会学对于我们的生活的三项实际意义。第一,人类生活的和睦相处,建立在相互包容、相互理解的基础之上;不同族群的生活方式的迥异,是丰富多彩的人类世界的有机组成部分。社会学可以有效地纠正我们主观、片面地了解其他社会世界,形成文化差异的意识。第二,在实际的改革计划中,社会学的参与性研究,使得设计者的规划具有更强的针对性和实践性,并对未来的实施提供科学的效度,这样,就为创新的政策成果提供了客观评价依据。第三,社会学对个体、群体与社会关系及运作机制的研究,使我们个人日常行为的动因、形式更为明晰,个体在社会网络里既能了解社会世界,又能了解自身,获得自我启蒙,让个体、群体在不断发生深刻变革的社会中把握自己的命运。这也正是吉登斯式的社会学"令人着迷"之处。

[文献]

站在 21 世纪的开端,我们迎来了一个既令人困惑又对未来充满强烈期望的世界。这是一个充满变革的世界。在这里充斥着深刻的矛盾、碰撞和社会分化以及由现代技术的发展带给自然环境的破坏。然而,我们能够掌握自己的命运使我们的生活变得更加美好,创造前人所无法想象的奇迹。

这个世界是怎样形成的?为什么我们的生活条件与我们的父辈和祖辈竟是如此迥异?未来变革的方向将是什么?这些都是社会学在现代思想文化中起着基础作用的研究领域主要关心的问题。

社会学是对人类生活、群体和社会的研究,是一门令人着迷而欲罢不能的学科。把作为社会存在的我们自己的行为视为研究对象的社会学,它的研究范围极为宽广。从分析街上行人之间的短暂接触,到探讨全球社会进程都可纳入其中。

大多数人都是依据自己生活中所熟悉的特征来解释这个世界。社会学则要求以更为宽阔的视角来说明我们为什么会是这个样子以及我们为什么会这样行动。它教育我们去了解我们认为是理所当然的、确证无疑的、友善和真实的，但实际上可能并非如此的东西。生活中被称为"天意"的东西其实主要是历史和社会力量的产物。个体复杂而微妙的生活方式能够反映我们的社会经历。对于这些生活方式的理解构成了社会学观点的基础。

发展中的社会学观点

学习从社会学的角度思考问题，也就是用更加开阔的视野去观察，意味着对想象力的培养。研究社会学不能只是采用获取知识的常规途径。一位社会学家就是能够自如地跳出个人情境的即时性，同时又能够将事情放在一个更广泛的背景上来加以思考的人。社会学的研究，若是依照美国学者米尔斯（C. Wright Mills）的著名术语来说，就是所谓的社会学想象力。

为了从全新的角度看待问题，社会学想象力要求我们"想象自己离开了"日常生活中那些熟悉的惯例。设想一下喝咖啡这个简单的行为。站在社会学的视角能从这样一个显然无趣的行为片段中看出很多。

第一，我们能够指出咖啡并不只是一种提神的东西。它作为我们日常社会活动的一部分还具有象征价值。与喝咖啡相联系的仪式其含义远不仅是"喝"这个行为那么简单。早上喝咖啡在许多西方人的日常生活中处于重要位置，标志着一天的开始。接下来在白天常常与其他人一起喝咖啡——这是一种基本的社会仪式。约在一起喝咖啡的两个人心里可能更希望是聚在一起闲聊而不是对喝什么感兴趣。实际上，所有社会的饮食行为都是为社会交往以及仪式展现提供场合，而这些都成为社会学丰富的研究对象。

第二，咖啡是一种含有咖啡因的饮品，对大脑有刺激性作用。许多人喝咖啡是为了提神。通过喝咖啡来休息，可以熬过办公室的漫漫长日和深夜的苦读。在西方文化中，大多数人并不把嗜好喝咖啡的人看成是吸毒的人。就像酒精一样，咖啡是一种社会能够接受的毒品，而像大麻便不属于此类。然而，也有社会允许消费大麻甚至可卡因，却反对消费咖啡和酒精。社会学家对为什么会存在这种差异怀有兴趣。

第三，某个人一旦喝了一杯咖啡就等于卷入了遍及世界的一种复杂的社会与经济关系。咖啡是一种把地球上一些最富裕和最贫穷地区的人们联系在一起的产品。咖啡主要由贫穷国家生产，但却在富裕国家被大量消费。在国际贸易中，咖啡是仅次于石油的最有价值的商品，成为许多国家最大的外汇来源。咖啡的生产、运输和销售离不开距离咖啡饮用者数千英里之外的人们之间的持续不断的交易。而社会学的一项重要任务就是研究这种全球化的贸易。现在,我们生活中的许多方面都受到世界范围的社会交流的影响。

第四,饮用一杯咖啡的行为足以推定过去社会和经济发展的全过程。与茶、香蕉、土豆和白糖等在当今西方饮食中为人所共知的商品一样,咖啡成为普通消费品仅仅是18世纪晚期以后的事。咖啡产于中东,大约在150年以前,西方国家的殖民扩张使咖啡成为西方人的大众消费品。实际上,我们今天在西方国家喝的所有咖啡都源自西方人的前殖民地(南美和非洲),因而根本就不是西方饮食中一个"自然"的部分,殖民时代留下的遗产对全球咖啡贸易的发展有着巨大的影响。

第五,咖啡是当代许多关于全球化、国际贸易、人权和环境破坏的争论的焦点。随着咖啡的日益普及,咖啡的消费已变得"品牌化"和政治化了。消费者做出的喝哪种咖啡、到何处购买的决定已经成为代表生活风格的选择。人们可以选择只喝纯天然的咖啡、天然不含咖啡因的咖啡或按照"公平贸易"方案(即按照足额的市场价格,支付给发展中国家的小咖啡生产者)采购的咖啡。他们可以选择光顾"独立的"咖啡厅,而不是像星巴克(Starbucks)那样"一体化"的咖啡连锁店。咖啡饮用者们可能会决定联合抵制来自某些人权和环境记录差的国家的咖啡。社会学家有兴趣去了解全球化是如何提高人们对发生在地球遥远角落里的问题的关注程度,以及如何推动人们在自己的生活中依据所获得的新知识来采取行动的。

研究社会学

社会学想象力使我们发现许多看似只与个体有关的事件其实反映的是更大的问题。例如,离婚问题,离过婚的人可能认为它是一个非常艰辛的过程。米尔斯指出这时离婚就是一种个人麻烦,但是当谈到目前英国社会中有1/3的婚姻将在10年内破裂,此时离婚又成为一个公共话题。另外一个例子就是失业问题:失业对于丢掉工作而又找不到新工作的人来说,可能是一场个人的悲剧。然而,当一个社会中有数以百万计的人都处在相同的境地时,失业就不单是个人失意的问题了,而成为一个体现着大的社会趋势的公共话题。

试着以这样的视角来看待你自己的生活,也就是说没必要只考虑那些惹人烦恼的事情。例如,试着去想你为什么要翻阅这本书,为什么你决定研究社会学等等。你可能是一位不大肯学社会学的学生,选修这门课仅仅是为了应付获得学位的要求,或者你可能是一位踌躇满志,想要在这个学科上有更多发现的人。总之,不管你的动机如何,即使不一定了解这门学科,但你都有可能与研究社会学的人产生广泛的联系。你的个人决定反映的是你在大社会背景中的位置。

你具备以下这些特征吗？你是年轻人吗？是白人吗？是专业人员或是白领阶级吗？你做过或者还在做着某种兼职来增加收入吗？当你完成学业之后，想找到一份好的工作吧，但你有没有特别地想到过要从事研究工作呢？你或许真的对社会学一无所知，只是认为它大概是研究人们在群体中是如何行动的这一类问题，对吗？你们中有 3/4 以上的人会对上述问题做出肯定的回答。总的来说，大学生并非是具有典型意义的人口组成部分，而是更多地属于从特定背景中选取的人群。大学生们的态度经常反映出他们的朋友和熟人所持的态度。我们出身的社会背景会极大地影响我们判断哪种决定才是恰当的。

但假定你对上述问题中的一个或多个问题给出了否定的回答，那么你可能是来自一个少数群体或贫困的背景。你可能是处在中年或老年。但无论怎样，都会进一步总结出以下这些共性：你可能是通过艰苦的努力才达到现在的位置的；当你告诉你的朋友以及其他人，你要去念大学的时候，你还曾不得不去克服来自他们的敌视情绪，或者你可能是拖家带口，整天尽父母之责，但还要参加高等教育的学习。

虽说我们都受到我们所处的社会背景的影响，但是没有任何一个人的行为会仅仅为这些情境所决定。我们拥有并且要创造我们自己的个体性。而研究社会对我们的塑造以及我们对自己的塑造之间的联系就是社会学的任务。我们的行为既在构建、塑造着我们周围的社会世界，同时又被社会世界所构建、所塑造。

在社会学中，社会结构是一个重要概念。它指的是我们生活的社会情境不但包括随机发生的形形色色的事件或行动，而且包括通过特点鲜明的方法结构化了的、成形的事件和行动。在我们行为方式以及我们与他人的关系中都存在着规律性。但是与像一座建筑物那样的物理结构不同，社会结构不以人的行动为转移。人类社会永远处在结构的过程中。每时每刻都在被构成"大楼的一砖一瓦"的人类重新塑造，而你和我就是其中的一分子。

再考虑一下咖啡的例子。一杯咖啡不会自动飞到你的手上。你要选择，例如：进哪一家咖啡店，喝白咖啡还是黑咖啡等等。当你以及数百万其他人做出这些决定的时候，你就在塑造着咖啡市场。你的决定影响着或许远在数千英里之外的、地球另一边的咖啡生产者的生活。

社会学如何能对我们的生活给予帮助？

正如米尔斯在论证他的社会学想象力的观点时所强调的，社会学对于我们的生活具有许多实际的意义。

文化差异的意识

首先，社会学可以使我们从其他的而不是自己的主观观点出发来了解社会世界。一般说来,如果我们能够正确地理解别人是怎样生活的,那么我们就会更好地把握到他们的问题。然而,如果只是根据报告去判定人们的生活方式,并据此制定政策,那么这些政策几乎不会成功。因此,在一个以黑人为主的社区工作的白人社会工作者,如果不能培养出对经常造成白人和黑人隔离的社会经验的差异的敏感性,就不能获得社区成员对他的信任。

政策效果的评价

其次,社会学研究为评估政策的创新成果提供了实际的帮助。一项实际的改革计划可能根本无法实现设计者所要追求的东西,或者可能会产生不幸的、未曾预料到的后果。例如,二战之后许多国家在城市中心建起的大型公共住宅区。当初这样的设计是想为居住在贫民区的低收入群体提供高标准的住宅,并提供方便的、近在眼前的购物以及其他一些日常服务。然而,研究表明许多人从原来的住宅搬进高大的塔楼后都感到孤独和不愉快。而且,穷人区的高楼和购物中心经常是破烂不堪,并滋生抢劫和其他暴力犯罪。

自我启蒙

第三,从某个角度来说,最为重要的是社会学能够为我们提供自我启蒙,即增加对自我的理解。我们对自己为何如此行动,对我们社会整体运行的规律了解得越多就越有可能把握我们自己的未来。我们不应该把社会学的作用仅仅看成是帮助政策制定者,即有权力的群体,进行决策。那些大权在握的人,在制定政策时不可能总是假装考虑没有什么权力或者是非特权阶层的人群的利益。自我启蒙的群体经常能够从社会学研究中获得指导,从而以一种有效的方法应对政府的政策或创新他们自己的政策。像嗜酒者互诫协会这样的自助群体以及环境运动这样的社会运动都是直接实行改革,并大获成功的社会群体的例证。

……

第六章 都 市 空 间

一、文化研究的都市性

文化研究从哪里来？从理论上讲，我们可以由伯明翰学派追溯到法兰克福学派，进而与19世纪末以来的人文思潮广泛地联系起来。但是这些人文学术思潮又从哪里来？其实正来自西方现代工业文明的兴起，以及与之相联系的工业化、城市化、现代化进程。当法国著名的社会学家格拉夫梅耶尔声称，在法国，可以将96％的法国居民归入"工业与城市人口地区"时，我们可以发现，支撑西方人文学术，因而也是文化研究的重要现实背景的正是城市/都市。因此，从某种意义上说，都市性构成了文化研究对象的空间属性。不过，对中国目前正在兴起的各种类型的文化研究来说，却存在着对这种都市性的漠视或有意的省略。无论是"韩流"还是"超女"，无论是生产主义还是消费主义，作为一种文化现象的都市性并没有得到严格的限定，以至于不少论者将之泛化为中国当代文化的特点。这就不能不让我们警惕了。以消费社会问题为例，中国的社会现实却与西方当代社会完全不一样。一方面，在中国部分城市，以城市为中心的消费文化获得了很大的发展，这为中国开展消费社会研究提供了部分现实的土壤；但另一方面，广大农村被排斥在消费文化领域之外，城市中文化发展的不平衡现象仍然大量存在。正因为如此，当我们在从事中国的消费主义、消费社会研究时，必须首先明确一个基本的前提，即这些现实主要体现在经济发展水平相对较高的都市空间之中，如果我们过分"乐观"或"悲观"地将这种有效性范围泛化为整个中国的现实，并视之为"走向"，能不谬乎？反过来，如果我们仅仅因为中国的贫困人口还在为温饱问题而奋斗，因为消费社会因素还只是局限于都市、现代传媒、新新人类就认为不值一提的话，那么我们则很可能会贻误批判和修正的时机。

严格来讲，都市空间成为当代文化批评重要论域主要是来自两方面合力的结果：其一是在现代化进程和现代性反思背景下，城市社会学日益成为备受关注的领域；其二是空间日益成为文化理论分析当代文化现实、实施文化批判的有力武器。都市/城市作为现代社会人口集聚的空间,几乎浓缩了绝大部分的人类活动,伴随着都市/城市的发展,芒福德所提出的"城市作为文化的容器"的观念一次次得到全新的诠释。从城市社会学角度来看,城市的形成与发展是人类社会生产力水平发展到一定阶段产生的,中西方文化都经历了城市形成及城市化的过程。尽管学者分别从社会、经济、地理、文化、政治、军事等不同角度对城市进行了不同的定义,但是正如芒福德所说:"人类用了5 000多年的时间,才对城市的本质和演变过程获得了一个局部的认识,也许要用更长的时间才能完全弄清它那些尚未被认识的潜在特性。"开始于18世纪中叶的工业革命完成了城市从古代向现代的转变。随着工业革命而展开的人类社会的现代化进程,城市化速度大大加快,人口的集聚速度大大加快,社会文化生活的重心向城市转移与集聚的速度大大加快,人类社会开始了以城市为生活聚居中心的全新时代,与之相应的便是城市问题日益成为突出的社会问题摆在了人们的面前。对城市在城市化进程中出现的各种社会现象进行系统研究逐渐成为社会学关注的重要问题,城市作为不断集聚的空间,几乎将人类文明的一切成果都席卷其中,但是,在城市与文化的关系,尤其是城市与传统文化的关系问题上,视城市发展与文化传承相敌对的观念一直占据上风。从空间理论的发展来看,空间成为文化批评的理论资源来自它向都市/城市文化的渗透,来自它对城市社会学的哲学提升。由于都市对象的引入,空间获得了其强大的文化批判力量,并演化成"虚"与"实"两脉都市空间研究路向:从"实"的都市空间研究来看,从对漫游者的关注开始,本雅明开创了以拱廊街为代表的巴黎都市空间的研究;沙朗·佐京也从迪士尼公司、艺术博物馆等对城市公共文化发挥的重要作用中发掘了空间维度的文化意义;戴维·哈维则将时空压缩视为近代以来人们的时空体验。从"虚"的都市空间研究来看,作为社会学的奠基人,马克思、涂尔干和韦伯的著述中已经对这类空间问题有所体认,在真正将空间理论引入文化批评的列斐伏尔那里,空间不再仅仅作为人及其活动的环境、背景,而且也成为生产的对象,而这正是现代社会都市化进程的结果。此外,福柯从权力的角度展开的空间分析、爱德华·索亚提出的第三空间理论等都成为重要的理论资源。

当前中国的都市文化研究热潮中有两个现象值得特别关注:一是现实层面上大大提速的中国都市化进程,这一进程可以具体描述为"农村城镇——中小城市——大都市——都市带/都市圈"的线性发展,其中后一环节构成了对前一环节的超越,中国的城市化进程使得"全球城市""世界城市""巨型城市"成为都市化发展目标;二是理论层面上西方的都市社会学成为中国学者信奉的理论经典,无论是都市社会学的中性研究,如滕尼斯、涂尔干、戈特曼、卡斯特,还是都市社会学的人文批判,如齐美尔、韦伯、芒福德、本雅明,都无一例外地被大量引进中国。不过,西方的都市化进程和都市社会学研究赖以支撑的最重要的事实在于较高层次的都市化水平。据《2005 中国可持续发展战略报告》统计,截至 2000 年底,中国的城市化率比世界平均水平要低 12 个百分点,比世界发达国家平均水平低 40 个百分点。那么,所缺的部分是什么呢? 是农村。不难发现,直到现在,城乡二元结构仍然是中国都市化进程中的基本结构范式,农村因素的重要性仍然不可轻易忽视。也许,正是因为这一中国问题的特殊性,才使得我们的都市文化研究有了真切的现实针对性。于是,中国都市化进程中所遭遇到的各种文化矛盾与问题陆续浮出水面。比如说,一方面是中国城市化水平极低的现实,而另一方面则是建设"国际化大都市"的狂热;一方面是以农民工为主体,以来料加工为特点的"世界工厂"型生产还占有相当重要的比重,但另一方面则是以信息化为载体、以资本运作为特点的虚拟经济的兴起;一方面是承载着数千年文化积淀的不健全的市民社会,但另一方面却是依托大众传媒而滋长的相对开放的文化消费热潮。这些现象表明:第一,都市化在中国还并未成为现实,至少还不是普遍性的事实;第二,在都市化冲动背后有着不少隐忧,这使得从客观上谈论都市文化时,不得不认真面对一个现实——是做抽象的都市文化理论,还是研究中国都市化进程中的文化矛盾? 第三,也许真正的问题正是:作为"后发外生型现代化"国家,中国的都市化同样也带有这一现代性特质。我们只有在全球性都市化背景和中国自身城市化进程的交叉点上,才有可能找到中国都市文化研究的入口。

二、西方都市空间诸理论

1. 芒福德: 城市是文化的容器

芒福德视城市为"文化的容器"的观点虽然一直被人津津乐道,但是其间的深意却并未得到真正的认识。芒福德从城市发展史的角度指出,无论城市类型有多么大的差异,"但它们的体制内容、功能作用却毫无二致。二者都具有凝聚、贮存、更新和传递并进一步发展人类的物质文明与精神文明的社会功能,都能以通过不同社会功能和活动的交互作用进一步在时间与空间上扩大人类联系的范围"①。在此,芒福德的这一思想为我们讨论城市文化传承问题确立了一个基本的立足点:应当把城市视为文化传承的积极力量来加以思考。如此,才有可能

---

① [美] L. 芒福德:《城市的形式与功能》,陈一筠主编:《城市化与城市社会学》,北京:光明日报出版社 1986 年版,第 52 页。

找到破解城市文化传承问题的钥匙。

首先,芒福德是从城市发展史的角度提出这一问题的。他认为,无论是古代城市发展还是现代城市建设,文化传承的功能从未受到削弱,相反一直是其基本功能。从人类文明的发展来看,"如果说,在过去的许多世纪中,某些著名的首都城市,如巴比伦、罗马、雅典、巴格达、北京、巴黎和伦敦成功地支配了各自国家的历史的话,那只是因为这些城市始终能够代表他们民族的传统文化,并把其大部分留传给后代"[①]。而作为最新的城市发展的普遍形式——特大城市——而言,这种文化传承的功能依然强大。在他看来,"如果说博物馆的产生和推广主要是由于大城市的缘故,那也意味着,大城市的主要作用之一是它本身也是一个博物馆:历史性城市,凭这本身的条件,由于它历史悠久,巨大而丰富,比任何别的地方保留着更多更大的文化标本珍品。……那种巨大浩瀚,那种对历史和珍品的保持力,也是大城市的最大价值之一"。大城市非但不是文化的健忘者和终结者,相反,"大城市是人类至今创造的最好的记忆器官,在它变得太杂乱和瓦解之前,大城市也是进行辨别、比较和评价的最好的机构"。因此,他不无乐观地宣称:"城市的主要功能是化力为形,化能量为文化,化死的东西为活的艺术形象,化生物的繁衍为社会创造力。"[②]也许我们会觉得芒福德的这种城市文化观过于乐观主义,但是,只要认真想想,尽管有许多人会怀念乡村文化的闲适与从容,但是很少有人愿意真正舍弃城市里的现代生活而回归原始;尽管我们痛惜大规模的城市改造损毁了丰富的文化遗产,但是不容否认的是,无论是文化保护的制度设计和实际的行动都必须依赖城市这一高度组织化、机构化的形式;也许我们会觉得那些被博物馆化了的民间文化和城市民俗已经成为没有生气的标本,但是另一个显见的事实在于,如果没有这些博物馆和民间的收藏,这些文化形态也许早已尸骨不存。

其次,芒福德另一个非常有价值的观点在于,他视城市为人类文化的容器,而非仅仅是城市文化的容器。在芒福德看来,"人类社会的文化成就、文化积累愈是广博、丰厚,就愈显出城市在组合、开发这些文化成果中的重要作用。……城市在吸引各种人群的过程中,把许多民族和不同时代的音乐、舞蹈、礼仪、传说,尤其是各种行业技艺等,移植、提高、保全下来。这些东西否则会得不到发展,甚至失传"[③]。因此,文化传统和传统文化的问题被内在地作为城市的基本

---

① [美] L. 芒福德:《城市的形式与功能》,陈一筠主编:《城市化与城市社会学》,北京:光明日报出版社 1986 年版,第 54—55 页。
② [美] 刘易斯·芒福德:《城市发展史——起源、演变和前景》,宋俊岭、倪文彦译,北京:中国建筑工业出版社 2004 年版,第 573—574、574、582 页。
③ [美] L. 芒福德:《城市的形式与功能》,陈一筠主编:《城市化与城市社会学》,北京:光明日报出版社 1986 年版,第 55 页。

功能,而非附加功能;城市文化传承也绝非城市文化的传承问题,而是城市的文化传承问题。

所谓城市文化传承问题,其真正的意义在于:城市文化建设中,过分关注了城市性的文化,而对非城市性的文化予以排斥。这可能是问题的关键。也就是说,就城市文化而言,它包含着狭义的"城市性的文化"和广义的"城市中的文化"。"城市性的文化"意指那些伴随着城市的现代化发展,尤其是以人口的集聚而产生的文化共享需要、以现代传媒技术的发展而出现的便捷传播可能和以商品交换为目标的文化产品生产而出现的大众文化。对于这种文化现象的关注,一直是西方文化研究的基本命题。商品消费、媒介技术、大众趣味由此成为城市性文化的三大标签。从某种意义上说,90年代中国城市文化研究热的兴起,与以法兰克福学派和伯明翰学派为代表的文化批判理论的引入不无关系。但是,除了大众文化之外,城市文化中还有更多的"城市中的文化",它因无法商业化而失去了市场,因无法工业化而使手艺失传,因无法适应青年一代的欣赏趣味而日益萎缩。因此,如果我们要认真研究好城市文化传承问题,仅仅依靠文化研究的批判理论已经远远不够了,我们应该把视野从狭义的"城市性的文化"中解放出来,而放宽到广义的"城市中的文化",恢复城市文化的本土性、历史性和层积性。概而言之,我们可以将"城市中的文化"区分为四大类:第一类是城市化进程所创造的当地文化传统,它包括古代城市文化的遗存和近现代的历史记忆,以及更重要的是市民生活方式的变迁。第二类是在城市在向农村扩张的过程中城市化了的乡村文化,尽管这种文化逐渐失去了其生存的土壤,但是它仍然通过转变成城市民俗而得到了一定程度的保存,如许多民间工艺、戏曲、节庆习俗等。第三类是由城市移民所带来的异地文化传统,其中最主要的是由农民工所带来的乡村文化传统,尤其是在中国,农民工的流向往往是从经济相对落后的中西部地区向经济相对发达的东南部地区城镇集结。第四类是以市民意识为基础的市民文化,它不仅包括批判理论所密切关注的在文化工业影响下的大众文化,而且包括在社会现代化过程中形成的自由、平等、独立的价值观念和在文化现代性的确立过程中形成的创新、批判与反思的精神品质。其中第四类才是我们通常意义上的"城市性的文化"。

也许更为重要的是,尽管芒福德讨论的是城市与文化传承问题,但他更强调的是城市中"人的活动"在文化传承中的重要性。在他看来,"城市环境中的每一种活动,都是开放的乡村环境所早已熟知,并且卓见成效地进行了许多世代的;但是,唯独有一种功能,却只有城市才能完成,这就是综合与协调这许许多多的人类活动,具体方式就是人群的长期聚居及直接的、频繁的面对面的往来。这只有在城市环境中才有可能实现。由此可见,城市特有的功能只在于它能增强人类活动和往来的内容、种类、速度、程度以及持续性"①。在"人的活动"问题上，芒福德最为看重的是作为城市的主体——"市民"——在文化传承中的重要性。所谓"市民"，并非"城市中的人民"这种字面意义那样简单。在西方文化传统之中，市民最为重要的标准是指作为社会中的个人自觉意识到自己是一个独立、自由、平等的主体，并且拥有自己不受他者影响的价值理想和不受国家、他人非法干涉的观念体系。基于这种市民意识而形成的社会生活领域，在当代政治学和社会学研究中被确立为"市民社会"。作为这个社会的基本单元，市民社会具有经济和权利的多元、个人的独立与自由、以契约确立人际关系和高度自治等基本特点。在《城市发展史》中，芒福德也是从这种特定的市民含义出发展开其论述的。在他看来，"希腊人产生出了自由市民。……市民认为，城市所拥有的一切，都是他自己与生俱来的权力；市民之间，正像朋友之间那样，绝不存在什么秘密的事情，不存在职业上的隔阂，也不存在不平等的可能性"。作为对未来城市发展的构想，芒福德仍然将其发展的动力确立在市民意识之上。他认为："现在城市必须体现的，不是一个神化了的统治者的意志，而是它市民的个人和全体的意志，目的在于能自知自觉，自治自制，自我实现。他们活动的中心将不是工业，而是教育；每一种作用和功能将按照它促进人类发展的程度来加以评价和批准，而城市本身将为日常生活中自发的冲突，挑战和拥抱提供一个生动的舞台。"②

2. 列斐伏尔：空间的生产

空间研究的真正转向是从列斐伏尔开始的。1974年，列斐伏尔出版了巨著《空间的生产》，开创性地探索了社会生活的空间性。他提出了社会、历史和空间三种分析方法并重的"三重辩证法"，他认为空间性不应该仅仅被视为历史和社会过程的产物和附属，我们应该把历史和社会视为内在的是空间性的。在列斐伏尔看来，强调空间性的维度既不会减损历史性与社会性的意义，也不会遮蔽在其实践和理论理解过程中发展起来的创造和批判想象；相反，空间性的维度将会在历史性和社会性的传统联姻中注入新的思考和解释模式，这将有助于我们思考社会、历史和空间的共时性及其复杂性与相互依赖性。福柯在1984年发表的论文《不同空间的正文与上下文》中也强调了空间的重要性："我们时代的焦虑与空间有着根本的关系，比之于时间的关系更甚。时间对我们而言，可能只是许多个元素散布在空间中的不同分配运作之一。"③他认为19世纪以前的西方思想

---

① [美]L.芒福德：《城市的形式与功能》，陈一筠主编：《城市化与城市社会学》，北京：光明日报出版社1986年版，第54—55页。
② [美]刘易斯·芒福德：《城市发展史——起源、演变和前景》，宋俊岭、倪文彦译，北京：中国建筑工业出版社2004年版，第171、584页。
③ [法]米歇尔·福柯：《不同空间的正文与上下文》，陈志梧译，包亚明主编：《后现代性与地理学的政治》，上海：上海教育出版社2001年版，第20页。

史一直与时间的主题相纠缠,人们普遍迷恋历史,关注发展、危机、循环、过去、人的死亡等问题;而20世纪则预示着一个空间时代的到来,我们所经历和感觉的世界可能并不是一个传统意义上由时间长期演化而成的物质存在,而更可能是一个个不同的空间互相缠绕而组成的网络。

列斐伏尔确立了空间的本体论,他指出:"空间从来就不是空洞的:它往往蕴含着某种意义。"①生产和生产行为空间这两个概念是列斐伏尔理论的核心,他认为"(社会)空间是(社会的)产物",这一理论包含四条基本原则:第一,物质(自然)空间正在消失,这并非意味着它的重要性在减少。第二,任何一个社会,任何一种生产方式,都会生产出自身的空间。社会空间包含着生产关系和再生产关系(包括生物的繁殖以及劳动力和社会关系的再生产),并赋予这些关系以合适的场所。创造过程所需要的具体场所与生产、禁止和压制相关。因此,主导性空间有可能支配其周边的附属空间。第三,理论复制了生产过程。如果说空间是一种产物,那么我们对空间的认识就是生产过程的复制和展示。要从关注存在于空间中的事物转移到关注空间生产,还需要更多的说明。列斐伏尔强调了这一认识的辩证特征。他区分了空间实践(我们的知觉)、空间的再现(我们的概念)以及表象性空间(生活空间)。三者根据各自不同的条件,在不同程度上作用于空间的生产。第四,从一种生产方式过渡到另一种生产方式,这种过渡具有极高的理论意义。既然认为每一种生产方式都有自身的独特空间,那么,从一种生产方式转到另一种生产方式,必然伴随着新空间的生产②。总之,列斐伏尔的本体论认为,在创造和存在的行为当中,空间是明确而不容置疑的,而且,生命进程与不同种类的空间生产密不可分,空间的生产本质上是一种政治行为。列斐伏尔把空间置于问题的核心,他概括出研究空间生产的基本本体论构架。这也许是当代其他哲学家无法望其项背的。在此过程中,他强调了全球空间和区域空间在不同层面的相互关联,这些空间被高度碎片化,并被加以多重符号化。

列斐伏尔认为,整个20世纪的世界历史实际上是一部以区域国家作为社会生活基本"容器"的历史,而空间的重组则是战后资本主义发展以及全球化进程中的一个核心问题。列斐伏尔的空间分析理论旨在揭示资本主义条件下社会关系的三个特殊层面:第一,列斐伏尔将空间看作是社会行为的发源地,空间既是一种先决条件,又是媒介和资本主义社会关系的生成物。第二,资本与区域国家所产生的都市化建设环境与组织机构,把空间塑造为社会的"第二自然",而全球化实际上是一种与资本主义相关的各种形式的社会空间组织在世界范围内的扩

---

① Lefebvre. *The Production of Space*, Oxford(UK), Cambridge, Mass. Blackwell, 1991, p.154.
② Lefebvre. *The Production of Space*, Oxford(UK), Cambridge, Mass. Blackwell, 1991, p.26, pp.30-64.

张和相互交织。第三,在社会空间的不同层面(全球范围、国家范围、都市范围)上,资本主义持续不断地进行着空间的区域化、非区域化以及重新区域化的过程。总之,无休止的资本积累的空间实践,目前已经成为整个世界的发展框架,对某一区域的资本主义的充分理解只有将其摆在全球范围内才有可能。同时,对于空间的征服和整合,也已成为消费主义赖以维持的主要手段。因为空间带有消费主义的特征,所以消费主义的逻辑也就成为社会运用空间的逻辑,成为日常生活的逻辑①。

3. 福柯:异质空间

福柯的异质空间(又译异托邦)概念为那种"发生着而又不可能发生""不过是虚无而又远非虚无的""没有本质的"空间存在/非存在提供了一个生动的案例。异质空间是场域空间时代的空间形态,包含着隐蔽的维度。异质空间"就像某种对立场景,一种有效上演的乌托邦,在其中,真实的场景,其他所有可在文化中发现的真实场景,都会同时呈现、竞争和转换"。当乌托邦无处着陆时,异质空间确是真实的(虽然隐蔽)位置。"它们在所有的地方之外(尽管有可能指出它们在现实中的位置)",并且可以在一个"唯一真实的地方"把几种甚至不和谐的空间并置在一起②。异质空间是真实存在的场域,但其存在方式却是反场域的。福柯举了很多的例子来说明何谓异质空间。比如镜像空间不过是视错觉的投射,但是照镜子并不因此带来虚幻的错觉,相反,正是镜像给予照镜者最精确的自我空间认识:所以镜子既是虚无的空间又是异质空间。公墓是一个异质空间的场域,因为它聚集了来自不同时代、地方和文化的死者。这个场域是复合的、拼接的、虚幻的,但是这块地皮却是真实而确定地存在于城市的某个地方。类似的一个异质空间是戏剧舞台:这块不大的方形场域界限明确,其存在之单一性似乎确凿无疑,但是,舞台之为舞台正在于,无论演员还是观众都把它当作一个异质空间,在其中可以逼真地发生任何时代和地点的多种多样的故事。殖民地和海船也是异质空间的例子,因为它们是对原型的模仿和位移,但是它真实地再造、替补和变异了其原型文化。由于种种原因,异质空间也许难以观察到:它们也许是神圣或禁忌之地,也许是非法和变态行为的特区或巢穴。福柯的研究表明,空间从来都不是单一的现实。事实上,全然不同的现实在并不确定的界限内的相遇和融合,创造了一个杂种的复合世界③。

---

① 参考 Michael J. Dear:《后现代都市状况》,李小科等译,上海:上海教育出版社 2004 年版,第 56—90 页;包亚明:《空间、文化与都市研究》,《文汇报》2005 年 11 月 7 日。
② Michel Foucault. Of Other Spaces, *Diacritic*, 1986, p.24.
③ 参考汪民安主编:《文化研究关键词》,南京:江苏人民出版社 2007 年版,第 163—166 页,"空间"条;[英] 丹尼·卡瓦拉罗:《文化理论关键词》,张卫东等译,江苏人民出版社 2006 年版,第 177—190 页。

4. 索亚：第三空间

美国后现代地理学家爱德华·索亚更进一步把我们带向基于空间、时间、存在之上的本体论。他认为："空间性、时间性和社会存在可被看作抽象的维度。它们共同构成人类存在的方方面面……同样，时间秩序在造就历史的过程中被具体化……人们可以说，存在于世界当中的社会秩序围绕着社会的宪法、社会关系的生产与再生产、制度和实践等在旋转。"①在此基础上，他在《第三空间：去往洛杉矶和其他真实和想象地方的旅程》一书中提出了第三空间的概念。索亚认为："列斐伏尔也许是发现、描述和洞察第三空间的第一人。他把第三空间看作是观察、解释并着手改变包围着人类生活的空间性的全新方式。其他一些人也曾沿着相同的道路做过许多尝试。"②索亚则明确提出了第三空间的概念。索亚承认他是在最广泛的意义上使用第三空间这一概念，是有意识尝试用灵活的术语来尽可能把握观念、事件、表象以及意义的不断变化的社会背景。在更大的语境上看，20世纪后半叶对空间的思考大体呈两种向度：空间既被视为具体的物质形式，可以被标示、被分析、被解释，同时又是精神的建构，是关于空间及其生活意义表征的观念形态。索亚提出的第三空间正是重新估价这一二元论的产物，据索亚自己的解释，这一理论把空间的物质维度和精神维度均包括在内的同时，又超越了前两种空间，而呈现出极大的开放性，向一切新的空间思考模式敞开了大门。

基于此，索亚分析了三种"空间认识论"。第一空间认识论偏重于客观性和物质性，并力求建立关于空间的形式科学。我们的家庭、建筑、邻里、村落、城市、地区、民族、国家乃至世界经济和全球地理政治等，便是此——空间认识论的考察对象。第二空间认识论可视为第一空间认识论的封闭和强制客观性质的反动。"它们用艺术家对抗科学家或工程师，唯心主义对抗唯物主义，主观解释对抗客观解释。"它假定知识的生产主要是通过话语建构的空间再现完成的，故注意力是集中在构想的空间而不是感知的空间。第二空间形式从构想的或者说想象的地理学中获取观念，进而将观念投射向经验世界。第三空间认识论源于对第一空间—第二空间二元论的肯定性解构和启发性重构，是索亚所说的"他者化—第三化的又一个例子。这样的第三化不仅是为了批判第一空间和第二空间的思维方式，还是为了通过注入新的可能性来使它们掌握空间知识的手段恢复

---

① Edward W. Soja. Postmodern Geographies. New York: Verso, 1989, p.22.
② Edward W. Soja:《第三空间：去往洛杉矶和其他真实和想象地方的旅程》，陆扬等译，上海：上海教育出版社2005年版，第35页。

活力,这些可能性是传统的空间科学未能认识到的"①。第三空间认识论在质疑第一空间和第二空间思维方式的同时,也在向先者注入传统空间科学未能认识到新的可能性,来使它们把握空间知识的手段重新恢复青春活力。为此,索亚强调在第三空间里,一切都汇聚在一起:主体性与客体性、抽象与具象、真实与想象、可知与不可知、重复与差异、精神与肉体、意识与无意识、学科与跨学科,等等,不一而足。如此而来的一个必然结果便是,任何将第三空间分割成专门别类的知识和学科的做法,都将是损害了它的解构和建构锋芒,换言之,损害了它无穷的开放性。故此,无论是第三空间本身还是第三空间认识论,都将永远保持开放的姿态②。

三、中国都市文化研究的两种范式

在近些年各种以"都市文化/城市文化"③为名的研究/言谈中,我们很容易发现来自不同学科领域的话语在相互角逐、彼此激荡。从政治的角度来看,都市文化作为建设国际化大都市的必备条件,并以凝聚和提升"城市精神"为核心问题展开;从经济的角度来看,都市文化的评价标准则成为文化经济或文化产业中的创意和文化产品的生产与消费;从社会的角度来看,对都市文化的关注则更多地聚焦于都市化进程中的文化矛盾与问题;从人文学术的角度来看,都市文化则集中在一个城市的性格生命,反映在市民的文化心理和都市的历史记忆之中。但是,在面对具体的都市文化问题时,上述专业领域的学科界限其实并不重要,而且已经更多地在观念、方法的层面上彼此渗透了。因此,如果从这一角度重新审视都市文化研究,不难发现,在都市文化研究中有两个基本的范式值得特别关

---

① Edward W. Soja:《第三空间:去往洛杉矶和其他真实和想象地方的旅程》,陆扬等译,上海:上海教育出版社2005年版,第99、102页。
② 参考Edward W. Soja:《第三空间:去往洛杉矶和其他真实和想象地方的旅程》,陆扬等译,上海:上海教育出版社2005年版,译序和第二章"空间性的三元辩证法";陆扬:《空间理论和文学空间》,《外国文学研究》2004年第4期。
③ 在中国的理论话语中,存在着对"都市/城市"的混用情况,造成这种现象的原因大概有三:其一,中国学者对"城市化/都市化"的关注最先是从区分乡村文化/民间文化开始的,在这种前提下,城市/都市的区分并没有多大必要。其二,从严格的社会学意义上讲,中国目前的都市化现象其实并不普遍,堪称"国际化大都市"的也还只是凤毛麟角,但在日益频繁交往的当代社会中,都市性因素已渗透到了中小城市乃至城镇乡村,因此,如果说要准确描述中国的城市化/都市化现实的话,也许这种"城市/都市"的并置与杂交正是中国的特点所在。其三,当前以"都市文化"为名的研究大有取代"城市文化"之势,从某种意义上说,并无严格的学术性的支撑,而更多地来自各大城市日益高涨的"建设国际化大都市热"和以"都市"为学术话语的时髦的刺激。因此,当我们在中国语境中考察"都市文化研究"时,不可能完全依照社会学意义上对"都市化程度"的区分,将之与"城市化"作出截然的区分。

注。一个可以被称为人文主义范式,它基于文学艺术和人文学术对城市化问题与都市文化的敏感,强调对城市的感觉印象,关怀城市化过程中人的主观感受;另一个可以被称为科学主义范式,它基于现代化的理论背景,关注城市化进程,强调都市文化的各项量化指标及其要素资源配置。在这两种范式之间其实还存在着一些交叉的领域:比如说从人文主义范式出发,吸收科学主义范式的影响,在量化标准基础之上从事的都市文化研究。这种研究的特点在于有意识地区分出了城市化和都市化,并将都市文化作为一种全新的文化形态,直接在全球化语境之中对之进行考察。再比如说从科学主义范式出发,吸收人文主义范式的观念,特别是文化研究的思路,展开对资本主义文化矛盾、大众文化、文化工业的建设或批判,等等。

不过,这还只是从逻辑层面对当前中国都市文化研究进行的归纳,还不足以展开更为复杂的都市化、都市文化现象以及都市文化研究范式之间的矛盾。正如霍尔说:"在认真的、批判的学术工作中,既没有'绝对的开端',也很少有不间断的连续性……相反,我们发现的只是一种具有不均衡发展特性的无序性。"① 如果我们将之纳入到中国近几十年城市化进程与都市文化研究实践的历时性视域来审视,都市文化研究所呈现出来的范式意义也许才能真正显现出来。

当中国进入改革开放新时期,开始新一轮的经济建设和现代化/城市化进程时,都市文化的科学主义范式并未与之同步展开。在20世纪80年代,中国的城市化进程还只是停留在城镇化阶段,发端于农村体制改革的农村工业化形式——乡镇企业——异军突起。直到90年代后期,我国的农民政策仍然是"离土不离乡,进厂不进城"。因此,在城市化问题上,就出现了一方面是乡镇企业、乡镇经济获得极大的发展(直到目前,广东、江浙一带蓬勃发展的民营经济仍立足于乡镇即是明证),但另一方面则出现了城市化进程并不与经济发展同步的现象。乡镇的基础设施严重不足、生态环境严重失衡、各种生产要素调配困难等诸多问题也直到90年代后期才开始引起各方关注。直到"十五"计划制订之时,"城市化"还是"城镇化"仍然是人们争论不休的话题,并以"城镇化"的胜利而告一段落。

但是,都市文化研究科学主义范式的缺位或失声并不表明城市化、都市文化问题不存在。对之作出积极回应的是来自文学艺术和人文学术领域里的人文主义范式。在80年代,"农民进城""知青返乡""经济改革"的现实和中国文化发展路径的讨论构成了人文主义范式关注的焦点,构成其主导性思维框架的则是"城

---

① [英]斯图尔特·霍尔:《文化研究:两种范式》,罗钢、刘象愚主编:《文化研究读本》,北京:中国社会科学出版社2000年版,第51页。

乡"二元对立。作为农民,固然有着对城市文明和城市生活的向往和期待,但是根深蒂固的"农民性"却成为其与城市格格不入的因素,"我是农民"成为一批文化人的身份认同;作为知青,"返城"中所遭遇到的苦难,则使城市成为自己想象中的天堂和现实中的梦魇,而乡村则成为迫切渴望逃避的现实和青春与梦想的记忆;而作为经济体制改革的主体——企业及其经营者和生产者——最为关心的问题还只是"改革/反改革"的较量,其所处的城市文化的现实则基本被排除在关注范围之外,从某种意义上说,80年代"改革文学"中"城市"因素的缺失同样可以视为"乡土中国"的一个表征。在中国文化发展路径的选择中同样如此,"越是民族的越是现代的"成为一个时代的口号,在文化寻根的浪潮中,"传统文化"和"民间乡野文化"获得了正面的意义,而城市中的文化寻根同样是对城市中"传统因素""乡村因素""民间因素"的发现,"城市"仍然只是乡村和传统文化表征的承载体。对城市文化的研究也几乎与乡村文化、民间文化一样,致力于对差异性因素的挖掘。因此,在80年代末90年代的地域文化研究热中,研究者往往关注于对北京、苏州、武汉、上海等城市中诸如历史、方言、风俗、文化等"地域性"特征。

都市文化研究的人文主义范式到90年代发生了改变,其代表仍然是以文学和文学研究为主要载体展开的。80年代末90年代初,"新写实主义"文学兴起,随后"新市民文学""新都市文学"也成为文学命名的方式。仅从这些命名本身就不难发现,在这个时期,都市文化研究开始脱离地域文化研究的思路,城市自身的文化特质开始受到关注,而关注的重心则是"市民""商品"以及随之而来的"消费文化"。在市民性、商业性、现代性问题面前,都市文化的都市性因素被放大了。在这一过程中,都市文化展开的维度不再局限于"城乡"之间,而是集中到了城市化进程内部和中西城市文化差异之间。在兴起于90年代的"留学生文学"中,中国城市被置于世界城市的观照之下,其"乡村性"令这些在海外打拼的中国人产生文化自卑感①;而近几年引起关注的"打工文学"虽然以生活在城市底层的农民工为表现对象,但其所展开的问题却是城市性的问题,而"农民性"则退居次要位置。

尽管人文主义范式在八九十年代获得了很大的发展,但作用于都市文化建设的效用却并不明显。这固然与人文知识分子在市场经济条件下日益边缘化有一定的关联,但最大的问题仍然在其自身。其一,人文主义范式过于依赖文学艺术对现实的反映来发言,这使得都市文化研究始终面对的是都市文学文本而不

---

① 当然,这种局面到了21世纪发生了改变,2002年,朱晓琳发表的《哥本哈根的雨》在高速发展的上海都市化背景中重新找回了中国都市文化的自信心(尽管这种对中西都市文化的重写仍有许多可争议之处)。

是都市文化本身。一方面,都市文学只是都市文化中的一个部分,随着大众传媒和网络技术的发展,影视文化日益成为市民精神文化消费的主要方式,而广告的泛滥所引发的消费主义问题、网络的普及所构成的虚拟精神空间都成为都市文化亟待解决的重要问题。另一方面,都市文学因其自身作为都市文化的表征,使得在都市文化研究中始终存在"反映的真实性"再度确认问题,这在相当程度上影响了借都市文学而谈都市文化的有效性。举一个简单的例子,同样是描述北京的文化,八九十年代的都市文学中便存在风情叙写到欲望描绘的转变①,但这种转变只能说明作家关注重心的转移,而并不能据此判断风情与欲望在80和90年代北京的都市文化中各自所占有的比重。其二,人文学者行动性的不足成为人文主义范式在都市文化建设中发挥作用的瓶颈。在都市文化研究的人文主义范式中,城市文化传统的保护成为其最具现实性的方面,但是,人文学者所发挥的作用仍然非常有限。从文学写作转向文化保护的冯骥才便是一个典型的例子。90年代中后期,他先后参与了一系列文化保护的行动,如1996年挽救津门老城、1997年抵制对原祖界建筑毁灭性的冲击、1999年抢救毁于旦夕的估衣街等,为此他一次次地组织各界人士进行考察,并大规模地拍摄文化遗存,继而编辑成大型图册。但是,"文人的悲哀,是他们总以为自己庄严的呼吁,必然激起反响,随即取得良好的社会效应。然而实际上却如同空谷一呼,其后了无回应。那喉咙的脆弱唯有自知"②。其三,人文主义范式中的怀旧性,使之在当代都市文化日益兴盛面前呈现出保守主义的倾向。在城乡文化中缅怀乡村文化的优雅,在传统文化和现代文明之间心仪传统文化的荣光,使得人文主义范式中往往会出现"后卫式"的批判立场。而一旦怀旧走向复古,则会演化出更大的文化问题。

20世纪90年代末21世纪初,以长三角、珠三角以及环渤海地区为代表的中国城市带和以北京、上海、深圳为代表的现代都市日渐成形,在"经营城市"的口号下,各地方政府也开始大力进行城市建设,城市化以及随之而来的都市文化建设问题才开始引起更多的关注。都市文化成为城市化进程中亟待解决的政治、经济和社会问题,刺激了都市文化研究科学主义范式的兴起。

不过,在我们描述中国的都市文化研究的科学主义范式之前,仍然有必要作一个基本的区分,即严格的社会学意义上的"城市"与"都市"是有区别的。尽管我们可以把中国城市的发生史上溯到数千年前的夏商周,并历数中国各朝代出现的威威王都与繁华市井,但是真正意义上的大规模城市化运动是现代工业革命的产物,是工业化和商业化过程中所产生的人口、物质、资本、公共设施的大规

---

① 李建盛:《从风情叙写到欲望描绘:北京文学都市话语的转变》,《北京社会科学》2000年第3期。
② 冯骥才:《手下留情:现代都市文化的忧患》,上海:学林出版社2000年版,第7页。

模集聚与转移的结果。都市作为城市化发展的晚近形态,也是与"后工业社会""消费社会"的来临紧密相关的。虽然在都市化过程中也体现了城市化所具备的人口的集中、公共设施的集中以及市民社会的形成等特点,但是更多地强调了其在"大城市""城市带"的发展中向着"全球城市""世界城市"方向发展的现实。正因为如此,当卡斯特提出"巨型城市"的概念时,就不再仅指规模的巨大,而更强调"巨型城市是全球经济的焦点,它集中了全世界的指挥、生产与管理的上层功能,媒体的控制,真实的政治权力,以及创造和传播的象征能力"①。而戈特曼在分析"城市带"现象时,则将区域内比较密集的城市以及在此基础之上人口与产业的大规模集聚、各城市功能的分工与交往作为其突出的表征。也就是说,当他们在谈论都市、都市化、都市文化这些相关问题时,其预设的前提是早期城市化阶段(如农村城镇化、中小城市化等)所面临问题的基本解决,以及这些都市或"城市带"所赖以存在的经济全球化的社会现实。都市化与早期城市化相比也出现了一些新的特点:如果说在早期城市化阶段,主要体现为以"生产"为中心、以"集聚"为特征、以城市功能的日趋复合化为方向的话,那么,到了都市化阶段,伴随着城市圈、城市带、城市群的兴起,以及生产的国际化(在国内表现为城际化)、金融及其他现代服务业的信息化,市民生活的郊区化,又出现了以"消费"为中心,以"扩散"为新质(也有人称之为"逆城市化"),强调城市的辐射功能和对周边环境及其他城市的带动作用的都市性。因此,所谓都市文化也即在这种都市化进程中所出现的文化现象和所面临的文化问题。

不过,这种笼而统之地描述全球化语境中都市化和都市文化的一般性特征,还不足以解释和解决中国城市在都市化进程中所遭遇到的文化矛盾与问题。中国的都市化正处在全球性都市化背景和中国自身城市化进程的交叉点上,只有在这样一个坐标上定位中国的都市化,我们才能找到中国都市文化研究的切入口。

这一切入口就是中国的现代化。尽管近些年来,中国学界更多地把关注的焦点从社会现代化的转向了文化现代性或审美现代性,但是,社会现代化作为城市化、都市化发展的基本背景仍是不可否认的事实。作为后发外生型现代化的国家,中国的城市化进程远非早发内生型现代化国家的城市发展那样的自然与自足②。近年来,中国学界对都市化、都市文化研究的兴趣也正是来自改革开放

---

① [美]曼纽尔·卡斯特:《网络社会的兴起》,夏铸九、王志弘译,北京:社会科学文献出版社 2001 年版,第 496 页。
② 所谓"后发"指的是现代化启动较晚;而"外生"则指最初的动力来源于外部。城市化作为现代化进程中重要的评价性指标,同样也是现代化基本特点的反映。因此,我们可以套用中国现代化路径而将中国的城市化命名为"后发外生型城市化"。

以后迅猛发展的新一轮城市化进程,以及戈特曼将上海和长三角地区列为未来第六大城市带所引发的现代性亢奋。因此,当中国学界将都市文化确定为建立在对现代化大都市以及与之相关联的城市带基础之上的文化形态时,便意味着作为全球化时代的样板,其无论是在人口、面积、经济指标、行业分布、城市功能等各方面都大大超越了以往的"城镇文化",与之相适应,都市文化研究在理论资源的选择上则更多地取向了以城市社会学为基础的西方现代城市文化研究、以国际化大都市为想象目标的城市规划研究以及以为城市经济发展服务的文化产业研究等。

不过,都市文化研究的科学主义范式在中国推进得并不顺利。这其中有着客观现实条件的制约。即便是在目前,在中国堪称具备国际化大都市特征的还只有北京、上海、香港等为数不多的几个城市,有希望向着都市化方向迈进的区域还主要集中在"双三角"(长三角、珠三角)城市带。不用说,中国的城市建设离国际化大都市的评价标准(基础设施国际化、经济国际化、贸易国际化、金融国际化、第三产业国际化、教科文国际化、外语环境国际化)有多远,更令人忧虑的问题在于,不少城市为了追求这些不切实际的发展目标,盲目扩大城市规划,或因违规圈地以致耕地面积锐减,大量农民失业沦为游民,或因强行动迁而激化社会矛盾,增加不稳定因素,或因大拆大建,使得生态保护、文物保护被弃之不顾,进而影响到城市的可持续发展。这就必然导致中国的城市在现代化进程之中出现各种各样的文化问题。也许这些问题并不能严格地归属于都市文化问题,但却成为当今中国城市化/都市化中所面临的重要问题,它逼迫中国都市文化研究的科学主义范式必须做出相应的调整:

一方面,必须回头将理论上应该抛弃的"城市化和城市文化"问题重新置于思考的范围之内。比如说,中国都市化的非线性特征问题就值得特别关注。在被认为具有国际化大都市特征的城市中,其都市化动因各有不同:北京作为历代王都,自身就奠定了作为都市的物质条件;上海因半殖民地化而超越式地成为中国最早的都市,90年代初的浦东开发则使之再度成为城市化水平发展最快的地区;而珠三角则是依靠内地数百万农民工支撑起"世界工厂"的规模而发展起来的城市带,在这里,高度外向型的经济发展与发展相对滞后的乡镇城市化水平形成鲜明的反差。这些具体的城市化、都市化进程在相当程度上影响了中国都市文化的特点。再比如,产业的集聚构成了中国城市带的发展动力,但在城市一体化行动中,又都普遍存在诸要素流动不畅、基础设施重复建设、城市集约化程度不高等问题,而利益机制的不协调更凸显了中国在社会主义市场经济建设过程中条块分割的壁垒还未完全破除的现实。又比如,中国的都市化还是在城市化发展水平不高的基础上建设的,还处于乡村文化的包围之中。在西方,80%以上的城市化水平,使得都市文化几乎可以与当代文化画上等号,但是在中国,城市化水平还不到50%,都市化水平则更低。简单地谈"都市化是人类文明未来的方向"是没有多少实际意义的,个别地方出现的"城市郊区化"现象与大量农民工进城的现实也在产生新的城乡关系。这些"都市化进程中的文化问题",这些"非典型都市文化现象"正是需要我们特别关注的。

另一方面,作为产业的文化在都市化过程中扮演着越来越重要的角色。这既来自文化经济、文化产业越来越成为地方政府解决就业问题、增加税收、提升城市形象的重要手段,也来自都市的文化生产更多地组织化、产业化的事实。也就是说,都市文化产品更多地由"文化企事业单位"这一主体所生产,而大众的文化消费也更多地接受了这种产业化文化生产的方式——通过机械复制,文化产品被批量制造,从而满足了更多消费者的需求;由于数量巨大和价格低廉,使得它在相当大程度上取代了基于独创性的传统艺术创作方式。与此同时,都市中的精英文化,则因其独创和高雅而日益成为小众欣赏的对象,此类文化消费也转向了艺术场域、收藏/投资领域,只有那些相当艺术水准的人才会去欣赏它,只有拥有一定资产的人才会去收藏/投资它。文化产业的经济逻辑必然导致大众文化的产生,但在此过程中大众文化如何获得质的提升?传统文化如何才能得到完整的保留?精英文化是否只能日益萎缩在少数知识分子那里?很显然,这些问题已经不能够单纯靠都市文化的科学主义范式去解决了。

文献导读

1. 巴黎,19世纪的首都(1939年提纲)①

瓦尔特·本雅明

导读

瓦尔特·本雅明(Walter Benjamin,1892—1940),20世纪最具影响力的文学评论家和哲学家之一。出身于德国富裕的犹太人家庭。在试图以博士论文《德国悲剧的起源》申请大学教职失败后,他终止了对学院生涯的追求。1933年纳粹上台,本雅明离开德国,定居巴黎,一直从事文学评论和翻译工作。1940年,法国沦陷,他在法国与西班牙边境自杀。本雅明的思想根植于犹太教卡巴拉神学道统中,后来又接受了马克思主义,并受超现实主义等思潮的影响。本雅明行文凝练,意象交迭,形成了独特的文风,被称为"意象的辩证法"。他的杰出的文章和思想在生时虽未被理解,但身后却享有崇高的威望。其重要著作有《论歌德的〈亲和力〉》《德国悲剧的起源》《单向街》《机械复制时代的艺术作品》《1900年左右的柏林童年》以及传世名作《巴黎拱廊街》等。

《巴黎,19世纪的首都(1939年提纲)》是本雅明的"拱廊研究计划"的四篇完成稿之一。本雅明受阿拉贡的小说《巴黎的乡下人》的启发,决定通过对大都市异化景观——巴黎拱廊的研究,来展现19世纪"资本主义盛世"的风景,并反思"盛世"如何导致了"末世"(大萧条、法西斯主义等)的到来。本文就是他着手进行研究后的第二个提纲(最初的提纲写于1935年)。

本提纲的导言首先明确了研究的主旨:作为文明的物化表现,19世纪的新行为方式和基于新经济和新技术的创造物是如何参与了一种幻境世界的。他还交代了叙述的方式:不仅通过理论,也通过它们可感知的存在即各种幻境世界来直接展开。他指出,这些幻境世界的浮华与辉煌以及这个社会的虚幻的安全感,都不能使社会免于危难。导言之后的五个小节分别分析了五种典型的幻境及其代言人:①傅立叶与拱廊;②格兰维尔

---

① 选自[德]瓦尔特·本雅明:《巴黎,19世纪的首都》,刘北成译,上海:上海人民出版社2006年版。

与世界博览会;③ 路易·菲利普与居室;④ 波德莱尔与巴黎街道;⑤ 奥斯曼与街垒。最后,本雅明通过对布朗基的论述在结论中回应了导言里一开始提出的思想。他指出,20 世纪的幻境星图犹如布朗基提出的"宇宙幻境"一样,最终逃不脱失败的命运,所谓进步最终不过是历史本身的幻境。不过,也许本雅明的论述隐含了这个问题的另一面:人类如果想免除这种荒诞的痛苦的话,就必须反思与清理各种各样的幻境。

[文献]

导　　言

历史就像雅努斯:它有两副面孔。无论看着过去还是看着现在,它看的是同样的东西。

——马克西姆·迪康:《巴黎》,第 6 卷,第 315 页

本书的研究对象是由叔本华在下列说法中所表达的那种错觉:要想把握历史的本质,只需要把希罗多德与晨报做一比较。这里所表达的是 19 世纪的历史观所特有的一种眩晕感。它对应的是一种观念,即世界的进程乃是一个由物化事实组成的无限系列。这种观念所特有的积淀就是所谓的"文明史",即一点一点地清点人类的生活方式和创造。堆积在文明宝库里的财富由此就显得好像是被所有世代都确认的。这种历史观贬低了下述事实,即不仅这种财富的存在,而且它们的传承都应归因于社会的持续努力,而且由于这种努力,这些财富发生了奇异的变化。我们这项研究旨在表明,作为文明的物化表现,19 世纪的新行为方式和基于新经济和新技术的创造物是如何参与了一种幻境世界。我们对这些创造物的"阐明"不仅以理论的方式,即通过意识形态的转换进行,而且通过它们可感知的存在来直接展开。它们表现为各种幻境。由此就出现了拱廊——钢铁建筑领域里的第一项;出现了展览世界——它与娱乐业的联系意味深长。在这类现象里还包括闲逛者的经验——他让自己沉溺于市场的幻境。在市场幻境里,人们只是作为类型出现的。与市场幻境相对应的是居室幻境。居室幻境的产生缘于人们迫不及待地需要把自己私人的个体存在的印记留在他所居住的房间里。至于文明本身的幻境,奥斯曼成为它的代言人,奥斯曼对巴黎的改建成为它最明显的表现。

然而,笼罩着商品生产社会的浮华与辉煌,以及这个社会的虚幻的安全感,都不能使社会免于危难。第二帝国的垮台和巴黎公社都提醒着这一点。在同

一时期,这个社会最畏惧的对手布朗基在他的最后一篇文章中向社会揭示了这个幻境的可怕特征。人类在这里是作为罪人出现的。它所期盼的一切新事物最终表明不过是一直存在的现实;这种新奇性几乎不可能提供一种解放的出路,正如一种新时尚不可能让社会焕然一新。布朗基的宏观思考传达了一个教训:只要幻景在人类中间占据着一席之地,人类就将遭受一种荒诞的痛苦。

1. 傅立叶与拱廊街

I

> 这些宫殿的神奇圆柱,
> 在门廊之间摆满展物,
> 从各个部分向外行展示,
> 工业在挑战艺术。
> ——《巴黎新貌》(1828 年)第 1 卷,第 27 页

巴黎拱廊大部分是在 1822 年以后的 15 年间建造的。它们得以发展的第一个条件是纺织品贸易的繁荣。"时新服饰用品商店",即最早备有大量商品的设施开始出现了。它们是百货商店的先驱。巴尔扎克描写的就是这个时代:"从马德莱娜教堂到圣丹尼门,一首宏大的展示之诗吟诵着五光十色的诗节。"拱廊是奢侈品的商贸中心。通对它们进行装潢,艺术也被用来为商人服务。当代人从未停止过对它们的赞美。在很长一段时间里,它们始终是吸引游客的一个地方。一份巴黎导游图写道:"拱廊是新近发明的工业化奢侈品。这些通道用玻璃作顶,用大理石铺地,穿越一片片房屋。房主联合投资经营它们。光亮从上面投射下来,通道两侧排列着高雅华丽的商店,因此这种拱廊就是一座城市,甚至可以说是一个微型世界。"拱廊是最早使用汽灯的地方。

拱廊出现的第二个条件是钢铁开始应用于建筑。帝国时期,这种技术被认为对古希腊意义上的建筑复兴起了重要作用。建筑理论家博蒂赫尔表达了这种普遍的信念。他说,"就新体制的种种艺术形式而言,希腊风格的形式原则"一定会占上风。帝国的风格是革命恐怖主义的风格,因为对于它来说,国家就是目的本身。正如拿破仑没有认识到国家作为资产阶级统治工具的功能性质,他那个时代的建筑师也没有意识到钢铁的功能性质:构造原则凭借着钢铁开始统治建筑业了。这些建筑师仿照庞培城圆柱来设计支柱,仿照民居来建造工厂,正如后来最早的火车站是仿照瑞士木屋建造的。"构造扮演着无意识的角色。"但是,在

革命战争时期产生的工程师概念开始站住了脚跟。建筑师和装饰师之间、综合工科学院和美术学院之间的竞争也开始了。

自罗马人以来,第一次出现了人造的建筑材料:钢铁。它经历了进化过程,在这个世纪加快了发展速度。当事实表明,1828—1829年以来被广泛实验的对象——火车头只能在铁轨上有效运行时,上述发展就进入了一个决定性的新阶段。铁轨成为最早的预制钢铁构件,是钢梁的先驱。钢铁没有应用于住房,而是用于拱廊、展览馆和火车站这些供人们穿行的建筑。

II

> 不难理解,任何得到历史承认的群众的"利益",当它最初出现于世界舞台时,总是在"思想"或"观念"中远远的超出自己的实际界限。
>
> ——马克思、恩格斯:《神圣家族》

傅立叶乌托邦的秘密线索是机器的出现。法伦斯泰尔的设计意图就是使人回归到让道德成为多余的人际关系。在这种环境里,尼禄会变成比费奈隆更有益的社会成员。傅立叶为此并没有指望美德;相反,他倚重的是社会的一种有效功能,认为社会的动力是情欲。通过情欲的啮合,通过机械情欲和神秘情欲的错综结合,傅立叶把集体心理想象成一种钟表式的机器。傅立叶主义的和谐乃是这种组合游戏的必然产物。

傅立叶给这个形式严格的帝国世界引进了一种被1830年代的风格所渲染的田园诗。他设计了一个体系,把他的绚丽观念的产物和他对数字的古怪态度的产物混合在一起。傅立叶的"和谐"与其他选择数字的神秘传统毫无相近之处。他所谓的和谐实际上是他个人判断的直接产物——对于他想象的高度发达的组织的精心论述的直接产物。例如,他预见到开会将变得对于公民多么重要。对于法伦斯泰尔的居民,每日的生活不是围绕着住所来安排的,而是在类似股票交易所的大厅里有组织地进行的。在股票交易所里,会议是由经纪人安排的。

傅立叶在拱廊里看到了法伦斯泰尔的建造规则,也正是由此而突显了他的乌托邦的"帝国性质"。傅立叶本人天真地承认:"全体成员的国家因长久地被拖延而会在问世时更光彩夺目。梭伦和伯利克里时代的希腊早就能够实行它了。"拱廊原来的宗旨是服务于商业目的,在傅立叶那里变成了居住场所。法伦斯泰尔就是由拱廊组成的城市。在这个"拱廊之城",这位工程师的建筑具有一种幻景性质。"拱廊之城"是一个梦想,直到19世纪下半叶,它一直吸引着巴黎人的兴趣。迟至1869年,傅立叶所设想的"街道—画廊"给穆瓦兰的《2000年的巴黎》提供了一幅蓝图。在这里,城市所采用的结构使它及城市中的店铺和百货公司成为闲逛者眼中的一个理想背景。

马克思反对卡尔·格律恩而捍卫傅立叶,强调傅立叶的"人的恢弘概念"。他认为傅立叶是除黑格尔之外唯一揭露了小资产阶级的中庸本质的人。黑格尔用体系征服这种类型,傅立叶则用幽默消灭了它。傅立叶乌托邦的一个最明显的特征是,它从不鼓吹人对自然的开发(剥削)——这种开发(剥削)观念后来广为流传。相反,在傅立叶看来,技术是点燃自然炸药桶的火花。或许由此可以理解为什么他会很奇怪地把法伦斯泰尔说成是通过"爆炸"来传播的。后来的人开发(剥削)自然的观念反映了生产工具所有者对人的剥削现实。如果把技术整合进社会生活的努力失败了,那么问题就出在这种剥削。

……

4. 波德莱尔与巴黎街道

I

一切对我都成为寓言。

——波德莱尔:《天鹅》

波德莱尔的天才是寓言家的天才;他从忧郁中汲取营养。在波德莱尔笔下,巴黎第一次成为抒情诗的题材。这种景物诗与所有的家园赞歌相反。这位寓言天才的目光落到城市。它所显示的是一种深刻的疏离。这是闲逛者的目光。他的生活方式揭示了在那种抚慰人心的光环后面我们那些大城市的未来居民的焦虑。闲逛者在人群中寻找自己的避难所。对于闲逛者来说,人群是一层面纱,熟悉的城市在它的遮掩下化为一种幻境。城市时而幻化成风景,时而幻化成房屋。这些后来激发了百货商店的装潢。百货商店利用"闲逛"来销售商品。总之,百货商店是最后的闲逛场所。

知识分子以闲逛者的身份开始逐渐熟悉市场。他们向市场投降了,表面上是随便看看,其实是在寻找买主。在这个过渡阶段,知识分子依然有赞助人,但他们已经开始屈从于市场的要求(以报纸专栏的形式)。他们以波希米亚人的形象出现。与其不稳定的经济地位相适应的是,他们的政治功能暧昧含混。后者最明显地体现在职业密谋家身上。职业密谋家是从波希米亚人中招募来的。布朗基是这个阶层的最突出的代表。19世纪,没有谁还具有他那么高的革命威望。布朗基的形象就像划过波德莱尔《献给撒旦的连祷》的一道闪电。然而,波德莱尔的反叛始终是反社会分子的反叛:这是一条死胡同。他一生中唯一的性关系是与一个妓女的关系。

II

> 他们都一样,来自同一个地狱,
> 这百岁的双胞胎。
>
> ——波德莱尔:《七个老头子》

闲逛者扮演着市场守望者的角色。因此他也是人群的探索者。这个投身人群的人被人群所陶醉,同时产生一种非常特殊的幻觉:这个人自鸣得意的是,看着被人群裹挟着的过路人,他能准确地将其归类,看穿其灵魂的隐蔽之处——而这一切仅仅凭借其外表。当时流行的"生理研究"就是对这种观念的证明。巴尔扎克的作品提供了最好的例证。在过路人身上可以见到的典型性格给人们造成了一种印象,以至于人们对于由此引起的进一步的好奇心(即超越这些典型性格、捕捉每个人的特殊个性)不会感到惊讶。但是,与上述相面术士的虚幻判断力呼应,人们的梦魇就在于看到,这些独特的特征——每个人特有的特征——最终表明不过是一种新类型的构成因素。因此,归根结底,一个具有最伟大个性的人会成为一种类型的范本。这在闲逛者心中表现为一种令人痛苦的幻境。波德莱尔在《七个老头子》中有力地展开这种幻境。这首诗描写了一个面目丑陋的老人的七重身影。这个多次重复出现的老人印证了城市居民的痛苦:尽管他们创造了最乖僻的特征,仍不能冲破类型的魔圈。波德莱尔把这个队列描写成面容"狰狞的"(地狱般的)一群。但是,他毕生所寻求的新奇不过就是这种"永远一样"的幻境。(人们可以证明这首诗表达了一个大麻吸食者的幻觉,但这丝毫没有削弱我们上面的解释。)

III

> 跳进未知之国的深部去猎获新奇!
>
> ——波德莱尔:《旅行》

理解波德莱尔寓言方式的钥匙是与商品通过价格而获得的那种特殊意谓同气相求。通过物品的意谓来贬低物品,这种独特的贬低方式是 17 世纪寓言所特有的,与那种用物品作为商品的价格来贬低物品的独特方式,乃是异曲同工。物品遭到这种贬黜是因为它们作为商品可以被课税。这种贬黜在波德莱尔笔下是用"新奇"所具有的不可估量的价值来平衡。"时新"代表了那种绝对价值,是不能解释和比较的。它变成艺术的终极壁垒。《恶之花》的最后一首诗《旅行》这样写道:"啊,死亡,老船长,时间到了! 快起锚!"闲逛者的最后一次旅行:死亡。目标:新奇。新奇是一种独立于商品使用价值之外的品质。它是那种以不断翻新的时尚为载体的虚假意识的源泉。艺术的最后一道防线应该与商品的最前沿的攻击线相重合,这个事实不得不始终回避着波德莱尔。

《忧郁与理想》——在《恶之花》第一部的这个标题里——法语中一个古老的外来词与一个新的外来词联结在一起①。对于波德莱尔,这两个概念彼此没有矛盾。他在忧郁中看到了理想的最新变形;理想在他看来似乎是忧郁的第一表达。在这样一个标题下,他把极端新奇的东西向读者展现为"极其古老的"东西,他把最活跃的形式赋予他的现代观。他的全部艺术理论的关键就是"现代美";而对于他来说,现代性的证据似乎就在于这一点:它被打上了"有朝一日会成为古代性(古迹)"的宿命标记,它向一切目睹它的诞生的人显露了这一标记。在这里我们遇到了意外性的本质,而它对于波德莱尔来说是美的不可转让的品质。现代性的面孔用它极其古老的目光摧毁着我们,一如美杜萨的目光对于希腊人的效果。

……

结 论

> 19世纪的人们,我们幽灵的时辰是永远固定不变的,而且总是带我们回到同一时刻。
> ——奥古斯特·布朗基:《星体永恒论》(巴黎,1872年),第74—75页

在巴黎公社期间,布朗基被关在托罗要塞。正是在那里,他写下《星体永恒论》。这本书用最后一个宇宙幻境补足了这个世纪的幻境星图。他的这个幻境隐含着对其他所有幻境的极其严厉的批判。这部著作的主要部分是一个自学者的朴实思考。这些思考能够引发无情的反思,从而揭示作者革命气质的虚假。根据从他机械的自然科学中提炼的基本前提,布朗基在这部著作中提出一种宇宙观,这种宇宙观被证明是一种地狱观念。而且,它就是那个社会的补充因素。布朗基在生命尽头被迫承认自己被那个社会击败了。这个图解的讽刺——作者本人无疑没有预料到这种讽刺——在于,他对这个社会提出的可怕控告采取了一种无条件屈服于其结果的形式。布朗基的这部著作比《查拉斯图拉如是说》早10年提出了"永恒回归"的思想——以几乎与尼采一样的动人方式,以极其令人梦幻的力量。

这种力量是根本不能让人取得胜利的;相反,它留下了一种被压迫的情感。布朗基在这里竭力追溯一种进步观念:(时间久远的古代性是以与时俱进的新

---

① 理想(ideal)是1578年借用的拉丁语词;忧郁(spleen)是1745年借用的英语词。

奇性的面孔阔步前进)进步最终不过是历史本身的幻境。

……

这种不抱希望的听天由命是这位伟大革命者的遗言。这个世纪不可能用新的社会秩序来响应新的技术可能性。这就是为什么这个遗言是对是错，还有待处于这些幻境中心的新人与旧人之间摇摆不定的协商。这个世界是被它自己的幻象主宰着——用波德莱尔的说法，这就是"现代性"。布朗基的视野中包含了整个以现代性为中心的宇宙，而波德莱尔的七个老头子就是这种现代性的信使。归根结底，布朗基把新奇视为被诅咒的那一切的一个属性。同样的，在此之前就有一个歌舞杂耍作品《天堂与地狱》：地狱的折磨被表现为有史以来最新奇的样子，是"永恒的痛苦和永远的新奇"。19世纪的民众——布朗基面对他们仿佛面对幽灵——是这个区域的原乡人。

2. 空间：社会产物与使用价值①

亨利·列斐伏尔

导读

亨利·列斐伏尔(Henri Lefebvre,1901—1991)，法国著名的马克思主义理论家、西方学界著名的"日常生活批判理论之父"、"现代法国辩证法之父"、区域社会学特别是城市社会学理论的重要奠基人，也是超现实主义的批评者、马克思主义永不疲倦的支持者、文化研究的先驱、存在主义的马克思主义的重要代表人物。他在异化理论、日常生活批判理论、美学理论、国家理论、现代性理论和空间理论等方面都有重要创获。在六十多年的学术生涯中，他为后人留下了六十多部著作、三百余篇论文的丰厚精神遗产。

《空间：社会产物与使用价值》一文是列斐伏尔阐述空间理论的重要文献之一。列斐伏尔认为，由于生产力自身的成长，以及知识在物质生产中的直接介入，今天对生产的分析显示我们已经由空间中事务的生产转向空间本身的生产。空间是社会性的，它不仅被社会关系支持，也生产社会关系和被社会关系生产。如果我们想要改变生活方式和改变社会的话，就必须首先生产和创造出一个合适的空间。

---

① 选自包亚明主编：《现代性与空间的生产》，上海：上海教育出版社2003年版。

列斐伏尔认为现代社会正经历一个由资本主义空间向社会主义空间的转变过程中。他首先分析了资本主义的空间。他认为,资本主义与新资本主义生产了一个抽象的空间,在这个空间里,城市急速地扩张了。空间作为一个整体,进入了现代资本主义的生产模式,即被用来生产剩余价值。空间成为资本主义的生产资料和消费空间,是国家最重要的政治工具,阶级斗争越来越多地介入其中。资本主义空间的主要矛盾源于私人财产造成的空间的分割与科学技术对空间的统一性要求;资本主义的空间否定了所有的差异,因此冲突不断。这一充满混乱和矛盾的空间导致了各个层次上的空间的爆炸。因而质疑空间之使用的社会运动经常发生,在此基础上,他提出了左翼力量的重要使命,即在空间中进行阶级斗争,从而为创造和迈向社会主义的空间随时做好准备。

与资本主义空间不同的是,社会主义空间的生产意味着私有财产以及国家对空间之政治性支配的终结,这又意味着从支配到取用的转变,以及使用优先于交换。与资本主义空间的否定差异相反,社会主义的空间将会是一个差异的空间。列斐伏尔指出,只有工人和农民运动汇合起来,联结到事物的生产与物质性工作,才能创造出社会主义的空间。社会主义空间不是"乌托邦"式的自然空间,它是对资本主义生产空间的趋势的延伸和对其产品的剧烈修改。它考虑到了个人的需要,是社会生产方式和个人生产方式的有机结合,在政治形式上则实现了一种普遍性的自我管理。他坚信资本主义空间必然被社会主义空间所取代。

[文献]

如果未曾生产一个合适的空间,那么"改变生活方式"、"改变社会"等都是空话。

"生产空间"(to produce space)是令人惊异的说法:空间的生产,在概念上与实际上是最近才出现的,主要是表现在具有一定历史性的城市的急速扩张、社会的普遍都市化,以及空间性组织的问题等各方面。今日,对生产的分析显示我们已经由空间中事物的生产转向空间本身的生产。

由空间中的生产(production in space),转变为空间的生产(production of space),乃是源于生产力自身的成长,以及知识在物质生产中的直接介入。……

这种转变导致一个重要的结果:现代经济的规划倾向于成为空间的规划。都市建设计划和地域性管理只是这种空间规划的要素。虽然在法国特别明显,但空间规划的影响却遍及各处。

空间是社会性的；它牵涉再生产的社会关系，亦即性别、年龄与特定家庭组织之间的生物—生理关系，也牵涉生产关系，亦即劳动及其组织的分化。

过去留下了痕迹作为一种铭记，但是空间总是现在的空间（present space），一个目前的整体（current totality），而且与行动相互扣连衔接。事实上，生产及其产物乃是同一过程里不可分割的两面。

……

……空间里弥漫着社会关系；它不仅被社会关系支持，也生产社会关系和被社会关系所生产。

空间在目前的生产模式与社会中有属于自己的现实，与商品、货币和资本一样有相同的宣称，而且处于相同的全球性过程之中。

自然空间（natural sapce）已经无可挽回地消逝了。虽然它当然仍是社会过程的起源，自然现在已经被降贬为社会的生产力在其上操弄的物质了。

每个社会都处于既定的生产模式架构里，内含于这个架构的特殊性质则形塑了空间。空间性的实践界定了空间，它在辩证性的互动里指定了空间，又以空间为其前提条件。

因此，社会空间总是社会的产物，但这个事实却未获认知。社会以为它们接受与转变的乃是自然空间。

所有的社会空间都有源自这个自然基础的一段历史：的确，在任何地方，自然总是有其特殊性质（气候、地理状况等）。

但是如果空间有一段历史，空间若具有依据时代、社会、生产模式与关系而定的特殊性，那么就会有一种资本主义的空间，亦即有布尔乔亚阶级所管理之社会的空间。

Ⅰ. 资本主义的空间

资本主义与新资本主义生产了一个抽象空间，在国家与国际的层面上反映了商业世界，以及货币的权力和国家的"政治"（politique）。这个抽象空间有赖于银行、商业和主要生产中心所构成的巨大网络。我们也可以见到公路、机场和资讯的网络散布在空间中。在这个空间里，积累的摇篮，富裕的地方，历史的主体、历史性空间的中心——换句话说，就是城市——急速地扩张了。

空间作为一个整体，进入了现代资本主义的生产模式：它被利用来生产剩余价值。土地、地底、空中、甚至光线，都纳入生产力与产物之中。都市结构挟其沟通与交换的多重网络，成为生产工具的一部分。城市及其各种设施（港口、火车站等）乃是资本的一部分。

抽象空间相对于时间显露了其强制与压迫的能力。它将时间视为一种抽象而予以抛弃——除非它关涉到工作、物品的生产者和剩余价值。时间被化约成空间的限制：例如时程表、机器运转时间、铁路交叉点、运载量等。

1. 资本主义空间的各种功能

生产资料

空间是一种生产资料：构成空间的那些交换网络与原料和能源之流，本身亦被空间所决定。生产资料自身也是产物，不能与生产力、技术和知识分离；不能与社会劳动的国际分工分离；不能与国家及其他上层结构分离。

城市、都市空间以及都市现实（reality），不能被认为仅仅是消费货物的地方（商业）与生产的地方（企业）之总合。

城市、区域、国家或大陆的空间配置增进了生产力，就如同工厂中或商业里的设备机具一般，但是却属于另一层次。利用空间如同利用机器一样。

消费对象

如同工厂或工场里的机器、原料和劳动力一样，作为一个整体的空间在生产中被消费。

当我们到山上或海边时，我们消费了空间。当工业欧洲的居民南下，到成为他们的休闲空间的地中海地区时，他们正是由生产的空间（space of production）转移到空间的消费（consumption of space）。

政治工具

空间已经成为国家最重要的政治工具。国家利用空间以确保对地方的控制、严格的层级、总体的一致性，以及各部分的区隔。因此，它是一个行政控制下的，甚至是由警察管制的空间。空间的层级和社会阶级相互对应，如果每个阶级都有其聚居区域，属于劳动阶级的人无疑比其他人更为孤立。

阶级斗争的介入

今时更甚以往，阶级斗争介入了空间的生产。只有阶级冲突能够阻止抽象空间蔓延全球，抹除所有的空间性差异。只有阶级行动能够制造差异，并反抗内在于经济成长的策略、逻辑与系统。

因此，在目前的生产方式里，社会空间被列为生产力与生产资料、列为生产的社会关系，以及特别是其再生产的一部分。

历史在世界性的层次上开展，并因之在这个层次上制造了一个空间：诸如世界市场的成形、国家及其问题的国际化，以及社会与空间之间的新关系。世界空间乃是我们这个时代在其中创造出来的场域。

随同这个世界空间，以及抹除了旧矛盾的那些新矛盾的出现，新的仇恨亦将现身：例如国家之间的国际关系及其相互对抗的策略。

2. 资本主义空间的矛盾

这个空间——由资本主义及其国家所生产——有其内在的矛盾。

主要矛盾

空间的主要矛盾源自私人财产造成的空间粉碎化(pulverization of space)、对可以互相交换之断片(fragments)的需求,以及在前所未有的巨大尺度上处理空间的科学与技术(资讯)能力。"中心/边缘"的矛盾来自"全体/部分"的矛盾,因为所有的全球性构造,都导致集中的中心性(centrality)的建立。

以可再制者为取向的空间……

以生产之社会关系的再生产为取向,空间的生产发动了均质化(homogeneity)的逻辑与重复策略(strategy of the reptitive)。但是这个科层制的官僚空间与自身的条件和结果发生了冲突。当空间具有此种性质,被占有、控制与朝向"可再制者"的时候,那么它将很快见到自己被"不可再制者"包围了:例如自然、场所、地域性(在区域的、国家的、乃至于世界的层面上)。

基础的、不连续的与多重的活动,迅即提议重回前资本主义的空间。有时提出一个反空间(counter space),将所有以国家—官僚理性组织起来的空间挤向爆炸。

……而且否定了差异

这个形式的与量化的抽象空间,否定了所有的差异,否定那些源于自然和历史,以及源自身体、年龄、性别和族群的差异。因为这些因素的意涵,正好掩饰与驳斥了资本主义的运作。属于富裕与权力之中心的支配空间,不得不去形塑属于边缘的被支配空间。

在新资本主义的空间中,经济与政治倾向于汇合,但是政治并未掌控经济。冲突因此在霸权式的国家——仍然不是事物的掌控者——与这些事物的拥有者之间发生。

3. 普遍性的空间爆炸

由于这些矛盾,我们发觉自己正面对一个不寻常却又很少被人知觉的现象:空间的爆炸(the explosion of spaces)。资本主义和国家都无法掌握这个它们生产出来的混乱、充满矛盾的空间。我们可以在各个层次上目睹空间的爆炸。

在即时的、生活的层次上,空间在所有的方面爆炸,不论其为生活空间、个人空间、学术空间、监狱空间、军队空间或医院空间。在各处人们都理解到空间关系也正是社会关系。

在城市的层次上,我们不仅见到历史性城市的爆炸,也见到借以控制都市现象的所有行政架构的爆炸。

在区域的层次上,边缘正为它们的自主性或某种程度的独立而奋战。它们采取行动,挑战其相对于国家、经济和政治中心的从属地位。

最后，在国际的层次上，不仅是所谓的跨国公司，还有伟大的世界性策略，预备且引向了不可避免的新空间爆炸。……

4. 质疑空间之使用的社会运动

在所有的工业化国家里，都存在有关工作、商业和工作场所之需求的古老运动；然而，目前的运动似乎是在世界性的层次上出现，虽然它们依旧是未统合的、未完成的，而且大部分尽管没有自觉，却已经要求重组工作场所以外的空间。

它们是消费者运动（consumer movements）。这些运动在美国经常发生，为数众多，而且多少质疑了空间的使用。

他们发现：

空间不仅是经济性的，并非所有的部分可以相互交换且具有交换价值。

空间不仅是用来均质化社会之各部分的政治工具。

相反地，他们表明：

空间是一个模型，是一个使用价值的永恒原型，它在均质化国家的权威下，抵制了资本主义中的普遍性交换与交换价值。

空间是一种使用价值，但是与之紧密关联的时间更是一种使用价值，因为时间就是我们的生命，是基本的使用价值。时间已经在现代性的社会空间中消失了。除了工作时间以外，生命时间已经失去了其形式与社会利益。经济空间使时间臣服，政治空间则由于时间威胁其既有的权力关系而加以抹除。经济的，以及特别是政治的优先位置，引致了空间相对于时间的崇高地位。

左翼力量最重大的要务之一，乃是支持那些尚未找到发言权，以及那些局限于狭窄框架，以致失落其行动之政治意涵的消费者运动。

因此，左翼的政治角色之一乃是在空间中进行阶级斗争。

Ⅱ. 迈向社会主义的空间

如同在它之前的社会一般，社会主义的社会也必须生产自己的空间，不过是在完全意识到其概念与潜在问题的情形下生产空间。

现在很流行说马克思主义已经落伍了，比较不能切合历史了。然而，正是在目前更甚以往。我们除非在马克思主义的基本范畴的光照下，将其修正以应用到特殊情境，否则无法分析世界的种种现象。

虽然《资本论》并未分析空间，某些概念，诸如交换价值与使用价值，在今日却可以应用在空间上。现在我们必须做一个马克思未提及的区分——对自然的支配（domination）与对自然的取用（appropriation）。这个冲突在空间中展开：在被支配的空间与被取用的空间中。比起马克思的时代，自然在当前更加是所有使用价值的来源。

……

社会主义空间的生产，意味了私有财产，以及国家对空间之政治性支配的终结，这又意指从支配到取用的转变，以及使用优先于交换。

……

根据一些目前的趋势，在我们能够感知的范围内，社会主义的空间将会是一个差异的空间（a space of differences）。

1. 社会运动的决定性角色

有足够的理由相信，唯有工人和农民运动汇合与连结起来，扣连到事物的生产与物质性工作，以及使用空间的人，才能使世界改变。……社会空间的管理，像自然一样，只能是集体的与实际的，由基层控制，亦即是民主的。有"利害关系"的各方，有所"关切"的群体，将会介入、管理与控制它。但是，他们首先要引向所有强制安置的空间的终点——爆炸。

2. 普遍性的自我管理

将先前由"自上而下"生产出来的社会空间，重新建构为"自下而上"的空间，也就是普遍性的自我管理，亦即在各种不同的层次上，完成各单位与生产程序的管理。只有以这种方式，生产工具的社会化才能包括空间的论题。若走其他道路，将"社会主义空间"定义为自然空间，或是定义为位居先前空间之上的公社生活，或是以"欢乐"（conviviality）来予以定义，都是混淆了目的和手段，最终目标与实行阶段；换句话说，那是一种抽象的乌托邦。

马克思将社会主义社会中的生产，定义成满足社会需要的生产。这些社会需要大部分关涉到空间：住宅、家庭设备、运输与都市空间之重组，等等。它们延伸了资本主义生产空间的趋势，但同时剧烈地修改了其产品。这样做有助于日常生活的转变，有助于以社会而非个人的方式来定义发展，同时又不排除个人的生产方式。社会主义社会中的个人有接近一个空间的权利，以及拥有作为社会生活与所谓的文化活动等之重心的都市生活的权利。

这种转变的开始必须等待思想、想象与创造性的转变，而这又有赖于克服"公共"与"私人"之间的分离，和"公众慈善"等混淆不清的社会的与集体的幻觉。

社会主义的空间政治，只能借由将空间的矛盾纳入其他经济和社会矛盾，才能解决空间矛盾。当然，来自基层的压力和空间的自我管理，不能将自己局限为改良主义（reformism）。

按照马克思的说法，将世界"翻转过来"意味着颠覆支配性空间，将取用置于支配之上，将需要置于命令之上，将使用置于交换之上。自我管理显示其自身同时是手段和目标，是一个战斗状态也是其攻击目标。在被转化了的空间中，可以（也必须）对生产活动里的关系重新定义，回归内部市场，慎重地朝向空间的论题。要被重新定义的乃是作为一个整体的空间,这将会引致转变与颠覆。

3. 重新将空间定义为使用价值的一种函数——如何预知这些革命性的过程?

如果目前的情势不会化简为经济危机,反而呼求对社会与文明的深刻改造,那么它仍然提供了可以发动转变的参考点。因此改造可以这么定义:由交换手段和运输具有优先性的观点而生产的空间,将改由使用价值具有优先性的观点来生产。空间的革命暗含且扩大了革命的概念,后者被定义为生产工具拥有权的改变。它给予革命一个新的面向,由压制私有财产的一个特别危险的形式——即空间——开始:包括地下空间、地面空间、大气层空间、星球空间,以及甚至是星际空间。

所谓的变革方案——国家控有土地、国有化、市场化——并未成功。然则我们如何能限制与压抑空间的所有权呢? 也许可以借由回想马克思和恩格斯的著作来解决:在必然会来临的某一天,对土地、自然及其资源的私人所有权,会显得如同一个人类的成员拥有另一个人类的成员一样荒谬、丑恶与愚蠢。

与生态学者视为基本的"环境污染"相关的问题,的确非常重要,但它们是次要的。在那种观点里,社会的真实问题及其转变,被转向自然主义了,例如其中的生物主义将人类空间当成动物空间来处理。

总言之,社会的转变预设了空间的拥有与集体管理,被"利害相关的各方"(interested parties)不断干预,即使它们有着多重(有时是相互矛盾)的利益。这种取向(orientation)能够克服(独特的)工作空间和(重复的)商品空间之间的分隔与脱离。

这是一种取向,既不丰富,也不匮乏。但是它的确指明了一种意义,也就是某些东西已经被感知到了,一个方向也被构想好了,一个有活力的运动正朝着界限渐次展开。然而,目前还没有出现称得上是具有系统性的成果。

3. 谁的文化? 谁的城市?①

沙朗·佐京

> **导读**
>
> 沙朗·佐京(Sharon Zukin),纽约城市大学社会学教授,当代美国著名的都市文化研究专家,著有《阁楼生活:城市转变中的文化与资本》《权

---

① 选自包亚明主编:《后大都市与文化研究》,上海:上海教育出版社 2005 年版。

利的地图：从底特律到迪斯尼乐园》等。其《城市文化》一书深刻细致地描绘了美国城市由计划型向市场型转化过程中文化所起的重要作用，分析了美国城市扩展的方式与它们越来越依赖的文化的种种"自动化"方面，其突出贡献在于揭穿了这种"自动化"文化的欺骗性与虚构性。佐京指出，这种欺骗性的、不合逻辑的文化已经成了美国向全世界推销的最重要的产品。作者详细记录了这些文化因素在街道上的各种体现方式、在人们日常生活中的各种反映方式，并且生动地描绘了这种文化的不同方面是如何强加在人们真实生活中的情景，以及生活在都市中的人们如何深受这种象征性经济与公共空间的合作蹂躏的。《城市文化》一书因为极具原创性，已经成为都市文化研究领域的经典之作，它不仅极大地提高了都市文化研究的分析深度，而且提供了其他研究著作所缺乏的许多崭新的细节性资料。

"谁的文化？谁的城市？"是《城市文化》的第一章。佐京指出，文化活动不仅能把城市中的人们拔出日常生活的泥沼，使之升入仪式化的快乐的神圣空间，它也是控制城市的一种有力手段。对城市的多样文化的控制，提示了控制从暴力、仇恨犯罪到经济衰退的种种城市问题的可能性。因此我们在接受城市的公共空间之前，有必要对它们对于城市生活的再现加以反思和质问。

文章从四个方面分析了城市文化。首先，佐京以曼哈顿中心城区为例指出了文化作为一种象征经济的作用。她指出，相当数量的新公共空间，从文化象征与企业资本的交织之中获得了它们特殊的形态。公共文化主要由那些拥有经济和政治力量的人们通过控制这些公共空间来塑造的，但公共空间在本质上是民主的。其次，佐京分析了文化作为经济基础的作用。一个城市的文化是这座城市的象征，它可以为城市吸引商机和企业精英，从而带动城市的发展。再次，佐京认为，文化是一种能够阻止空间的手段，组织文化景观的能力带来了权力。最后，佐京分析了城市公共空间中的安全与种族的问题。公共空间中常常发生漫无目标的暴力和以特殊人群为目标的仇恨犯罪，城市里的年长者常常有恐惧感。又由于公共空间里社会公德的下降和公共权威的逐渐消失，私人保安力量迅速成长。在这种情况下，一些弱势的种族和人群成了利用过他们的美国人的他者和被蔑视、被提防的"其他人"。

[文献]

城市经常因它们代表了人类社会最低级的本能而受到批评。它们是建筑上的庞然巨物与金钱崇拜的具体体现,是官僚机器的权力或者是金钱的社会压力的地图。我们这些居住于城市中的人,倾向于把文化视作这一所在的粗俗的解毒剂。那城市艺术博物馆或音乐厅,时髦的艺术陈列馆与咖啡馆,把民族传统转化为烹调标志的餐馆——这些文化活动据说可以把我们拔出日常生活的泥沼,升入仪式化的快乐的神圣空间。

但文化也是控制城市的一种有力手段。作为意象与记忆的来源,它象征着"谁属于"特定的区域。作为一系列的建筑主题,它在基于历史保护或地方"传统"的市区发展策略中起着重要的作用。随着本地制造业的消失和政府与金融的周期性危机,文化越来越多地成为城市的商机——它们的旅游胜地与独特的竞争优势的基础(对艺术、食物、时装、音乐、旅游的)。文化消费与满足这种消费的工业的发展,给城市的象征经济,即它生产象征与空间的可见能力,提供了动力。

……

对城市的多样文化的控制,提示了控制从暴力、仇恨犯罪到经济衰退的种种城市问题的可能性。文化多元主义及其相互敌视的派系引起的冲突——种族政治与城市暴乱——已经充分证明了这不过是一种幻觉。但随着公众的流动性变得越来越大,成分变得越来越多样,传统的机构——既包括政党也包括社会阶层——在表达个人的认同方面变得越来越无关紧要,创造城市形象、定格城市画面的文化力量正变得越来越重要。那些创造形象的人也塑造了一种集体的认同。不管是像迪斯尼这样的媒体公司,还是艺术博物馆或政客,它们都发展了公共文化的新空间。迪斯尼乐园、布莱恩特公园、索尼广场以娱乐为主的零售店,已经加入中央公园、百老汇剧院区和帝国大厦顶层等19世纪晚期和20世纪早期的重要公共空间。如果我们对它们对于城市生活的再现不加质问就接受了这些公共空间,那么我们就有屈服于一种在视觉上有诱惑力的、私有化的公共文化的危险。

象 征 经 济

所有穿过曼哈顿中心城区的人,都会面对象征经济。相当数量的新公共空间,从文化象征与企业资本的交织之中获得了它们特殊的形态。

……

在四十二街上,我的办公室对面的布莱恩特公园,被视作近年来在纽约创造的最成功的公共空间之一。在一个阶段的衰落、荒废、每日为流浪汉与毒品贩子所占据之后,一个由当地的不动产拥有者与他们主要的公司租户组成的非赢利性商业协会,称作布莱恩特公园,在时代广场建造一家旅馆和一个主题公园。并且,作为一个雇主,迪斯尼已经重新定义了工作的角色。通过提出一个正在崭露头角的服务经济的转变模式,迪斯尼已把C.莱特·米尔斯在1950年代描述的白领工作者转化为执行"灵活"任务的一种新的变色龙。在迪斯尼公司总部的计划者是所谓的"想象师";在它的主题公园里面化了妆引导人群的人则成了"剧组成员"。迪斯尼的经验提示,象征经济不仅仅是它提供的服务的总和。象征经济统一了金融、劳动、艺术、表演和设计的物质实践。

文化经济的突出地位也促成了一种有关差别的语言的产生。它提供了一套区别的编码,是夹杂在民主化的主导话语中的一种杂音。……城市内部的贫民区里对时尚十分敏感的青少年,都热心地模拟 Armani A/X、Ralph Lauren Polo 名牌店里的最新货品,来做自己的"行头"。要求公正的不谐和音被转化成了对牛仔裤的一致需要。文化工业对公共空间的要求,产生了 20 世纪后半叶的城市暴乱的炫耀的反政治。

象征经济把房地产和名牌服装一样进行再循环。视觉上的炫耀今天在美国和欧洲的城市起作用,因为地点的身份是由其提供愉悦的场所建立起来的。……在布莱恩特公园,巨大的白色篷帐和有顶棚的人行道为纽约时装设计师的春季和秋季展示准备好了布景。一年两度,公园里到处是时装媒体、狗仔队、店家购买者和超级模特,他们在做着文化的生意,并使布莱恩特公园重新成为一个充满生命力的、重要的地方。我们这些纽约人自愿地成为时装业的戏剧的参与者。作为文化的顾客,我们被卷入了象征与空间的相关的生产。

随着城市与社会越来越强调视觉化,迪斯尼公司和艺术博物馆在定义公共文化上起着越来越突出的作用。我所指的是,首先,公共文化已成为产生为人数巨大的人群所接受的意象的一种过程。在这一意义上,文化工业和文化机构进入了政府留下的真空。

……

我也把公共文化看作是建立在社会的微观层次上。它由组成了街道上、商店里、公园内——那些我们感受到城市里的公共生活的空间——的日常生活的社会交往所产生。置身于这些空间,以某些方式利用它们,并赋予它们我们自我和我们的社区的感觉——把它们占为我们所有,反过来也被它们占为它们所有——的权利,组成了一个在不断变化的公共文化。拥有经济和政治力量的人们有最多的机会,通过控制石头和混凝土建造起来的城市公共空间的建筑,来塑造公共文化。但公共空间在本质上是民主的。谁能够占有公共空间并定义城市的形象,是一个没有确定答案的问题。

纯粹用视觉上的术语来谈论城市文化,对创造了象征经济的政治和经济的物质实践是不合理的。但是一种严格的政治-经济学的方法也不能揭示社会分别的视觉与空间策略的微妙力量。如我在《权力的景观》(*Land Scape of Power*,1991)一书中所提出的,城市象征经济的兴起根源于两种长期的变化——相对于郊区和非市区空间的城市的经济衰退,与抽象的金融投机的扩展——也根源于从20世纪70年代和80年代开始的一些短期的因素,如新移民的大规模拥入,文化消费的发展,身份政治的商品化。这是一种包容一切的、结构的、唯物主义的观点。如果我是对的,那么假如不理解下面的这几样东西,我们就不能谈论今天的城市:

- 城市如何利用文化作为经济基础?
- 利用文化作为资本如何发展为公共空间的私有化和军事化?
- 文化的力量如何与恐惧的美学相关联?

作为经济基础的文化

假使我们把旧的马克思主义的关于社会基础及其上层建筑的关系的理论颠倒过来的话,我们可以把文化视作生产基本商品的一种方式。实际上,文化为几乎所有的服务业提供了基本的信息,包括象征、模式与意义。……因为文化是一个产生象征的系统,所以诱使人们购买某一商品的任何企图都成了文化产业。

……

从一种观点来看,文化机构使得一座城市在吸引商机与企业精英上赢得了相对于其他城市的竞争优势。文化促成了名牌产品的连贯性与一致性。……在20世纪70年代的美国和欧洲城市,文化已更多地成为地方政府和商业联盟的商业策略里的一种工具。在战后的经济转变中,谁能建造最大的现代艺术博物馆,就显示出谁的金融部门最有活力;谁能把滨水区从破败的码头转化为公园和游艇补给区,就显示出谁最具有扩大管理和专业人才团队的潜力。这也许是对郊区的工业园区和办公区域的无法克服的孤立主义挑战的一种合理的回应。像詹姆士·罗斯(James Rouse)这样的规划与发展商认为,城市通过打美学的多样性这张牌,可以抵抗郊区在视觉上的同质性。

但文化也显示了这样一支劳动力队伍的存在,它十分适应从20世纪60年代开始的降低了的收入预期的革命。相对于挥金如土的饶舌乐和摇滚乐歌手,"高雅"文化生产者是生活在边缘上的;多数视觉艺术家、艺术场馆的管理人员、演员、作家和音乐家的收入表明,他们肯定习惯于清苦的生活。但是,相对于其他产业中的工作人员而言,艺术家在工作任务和上班时间上有灵活性,并不总是参加工会,显示出驯服甚至"文雅"的性格。

……

作为组织空间的手段的文化

几百年以来,城市的视觉再现"推销"了城市的发展。形象,从早期的地图到有照片的明信片，不仅仅是反映了真正的城市空间；相反，它们是对一座城市的纪念碑性质经过想象的重组。20世纪视觉媒体的发展，使得照相和电影成了组织城市空间的最重要的文化手段，至少直到70年代。从那时起，随着《金刚》一类的超现实主义转变为《银翼杀手》(Blade Runner)，与再发展开始集中于消费活动，物质的风景本身——建筑、公园和街道——成了城市最重要的视觉再现。

《哈里，如果我跟你说了，你会懂吗?》是文化组织空间以投射一个城市发展的形象的更为超现实的例子。1991年，代表抽象画家阿尔·赫尔德的安德雷·埃默里希画廊，在五十八街和麦迪逊大道之间的高级商业区租用了几间底层的零售商业用房，来展示赫尔德的一组大型油画。……这个除了赫尔德的色彩鲜艳的油画以外空空荡荡，只有在水泥地和粗大的柱子上临时设置起来的灯光的店面的景象，让人想起了苏荷在通过用文化来吸引中产阶级向破败地区移居，来提升房地产价格的成功。不然的话它就是表明了经济的不断衰退，使得空出的空间逐渐为象征经济所占据。

……

在所有城市里更多的普通形式的视觉再现在节日、体育场和购物中心，把文化活动和大众喜爱的形象联结在了一起。尽管这些可以被简单地贬低为支持新的办公建筑的"吸引顾客的廉价商品"，但我们也应理解它们为象征经济产生了空间。

……

把公共文化跟商业文化联系起来，对社会认同与社会控制来说具有重要的意义。保护一种形象的社会生态，经常需要一个鉴定家看待过去的眼光，需要通过重新塑造城市的集体记忆来再读社会阶层的区分和金融投机的可见操作。

……

但是把新的形象吸收进城市的视觉再现可以是民主的。它可以整合而不是离间社会与种族的集体，它也可以帮助形成新的集体认同。在纽约市，加勒比海地区的移民每年组织一个很大的活动，即西印度群岛裔美国人日狂欢节大游行，每年的劳工节在布鲁克林的东花园大道举行。这一游行在从这一地区的许多小国来的移民中间创造了一种泛加勒比海地区的认同是起了很大作用的。这一游行也为大卫·N. 丁金斯(David N. Dinkins)市长在1989年所说的多种族人口的"美丽拼图"提供了旁证。

安全，种族与文化

公共文化最易受到的威胁来自日常的恐惧：人身攻击，漫无目标的暴力，以及以特殊人群为目标的仇恨犯罪。这些身处公共空间可能碰到的危险彻底破坏了开放的原则。恐惧感对于住在城市里的年长者来说有如家常便饭,就像时间与空间对他们的侵蚀一样。……因此人们如想融入公共文化,城市对于他们来说并不太安全。

建造更多的监狱、使用死刑都是"严厉惩处"罪犯的极为平常的手段。我在公共汽车上听到一个男子说道,"将所有人都关起来。"他一时激动,竟将解决办法简化到了极端,甚是可笑。另外一个办法便是将公共空间私人化和军事化,如将街道、公园甚至是商店变得更加安全,但这样也少了几分自由,或是建造如大型超市或迪斯尼世界似的地方。这些地方只是因为许多人出于共同的目的去那才看似公共空间。如果从社会平等、民权与市场经济的角度来看,要想在公共空间强调社会各阶层的差别,并不那么容易。逃避现实导致了迪斯尼乐园对公共空间的私有化。它创造了一种与众不同,但最终却更为险恶的公共文化。

媒 介 技 术

一、媒介技术革命与当代文化变迁

"媒介",从其本义来看,意指中介、介质、工具,是"使双方发生关系的人或事物"(《辞海》)。古汉语时期,它有"媒人""介绍人"的意思。如《左传·桓公三年》:"会於嬴,成昏於齐也。"晋杜预注:"公不由媒介,自与齐侯会而成昏,非礼也。"《旧唐书·张行成传》:"观古今用人,必因媒介,若行成者,朕自举之,无先容也。"在西方,"媒介"(media①)源于拉丁文medium,意指"中间"。据雷蒙德·威廉斯考证:"从16世纪末期起,这个词在英文中被广泛使用,最迟从17世纪初起,具有'中介机构'或'中间物'的意涵。"②"中介"是"媒介"的广义内涵,此时其英文表述常常是单数形式medium。之后,媒介的含义发生了变化。到19世纪中叶,其复数形式media开始被普遍使用,媒介被视为"传播媒介"的狭义意蕴逐渐生成,并于20世纪初成为一种普遍用法。此时,media慢慢衍化为单数形式,意即"能使传播活动得以发生的中介性公共机构"。今天,这一术语的技术性成分开始被强化,"它越来越被定义为技术性媒介,特别是大众媒介。有时它用来指涉传播方式,但更常用于指涉使这些方式成为现实的技术形式(比如收音机、电视机、报纸、书籍、照片、影片与唱片)"③。本章我们对媒介的论述选其狭义内涵。

媒介对文化具有无与伦比的影响力和建构力,所谓"媒介即讯息",要义正在于此。媒介在我们每天经验性日常生活中的重要性丝毫不亚于吃饭、睡觉的必

---

① media,其汉语译文既可以是"媒介",也可以是"媒体",两者在英语中没有区别,是一个词。在中国有差异,一般来讲,媒体指大众传播媒介,如报纸、电视、广播等,其外延要比"媒介"小。但很多情况下,两词可以互用。

② [英]雷蒙德·威廉斯:《关键词:文化与社会的语汇》,刘建基译,北京:生活·读书·新知三联书店2005年版,第299页。

③ [美]约翰·费斯克等编撰:《关键概念——传播与文化研究辞典》(第二版),李彬译,北京:新华出版社2004年版,第161—162页。

需品,它内在地影响着生活方式。借用雷蒙德·威廉斯关于"文化即生活方式"的定义。毫无疑问,这意味着媒介内在地影响文化。

媒介对文化的影响如此重要,以至于它对整个人类社会历史发展的进程都具有重要意义。美国传播学者梅尔文·L.德弗勒认为人类历史的发展与传播媒介的阶段性发展密切相关。加拿大传播学家麦克卢汉则直接在文明史和媒介演进史之间画等号,认为媒介的变迁决定着文化的走向,或者说文化的变迁主要因为媒介的变迁。正是因为媒介对历史走向的决定性影响,美国传播学家唐尼·史契瓦滋甚至认为媒介是人类的"第二上帝"。

在麦克卢汉和德弗勒眼中,一部人类文明史也就是一部人类发明、使用、更新媒介的历史。远古时期,信息传播和文化传承的主要方式是面对面的口耳传递,感官是传播的主要媒介。这种传播形式极大地维护了权威的地位,有利于一种驯服式文化的建构和生成。随着拼音文字的发明,文化传播有了一个偏向于时间保存和空间转移的载体,文化的封闭性被突破。特别到 16 世纪,随着谷登堡印刷机的发明使用,文化的传播范围大大扩展,驯服式文化逐渐走向了一种祛魅式文化。文艺复兴和启蒙运动正是在这样的背景下登上历史舞台的。印刷文化有助于培养人的理性能力,并逐渐培育和建构了个人主义的理性主体和西方的理性文明与理性传统。这种趋向为西方文化设定了"现代性"的文化价值观念。到了 19 世纪,随着电报、电话、摄影等的发明使用和后来广播、电影、电视等"信息方式"和"第二媒介"的加盟,媒介在技术上出现了历史性的变革和跨越,逐渐呈现出电子化趋势。此时,印刷媒介在传播中的主导地位全方位地易位给电子媒介。

主导媒介的这种变易使得传统立基于印刷媒介的文化受到冲击和弱化,并转向一种新的依赖于电子媒介的文化形态。学者们在考察这一问题时,总会自觉不自觉地视新传媒为文化与社会转型的契机。这也是信息社会、传媒社会、电子社会、消费社会、后工业社会、后福特社会、全球资本主义社会、晚期资本主义社会、后现代社会等术语常常互换的一个原因。

从经验生活层面来看,今天,如波斯特所言,"信息方式"已经取代"生产方式"而居于社会结构的中心。这从多个方面质疑了传统意义上的生活和生存语境,重塑了现象学意义上的现代生活经验。戴维·阿什德总结道,社会秩序越来越成为一种经由电子传播和中介的秩序,衣食住行、游戏休闲、工作学习、研究乃至战争等生活领域的实践方式和思维方式都谦恭地接受了媒介的改造和训诫,"身份、个人经历、信誉、权威以及诺言等所有的一切均被信息技术和传播范式触及"①。

---

① David L. Altheide, *An Ecology of Communication: Culture Formats of Control*, New York: Walter de Gruyter, 1995, "preface," p. xi.

从社会形态角度来看,新媒介充当了生产社会向消费社会转型的桥梁角色。这一转型的原因很多,几乎涉及社会结构中的所有问题。首先是经济基础须发展到一定阶段,能够为社会转型提供生产力方面的保证(即转型的可能性和可行性);其次是观念层面(包括哲学、道德、宗教、艺术等)的变化,这些变化能够让人产生一种对于"消费"的特殊需求和文化情怀。新媒介在这两方面都发挥了重要作用。在观念层面,由它所表征的媒介文化影响并改变了大众关于经济、政治、道德、美学、认知、宗教等方面的传统观念,最终生成一种与"消费"相关的新观念,这种观念滋养并刺激着大众的消费欲求,帮助其做出"理性"的消费选择。新媒介在基础层面也发挥了重要作用,今天蓬勃发展的信息产业就是明证。从学理上讲,媒介本身是资本的一种运作形式,是资本的一种操演舞台,它常常身体力行地参与资本实践,赚钱是硬道理。更为重要的是,它有着巨大的号召力和招兵买马的本领。它善于团结,善于鼓动其他文化形态加入资本操演行业,从而营构一个庞大的资本操演序列。它就像深海中的涡流,凡经过的海水都会接受它的旋转逻辑。同时这些加盟的海水又会增大涡流的声势,从而吸引更多海水加盟。这是一个简单的物理学推理,将被解喻为媒介对于社会各领域的施为效果,即包括政治、教育、科学、法律、文化、道德、艺术等领域的文化在媒介的作用下,均不同程度地向资本靠拢,并最终内爆为消费文化,表现出与资本逻辑的一体化趋向。

从文化角度来看,新媒介在文化与社会的后现代转型中发挥了关键性作用。麦克卢汉认为,印刷媒介有助于创造一种理性的文明,而电子媒介的文化特征倾向于非理性;印刷媒介是对感官功能的切割,使人成为非部落化的人,电子媒介则是重新整合,使人重新回到部落化状态。所以,电子媒介创造了一种彻底有别于传统印刷文化的新型文化样式,这种新型的文化样式本质上是一种带有浓厚的后现代气息的文化表征,虽然麦克卢汉没有明确使用这个词语。与麦克卢汉相比,让·波德里亚的看法更为明确。他认为现代电子传媒方式的关键特征在于它引入了一种新型文化原则,即与口头传播和印刷媒介相比,电子媒介生产一种由拟像建构的仿真的文化形态。这种仿真文化对现代社会的表征逻辑起瓦解和贬斥作用,它不符合现代性的任何形态,常常成为现代性立场的一个坚决的和难以遏制的对抗者,因而这种新媒介的文化逻辑被视为促成文化与社会后现代转型的一支中坚力量[1]。

在文化与社会的后现代转型中,真、善、美等观念领域均发生了本质性变异。

---

[1] 在1980年《论虚无主义》之前,波德里亚从未使用过"后现代"一词,但他的理论无疑是后现代理论的典型代表。参见[美]道格拉斯·凯尔纳、斯蒂文·贝斯特:《后现代理论——批判性的质疑》,张志斌译,北京:中央编译出版社2004年版,第163页。

就真而言,符号对实物的僭越产生了拟像——一种比真实还要真实的"超真实"文化形态,而拟像筑构了仿真的文化秩序。拟像与仿真从人的无意识领地入手,谋杀人的辨真力,进而主宰大众的判断和评价标准,重构人的真实观。就善而言,享乐主义在新媒介的鼓噪和激发下盛行,从而替代了传统清教主义以节俭为基础的道德规范,道德的核心语素被置换。今天,道德越界行为已成为社会的普遍问题,并为消费社会默许。于是偷情无罪,道德越界无罪,道德在今天不再成为一个问题。另外,信息过剩,道德因受到过多刺激而趋于麻木,而集体旁观成为这个时代的道德仪式。就美而言,艺术和美学俯首于技术的逻辑,并全方位向商品化社会投降,呈现为犬儒式姿态。换个角度说,艺术和美学开始向消费社会全面渗透,所谓"日常生活的审美呈现"并不简单是美学消费化,而是美学的一种新的霸权和扩张。但此时审美的合目的性受到质疑,其核心要素距离、体验、风格、无功利性、自由等受到不同程度的冲击和解构。同样,政治、法律、宗教等领域也发生了类似性质的变异。

"媒介即讯息",麦克卢汉很早就提醒我们,媒介技术革命带来的不仅是传播方式和交流习惯的革命,更重要的是社会转型、文化变迁和时代语境的改写。尼克·波兹曼也强调说,媒体具有一种隐蔽的却是强有力的暗示来定义现实世界,媒介即隐喻。所以,在新媒介的大力作用下,一切原有的坚固防线和运作逻辑都受到了质疑,都等待着重新界定、呼唤着新的阐释和理解。

二、新媒介文化诸形态

新媒介对我们的生活方式和文化方式造成了巨大影响,那么围绕它的使用又生成了哪些文化形态,这些文化形态又有哪些特点呢?我们先从界定新媒介的内涵和外延开始。

1. 界定新媒介

新媒介是一个相对的概念,没有任何一种媒介能永恒地占据这一命名。在不到五百年的时间里,印刷机就把这一称谓从雕版印刷术那里攫取过来。四个世纪之后,它又把该称谓拱手让给了无线电广播和电视媒介。之后在不到一个世纪的时间里,"新媒介"像乱世时期皇帝的玉玺一样被反复易手。今天,网络媒介、手机媒介、数字电视等电子媒介暂执牛耳。

正是因为新媒介称谓的这种相对性,关于其外延的界定至今仍有争议。大致而言,学界有两种说法:一种较为宽泛,泛指电子媒介,相对于传统印刷媒介来说它是新媒介。这种电子媒介不仅指网络、手机、数字电视,而且也包括传统电视、电影、电话、电报、传真等,其前身可远溯到1844年美国人莫尔斯发明的莫尔斯电码和1876年美国人贝尔发明的电话。另一种专指网络、手机、数字电视等20世纪90年代以来成熟并迅速普及的数字化媒介。它不仅相对于传统印刷媒介,而且相对于传统电影、电视、电话来说都是新媒介。

站在媒介发展的宏观历史背景下,我们倾向于认同后一种关于媒介外延的界定方式,但在具体论证时我们也强调历史发展的连续性,把它的外延适当延展。比如,依照狭义定义,数字电视是新媒介,传统电视是旧媒介。但在实际生活中,这两种电视的文化效果和文化影响并不像理论定义那样泾渭分明,而是具有连续性和承继性。理论往往强调断裂(或者说理论给我们的感觉是断裂),而经验则是连续的。我们很难分清电视的文化影响中哪些是传统电视的,哪些是数字电视的,两者的文化影响和文化施为效果并不是截然不同和毫无关联的。所以对待例如数字电视的新媒介时候,我们会把传统电视适当引入。

就其内涵而言,新媒介以电脑技术和网络技术为核心,采用数字化的编码形态,所以智能化和数字化是其首要特征。从其功能设计来看,新媒介的功能呈现融合趋势,也即多媒体化,比如电脑和手机均是一机多用。从其现实操作而言,互动性是其与传统媒介的重要差异,新媒介的出现改变了传统媒介单向、中心—边缘式的传播方式。另外,新媒介的出现史无前例地融合了人际传播、群体传播和大众传播几种重要的传播样式于一身,网络和手机即是明证。

2. 新媒介文化诸形态

上文我们提到,使用媒介不单是媒介的问题或传播学问题,更是生活方式的问题,涉及文化的深层建构机制。所以,围绕新媒介的使用,会生成一种与建基于传统媒介相迥异的新型文化形态,即新媒介文化。网络文化、移动通信文化、传统媒介数字化之后的文化形态是其主要文化形态。下面我们以网络文化和手机文化为代表加以阐释。

(1) 网络文化

生活中我们所说的网络主要指互联网,或称因特网,它是目前世界上最大的国际性互联网络,万维网(World Wide Web,简称为"www")是其最为重要的应用方式。网络媒介的技术特征,有几点需要我们把握:其一,网络只是整个网络媒介的传输甬道。一般来讲,完整的传播媒介包括发送端、传播甬道、接收端三个组成部分。对媒介的命名通常用发送端或接收端的名称,只有网络媒介使用传播甬道来命名。其二,需要与计算机合作。计算机是整个网络媒介的发送端和接收端。所以,网络媒介的特点与计算机的技术特点息息相关。其三,与传统传播媒介相比,网络媒介是一个无限巨大的多媒体综合平台,它能够同时传输文本、图像和声音信息,集多种媒介(报刊、广播、电视、通信等)功能于一身,是一个远胜于报纸、广播、电视等三大传媒的"第四媒体"[①],保罗·莱文森称之为"一切媒介的媒介"[②]。

网络媒介的功能强大,包括远程登录、信息查询、实时通信(电子聊天、电子邮件)、商务、新闻、论坛、博客、播客、维客、休闲、娱乐、游戏、教育、医疗、购物等。它已经深深地影响了我们的经济方式、感知方式、政治模式、民主方式、公共空间、伦理规范、宗教观念、哲学观念等。毫无疑问,围绕网络媒介功能的生产和使用已经成为一种文化,即网络文化,也称赛博文化(cyber culture)。

如今,网络文化已经成为主流文化之外最大的亚文化。虽为亚文化,其功能和影响却远远胜于主流文化。它包含两种文化类型,一是传统传媒的数字化形态,如报纸、图书的电子版;一是基于网络功能本身而产生的新型文化,如网站、网页、论坛、网聊等。其通常的思考要点如下:

一是模拟、虚拟与仿真。网络文化的突出特点是全方位模拟现实生活。凡是现实生活中存在的文化活动,在网上都有相应的表征形式。从商务、购物、交易到游戏、交往、性爱等领域,普遍采用了仿现实的叙事方式。这种对现实生活的模拟决定了网络文化本质上是一种虚拟文化。这种虚拟文化具有仿真性,它模拟生活而又独立于生活,变得比真实还要真实,从而改变了人的真实观念和对生命存在方式的理解。

二是双向互动与网络民主。网络文化具有双向互动性,它给受众以极大的参与空间,改变了此前受众接受的被动局面,如博客文化、论坛文化、维客文化等。正因其民主效应,波斯特才冠之以特殊命名"第二媒介",以显示其与不具有民主效应的传统媒介的区别。

三是赛博空间与身份叙事。同为"空间",但网络空间,即赛博空间与传统物理空间却大相迥异。这使得身份位置和身体位置从此不再同一,身份问题由此成为当代媒介文化的一个热点。

(2) 手机文化

手机是当代最为典型和影响最大的移动通信媒介。

手机媒介的主要特点大致有:其一,说话的移动化。由此突破了媒介不能边移动边说话的历史性局限;同时也保证了说话者随时随地与人说话的可能性,从而使手机具有实时实地功能。其二,手机媒体化。短信的使用使手机从一种通讯终端逐步演变为信息终端,手机越来越媒体化,其作为"第五媒体"的说法获

---

① 这是一个官方认定的概念,1998 年 5 月联合国秘书长安南在联合国新闻委员会上将网络媒体命名为继报纸、广播、电视之后的"第四媒体"。

② [美]保罗·莱文森:《数字麦克卢汉——信息化新纪元指南》,何道宽译,北京:社会科学文献出版社 2001 年版,第 7 页。

得了越来越多的认可。其三，巨大的媒介包容性。手机把互联网、计算机、无绳电话、传呼机、电视机、收音机、录音机、播放器、摄像机、照相机、游戏机、计算器、商务通、备忘录、名片夹、通讯录、遥控器、报纸、日历、玩具、电灯、定位仪、地图、钟表、银行卡、虚拟货币等我们能够想象和接纳的诸多媒介功能整合进自己的范围，最大限度地体现出今天媒介融合的趋势，成为继互联网这个"一切媒介的媒介"之后新一代信息方式之王者。

手机的广泛普及促成了一种新兴的产业形式：拇指经济。今天，短信、彩信、手机上网等业务的收益已经在移动、联通等通信公司的利润中占到越来越高的比重。拇指经济的繁荣发展促就了一种新的文化形态——拇指文化的兴起。这种由手机短信、手机小说、手机文学、手机报、手机电视、手机网络、移动博客等形成的拇指文化，其思考要点主要包括：

一是身体问题。一则手机斩断了约束人的"脐带"，屏蔽了媒介对物理位置的规定，从而有效地把人的身体从媒介物理位置的束缚中解救出来，让主体无所不在；二则手机改善了身体的工作效率，增大了注意力的分配范围；三则手机赢得了身体的信任，与身体黏合在一起，并化身为身体的一个部分；四则手机让身体成为——实时、远程、互动的通信系统。

二是身份问题。一则身体位置不再有效地决定个人身份，从而使私人领域与公共领域、办公与休闲、公开与私下场合界限趋于模糊（从而也使得隐私问题受到干扰）；二则手机加快了使用者身份变化的频率。

三是社会交往问题。手机促进了主体间性的各种社会关系的发展，突出表现在：① 交往密度、数量、范围、频率和可能性的增加；② 交往性质的变化，促进了一种新型的利益性主体关系，从而解构和淡化了传统地缘型和血缘型占主导的主体关系；③ 手机隐去了能够显示彼此等级身份的物理语境，从而在某种程度上对社会等级关系产生了冲击和影响。

四是互动与民主问题。手机是一种个人媒介，与电视、广告等大众媒介的一个重要区别就在于，其使用主体并不完全处于被动接受状态，而是需要主体深度参与和积极建构的一个社会性和实践性很强的媒介。另外，手机促进了电视、广播等媒体的民主效应，促进了这些媒体与其受众（即信息生产者和接收者）之间"间性"交流。

五是新的作者观念和阅读方式。手机体现了一种典型的对作者观念的解构，一则表现在写手文化，很少人会在意短信的真正作者——写手；二则表现在短信转发行为，接受者瞬间成为发送者，作者不再重要。就阅读方式而言，产生了阅读与移动相结合的新的阅读方式，这与传统书呆子式的阅读有些类似，不同的是，一个走向了阅读深度，一个则在平面飘移。

当然,新媒介文化的表现形态,除网络文化和手机文化之外,还有多种表现形态,如数字电影、数字电视、楼宇液晶电视、数字电话、数码相机、数码DV等。其文化特征与网络文化、手机文化有相仿之处。

3. 新媒介文化的特征

新媒介文化既包括网络文化、手机文化等新生媒介的文化形态,又包括数字电视等传统媒介的数字化文化形态。前后两类存在文化差异是必然的,但同为新媒介文化,它们也有一些相同的特征。

从新媒介文化的社会属性来看,它生长于消费社会同时服务于消费社会,不可避免地打上了消费社会的时代烙印。消费社会的基本逻辑是资本至上、消费至上,商业化自然而然就成为新媒介文化的基本属性。商业化属性要求文化以娱乐化形态呈现,因为娱乐的性质是休闲的、通俗的(非精英少数的)、吸引人的、适合消费和刺激消费的,也即好赚钱的(娱乐永远是赚钱的招牌和诱饵)。文化娱乐化的一个重要结果是享乐主义生活方式的盛行。在这样的文化语境下,生产社会所尊崇的清教伦理已经为"浪漫主义伦理"(坎贝尔语,即新的快感伦理)所取代,从而引发道德观念的变异。因为一切都可消费,一切都服务于资本增值,一切都可通过货币丈量,所以资本和货币毋庸置疑就成了时代新的图腾和信仰,宗教观念的变化也在所难免。

从新媒介文化文本的呈现形态来看,毫无疑问,新媒介文化这种由图像、声音、文字多媒介一体化占主导地位的表征形态已经击败了传统由印刷文字占主导的表征形态,由此引发了人类文化史上的表征转向。对于这种转向,有人将其概括为"图像转向"或"视觉文化转向"(如阿莱斯·艾尔雅维茨),有人称之为"声觉空间"(如麦克卢汉),也有人称之为"听觉文化"(如沃尔夫冈·韦尔施)。这些表述虽然差异较大,但其要义和内在精髓则是一致的,它们的表征形态都呈现为感性化的趋向。传统文字表征是一种理性化的表征形式,它追求经典、深度,依靠阐释,压制感性。当下新媒介文化的表征形式恰恰是对这一压制的叛逆,它追求通俗,呼唤大众化,不需要深度。今天,置身于历史的制高点,这场反动的确有对数千年被压制的感性的解放意味和正名效应,充满了浪漫主义气息。然而这一反动也带来无深度、肤浅化、表面化、图像扩张、审美泛化、拟像化的效果,产生出感性化转向的帝国主义式的效果。

从新媒介文化的技术处理角度观察。首先,在文化制作方面,数码复制(或称电子复制)取代机械复制而成为新媒介文化最为基本也最为重要的技术手段,其广泛运用引发了文化泛化、同质化和拟像化的效果。积极价值在于文化民主化效应和表征完美化效果的生成,消极价值在于造成文化质量的肤浅化、平面化以及非真实化。其次,在文化传输方面,趋零化时空效果体现了新媒介在新一轮时空压缩中的卓越战功,这样的结果表现为文化对于当下性、即刻性、流动性、求新性的顽固追求以及时间感、历史感的丢失与时间线性的根本断裂;表现为地域的消失以及由此带来的全球化与地方化、普遍化与个别化、同质化与差异化二律并存的文化形态。

三、媒介文化理论要义

1. 研究流派

早在20世纪30年代,随着电影等新媒介的出现,法兰克福学派就曾作过细致的思考。一直到今天,媒介文化研究领域出现了许多较为成熟的理论流派,主要有:① 德国法兰克福学派,至今已历经三代,代表人物有本雅明、霍克海默、阿多诺、马尔库塞、哈贝马斯等人以及20世纪70年代之后崛起的韦尔默尔和奥非。② 符号学与后结构主义,以法国为基地,代表人物有巴特、德里达、波德里亚,旁涉到美国的希利斯·米勒、马克·波斯特。③ 英国文化研究学派,代表人物有威廉斯、霍尔、格拉斯哥大学媒介组的成员、托尼·本尼特、约翰·斯道雷、大卫·莫利、约翰·菲斯克、格雷厄姆·默多克、彼得·戈尔丁等。④ 加拿大多伦多派,代表人物有哈罗德·A. 英尼斯、麦克卢汉及麦氏后继者约书亚·梅洛维茨、尼克·波兹曼、保罗·莱文森等。⑤ 美国经验学派,或称行为学派,代表人物有哈罗德·D. 拉斯韦尔、保罗·L. 拉扎斯菲尔德、韦尔伯·L.施拉姆、卡尔·I. 霍兰德等。⑥ 其他属于宽泛的后现代主义领域但不易归类的学派或人物,如道格拉斯·凯尔纳、沃尔夫冈·韦尔施、弗雷德里克·杰姆逊、迈克·费瑟斯通、居伊·德波尔、戴维·哈维、安东尼·吉登斯、丹尼尔·贝尔、尼葛洛·庞帝、大卫·里斯曼等。

在传播学领域中,一般把法兰克福学派和英国文化研究称为批判学派,以与美国经验学派相区别。今天,就文化批评而言,经验学派因其科学主义、实用主义和经验实证主义倾向,而与文化批评所关心的人文主义、终极价值和理论定性阐释的宗旨相悖。所以严格来说,它不在文化批评研究之列。但就媒介研究今天的发展现状而言,两者常相互借用,呈现出融合的迹象。

2. 研究领域

媒介文化研究主要围绕机构、文本、受众三个领域展开,这与文学研究中围绕作者、文本、读者的模式是相通的。美国学者拉斯韦尔曾谈到传播活动的几个构成要素:"谁在说""说什么""通过什么渠道""说给谁""取得什么效果"。这就是著名的拉斯韦尔模式,又称"5W"模式。这几个构成要素紧密地围绕媒介研究的三个领域展开。第一、三两个环节属于"机构"这一领域。其中"谁在说"涉及媒介传播的权力控制问题,也即媒体如何被商业和政治利用的问题,从而构成了媒介研究的政治经济学方向。如默多克、戈尔丁的英国马克思主义媒介研究。"通过什么渠道"涉及媒介技术问题,从而构成了媒介分析的技术分析方向。如麦克卢汉的技术决定论。第二个环节"说什么"属于内容分析,即文本分析方向。它主要研究文本的意义以及文本意义的生成机制,其专注点往往在社会学层面或审美方面。如罗兰·巴特的符号学分析,波德里亚对电视广告的分析等。最后两个环节属于受众分析方向,主要考察媒介文化的接受者(观众、听众、读者)是如何解读媒介文本,媒介文本又是如何对其发生影响的。比如法兰克福学派的消极观众论、约翰·费斯克的受众游击活动理论、戴维·莫利对电视观众的研究以及女性主义理论对于妇女阅读肥皂剧的解读等。受众理论大致围绕"皮下注射"和"使用与满足"两种受众研究模式展开。总体来看,机构、文本、受众这三个方面环环相扣,共同组构了一个完整的媒介文化活动。大体而言,每一个重要流派都会涉及对这三个领域的论述,但不同流派会有一些偏好。如英国文化研究偏好受众研究和媒介政治经济学研究,法国符号学和后结构主义理论偏好文本研究,加拿大多伦多学派和德国法兰克福学派则偏好媒介机构研究。

3. 研究态度

态度问题涉及研究者的价值判断和价值诉求,涉及研究者发现问题与解决问题的方法思路,深层涉及研究者史观问题。态度是一个无法避开的话题,凡研究者都要有自己的态度,无态度本身也是一种态度。所以媒介研究的态度问题需要我们重视。一般而言,媒介文化研究的态度有三种:① 乐观论(以本雅明、麦克卢汉、莱文森为代表);② 悲观论(以阿多诺、马尔库塞、霍克海默、德波、波德里亚等人为代表);③ 客观论(如梅洛维茨)。乐观论基调昂扬,迎合了历史发展的潮流,对新生事物也有一种包容心态,比如麦克卢汉的"媒介是人的延伸"理论、莱文森的媒介"人性化趋势"理论,他们更多看到媒介对人主体性表面的张扬而没有看到对人主体性潜在的消解和破坏效应,只看到媒介文化的新生部分而忽视了其背后流失部分的价值;而后者恰恰是悲观论者密切关注的内容,但悲观论的错误在于它忽视了"发展"一词的基本含义,它眼中只有"消亡""终结",而对媒介潜在的积极价值,却视而不见。两种态度针锋相对,虽各有所囿,但也各有道理。"只要人类把机械看作异己之物,同时又对它有着某种认同,那么人类就将继续表现出对技术的矛盾感情。"① 某种程度上,客观派正是同时看到了媒介

---

① [英] 丹尼·卡瓦拉罗:《文化理论关键词》,张卫东等译,南京:凤凰出版传媒集团、江苏人民出版社2006年版,第211页。

的正负效果，所以认为很难对其效应做出价值评价。客观论不轻易表明自己的态度，显得较为"明智"，但给人以明哲保身之感。

当然，每一种态度有其合理之处，也有不合理之处。我们要做的不是因其有弊端而去避开态度和价值判断。相反，我们需要站在宏观的历史学视野，认清问题的来龙去脉和因果关联，对当下文化观念既要有包容心态，以避开先入为主的成见偏见，同时又要有批判立场，如此才能在合规律性与合目的性的关系中做出正确的定位与调整。

4. 研究方法

媒介文化的研究主要有符号学、马克思主义、社会学、女性主义、精神分析批评等方法。符号学分析方法从媒介文化的文本（如影视节目、网络文化等）出发，旨在考察意义在文本中的生成方式。比如电影就常常使用符号学方法来分析文本，这种方法后来逐渐演变成一种独立的电影分析方法，即电影符号学。马克思主义分析方法是将马克思主义的一些概念，如异化、霸权、意识形态、阶级冲突等应用到媒介分析的方法。它是一种典型的社会批判分析，其基本内容是将媒介视为权力操纵的工具。法兰克福学派、英国马克思主义学派以及杰姆逊、波德里亚，甚至包括早期巴特等人的媒介理论，均不同程度受到马克思主义的影响。社会学的分析方法是从社会学层面，而不仅是权力和阶级斗争角度来关注媒介文化。比如"皮下注射"理论、"使用和满足"理论等都是社会学视角下对大众使用媒介原因的探讨。社会学分析方法也从马克思主义那里汲取过营养，所以它与马克思主义研究有一些重合之处。女性主义分析严格来说应该属于社会学分析，因之在媒介文化分析中影响越来越大，以至成为一种较为独立的研究方法。它主要探讨女性在媒介文化中的形象、传媒对女性行为的影响、女性对媒介文化的接受以及性别话语权力等方面的内容。精神分析批评则是运用精神分析学的一些概念来分析媒介文化，它往往从文本中的一些符码入手，深入到人的潜意识和无意识心理深处，从中探讨出一些意识层面不易觉察、结果有趣但又常常富于争议的问题。如麦克卢汉在《机械新娘》一书中对广告的分析。

5. 研究焦点

近些年媒介理论的研究，多集中在主体、受众、权力、意识形态、终结论等焦点问题的探讨上。比如，在主体的问题上，麦克卢汉认为媒介是人主体功能的一种延伸，是生命借助无机体获得的一种延续，它弥补了生命不在场的缺憾，充当了人突破自身有限性的重要方式。其弟子莱文森也认为人在与媒介的对话过程中始终处于主体地位，媒介的发展呈现出一种合乎人性的"补偿式"发展趋势。与麦氏师徒对主体问题的理解不同，波德里亚则对主体在与媒介对话过程中逐渐反主为客式的被动地位深表忧虑，他认为人类对于技术的发展越来越难以驾驭，客体的逻辑最终会取代主体的逻辑，从而导致"致命策略"的产生。受众问题也是一个备受争议的问题，法兰克福学派的"消极受众论"与伯明翰学派的"积极受众论"正好形成对立。权力和意识形态问题也获得了深入的探讨，其探讨角度已经从政治领域渗透到大众日常生活领域，从宏观角度逐渐细化为微观的探讨。终结论则是21世纪初发生在中国学界的一场有关媒介技术与文学命运关系的学术争论。随着米勒和德里达理论的来访①，学界展开了文学在媒介的冲击下是否"终结"、如何"终结"等问题的争论。

每一种理论都建基于经验实践。今天，媒介技术的发展速度已经超出了人类对它的接受和适应速度，我们很难对技术的未来做出切实的预测。这就要求我们时时保持对现实的敏感和警惕，并不断提高理论水平以与现实达成尽可能平衡的对话关系。

---

① 即《文学评论》2001年第1期米勒的文章《全球化时代文学研究还会继续存在吗？》。文章提到，随着电信技术的扩张，文学、哲学、精神分析学乃至情书的命运都在劫难逃。

文献导读

1. 媒介即是讯息[①]

马歇尔·麦克卢汉

导读

马歇尔·麦克卢汉（Marshall Mcluhan，1911—1980），加拿大多伦多大学传播学教授，20世纪西方最重要的媒介理论家，《纽约先驱论坛报》曾赞誉他为"继牛顿、达尔文、弗洛伊德、爱因斯坦和巴甫洛夫之后最重要的思想家"，说他是"IT时代的先知，赛博空间的圣人"。历史证明，麦氏的确不愧为电子时代的先知和代言人，"第二媒介时代"的种种文化征候已经深刻地印证了麦氏的超人预言。麦氏的思想大致经历了从批判否定到乐观肯定的历程。前期代表作为《机械新娘——工业人的民俗》(1951)，主要研究广告媒介，该书也是历史上第一部研究广告的学术专著；而乐观主义媒介观的代表作则是《理解媒介——论人的延伸》(1964)，该书为麦氏赢得了世界性声誉。总体而言，乐观主义是其主要思想倾向。在麦氏的理论中，他用"媒介"替换了马克思理论的关键词"经济"，所以他的理论常被人诟为"媒介本体论"或"媒介决定论"。

《理解媒介》一书分上下两个部分，上部为理论篇，下部是应用篇。在该书中，麦氏提出了一连串经典、智慧、幽默、精彩的理论见解，如媒介是人的延伸、媒介即讯息、热媒介和冷媒介、过热媒介的逆转、后视镜、内爆、声觉空间等。在应用篇里麦氏又对古今26种媒介作了细腻而智慧的分析，由此确立了自己的"大"媒介观，即正文我们所谓的广义的媒介概念。值得一提的是，"媒介"一词作为正式的学术语汇，首次亮相还是在麦氏的著述中，麦氏是第一位将其作为理论对象的学者。

《媒介即是讯息》是《理解媒介》一书的首篇文章。"理解媒介"意即理解媒介的影响，麦氏认为，媒介的最大影响在媒介形式而非内容。他借用艾略特的话说，内容像一块肉，窃贼用它来干扰思想看门狗的注意，形式本

[①] 选自[加]马歇尔·麦克卢汉：《理解媒介——论人的延伸》，何道宽译，北京：商务印书馆2000年版。

身才是真正的表演,形式远较内容重要。他说,每一种媒介都是人体的延伸,每一种延伸都会在我们的事务中引进一种新的尺度,而新的尺度创造了新的自然、新的语法、新的文化环境,这对文化变迁起到决定性的影响,远非媒介的传播内容可比。此即"媒介即讯息"命题的意蕴所在。全文论题专一,围绕"媒介即讯息"这一论题,麦氏联系经验举了大量事实例证。比如电的最大作用不在照明,而在于它"消除了人际组合中的时间差异和空间差异","使人深深卷入自己所从事的活动之中"。铁路的文化价值也不在运输了什么,而在于它"加速并扩大人们过去的功能,创造新型的城市、新型的工作、新型的闲暇"。麦氏还深入历史,详细阐释了印刷媒介等媒介形式对文化的建构和影响。他认为,印刷文化的兴起培养了西方的理性主义和个人主义文化传统,电子文化则是非理性的,由此他谈到媒介与东西方文化的不同,谈到英美等国因媒介不同而导致的文化差异以及媒介与法国民族性建构之间的密切关系。总之,"媒介即讯息"理论是麦氏理论的核心,麦氏所有的立论均以此为基础和前提。今天,这一命题已经为经验、理论,甚至于科学实验所证实,已经成为媒介研究的一条基本思路和方法指导,是传播学和文化研究中一条早已被经典化了的黄金命题。

[文献]

我们这样的文化,长期习惯于将一切事物分裂和切割,以此作为控制事物的手段。如果有人提醒我们说,在事物运转的实际过程中,媒介即是讯息,我们难免会感到有点吃惊。所谓媒介即是信息只不过是说:任何媒介(即人的任何延伸)对个人和社会的任何影响,都是由于新的尺度产生的;我们的任何一种延伸(或曰任何一种新的技术),都要在我们的事务中引进一种新的尺度。比如说,由于自动化这一媒介的诞生,人的组合的新型模式往往要淘汰一些就业机会,这是事实,是其消极后果。从其积极因素来说,自动化为人们创造了新的角色;换言之,它使人深深卷入自己的工作和人际组合之中——以前的机械技术却把这样的角色摧毁殆尽。许多人会说,机器的意义不是机器本身,而是人们用机器所做的事情。但是,如果从机器如何改变人际关系和人与自身的关系来看,无论机器生产的是玉米片还是卡迪拉克高级轿车,那都是无关紧要的。人的工作的结构改革,是由切割肢解的技术塑造的,这种技术正是机械技术的实质。自动化技术的实质则与之截然相反。正如机器在塑造人际关系模式中的作用是分割肢解的、集中制的、肤浅的一样,自动化的实质是整体化的、非集中制的、有深度的。

电光源的例子在这方面可以给人以启示。电光是单纯的信息。它是一种不带讯息(message)的媒介。除非它是用来打文字广告或拼写姓名。这是一切媒介的特征。这一事实说明,任何媒介的"内容"都是另一种媒介。文字的内容是言语,正如文字是印刷的内容,印刷又是电报的内容一样。如果要问"言语的内容是什么?",那就需要这样回答:"是实际的思维过程,而这一过程本身又是非言语的(nonverbal)东西。"抽象画表现的是创造性思维的直接显示,就像它们在电脑制图中出现的情况一样。然而,我们在此考虑的,是设计或模式所产生的心理影响和社会影响,因为设计或模式扩大并加速了现有的运作过程。任何媒介或技术的"讯息",是由它引入的人间事物的尺度变化、速度变化和模式变化。铁路的作用,并不是把运动、运输、轮子或道路引入人类社会,而是加速并扩大人们过去的功能,创造新型的城市、新型的工作、新型的闲暇。无论铁路是在热带还是在北方寒冷的环境中运转,都发生了这样的变化。这样的变化与铁路媒介所运输的货物或内容是毫无关系的。另一方面,由于飞机加快了运输的速度,它又使铁路塑造的城市、政治和社团的形态趋于瓦解,这个功能与飞机所运载的东西是毫无关系的。

我们再回头说说电光源。无论它是用于脑外科手术还是晚上的棒球赛,都没有关系。可以说,这些活动是电灯光的"内容",因为没有电灯光就没有它们的存在。这一事实只能突出说明一点:"媒介即是讯息",因为对人的组合与行动的尺度和形态,媒介正是发挥着塑造和控制的作用。然而,媒介的内容或用途却是五花八门的,媒介的内容对塑造人际组合的形态也是无能为力的。实际上,任何媒介的"内容"都使我们对媒介的性质熟视无睹,这种情况非常典型。只是到了今天,产业界才意识到自己所从事的是什么业务。国际商用机器公司发现,它的业务不是制造办公室设备或商用机器,而是加工信息;此后,它才以清楚的视界开辟新的航程。通用电器公司获取的利润,很大一部分靠的是制造灯泡和照明系统,它还没有发现,正如美国电话电报公司一样,它的业务也是传输信息。

电光这个传播媒介之所以未引起人们的注意,正是因为它没有"内容"。这使它成为一个非常珍贵的例子,我们可以用它来说明,人们过去为何没有研究媒介。直到电光被用来打出商标广告,人们才注意到它是一种媒介。可是,人们所注意的,并非是电光本身,而是其"内容"(实际上是另一种媒介)。电光的讯息正像是工业中电能的讯息,它全然是固有的、弥散的、非集中化的。电光和电能与其用途是分离开来的,但是他们却消除了人际组合时的时间差异和空间差异,正如广播、电报、电话和电视一样,它们使人常常卷入自己所从事的活动之中。

......

托克维尔①是第一位深明印刷术和印刷品精义的人物,所以他才能解读出法国和美国即将发生的变革,仿佛他正在朗读一篇递到他手上的文章。事实上,法国和美国的19世纪对他来说正是一本打开的书,因为他懂得了印刷术的语法。所以他也知道印刷术的语法何时行不通……

托克维尔在较早一些的有关法国革命的著作中曾经说明,18世纪达到饱和的出版物,如何使法国实现了民族的同一性。法国人从北到南成了相同的人。印刷术的同一性、连续性和线条性原则,压倒了封建的、口耳相传文化的社会的纷繁复杂性。法国革命是由新兴的文人学士和法律人士完成的。

然而,英国古老的习惯法的口头文化传统却是非常强大的,而且中世纪的议会制还为习惯法撑腰打气,所以新兴的视觉印刷文化的同一性也好,连续性也好,都不能完全扎根。结果,英国历史上最重要的事件就没有发生。换言之,根据法国革命的路线方针而组织的那种英国革命就没有发生。美国革命需要抛弃的,除了君主专制之外,没有中世纪的法律制度。许多人认为,美国的总统制已经变得比欧洲的任何君主制更加富有个人的色彩,已经比欧洲的君主制还要更加君主制了。

托克维尔就英美两国所作的对比,显然是建立在印刷术和印刷文化基础上的,印刷术和印刷文化创造了同一性和连续性。他说英国拒绝了这一原则,坚守住了动态的或口头的习惯法传统,因此而产生了英国文化的非连续性和不可预测性。印刷文化的语法无助于解读口头的、非书面的文化和制度的讯息。英国贵族被阿诺德可怜巴巴地归入未开化的野蛮人,因为他们的权势地位与文化程度无关,与印刷术的文化形态无关。格罗切斯特郡的公爵在吉本②的《罗马帝国衰亡史》出版时对他说:"又一个该死的大部头书,唉,吉本先生?乱画一气、乱写一通、胡乱拼凑,唉,吉本先生?"托克维尔是精通文墨的贵族,他可以对印刷物的价值和假设抱一种超脱的态度。只有在这样的条件下,站在与任何结构或媒介保持一定距离的地方,才可以看清其原理和力的轮廓。因为任何媒介都有力量将其假设强加在没有警觉的人身上。预见和控制媒介的能力主要在于避免潜在的自恋昏迷状态。为此目的,唯一最有效的办法是懂得以下事实:媒介的魔力在人们接触媒介的瞬间就会产生,正如旋律的魔力在旋律的头几节中就会释放出来一样。

福斯特(E. M. Forster)在《印度之旅》中用戏剧性手法表现东西方文化的差异,揭示了口头的直观的东方文化与理性的、视觉的西方经验模式遭遇时那种无

---

① 托克维尔(Alexis de Tocqueville,1805—1859)——法国政治家、旅行家、史学家。
② 吉本(Edward Gibbon,1737—1794)——英国著名史学家,《罗马帝国衰亡史》是启蒙时期代表作,在近代史学中占重要地位。

能为力的情况。当然,理性对西方来说一向意味着"同一性、连续性和序列性"。换言之,我们把理性和文墨、理性主义和某种特定的技术联系起来了。因此,对传统的西方人来说,电力时代的人似乎变成了非理性的了。在福斯特的这部小说中,男女主人公到达巴达巴尔山洞的时刻,正是西方印刷文化痴迷状态的真相和不合时宜暴露出来的时刻。亚德拉·奎斯特德的推理能力对付不了印度文化整个的无所不包的共鸣场。在山洞中的经历之后,小说写道:"生活一如既往,可是没有任何影响。换句话说,声音不再回响,思想也不再发展。一切东西似乎都被连根切断,因而受到了幻觉的侵染。"

《印度之旅》(书名取材于惠特曼,他认为美国正在走向东方)的寓意所指,视觉和声音之间、感知和经验组织的书面形式和口头形式之间的最后冲突,业已降临到我们头上。正如尼采所言,既然理解能阻止行动,那么借助弄懂媒介——媒介使我们延伸,挑起我们里里外外的战争——我们就可以节制这场冲突的激烈程度。

读书识字所引起的非部落化进程及其对部落人所造成的创伤,是精神病学专家 J. C. 加罗瑟斯一本书的主题,书名是《非洲人的精神健康与病变》(世界卫生组织,日内瓦,1953 年版)。本书的许多材料见他发表在 1959 年 11 月号《精神病学》上的文章,题为"文化,精神病和书面语"。这篇文章揭示了同样的情况:从西方输入的技术力量如何在偏远的丛林、草原和沙漠中起作用。有一个例子是贝都因人①骑着骆驼听半导体收音机的现象。洪水般滚滚而来的观念使土著人面临灭顶之灾,没有东西使他们做好准备去对付汹涌而来的各种观念。这就是我们的技术通常所发挥作用。我们在读书识字的环境中遭遇收音机和电视机时所做的准备,并不比加纳土著人对付文字时的本领高强。文字环境把加纳土著拽出集体的部落社会,使他搁浅在个体孤立的沙滩上。我们在新鲜的电子世界中的麻木状态,与土著人卷入我们的文字和机械文化时所表现出来的麻木状态,实际上是一样的。

电的速度把史前文化和工业时代商人中的渣滓混杂在一起,使文字阶段的东西、半文字阶段的东西和后文字阶段的东西混杂在一起。失去根基,信息泛滥,无穷无尽的新信息模式的泛滥,是各种程度的精神病最常见的原因。温德汉姆·刘易斯(Wyndham Lewis)的系列小说《人的时代》所写的就是这一主题。其中第一卷《儿童的屠场》所表现的正是作加速度运动的媒介变革,表现它如何屠杀天真无邪的人们。……

……

---

① 贝都因人——沙漠地区从事游牧的阿拉伯部族,住阿拉伯半岛、叙利亚、非洲。

……我们对所有媒介的传统反映是，媒介如何使用才至关重要。这就是技术白痴的麻木态度。因为媒介的"内容"好比是一片滋味鲜美的肉，破门而入的窃贼用它来涣散思想看门狗的注意力。媒介的影响之所以非常强烈，恰恰是另一种媒介变成了它的"内容"。一部电影的内容是一本小说、一个剧本或一场歌剧。电影这个形式与它的节目内容没有关系。文字或印刷的"内容"是言语，但是读者几乎完全没有意识到印刷这个媒介形式，也没有意识到言语这个媒介。

阿诺德·汤因比①一点不了解媒介是如何塑造历史的。不过他的著作中这一类的例子可真是俯拾即是，研究媒介的学者可以引用。有一个时期，他认真地指出，成人教育，比如英国工人教育协会所从事的成人教育，对于流行的出版物是一个有用的反击力量。他认为，虽然所有的东方社会都已经接受了工业技术及其社会后果，"但是在文化这个层面上，并没有出现与此相应的整齐划一的倾向"（《萨默威尔》第一卷第267页）。这像是文人在广告环境中苦苦挣扎时夸下的海口："就我个人而言，我根本不理睬广告。"东方各国人民对我们的技术可能抱有精神上和文化上的保留态度，对他们自己是一无好处的。技术的影响不是发生在意见和观念的层面上，而是要坚定不移、不可抗拒地改变人的感觉比率和感知模式。只有能泰然自若地对待技术的人，才是严肃的艺术家，因为他在觉察感知的变化方面，够得上专家。

17世纪货币媒介在日本的运作所产生的结果，与印刷术在西方的运作，不无相同之处。桑塞姆（G. B. Sansom）认为，货币经济渗入日本，"引起了一场缓慢的、然而是不可抗拒的革命，终于导致封建社会的瓦解。日本在二百多年的闭关锁国之后，终于又恢复了与外国的交往"（引自《日本》，克雷西特出版社，1931年，伦敦）。货币重新组织了各国人民的感性生活，正是因为它使我们的感性生活产生了延伸。这一变革并不取决于社会中生活的人赞同与否。

……

数百年来，人类在这方面的失败具有典型的意义，这是完完全全的失败。对媒介影响潜意识的温顺的接受，使媒介成为囚禁其使用者的无墙的监狱。正如利布林②在《出版业》一书中所云，倘使人看不见他所走的方向，他就不可能自由，即使他携枪去达到目的地，他也不能获得自由。因为每一种媒介同时又是一件强大的武器，它可以用来打垮别的媒介，也可以用来打垮别的群体。结果就使当代成为内战频仍的时代，这些内战并不仅限于艺术界和娱乐界。在《战争与人

---

① 阿诺德·汤因比（Arnold Toynbee，1852—1883）——英国社会学家、经济学家。遗稿《十八世纪英国产业革命讲稿》1884年出版。其侄阿诺德·约瑟夫·汤因比更有名气。

② 利布林（A. J. Liebling，1904—1963）——美国记者《纽约客》周刊评论员，以其幽默和广泛的兴趣而闻名。

类进步》中,内夫①断言:"我们时代的战争都是一系列聪明错误的结果……"

倘使媒介的塑造力正是媒介自身,那就提出了许许多多的大问题;可惜我们只能在此一笔带过,虽然它们值得用浩繁的卷帙大书特书。换句话说,技术媒介就是大宗商品或自然资源,酷似煤炭、棉花和石油。任何人都会承认,如果社会经济依赖一两种诸如粮食、棉花、木材、鱼或牲畜之类的大宗产品,结果就会产生一些显而易见的组织模式。太强调几种大宗产品,就会使经济极不稳定,但是它又造就人们极大的忍受能力。美国南部的怜悯和幽默,扎根于有限产品的经济之中。依靠几种商品而形成的社会,把这些商品当作社会纽带来接受,很像大城市把新闻当作社会纽带一样。棉花和石油,如同收音机和电视机一样,在人民的整个精神生活中变成了"固持的电荷"(fixed charges)。这一普遍的事实造成了一切社会的独特文化境观。每一种塑造社会生活的产品,都使社会付出沉重的代价。

……

2. 电视:文化形式与政治 ②

雷蒙德·威廉斯

> **导读**
>
> 雷蒙德·威廉斯(Raymond Henry Williams,1921—1988)的理论代表了英国文化研究中的文化主义范式。他认为近代英国社会的发展经历了一场漫长的革命,广泛涉及政治、经济和文化等多个领域。然而,人们只注意到政治、经济领域的变化,而对文化领域的变革却估计不足。由此他考察了18世纪至20世纪"文化"观念的演变情况,认为文化的外延正在经历一个从文学—道德领域到人类学领域的越界转向,社会的整个生活方式前所未有地与文化关联在一起,今天的"文化"已无所不包。威廉斯对文化的这一重新界定击碎了文化精英们对文化的后视镜式的理解,改变了大众文化和大众生活方式长期被理论蔑视,难登大雅之堂的局面,从而使大众文化获得了理论的合法性,英国文化研究也由此变得顺理成章。正是在这个意义上,我们说威廉斯对文化研究的贡献是基础性、方向性、开创性和历史性的。

---

① 内夫(John Ulric Nef,1862—1915)——美国化学家,美国建立研究生制度的领导人。
② 选自王逢振编:《电视与权力》,天津:天津社会科学出版社2000年版。

威廉斯将其对文化的唯物主义理解应用到电视文化的分析中,《电视：文化形式与政治》就是其中的一个例证。这篇文章由四篇小文章组成：写于加利福尼亚的《美国电视印象记》、1974年在剑桥大学的就职演说《戏剧化社会中的戏剧》、1982年发表于《伦敦书评》的文章《距离》以及针对1972年慕尼黑奥运会恐怖主义的《慕尼黑事件》。四篇文章相对独立又有一定关联，都是针对电视这一特殊的文化科技所作的经验描述或分析思考。

《戏剧化社会中的戏剧》一文是他在戏剧教授就职仪式上的演说辞。理解全文的关键词有两个："戏剧化社会"和"戏剧化社会中的戏剧"。前者意思是说电视等传媒技术带来了戏剧演出方式的变化（不再与剧场同在）、演出数量频率的激增（生活中到处充斥着戏剧）、观众数量和观看时间的增多以及观众"质"的变化（一种新型观众的产生，戏剧已成为日常生活的基本节奏和习惯经验），所有这些因素共同导致了社会文化性质的戏剧化发展趋向（戏剧再现已经成为日常生活的基本需要和习惯）。"戏剧化社会中的戏剧"，主要就传媒语境下实现文化扩张的戏剧文学的运作逻辑而言。这里，威廉斯主要强调了传媒社会中戏剧对传统再现领域的扩张和人类经验（特别是工人阶级生活经验）的拓展以及对戏剧"革命"价值的寄托和期待。其中，前者更倾向于社会学分析，后者则处于文学研究的视野。所以本文既属于文化研究，又属于文学研究，是一篇典型地体现威廉斯研究视阈多重性的文本。当然，透过本文也可见出作者思想变化的脉络，即其文化研究是从文学研究自然过渡而来，是文学的时代问题引导作者进入到传媒领域。所以，在今天文化研究盛行之时，传统问题如文学问题的当代状貌也须我们关注，而不能一味追逐热点。

[文献]

戏剧不再与剧院共同存在；现在，大多数戏剧表演是在电影和电视拍摄棚里进行的①。关于剧院自身——无论全国性剧院还是街头剧院——有着极为多样的打算和方法。各种新文本、新标志、新媒体和新惯例奋力推进，与我们自以为熟知的文本和惯例拥挤向前，但是，我发现这种现象令人困惑，原因就在于对立事物的存在。莎士比亚戏剧中的戏剧时间和连续场景、古希腊悲剧中复杂精细的节奏以及合唱队与三位演员之间的关系：我相信，当我们在电影或电视拍摄棚里观看剪辑台或编辑器时，或者当我们在街头或地下室里的临时剧院中看到

---

① 此处省略了这篇就职演说中的介绍部分。

演员与观众之间的新关系时,这一切会以新的方式发挥作用。

其次,我们还没见过哪个社会有这么多戏剧演出,或看过这么多演出。当然,观看有其自身的问题。观看本身已经变得有争议,因为按照字面意义,戏剧最初用于盛典活动:在雅典纪念狄奥尼索斯的节日里或在中世纪英格兰圣体节里,其时有四轮马车驶过大街。在伊莉莎白时代的伦敦,节目创新的商业剧院退出了盛典活动,但仍在固定地点举行演出,先在首都演出,然后在外省城市巡回演出。剧院既有过扩大又有过萎缩的经历。在王政复辟时期,伦敦的两家特许剧院——合法戏剧的垄断中心——很少满员。18世纪的外省剧院的建立,各种剧场和音乐厅的发展,19世纪后半叶伦敦西区剧院的扩展:所有这一切改变了盛典活动,但主要还是数量上的变化。正是我们所在的20世纪,在电影、广播和电视方面,戏剧的观众经历了质的变化。我的意思不仅仅指许多地方,在一段持续的时期内,有几千万人观看过《战舰波将金号》和《公共马车》,也不仅仅指目前有一千万到两千万人同时在电视上收看易卜生或奥尼尔的一部剧作。尽管观众数目巨大,这种扩展还是可以理解的。它意味着,大多数人能够在盛典活动和(特定)季节之外,第一次能够经常不断地观看戏剧。但是,这种扩展的真正新颖之处在于,它不只是特殊戏剧的观众问题(这种扩展如此之新,以致我认为很难参透其重要性)。戏剧以各种新的方式被纳入日常生活的节奏之中。仅就电视而言,一天之中,占人口大多数的观众看上三个小时的戏剧——当然观看的是各种各样的戏剧——是稀松平常的事情。并且不光一天如此,几乎天天如此。这就是我所说的戏剧化社会的部分含义。先前,戏剧在某一节日、某一季节、或作为有意识地到剧院去的一段旅程才有意义;包括纪念狄奥尼索斯或基督到观看演出。现在我们将戏剧当作习惯性的经验:许多人在一周之内观看的(电视)戏剧比从前大多数人在一生之中观看的戏剧都多。

难道这仅仅是一种广泛传播的人类习惯的扩展吗?就好像我们现在所吃的牛肉或穿破的衬衫,数量之多超过祖先的想象这类事情吗?当然,它看起来并不是一种线性的发展。不是偶尔看一看,而是经常观看电视上重复出现的各种表演动作,看电视的时间超过吃饭的时间,几近于工作或睡觉时间的一半,在我们这种社会中,作为大多数人的行为,这的确是一种新的形式和压力。如果我们能够同意,几百万人正在心平气和地观看的电视节目都是或大部分是垃圾,就像某些人所说的那样,那么,理所当然,就很容易会对这一显著事实感到惊恐或将其抹杀。事实是不会被抹杀掉的:如果情况属实,它将使这一事实变得更加不同寻常。而情况绝非如此。只有死去的文化才有可靠的衡量标准。意义重大的作品和无关紧要的作品,两者之间显见的、重要的和不同的比例是存在的,但尽管如此,今天,我们依然能够在国家剧院中发现庸俗之作,在警匪连续剧中发现极具独创性的剧作。批评鉴别既很重要,同时又无法预先假定。但就某一角度而言,它们在这种普遍存在的习惯面前是没有说服力的。我们不得不发问,在我们以及我们的同代人当中究竟是什么不断地吸引我们观看成百上千个表演动作,观看这些电视剧、这些表演和这些戏剧式表现?

答案取决于你是从哪一个角度问这个问题的。我是从观看以及促成这一不同寻常的过程本身提出问题的。但是我能听到(有谁听不到呢?)一些熟悉的声音:表情严肃的商人,他们的学徒和店伙计偷偷溜到岸边去①;一家之主和公学校长,他们的妻子和入学读英文的学生喜欢在早晨读小说和喜剧。这些严肃的人知道对当代加利福尼亚说些什么,在加利福尼亚早晨6点半你可以看到第一部电影,如果你真的愿意一试,你可以看七八部影片,再看随后重复时段中播放的新片。虚构,表演,无聊的梦想和替代的景观,同时满足懒散和欲望,通过消遣从消遣之中得到的消遣。它是一部厚重的、记载我们愚行的目录,甚至是一部总目录,但是,目前,几百万人将这本目录抛在脑后、弃之不顾。我们几百万人观看影子的影子,发现它们的实质,观看各种场面、情境、行动、争吵、危机,直到眼球疲惫不堪为止。生活的侧面,以前是在自然主义戏剧中生动表现的,现在成为一种自愿的、习惯性的、内在的节奏;情节和表演的流动(flow),戏剧性再现和表演的流动,提升为一种新的常规,一种基本需要的常规。

举例说,假如当年环球剧院有播放设备,我们不知道情况会怎样。在一定程度上,至少我们应当继续保留观众数量会增多这种假设。然而,我认为,实际发生的情况还不仅如此。实际上,还可以发现因果关系性质的各种因素。我们都习惯于说(这样说仍然有意义),我们生活在这样一个社会中,它既较为多变,又比较复杂,因此,某些关键方面相对来说更难了解,较以往大多数社会更不透明,然而,它们也更有持续不断的压力和穿透力,甚至更有决定作用。我们使用某种统计学方法试图从不透明和不可知之中解开的事物,让另外一种戏剧化方法解开了(统计学方法提供了有关我们生活方式和思考内容的概要和分析,比较精确的概要,以及更为精确的分析)。矿工和电厂工人,部长和将军,窃贼和恐怖主义者,精神分裂症患者和天才;一前一后的居室和乡村住宅;都市公寓和郊区别墅;卧室兼起居室和山区农场;形象、典型、再现;一种关系开始,一场婚姻破裂;由金钱或疾病或混乱或骚乱引发的一场危机。不只是因为所有这些被再现出来,而是因为多数戏剧现在都将这种实验性的探索方式视为自己的功能;发现一个主题,一个背景,一种境遇;同时有几分强调新奇性,强调将那种生活中的一些内容置入戏剧之中。

---

① 岸边区在英国伦敦泰晤士河南岸,旧时为剧院密集的区域——译注。

当然,所有的社会都有其隐晦和不可知的领域,有些是因为同意,有些是因为隐蔽。但是,好多代人以来,我们实际上还未触及到许多传统戏剧中清晰的公共仪式。正是由于这个原因,伟大的自然主义戏剧家们,从易卜生开始,离开了早期戏剧情节发展的宫廷、广场和街头。首先,他们设计出房间;封闭舞台上封闭的房间;生活主要在房间中进行,在房间里,人们等待着有人敲门,等待着信件或消息,等待着来自街头的大声叫喊,他们想知道什么事情将要在他们身上发生;什么事情将要贯穿和决定眼下他们自身依然紧张的生活。在我看来,从那些封闭的房间,封闭的和点着灯的构架房间,一直到我们观看电视定格形象的房间,存在一种文化持续性,我们在家里、在自己的生活中看电视,但同时需要观看我们所说的"外面"(out there)发生的事情:不是在外面某一条街道上或某一个特定社区中发生的事情,而是在复杂的以及在其他方面不聚成焦点的和无法聚成焦点的民族和国际生活中发生的事情,在这里,我们关注的领域和明显关注的领域,其范围之宽广是史无前例的,别的大陆上发生的事情进入我们的生活也就是几天和几周之后的事情——以最糟糕的形象,在几个小时和几分钟之内即可进入我们的生活。然而,我们的生活依然在这里,基本上在这里,和我们认识的人在一起,在我们自己的房间里,在朋友和邻居们的相似的房间里,并且他们也在看电视:这样做不仅是为了了解公共事件,或是为了消遣,而且是出于对形象的需要,对(戏剧性)再现的需要,再现各种人在各种处境和地点的生活状况。这或许是华兹华斯在早期阶段所见到的情况的全面发展,当时,街上的人群(新型的都市人群,他们在身体上很密切,但依然是陌生人)已经失去了任何共同的和稳固的人的观念,因而需要再现——广告牌上的形象,各种新型符号——来模拟(simulate)人类的身份,即便不是为了证实人类的身份:在这个紧张和焦虑而且困窘和混乱的私人头脑世界之外,生活是什么样子。

　　这是一种说法。新的需要,新的展现,它们在共同的运动中走向形象的流动,走向不断再现的流动。这种流动不同于复杂程度和易变程度较小的文化,在这些文化中,意义的再现、秩序的展示,清晰、准确、严格地在某些固定地点进行,在特殊的场合、节日、体育比赛的日子或列队行进赞美诗的日子里举行。但这里不仅仅是需要和展现:它们既被制作出来,又被使用。不断的戏剧再现被当作日常习惯和需要而吸纳到生活之中,所以在最简单的意义上,我们的社会已经被这种吸纳戏剧化。但是,实际的过程要更加活跃。

　　戏剧是相当普遍的表现、再现和指意过程的特殊使用。高高在上的权力地位——显要的皇家戏台——在历史上早在戏剧表演舞台之前就已经建立了。权力在等级制分类中、在显著的前进队列中的表现,先于目前再现的戏剧状态的方式。它们通过恰到好处的动作、语言,以已知的常规形式来表现诸神,或使观众能够理解他们。目前戏剧经常与所谓的神话和仪式联系在一起,以致很容易地得出一般的观点。但是这种关系不能被归结为通常不够严谨的联系。戏剧为了达到新的特定的目的而将某些共同方式完全分离。它既不是向公众揭示神意的仪式,也不是要求保持重复的神话。它是特定的、积极的、互动的综合:一种情节发展而不是一个动作;是从临时性的实用或巫术目的中有意抽象出来的一种开放的实践;以复杂的方式向公众和多变的情节发展开放仪式;它超越了神话,戏剧性地表现神话和历史。正是这种活跃多变的实验戏剧——而不是已知的符号和意义的封闭世界——凭借自身的权利和力量获得了成功;实验戏剧经常在危机和变革时期出现,此时,一种秩序已经为人所熟知,并且在形式上依然存在,但是,经验在向它施加压力,检验它,构想着与其断裂和将其替换;实验戏剧在已知的过去行为的范围内,可以戏剧性地表现未来的行为,并且每一种都以特定的表演形式互相矛盾地呈现出来。现在我们尤其需要看到这一点,因为现在通常意义上的神话和仪式已被历史的发展打破,实际上它们不过是一种学者和思想家的怀旧和修辞,然而,表现、再现和表意的基本社会进程又前所未有的重要。戏剧脱离了固定的符号,确立了它与神话和仪式、与统治人物和国家进展之间的永久距离;完全由于历史和文化的原因,戏剧闯入了一个更加复杂、更加活跃和更喜欢探究的世界。……

……

我们当前的社会——反复讲简直令人痛苦——在一种显见的意义上,具有足够的戏剧性。吸引戏剧比较的某种类型和范围的情节,在演出之后给我们留下的感觉是,我们一直无法确定自己是旁观者还是参与者。描绘戏剧方式的专门词汇——戏剧本身,然后是悲剧、剧情说明、情境、演员、表演、角色、形象——不断地以成规的方式被擅自用于这些庞大的情节。现在有人可能经常感觉到,如果只有演员表演,只有戏剧家写脚本,事情就会变得更容易。但远非如此。在所谓的公共舞台上,或在公众的眼里,荒谬可笑而又貌似可信的人物一再出来表现我们。具体的人被吹捧到具有临时普遍性的地位,这个过程是如此活跃和复杂,以致我们经常得到邀请去观看他们排演,或讨论他们的脚本。……

相信这个普遍的戏剧化过程的任何一部分常常是很难做到的。如果我们在其他时期或在其他地点或从其他地点来看它,可以看到它趾高气扬和烦恼不堪,听到它的机器开始发出吱嘎吱嘎的声音。在危机时刻,我们有时候离开这所社会剧院,或者很容易地在里面沉睡。但是,这些不仅仅是角色和脚本;它们是惯例。当你见到一条惯例的时候,实际上已经意识到它,这时候它可能已经开始失效。在许多人视为表现了我们的形象—意识(imageconscious)的公共世界的戏剧性行为之外,有一种更加严肃、更加有效、根基更加深厚的戏剧:意识自身的戏剧化。"我替英国说话"在模仿知名人士的台词中频频出现,但因为我们正在参加试演,看别的演员是否适合角色,我们依然可以有保留意见;我们甚至可以说:"我就在这里,用不着你替我说话。""一点儿不错,"这个人泰然自若地回答,对他的角色满有信心,因为在这时候一种不同的意识、一种比较深刻的戏剧化开始发挥作用了;"你替自己说话,但我替英国说话。""英国在哪里?"你很可能惊讶地环顾四周,考虑问这个问题。在天气好的时候,登高望远,可看到大约五十英里以外的地方。但是你知道一些地方,便会想起其他地方;你有记忆、定义和一部历史。

……

《就职演说》,剑桥大学,1974 年 10 月 29 日

3. 编码,解码①

斯图尔特·霍尔

导读

斯图尔特·霍尔(Stuart Hall,1932—2014),生于牙买加,后移居英国,曾任英国《新左派评论》主编、伯明翰大学"当代文化研究中心"(CCCS)主任和开放大学社会学系主任、终身教授。他是当代英国最为重要的马克思主义文化理论家之一,新左派运动的创始人,伯明翰学派的领军人物和文化研究的精神领袖,被称为"文化研究的同义词"。其代表作有:《仪式抵抗:战后英国的青年的亚文化》(1976)、《编码/解码》(1980)、《文化 传媒 语言》(1981)、《调控危机》(1982)、《艰难的复兴之路:撒切尔主义与左派的危机》(1988)、《现代性的构成体》(1992)。

霍尔理论之所以备受关注,是因为他实质性地将文化研究推向当代传媒和大众日常生活领域;在研究理路上,霍尔把法国结构主义引入文化研究,整合了威廉斯以来文化研究的文化主义范式;具体研究中,他紧密关注意识形态问题,关注文化如何在不同意识形态的斗争中产生(这也正是文化研究的真髓),文化研究的关键词由此从"文化"过渡到"意识形态",也即从表层进入深层。

---

① 选自罗钢、刘象愚主编:《文化研究读本》,北京:中国社会科学出版社 2000 年版。

本文选自《编码,解码》。霍尔认为传播过程应该作为整体进行研究,媒体社会效果的产生不是单凭生产,它需要与消费环节合作。生产过程利用符码生产"信息"(即编码[encoding]),建构媒介文本;流通过程则需要对这一"信息"解码(decoding)以使其进入社会实践的结构之中。这两个过程紧密相连,但不完全对称,两者之间没有必然的一致性。所以,在意义的生产上,媒体文本不可能表达出受众期待的所有意义,受众有可能以媒介文本没有预设的方式解读文本。当然,不同解码方式的运用仍然是社会和文化的结果,阶级、种族、性别、年龄等要素暗中规定和制约了受众可能性的解码策略。

《编码,解码》一文的中心要义在于文本意义不是文本自身的专利,而是处于文本与受众的动态对话之中。这一理论对媒介文化研究产生了重要影响,它改变并实现了媒介文化研究从文本分析向文本—受众分析关系的转移,为莫利等人的受众研究提供了理论支持。

本文选取了文章的精华部分。其需要掌握的理论要点主要有:① 符码的自然化及其意识形态性(符码与某种意识形态相契合,所以对符码的选择,体现了对意识形态的选择);② 三种可能的解码方式:主控—霸权式(dominant hegemonic)、协商式(negotiated)或对抗式(oppositional)。文章中心始终围绕意识形态话题展开,编码体现了对意识形态的控制,解码体现了对意识形态的争夺。编码与解码之间的冲突体现了意识形态间的冲突和斗争,所以,媒介毋庸置疑充当了意识形态的角斗场。文章的具体论证深受结构主义和符号学方法影响,所以阅读时可以联系第三章所讲的相关理论。

[文献]
……

因此,既然不可能把研究限制在"仅仅产生于内容分析的渠道",我们就必须要认识到信息的话语形式在传播交流(从流通的角度看)中占有一个特殊的位置,要认识到"编码"和"解码"的诸多环节是确定的环节,尽管两者与作为整体的传播过程相比仅仅是"相对自治的"。一个"未经加工的"历史事件不能以这种形式通过电视新闻来传播。事件必须在电视话语的视听形式范围之内符号化。在以话语符号传送的这一环节中,历史事件服从语言所赖以指涉的所有复杂的形式"规则"。用悖论的方式讲,这个事件在变为可传播的事件之前,必须要变成一个"故事"。此时,话语形式的次要规则"占主导地位",当然这并不意味着使它所指涉的历史事件、使这种次要规则于其中发挥作用的社会关系、以及以这种方式被符号化的事件的社会政治后果不复存在。从信息来源到接收者的渠道中,"信息形式"是事件必要的"表象形式"。成为或脱离"信息形式"(或者符号交换的模式)的转换,不是我们可以随便看重或忽略的一个任意"环节"。"信息"形式是一个确定的环节;然而,在另一个层次上,它仅仅形成了传播学系统的表面运动,并且需要在另一个阶段融入到传播过程的社会关系中去,传播过程是一个整体,而它只构成这个整体的一部分。

......

然而,在某一环节上,各种广播结构必须以一个有意义的话语的形式生产已编码的信息。生产的制度—社会关系作为产品得以"实现"必须在语言的话语规则的制约下运转。这就启动了一个更具区别性的环节,在这个环节中,话语和语言的形式规则占有主导地位。在这个信息产生效果(不管如何界定)、满足一个"需要"或者付诸"使用"之前,它首先必须被用作一个有意义的话语,被从意义上解码。就是这组已解码的意义"产生效果"、发生影响、取悦于人、引导或者劝说他人,产生非常复杂的感知、认知、情感、意识形态或者行为结果。在一个"确定的"环节中,这个结构利用符码生产"信息":在另一个确定的环节中,"信息"通过解码而流入到社会实践的结构中。现在,我们完全明白,不能以简单的行为术语去理解对观众接收和"使用"的实践的二次进入。在关于种种孤立因素——效果、使用、"满足需要"——的实证主义研究中辨识出来的许多典型过程本身就是由理解的结构来架构的,也是由社会经济关系来生产的,社会经济关系在接收链条的末端促成诸过程的"实现",允许在话语中符号化的意义转换为实践或者意识(获得社会使用价值或者政治效果)。

......

电视符号是一个复杂符号。它自身是由两种类型的话语——视觉话语和听觉话语——结合而构成的。此外,用皮尔斯的术语来说,它是图像符号,因为"它拥有所再现的事物的一些特点"。这一点已经引起很多混乱,并为视觉语言的研究提供了激烈争论的场所。因为视觉话语将三维世界转译为二维的层次,它当然不能成为它所指称的对象或者概念。电影中的狗会叫却不能咬人;现实存在于语言之外,但它永远要依靠并通过语言来中介。我们所能知道的和所说的一切不得不在话语中并通过话语来产生。话语"知识"不是以语言明晰地再现"真实"而获得的产品,而是就真符号——即使在这里符码发挥着不同于其他符号的符码的作用。语言没有零度。自然主义和"现实主义"——对所再现的事物或者概念的明显忠实的再现——就是语言对"真实"的某种明确表述的结果和效果。

这是话语实践的结果。

当然,一定的符码也许广泛地分布在一个具体的语言群体或者文化中,人们在年幼时就开始学习它,以至于这些符码似乎不是建构的—符号和指称对象之间清晰表达的结果——而是"天生"就有的。在这个意义上,简单的视觉符号似乎已经实现了一种"近似的普遍性"(near-universality):尽管有证据表明,明显的"先天"视觉符码甚至都是文化—具象。然而,这并不意味着没有符码介入,而是意味着符码已经被深深地"自然化"了。对被自然化(naturalized)的符码操作并未指证语言的透明性和"自然性"(naturalness),而是揭示了使用中的符码的深度、习惯性及近似的普遍性。这些符码生产明显地"自然的"认知。这就产生了隐藏在场的编码实践的(意识形态的)效果。但是,我们一定不要被种种表象所愚弄。事实上,自然化的符码所证实的一切就是适应性的程度,在意义交流的编码和解码双方之间存在基本的相互联合、相互依存的关系——一种既成的对等时,它才产生。在解码一方,符码的功能往往会假定自然化感知的状态。这促使我们认为"奶牛"的视觉符号实际上就是(而非再现)动物奶牛。但是,假如我们思考畜牧业手册中奶牛的视觉再现——甚至更进一步,语言符号"奶牛"的视觉再现——我们就能明白,在不同程度上,两者在关于它们所再现的那个动物的概念上是任意的。利用指称对象的概念清晰地表达一个任意的符号——无论是视觉的还是语言的——不是自然的而是约定俗成的产物,话语约定论需要符码的介入和支持。因此,艾柯认为图像符码"看起来像真实世界里的事物,因为它们再造了电视观众感知的各种条件(即符码)"。然而,这些"感知的条件"是高度符码化的,即是实质上实的关系和条件准确用语言表述而获得的产品。这样,没有符码的操作就没有明白易懂的话语。因此,图像符号也就是符码化的是无意识的一系列操作——即解码过程的结果。这像任何其他一种符号一样,具有照片或者电视图像般的真实。然而,图像符号被"解读"为自然的,仅仅是因为视觉的感知符码流传得非常广泛,因为这种类型的符号比起语言符号来说较少任意性,语言符号"奶牛"不具有所再现的事物的任何特性,然而,视觉符号似乎带有该事物的一些特性。

……

初期,人们就争论,因为编码与解码之间没有必然的一致性,前者可以尝试"预先选定",但不能规定或者保证后者,因为后者有自己存在的条件。除非两者大相径庭,编码过程具有建构某些界限和参数的作用,解码过程就是在这些界限和参数中发挥作用的。如果没有界限,观众就可以简单地将他们所喜欢的一切解读成任何信息。人们无疑对这类符码存在着一些总体的误解,但是,这个广阔的范围必须包含编码时刻与解码时刻之间的某种程度的互换关系,否则我们根本就无从言及有效的传播交流。然而,这个"一致性"不是给定的而是建构的。它不是"天生的"而是两个截然不同的时刻之间表述的产品。并且,前者不能简单地决定或者保证会采用哪一些解码过程中的符码。否则,传播就会成为一个完全对等的流通,而每一条信息就会成为"完全明晰的传播"的一个实例。那么,我们必须要想到各种形式的表述,在这些表述中编码过程/解码过程得以结合起来。为了详细说明这一点,我们对一些可能的解码地位进行一次假想的分析,以便加强对"没有必然的一致性"这一观点的认识。

我们区别出三个假想的地位,由此可以建构电视话语的各种解码过程。这些过程需要从经验上予以检验和完善。但是,解码过程并非不可避免地依据编码过程,两者并不是同一的,这一论点加强了"没有必然的一致性"的论点。根据"被系统地扭曲的传播"理论,它也有助于解构"误解"的常识性意义。

第一个假想的地位是主导——霸权的地位(dominant-hegemonic position)。比如说,电视观众直接从电视新闻广播或者时事节目中获取内涵的意义,并根据用以将信息编码的参照符码把信息解码时,我们可以说电视观众是在主导符码范围内进行操作。这就是"完全明晰的传播"的理想——典型的情况——或者我们"为了所有的实践目的"已经尽可能达到了那个理想。在这种情况下,我们可以区分由职业符码促成的位置。职业广播员在对一个已经以霸权的方式指涉的信息进行编码时,占据的就是这一位置(由我们也许应该确定为"元符码"的运作来促成的)。职业符码对于主导符码来说是"相对独立"的,因为它运用了自己的标准并进行自己的转换操作,尤其是那些带有技术—实践特性的标准和操作。然而,职业符码是在主导符码的"霸权"内部发挥作用的。事实上,它恰恰是通过括除主导符码的"霸权"本质,代之以被置换的职业符码,从而再生产主导定义。职业符码将这样明显的中立—技术问题如视觉本质、新闻及演播价值、播映本质、"职业特性"等等凸现出来。也就是说,对北爱尔兰的政策、或者智利的政变、或者《工业关系法案》的霸权阐释,主要是由政治和军事精英们制定的;通过职业符码的操作,选择并结合具体挑选播映的场合与式样、挑选职员、选择影像和现场辩论。广播职员是如何既能以他们自己"相对自治的"符码进行操作,又能以这样一种方式活动,即对各种事件进行(并非没有矛盾的)霸权指涉的再生产,这是本文不能澄清的一个复杂的事情。专业人员不仅是通过广播机构自身作为一种"意识形态机器"所处的地位,而且还通过节目播放的结构(即系统地"超量播放"精选的精英人员和他们在电视节目中"对形势的界定")而与这些精英们联系在一起。能说明这一点也就足够了。甚至可以说,职业符码特别是通过不明显地偏爱主导方向的操作来再生产霸权性的定义。因而,此时意识形态的再生产"背地里"不经意地、无意识地发生了。当然,冲突、矛盾、甚至是误解也就经常在主导与职业意义之间及各自的符号代理之间有规律地发生。

我们将要确定的第二个地位是协调的符码（negotiated code）或者地位。大多数观众也许非常充分地理解什么已被界定为主导的、什么已被指涉为职业的。然而，主导的定义就是霸权性的，这恰恰是因为它们代表了对处于主导地位的（普遍的）形势和事件的界定；主导的定义将事件或含蓄或明显地与宏大的总体化、与宏大的组合的世界观结合起来：他们对各种问题采取"夸大的观点"，他们将事件与"民族利益"或者地缘政治学相联系，即使他们是以掐头去尾、颠倒的或神秘化的方式进行的；霸权观点的定义是(a) 它用自己的语言界定可能产生各种意义的精神世界以及社会或文化中种种关系的——完整层面。(b) 它带有合法的印记——它与关于社会秩序是"自然的"、"不可避免的"、"应当如此的"说法相联系。在协调的看法内解码包含着相容因素与对抗因素的混合：它认可旨在形成宏大意义（抽象的）的霸权性界定的合法性，然而，在一个更有限的、情境的（定位的）层次上，它制定自己的基本规则——依据背离规则的例外运作。它使自己的独特地位与对各种事件的主导界定相一致，同时，保留权力以更加协调地使这种主导界定适合于"局部条件"，适合于它本身团体的地位。从而，这种主导意识形态的协调观点通过矛盾得以萌芽，尽管这些矛盾仅在一定的场合下才可以全部看清。协调符码通过我们可称之为具体的或者定位的逻辑运作，而这些逻辑通过它们与各种话语及权力逻辑的有差别的、不平等的关系得以维持。一个协调符码的最简单的例子是，它控制工人对《工业关系法案》的观念的反应——这项法案限定罢工或论证冻结工资的权力。在"民族利益"的层次上，在经济辩论中，解码者可以利用霸权性的界定，同意"我们都必须要给予自己少一些，以便抵制通货膨胀"。然而，这也许与他/她愿意为了更多的工资和更好的条件去罢工，或者以车间或工会组织来反对《工业关系法案》很少或毫无关系；我们怀疑大多数所谓的"误解"产生于霸权—主导编码与协调—自治的解码之间的矛盾和分歧。正是各种层次上的不相称往往招致限定的精英和专业人员看出"传播中的失败"。

最后，电视观众有可能完全理解话语赋予的字面和内涵意义的曲折变化，但以一种全然相反的方式去解码信息。他/她以自己选择的符码将信息非总体化，以便在某一个参照框架中将信息再次总体化。这是电视观众的情况，他收听对限制工资的必要性的辩论，可是，每次都将提及的"国家利益""解读"为"阶级利益"。他/她利用我们必须称之为对抗的符码进行操作。一个最重要的政治环节（因明显的原因，它们在广播组织自身之内也与关键环节一致）就是开始对抗地解读以协调的方式进行正常指涉和解码事件的时刻。这时，"意义的政治策略"——话语的斗争——加入了进来。

商品消费

一、商品、劳动异化和商品拜物教

1. 商品和商品生产

马克思对资本主义的分析和批判是从商品开始的。在《政治经济学批判》中,他一开始便指出:"最初一看,资产阶级的财富表现为一个惊人庞大的商品堆积,单个的商品则表现为这种财富的原素存在。"这段话同样也成为《资本论》的开篇语,可见马克思对这个问题的高度重视①。商品的物质形态虽然是物,具有使用价值,但必须具备其他几个因素才能够成为商品:必须是劳动产品,没有劳动的参与产生价值,就不是商品;必须用于交换,如果只是生产者自己消费,也不是商品;必须具有使用价值和价值,否则也只是劳动的浪费和物品的耗费。

在《资本论》中,马克思区分了商品的二因素,即使用价值与价值。使用价值是商品的有用性,也就是商品能够满足人们某种需要的属性。每一种商品都具有使用价值,而且随着人们的生产实践和科学技术的发展而不断获得新的使用价值。商品不仅有用,还且还能用来交换,具有交换价值。斧子与大米之所以能够按一定比例交换,并非其使用价值,而在于剥离掉使用价值之后商品所剩下的属性,即它们都是劳动产品,在它们身上都耗费了一定的人类劳动。因此,这种凝结或物化在商品中的一般人类劳动,就是商品的价值。正是在这个意义上,马克思指出:"一切劳动,一方面都是人类劳动力生理学意义上的支出。并且,当作等一的人类劳动或抽象的人类劳动,它形成商品价值。一切劳动,另一方面又都是人类劳动力在特殊的有一定目的的形式上的支出。并且,当作具体有用的劳

---

① [德]马克思:《政治经济学批判》,中央编译局译,北京:人民出版社1976年版,第11页。在《资本论》中同样作为了全书的开头:"资本主义生产方式统治下社会的财富,表现为'一个惊人庞大的商品堆积',一个一个的商品表现为它的原素形式。所以,我们研究要从商品的分析开始。"([德]马克思:《资本论》第1卷,郭大力、王亚南译,北京:人民出版社1965年版,第5页。)

动,它生产使用价值。"①

在商品分析的基础上,马克思进一步分析了货币的出现和资本的产生。在马克思看来,随着商品基本矛盾(私人劳动与社会劳动的矛盾)的外在化和商品交换的发展,货币就产生了。在商品经济的发展中,货币具有了价值尺度、流通手段、贮藏手段、支付手段和世界货币等职能。在资本主义社会,资本家如果想从事某种生产活动,必须首先用一定数量的货币购买生产资料和劳动力。但是,货币本身并不就是资本。在马克思看来,"商品流通是资本的出发点。商品生产和已经发展的商品流通,商业,是资本所由发生的历史前提"。商品流通有两种形式:一种是直接的"为买而卖"(即 W—G—W),另一种则是"为卖而买"(即 G—W—G),"在运动中通过后一种流通的货币,转化为资本,成了资本,并且按它的性质规定来说已经是资本"。但是,如果整个的交换是等值不变的,这种"为卖而买"的商品流通并没有多大意义。资本之所以能够产生并具有不可替代的意义正在于,在这一流通过程中,出现了价值的增量(G′),即出现了"剩余价值"。正是在这个过程中,使这个价值变为资本。那么,剩余价值从何而来?它不可能从流通环节中来(但是又离不开流通环节),只有从生产过程中来。根据马克思的分析,剩余价值就是由雇佣工人所创造的、被资本家无偿占有的、超过其劳动力价值以上的那部分价值。由此,马克思揭示出资本主义剥削的秘密:"生产过程,当作劳动过程和价值形成过程的统一,是商品的生产过程;当作劳动过程和价值增值过程的统一,便是资本主义的生产过程,是商品生产的资本主义形式。"②马克思的剩余价值理论揭示了资本主义生产的实质,揭示了资本主义的基本经济规律。

2. 异化和异化劳动

异化一词的法文是"aliéner"(动词)和"aliénation"(名词),其本义是"转让"或"出卖"。从词义上来说,异化是指同类事物演变成不同类的事物。从哲学上来说,异化是指将自己拥有的东西转化成同自己对立的东西。在黑格尔那里,异化被认为是绝对观念自我发展过程中的特定阶段,即绝对观念外化为自然和社会取得客观的异己的形式。马克思将这种抽象的异化观转化为对资本主义生产关系的分析,提出了异化劳动说。

马克思的异化劳动论有一个形成的过程。在 1842—1843 年的《论犹太人问题》《黑格尔法哲学批判》中,马克思还主要从精神生活和政治生活的角度思考异

---

① [德]马克思:《资本论》第 1 卷,郭大力、王亚南译,北京:人民出版社 1965 年版,第 18 页。
② [德]马克思:《资本论》第 1 卷,郭大力、王亚南译,北京:人民出版社 1965 年版,第 133—134、193—194 页。

化问题,而在《1844年经济学哲学手稿》中,已经形成了明确的异化劳动的观点。到了《德意志意识形态》中,马克思已经开始运用异化劳动观来展开对资本主义社会及其此前社会的主要异化形式——"私有制异化"——展开批判了。在《经济学手稿(1857—1858)》和《资本论》中,马克思已经以资本主义生产关系来阐明异化的本质了。

在马克思看来,资本主义生产关系中存在着劳动的异化现象,这是由私有制条件下劳动者同他的劳动产品及其劳动本身的关系所决定的。异化劳动的具体表现主要有四个方面、其一,劳动者同自己的劳动产品相异化。劳动产品作为劳动者的劳动结晶本来应该属于劳动者,人本来应该通过自己的劳动而享受成果,但在资本主义社会中,"劳动所生产的对象,即劳动的产品,作为一种异己的存在物,作为不依赖于生产者的力量,同劳动相对立"。其二,劳动者同自己的劳动活动相异化。按马克思的观点,劳动应该是人的本质力量对象化的一种活动,在这个活动中,人的智慧和体力都得到发展,人应该在劳动中获得幸福和愉悦,但在异化劳动中,劳动的性质变了,劳动者"在自己的劳动中不是肯定自己,而是否定自己,不是感到幸福,而是感到不幸,不是自由地发挥自己的体力和智力,而是使自己的肉体受折磨、精神遭摧残"。其三,人与自己的类本质相异化,即人同自由自觉的活动及其创造的对象世界相异化。作为类存在物,人与自然的关系应该是和谐统一的,但异化劳动导致了"人的类本质——无论是自然界,还是人的精神的类能力——变成对人来说是异己的本质,变成维持他的个人生存的手段。异化劳动使人自己的身体同样使在他之外的自然界,使他的精神本质,他的人的本质同人相异化"。其四,人与人相异化。当劳动者与自己的产品及其活动相对立的时候,还导致了与他人的对立,"通过异化劳动,人不仅生产出他对作为异己的、敌对的力量的生产对象和生产行为的关系,而且还生产出他人对他的生产和他的产品的关系,以及他对这些他人的关系。正像他把自己的生产变成自己的非现实化,变成对自己的惩罚一样,正像他丧失掉自己的产品使它变成不属于他的产品一样,他也生产出不生产的人对生产和产品的支配"[①]。这种对立在资本主义社会,就是资产阶级与工人阶级的对立。

3. **商品拜物教**

在《资本论》第一章"商品"的最后一节,马克思以"商品的拜物教性质及其秘密"为题对商品拜物教问题进行了研究。对商品拜物教的批判构成了马克思关于资本主义生产关系批判的重要组成部分。也正是这一角度,使马克思的《资本

[①] [德]马克思:《1844年经济学哲学手稿》,中央编译局译,北京:人民出版社2000年版,第52、54、58、60—61页。

论》走出了一般政治经济学的领域,而直接成为一种社会批判理论。

在马克思看来,商品是一件非常奇怪的东西,在它的身上"充满着形而上学的烦琐性和神学的微妙性"。商品的这种神秘性质并非来自其使用价值,也非来自由价值决定要素的性质,它之所以神秘,是因为在人们眼中,劳动的社会性质被"当作劳动产品自身的物质性质,当作这各种物品的社会的自然属性来反映,从而,也把生产者对社会总劳动的社会关系,当作一种不是存在于生产者之间,而是存在于客观界各种物品之间的社会关系来反映"。由此原本是劳动者关系的社会关系性质取得了一种物品关系的幻想形式:"商品形态和商品形态赖以表现的劳动产品的价值关系,和劳动产品的物理性质及由此发生的物质关系,却是绝对没有关系。那只是人们自己的一定的社会关系,但在这里,在人看来,它竟然取得了一种物品关系的幻想形式。所以,要找一个譬喻,我们只好逃入到宗教世界的幻境中去。在那里,人脑的产物,好像是一些独立存在的东西,它们各自赋有生命,互相发生关系,并与人发生关系。在商品界,人手的产物也是这样。我把这个叫作拜物教。只要劳动产品是当作商品来生产,这种拜物教性质就必然会粘附在劳动产品上,所以,和商品生产是不可分离的。"①在马克思看来,商品拜物教的产生与劳动成为商品、劳动产品转化为商品密不可分。商品拜物教就内在于商品关系之中。

二、文化工业、大众文化与媒介经济

正是由于马克思天才地从商品角度对资本主义进行了解剖,所以商品、商品生产、商品消费等一系列问题便成为西方马克思主义展开资本主义批判的首要武器。在第二章"文化批评与西方马克思主义"中我们已涉及法兰克福学派的大众文化观。在此,我们再从问题史的角度,从法兰克福学派、伯明翰学派及伯明翰学派之后的传播政治经济学批判学派展开其对资本主义文化的生产方式——"文化工业"、基于文化工业所形成的文化形态——"大众文化"以及在文化工业和大众文化中扮演重要角色的——"传媒",三者在不同的理论形态之中的重心转移进行清理,以此透视商品文化现象及其理论的复杂性。

1. 法兰克福学派眼中的文化工业

在法兰克福学派那里,"大众文化"就是"文化工业",而非"从人民大众出发,为人民大众服务"。用阿多诺的话说,"我们用'文化工业',取代这种表述,以便

----

① [德]马克思:《资本论》第1卷,郭大力、王亚南译,北京:人民出版社1965年版,第46、48页。

一开始就排除赞同其倡导者的下述解释的可能：这是一个类似一种从大众本身、从流行艺术的当前形式自发地产生出来的文化问题。文化工业必须与后者严加区分"①。正因为如此，"文化工业"或"大众文化"构成了大众的对立面。在文化工业面前，大众沦为"消费者"，而"文化工业不断在向消费者许诺，又不断在欺骗消费者"②。在马尔库塞眼里同样如此，他认为大众文化"在资产阶级统治开始稳固之后，就愈发效力于压抑不满之大众，愈发效力于纯为自我安慰式的满足。它们隐藏着对个体的身心残害"③。因此，所谓"文化工业"即是凭借现代科技手段进行大规模复制、商品化传播的娱乐工业体系；所谓大众文化，不过是资产阶级的官方文化用以欺骗和压抑大众的文化形式。那么，精英文化在这种官方文化和大众文化的角逐格局中居于何种地位呢？在马尔库塞看来，精英文化或曰高雅文化因具有美的形式而隐含解放的潜能，他认为："审美的天地是一个生活世界，依靠它，自由的需求和潜能，找寻着自身的解放。"他赋予精英文化的审美性以政治解放的意蕴，认为"艺术的政治潜能在于艺术本身，即在审美形式本身"④。因此，他提出"新感性"理论用以对抗工业文明以便解放大众文化，因为"美学形式的背后乃是美感与理性的被压抑的和谐，是对统治逻辑组织生活的持久抗议，是以操作原则的批判"⑤。很明显，在法兰克福学派那里，身受资本主义生产关系和基于现代媒介技术而产生的大众文化不可能成为官方文化的对立者，相反是一个受骗者、被压抑者。要使大众从这种欺骗性的大众文化中解脱出来，必须坚持精英文化的批判立场。值得注意的是，正是在法兰克福学派对文化工业的批判中，消费维度开始受到重视。他们发现，作为文化商品，其使用价值已经被交换价值所替代，"消费变成了快乐工业的意识形态，而后者的生产机制却是他永远摆脱不掉的"⑥。

在法兰克福学派关于传媒的观念中，一方面他们发现现代传媒的发展使得文化的传播越来越方便，越来越大众化，越来越容易被大众所接受，但另一方面，在这种发展中，受众却始终处于被动的地位，他不仅不能决定观看的内容，甚至

---

① 转引自陈学明等编：《社会水泥：阿多诺、马尔库塞、本杰明论大众文化》，昆明：云南人民出版社1988年版，第5页。
② [德]马克斯·霍克海默、西奥多·阿道尔诺：《启蒙辩证法》，渠敬东、曹卫东译，上海：上海人民出版社2006年版，第130—131、133页。
③ [美]马尔库塞等著：《工业社会和新左派》，任立编译，北京：商务印书馆1982年版，第109—110页。
④ [美]马尔库塞：《审美之维》，李小兵译，北京：生活·读书·新知三联书店1989年版，第113—114、203—204页。
⑤ [美]马尔库塞：《爱欲与文明》，黄勇等译，上海：上海译文出版社1987年版，第103页。
⑥ [德]马克斯·霍克海默、西奥多·阿道尔诺：《启蒙辩证法》，渠敬东、曹卫东译，上海：上海人民出版社2006年版，第143页。

连观看方式也受到严密的控制。从整个资本主义生产体制上来说,大众传播媒介作为现代意义的"文化工业"在遵循市场经济逻辑追逐利益的同时,也成了为资本主义现存制度辩护的"意识形态国家机器"。从微观的对于受众个人情感心智的影响来看,这种文化工业的市场与意识形态的双重逻辑也是相当厉害的。当受众每天早上翻开一份份报纸,晚上回家打开一个电视频道的时候,"家庭逐渐瓦解,个人生活转变为闲暇,闲暇转变成为连最细微的细节受到管理的常规程序,转变为棒球和电影、畅销书和收音机带来的快感,这一切导致了内心生活的消失"①。

2. 伯明翰学派眼中的大众文化

但是,晚近的以伯明翰学派为代表的文化研究在处理"大众文化""官方文化"和"精英文化"的关系时却有意取消彼此的对立状态,他们在"当下文化现实"中抹杀了彼此的边界。伯明翰的文化研究基于威廉斯对于文化的界定:"从本质上说,文化是一整个生活方式。"②在这种整体性的生活方式中,高雅的精神生产与粗鄙的文化实践具有同样重要的意义,并且被同样的视角和方法所关照和研究。因此,广告、影视与文学一样被视为可供文化研究的"文本",流行于百姓之中的荤段子、手机短信也适用于剖析文化经典的批评手段。在这种文化观念主导之下,法兰克福学派的思想家们所期待的精英文化的"解放功能"被解构了,取而代之,则是伯明翰学派在20世纪70年代着力研究的以"青年亚文化"为代表的大众文化的抵抗③。

20世纪70年代末到80年代,伯明翰学派实现了文化研究的"葛兰西转向",这一转向所带来的最为重要的成果就是文化研究对大众文化的关注。在《解构"大众"笔记》中,霍尔比较了三种"大众"的定义:第一种是基于文化工业和消费文化的"大众"。在霍尔看来,这种定义尽管可以"迫使我们思考文化关系的复杂性、文化权力的现实和文化宣传的本质",但它忽视了大众对文化经验和态度做出回应的能力而成为"一种罐装和中和了的大众民粹主义"。第二种则是"大众"的人类学定义,它用描述的方式对"大众"的文化、社会习惯、风俗和民风予以展现。这种定义尽管在一定程度上体现了威廉斯将文化视为人类整体性的生活方式的观点,但其描述性的方式不足以确立建构"大众"所依据的原则,从而使"大众"成为僵化的、非历史性的、惰性的概念。第三种定义是霍尔所欣赏的,

---

① [德]霍克海默:《现代艺术和大众文化》,《霍克海默集》,曹卫东编选,上海:远东出版社1997年版,第216页。
② [英]威廉斯:《文化与社会》,吴松江、张文定译,北京:北京大学出版社1991年版,第403页。
③ 这方面的代表性著作便是伯明翰学者集体撰写的著作《仪式抵抗》。该书研究了20世纪60年代后期到70年代初期的英国工人阶级青少年中的反抗文化。

即"对大众文化的定义来说,最关键的是与统治文化之间的关系,这种关系用持续性的张力(关系、影响和对抗)来界定'大众文化'。……处于核心的是力量间变化的、不均衡的关系,它界定着文化领域——即,文化斗争与其众多形式。它的主要焦点是文化间的关系以及霸权问题"。那么,这种文化斗争究竟如何展开?有何特点?依据巴赫金/沃洛希诺夫的"文化斗争"理论和葛兰西的"文化霸权"理论,霍尔实现了大众文化理论研究范式的转型:从"阶级分析"转为"权力分析"。在霍尔看来,"大众"与"阶级"有着非常复杂的联系。"大众"这一概念暗示了文化与阶级之间存在着某种被置换的关系,即当我们在谈论"大众阶级"时,其实是在意指某种被压迫的文化、被排除在外的阶级。因此在"大众"概念里,实际上包含着一种权力关系的运作:"人民与权力集团相对,而不是'阶级与阶级相对',这是对立的中线,文化领域沿着它分开。大众文化尤其围绕着大众力量与权力集团的对立建构起来。这赋予了文化斗争领域自己特有的性质。"①霍尔对"大众"的解构由此也成为一个标志性的事件。如果说伯明翰大学当代文化研究中心在20世纪60年代关心的是"工人阶级文化",20世纪70年代更多关心的是"亚文化"的话,那么,到了20世纪80年代则转变成了葛兰西、巴赫金/沃洛希诺夫式的"大众文化"研究。

他们借用葛兰西"文化霸权"理论的资源,将受众的观看行为视为意识形态争夺的场域,并在这一过程中突显出了受众观看的主动性。基于此,霍尔根据马克思的"生产→产品→消费→再生产"的模式建构出了一套"编码→成码→解码"的电视编码/解码理论。在这一理论中,霍尔特别分析了受众解码的三种模式,揭示了受众在解码过程中与统治者意图进行博弈的过程。他指出解码中一方面是统治者意图的实现,另一方面是受众能动性的发挥。美国学者费斯克将目光更多地集中到了对受众这种能动性的发掘和发扬上。他借鉴法国学者德塞图的抵制理论,对大众的"抵抗的游击术"进行了精到的分析。在费斯克看来,大众文化中所体现的这种抵抗其实是一种"弱者战术",也就是说,受众不一定要战胜统治的力量,只要不被它打败就是成功。为此,费斯克总结出"描绘日常生活之战术的关键词,包括适应、改造、耍花招"等②。

3. 传播政治经济学批判学派眼中的大众传媒

与之相比,以戈尔丁和默多克为代表的传播政治经济学研究不再把精力消耗到观众琐碎的日常生活细节之中,而是把注意力集中到整个资本主义文化的

---

① [英]斯图尔特·霍尔:《解构"大众"笔记》,陆扬、王毅选编《大众文化研究》,上海:三联书店2001年版,第41—57页。
② [美]约翰·费斯克:《理解大众文化》,王晓珏、宋伟杰译,北京:中央编译出版社2001年版,第41页。

生产机制，尤其是文化的生产和流通问题上。它们关心的是问题是："文化的生产与流通发生在一个特定的经济与政治体系之中，由国家、经济、社会机制、文化以及如同媒体这样的机构之间的关系构建而成。"如果说伯明翰学派的大众文化、媒介分析更多侧重于"微观政治学"的话，那么，传播政治经济学的理论视野则更强调宏观维度。他们的研究力图破除资本主义生产关系中的两大神话。一是传媒神话："相对传播经济学或是政策研究，传媒政治经济学却致力于揭露传媒的两个神话：一是关于'公众服务神话'，不否认传媒有公众服务的功能，但这'公众服务'和妨碍媒介企业大亨们赚钱的需要；二是关于言论自由竞争的神话，人们常一厢情愿地认为，观点的自由竞争的神话是获取真理的唯一可靠的途径，不同的信仰，不同的思想，若能够自由竞争，最后得胜的会是真理，但实际上只是一个神话。"①二是观众的神话：观众不再是政治学意义上享有各项民主权利的公民，而是经济学意义上的视觉文化的消费者。"观众原来被视为公民，有权享有文化资源，以便进行活跃的、平等的社会参与活动，如今则摇身一变成了消费者，其至高无上的权力就是在市场中进行选择。这套公民身份的修辞被放弃，更进一步加强了市场化的逻辑，它称颂消费者是新经济图景中的核心角色，而将消费主义抬举成为当前时代的主要意识形态。"②从这个角度上说，传播政治经济学在新的意义上重新恢复了法兰克福学派的批判理论传统。

三、景观社会与消费社会

在对资本主义生产关系下商品消费问题的批判中，除了马克思、恩格斯、法兰克福学派、伯明翰学派，以及伊格尔顿、詹姆逊等英美新马克思主义之外，还有所谓"后马克思主义"的批判维度。"后马克思主义"在马克思主义的基础上结合了后现代主义文化理论的诸多因素，呈现出偏离（甚至反对）经典马克思主义的理论取向③。这集中体现在德波的"景观社会"理论和波德里亚的"消费社会"理论中。

1. 德波的景观社会理论

在西方社会学理论中，德波与一个影响巨大的思潮密切相关，这就是"情境主义国际"（Situationist International，1957—1972，简称 SI）。作为 20 世纪中后

---

① 章戈浩：《传播政治经济学的核心理论与学术地形图》，金惠敏主编：《媒介哲学》，开封：河南大学出版社 2004 年版，第 144、153 页。
② ［英］格雷厄姆·默多克：《疆域与十字路口：全球市场时代认同与团结》，张磊、章戈浩译，《天涯》2005 年第 5 期。
③ 关于这一问题非常复杂，近年来围绕"西方马克思主义终结论"所展开的争鸣即是中国学者在如何处理 20 世纪以后各种西方的马克思主义思想流派间复杂关系上的反映。

期欧洲重要的社会文化思潮,它是直接影响到欧洲现当代先锋艺术和激进哲学话语的一个极其重要的思想母体。在法国1968年的"红色五月风暴"中,情境主义作为一种批判的艺术观念在西方近现代历史进程中第一次成为所谓新型"文化革命"的战斗旗帜。尽管与情境主义国际相关的理论流派和艺术流派非常之多,但"各派别的理论存在很大的形似性,即都提出变革当下社会现实的要求,特别值得注意的是他们的理论着力点大都在日常生活经验的批判上,并积极建构具体的生活情境(situations),以获得更加完善的生存状态",其最核心的思想正是通过德波总结出来的。就在1957年SI正式成立前夕,德波撰写了《关于情境的建构和国际情境主义趋势的组织及活动条件的报告》。在这篇报告中,德波论述了现代资本主义社会的文化及意识形态问题,梳理并总结了各先锋派艺术的历史,更重要的是形成和提出了较为明确和完整的情境(situations)和景观(spectacle)的概念。此后,情境主义者以此为基础创造了一系列在景观社会造反和革命的理论与策略,如"漂移""转向""建构情境"等[①]。

景观(spectacle,也译作"奇观")一词出自拉丁文"spectae"和"specere",意思是观看、被看,其一般意义是被展现出来的可供观看的景色、景象。德波用这个词意在表明,当代资本主义社会的本质已经变成展示性的景观了。不仅如此,由于景观所制造的幻象使人们沉迷于其中,它已经成为控制人们日常生活和整个社会生活的主导性力量。出于对马克思《资本论》的模仿,在《景观社会》中,德波写道:"在现代生产条件无所不在的社会,生活本身展现为景观(spectacles)的庞大堆聚。直接存在的一切全都转化为一个表象。"在德波那里,景观被区分为集中的景观和弥散的景观两大类型。集中的景观是由官僚政治经济的专政产生的:"官僚政治景观利用一种官方声明,说明了包含一切现存事物的好形象,这一好形象常常集中于某一单独的个人身上,这个人成为极权主义凝聚力的保证人。"因此,集中的景观意味着专制和暴力:"哪里集中景观在统治,哪里也就是警察在统治。"而弥散的景观则与商品的丰裕相联系。在这里,商品极大丰盛的表象成为对每个人消费欲望的刺激。对于消费者来说,商品的意义也不再仅仅是使用价值的满足,而是遵循商品拜物教的逻辑,使"消费者充满了宗教般的激情"。"像古老宗教拜物教一样,与它不能自已的狂喜和不可思议的奇迹相一致,商品拜物教也创造出了它自己空前炽热兴奋的时刻。全部的使用价值只为一个目标:生产习惯性的顺从。"[②]在这个意义上,德波的景观社会理论从马克思商品拜物教理论出发,承接法兰克福学派对文化工业为大众所制造的欲望幻象的批

[①] 张一兵:《"情境主义国际"述评》,《哲学动态》2003年第6期。
[②] [法]德波:《景观社会》,王昭凤译,南京:南京大学出版社2006年版,第3、24、26页。

判,开启了波德里亚的消费社会理论。

值得特别注意的是,虽然德波的"景观"与视觉表象有密切的关系,但它并不是一般意义上的视觉文化的"奇观"。作为批判理论的一部分,德波的景观批判指向的是资本主义生产关系,这也就是德波所说的:"景观不能被理解为一种由大众传播技术制造的视觉欺骗,事实上,它是已经物化了的世界观。""景观不是影像的聚积,而是以影像为中介的人们之间的社会关系。"①正是以此为基础,德波才展开了对"作为景观的商品""作为主体和表象的无产阶级""景观时间""领土治理"及"物化的意识形态"等问题的思考。

2. 波德里亚的消费社会理论

在《消费社会》中,波德里亚提出 20 世纪 60 年代以来资本主义社会已经进入了以消费为主导的社会,而不再是由生产所主导的生产型社会。"今天,在我们的周围,存在着一种由不断增长的物、服务和物质财富所构成的惊人的消费和丰盛现象。它构成了人类自然环境中的一种根本变化。恰当地说,富裕的人们不再像过去那样受到人的包围,而是受到物的包围。"②在消费社会中,人对物的欲望被等同为对商品的购买,欲望的满足被等同为对商品的消费。为了刺激消费,商品社会不断制造商品堆积与商品紧缺的辩证法,不断制造各种时尚、流行的趋势,激发着人的欲望,制造着人的需求。

波德里亚消费社会理论的核心观点是,当代西方资本主义社会已经由以生产为中心向以消费为中心转变。这个思路是延续列斐伏尔而来的。在波德里亚看来,消费社会的内涵是指消费主导社会,消费控制社会。其运行逻辑是:其一,通过对物体系的符号学分析,波德里亚发现,"消费是一种[建立]关系的主动模式(而且这不只是[人]和物品间的关系,也是[人]和集体与和世界间的关系),它是一种系统性活动的模式,也是一种全面性的回应,在它之上,建立了我们文化体系的整体"③;其二,由于当代资本主义社会出现消费的惊人增长和物品的极大丰盛现象,"消费者与物的关系因而出现了变化:他不会再从特别用途上去看这个物,而是从它的全部意义上去看全套的物";其三,消费构成人们日常生活的主导性力量,"我们处在'消费'控制整个生活的境地"。与马克思、恩格斯所处的时代不同的是,"至少在西方,生产主人公的传奇现在已让位于消费主人公"④。不过,这并不意味着波德里亚"扬消费批判而弃生产批判"。从《物体系》

---

① [法]德波:《景观社会》,王昭凤译,南京:南京大学出版社 2006 年版,第 1 页。
② [法]让·波德里亚:《消费社会》,刘成富、全志刚译,南京:南京大学出版社 2000 年版,第 1 页。
③ [法]尚·布希亚:《物体系》,林志明译,上海:上海人民出版社 2001 年版,第 222 页。
④ [法]让·波德里亚:《消费社会》,刘成富、全志刚译,南京:南京大学出版社 2002 年版,第 4、6、28 页。

到《生产之镜》，波德里亚仍然是把消费作为生产的延伸来看待的，仍将之作为生产发展到一定阶段之后所出现问题的一种解决之道来看待。正如他在《消费社会》中的概括的："这些意义和规则的历史的生产问题仍然丝毫没有解决——作为延伸理论，这种分析应根据物质和技术生产过程逐条地加以陈述。"作为一种延伸理论，波德里亚从两个方面揭示了生产与消费之间密不可分的联系。一方面，是消费的生产性，在他看来，"消费的真相在于它并非一种享受功能，而是一种生产功能——并且因此，它和物质生产一样并非一种个体功能，而是即时且全面的集体功能"①。另一方面，是生产的消费性，到了消费社会，"生产加入了符号的消费系统。劳动力不再被粗暴地买卖，而是被指称，被市场化，被商品化。生产加入了符号的消费系统。第一个分析阶段将消费领域理解为生产力领域的扩展。现在我们必须做相反的事情。必须把生产、劳动和生产力理解为消费领域里的闲适成分，'消费'成了普通的公理，代码化的符号交换，普遍的生活方式"②。也就是说，他仍然是将消费置于整个资本主义生产体系之中来看待的。

既然马克思政治经济学仍然受制于资本主义意识形态，它就不可能完成对资本主义的批判。那么，什么东西才能成为取代马克思政治经济学生产主义的理论武器呢？很显然不是消费主义。波德里亚对马克思政治经济学生产主义进行了批评（正如他的《生产之镜》），而消费主义同样也受到了他的批判（如他的《消费社会》）。因为在他看来，消费主义正是生产主义的延伸，仍然体现了生产主义的意识形态和社会逻辑。波德里亚用了许多诸如"终结"等词汇来否定马克思政治经济学的有效性，但是，当他批判生产的同时也就意味着批判消费，当他"终结"生产的同时也就意味着"终结"消费。波德里亚指出马克思在对待物、商品方面仅仅从功能性（使用价值）的角度考虑问题，而没有考虑到它的社会性、文化性和符号性。波德里亚提出要用象征交换来取代政治经济学，从而完成马克思的"未竟事业"。在《象征交换与死亡》中，波德里亚更是将之与"仿真""拟像"问题联系了起来，正是与这种象征交换理论的思路一脉相承。

---

① ［法］让·波德里亚：《消费社会》，刘成富、全志刚译，南京：南京大学出版社2002年版，第10、69页。
② ［法］让·波德里亚：《象征交换与死亡》，汪民安等主编：《后现代性的哲学话语：从福柯到赛义德》，杭州：浙江人民出版社2000年版，第316页。

文献导读

1.《资本论》第一卷"初版的序"①

卡尔·马克思

导读

卡尔·马克思(Karl Marx,1818—1883),科学社会主义的奠基人,国际无产阶级的导师。马克思于1818年5月5日生出于普鲁士莱茵省行利尔城的一个犹太籍律师家庭。马克思通过历史唯物主义和剩余价值学说的两大发现,使社会主义从空想变成科学。1847年,同恩格斯一起将正义者同盟改组为共产主义者同盟,并一起起草了科学共产主义的纲领性文献《共产党宣言》。1848年法国二月革命爆发,马克思回德国参加革命,在科伦创办《新莱茵报》,革命失败后流亡英国。19世纪五六十年代,在极其困难的条件下完成马克思主义经济理论体系,1867年发表《资本论》第一卷,后两卷由恩格斯整理出版。1883年3月14日,马克思病逝于英国伦敦。

《资本论》是部划时代的伟大著作,为马克思主义哲学、政治经济学和科学社会主义奠定了理论基础。全书共分四卷,前三卷为理论部分,对资本关系及其运动的总过程,包括资本的生产过程、流通过程和分配过程进行了研究。《资本论》第一卷研究资本的生产过程,通过对商品和货币的分析,说明资本关系产生的历史前提;通过分析货币转化为资本的过程说明,资本关系的产生;通过分析资本增殖与剩余价值,揭露资本家剥削工人的秘密,说明资本关系的本质;通过分析资本关系的雇佣劳动中工资的形式及其本质,说明资本关系得以产生的基础;通过分析资本积累的过程,说明资本关系没落的历史趋势。

本文为《资本论》第一卷的序,在该序中,马克思概述了《资本论》与其前期研究1859年发表的《政治经济学批判》的关系:作为"续篇",《资本论》将《政治经济学批判》中的主要内容都概述在第一卷第一章之中,但删掉了价值学说和货币学说历史的部分,而把重点投入到商品分析之中。在序言中,马克思指出,《资本论》的研究目的是"资本主义生产方式及与其相

---

① 选自[德]马克思:《资本论》第1卷,郭大力、王亚南译,北京:人民出版社1963年版。

应的生产关系和交换关系",探讨的是资本主义生产的客观规律,即马克思所说的"本书的最终目的,是揭露近代社会的经济运动规律",这并不因不同国家资本主义发展水平不一致而有所不同。

在序言中,马克思对资本论的研究方法也作了概述。他认为,"分析经济形式,既不能用显微镜,也不能用化学试剂,两者都必须用抽象力来代替",即从现实的具体的材料中,透过复杂的现象去认识事物的本质及其运动规律,并抽象出反映客观现象本质的概念、范畴。在分析资本主义生产规律过程中,必然会涉及对资本家、地主、工人阶级、农民等社会阶级的理解,但是马克思指出:"这里考察的人,都不过是经济范畴的人格化,是一定阶级关系和阶级利益的体现。"因为在马克思看来,经济社会形态的发展其实是一个自然史的过程,个人总归是各种关系的产物,不可能走出各种关系,正因为如此,马克思强调"不能要任何个人对这各种关系负责"。最后,马克思对《资本论》后三卷的内容作了描述。

[文献]

现在我把这个著作的第一卷提交给读者。这个著作,是我1859年发表的《政治经济学批判》的续篇。初篇和续篇之间的长久间隔,则是由于一次多年的疾病,再三中断我的工作的缘故。

前书的内容,已经概述在这一卷第一章内。这不仅为了求得连贯和完备。叙述也改进了。在情况许可的限度内,许多前书只略略提到的论点,本书是论述得更为详细了;反之,已在前书详细论述的一些论点,在本书就只略略提到了。论述价值学说和货币学说历史的部分,现在自然完全删掉了。但是,前书的读者仍然会在本书第一章的注解内,关于那各种学说的历史,发现一些新的资料。

一切事的开头总是困难的。这句话,在任何一种科学上都是适用的。所以,第一章特别是包含商品分析的那一节,是最难理解的。关于价值实体和价值量的分析,我已经尽可能做到通俗易解了。以货币形态为完成形式的价值形态,是极无内容,极简单的。但是二千余年以来,人类智慧在这方面进行探讨的努力,还是毫无结果;同时,对一些内容丰富得多并且复杂得多的形态的分析,却至少已近于成功。为什么呢?因为已经发育的身体,比身体的细胞,是更容易研究的。并且,在经济形态的分析上,既不能用显微镜,也不能用化学反应剂。那必须用抽象力来代替两者。但是,对资产阶级社会来说,劳动产品的商品形态或商品的价值形态,就是经济的细胞形态。在浅薄的人看来,这种形态的分析好像是斤斤于一些琐细的事情。它所考虑的,诚然是一些琐细的事情,不过和显微镜下的解剖,是做的一样的琐细的事情。

所以,除了论价值形态的那一节,人们不能非难本书,就它难于理解。当然,我原假定,读者是一个愿意学一点新的东西的人,所以他会自己动一动脑筋。

物理学者考察自然过程,就是要在它表现得最为精密准确并且最少受扰乱影响的地方进行考察;或是在可能的时候,在各种条件保证过程纯粹进行的地方进行实验。我要在本书研究的,是资本主义生产方式及与其相应的生产关系和交换关系。直到现在,它的典型所在是英国。就是为了这个理由,所以我在理论的阐述上,总是用英国作为主要的例解。但若德国方面的读者对于英国工农劳动者的状况,伪善地耸一耸肩头,或乐观地,用德国情形远不是如此恶劣的话来安慰自己,我就必须大声告诉他说:"这正是说的阁下的事情!"

资本主义生产的自然规律,引起社会的对抗。这种对抗已经发展到什么程度,更高或者更低,就它本身来说,并不是我们这里的问题。这里的问题是这各种规律本身,是这各种以铁的必然性发生作用并且贯彻下去的趋势。工业比较发展的国家,不过为那些比较更不发展的国家,显示出它们自己未来的形象。

且不说这一点。在资本主义生产已经在我们中间完全安家落户的地方,例如在真正的工厂内,因为没有工厂法的对抗力,情形就比在英国恶劣得多。在一切其他范围内,我们都像西欧大陆其他各国一样,不仅有资本主义生产的发展苦着我们,而且有资本主义生产不够的情形苦着我们。除了各种近代的空难,还有一系列过去遗留下来的灾难在压迫着我们。这各种灾难,是由古旧腐朽生产方式的残存,以及跟着起来的各种不合时代要求的社会关系和政治关系引起。我们不仅为生者所苦,而且也为死者所苦。死者捉住生者。

德国及西欧大陆其他各国的社会统计,和英国的社会统计比较起来是很贫乏的。但是这种社会统计依然充分揭开了黑幕,让我们窥见幕内麦杜莎的头。假若我们的政府和国会,像在英国一样,定期派遣委员去调查经济状况,假若这种委员又像在英国一样,被授予全权去揭露事实真相,又若可能找到像英国工厂视察员,公共卫生报告医师,女工童工剥削状态居住状态和营养状态等等的调查委员那样精干,无私,而且坚决果敢的人去充任这些职务,我们将会在我们自己的状态面前愕然大吃一惊罢。波西亚斯戴起一顶隐身的帽子,以便追寻巨魔。我们却把隐身的帽子紧紧遮着耳目,以便否认巨魔的存在。

我们决不要在这上面欺蒙自己。像18世纪美国的独立战争,为欧洲中等阶级鸣起了警钟一样,19世纪美国的南北战争,又为欧洲工人阶级鸣起了警钟。在英国,革命过程是可能明白看到的。这个过程达到相当程度之后,一定会在大陆方面发生反应。在那里,这个过程将会在比较残忍的形式上进行,还是在比较温和的形式上进行,那要看工人阶级自身的发展程度而定。所以,现在的统治阶级,即使没有更为高尚的动机,也不得不为切身的利益打算,将一切可以由法律控制的,阻碍着工人阶级发展的障碍除去。在许多理由中,这也是我在这一卷用这样大一个篇幅来细述英国工厂法历史,内容与结果的一个理由。一个民族,应该并且能够向其他的民族学习。本书的最终目的,是揭露近代社会的经济运动规律。一个社会即使已经发现它的运动的自然规律,它还是既不能跳过,也不能用一个法令来废除自然的发展阶段。但是它能够把生育的痛苦缩短并且减轻。

为了避免可能的误解,要附带说明一下。我决非要用玫瑰的颜色来描绘资本家和地主的面貌。这里考察的人,都不过是经济范畴的人格化,是一定阶级关系和阶级利益的体现。我的观点,是把经济社会形态的发展,理解为一个自然史的过程。无论个人主观地说可以怎样超出这各种关系,社会地说,它总归是这各种关系的产物。我的观点,比任何别的观点,都更不能要任何个人对这各种关系负责。

自由的科学研究,在政治经济学范围内,不只会遇到在其他一切范围内将会遇到的相同的敌人。政治经济学所研究的材料的特殊性质,会把人心中最激烈最卑鄙最恶劣的感情,代表私人利益的仇神,召唤到战场上来反对它。例如,英国的高教会,会饶恕那种在三十九个信条中对三十八条进行攻击的行为,而不会饶恕那种攻击他的收入三十九分之一的行为。在今日,与旧财产关系的批判比较,无神论已经是一种轻罪。但是这里,进步依然是不容置疑的。例如,我可以引证数星期前发表的一种蓝皮书,《女王驻外使节关于产业问题和工会的通信》。在那里,英王的驻外代表,就用直率的文句,力说劳资现有关系的变革,在德国,在法国,总之,在欧洲大陆一切文明国家,是和在英国一样明显,并且一样不可避免。同时,在大西洋彼岸,美国副总统威德先生,也在公众大会中宣称,奴隶制废除之后,资本和土地所有权关系的变革会跟着出现到日程中来!这是时代的标志,不是紫袍黑衫遮盖得住的。这些事实,没有包含奇迹将会在明日发生的意思。它们不过表明了,甚至在统治阶级中间,也透露出了一种模糊的感觉,感觉到现在的社会不是什么固定的结晶体,而是一个能够变化,并且不断在变化过程中的有机体。

本书第二卷将讨论资本的流通过程(第二册)和总过程的各种形式(第三册);第三卷即终卷(第四册)将讨论学说史。

每一种科学批评性的意见,都是我所欢迎的。至于那种不过拿所谓社会舆论做幌子而我从来不对它让步的偏见,那末,佛洛伦伟大诗人的格言,现在还和以前一样对我是适用的。

"走自己的路,让人家去说罢!"

卡尔·马克思
1867 年 7 月 25 日于伦敦

2. 第一章"完美的分离"①

居伊·恩斯特·德波

导读

居伊·恩斯特·德波(Guy Ernest Dobord,1931—1994),当代法国著名思想家、实验主义电影艺术大师、当代西方激进文化思潮和组织——情境主义国际的创始人,主编《冬宴》《情境主义国际》等杂志,代表作有电影《赞成萨德的嚎叫》(1952)、《城市地理学批判导言》(1954)、《关于情境主义国际趋势行动和组织状况的报告》(1957)、《景观社会》(1957)等,1988年完成《景观社会》的姊妹篇《关于景观社会的评论》(1988)。1994年,在与布瑞吉特·考那曼合作完成《居伊·德波——他的时间和艺术》电影之后,在其隐居地自杀身亡。

《景观社会》的写作与德波的情境主义国际的实践密切相关。1957年,德波组建情境主义国际,并在次年的"五月风暴"中成为独树一帜的新型"文化革命"的战斗旗帜。总体而言,情境主义国际是整个先锋派运动中的一部分,他们致力于寻求艺术与政治的新的结合,通过创设情境的方式来摆脱资本主义文化和意识形态对社会与生活的束缚,以求获得彻底的解放。《景观社会》由九章221节组成,分别为"完美的分离""作为景观的商品""表象内部的统一和分裂""作为主体和表象的无产阶级""时间和历史""景观时间""领土治理""文化内部的否定和消费"以及"物化的意识形态"。尽管在正文写作中,德波以帕斯卡—尼采式的文体,以片断、警句的方式分节呈现,但是在理论的系统性和思维的严整性上却丝毫不逊色于其他类型的著述。

本文所选为《景观社会》的第一章。在开篇的"引语"中,德波援引费尔巴哈《基督教的本质》中的一段话,指认现在是"符号胜过实物、副本胜过原本、表象胜过现实、现象胜过本质"的时代,在第一章第一节中,德波又套用马克思《资本论》中的话,将"商品"置换成"景观",就成"在现代生产条件无所不在的社会,生活本身展现为景观(spectacles)的庞大堆聚"。德波进而剖析了景观的特性:景观由影像及影像的聚积构成,但这种影像并非现实

---

① 选自[法] 居伊·德波:《景观社会》,王昭风译,南京:南京大学出版社2006年版。

的片断的景色,不能用纯粹静观去把握,因为景观是"以影像为中介的人们之间的社会关系",是一种"已经物化了的世界观"。在德波看来,景观不只是表象、不只是装饰或者补充,"它是现实社会非现实的核心",是"主导性的生活模式"。景观的实质就是分离,一方面,整个全球社会实践因分离而分裂为现实和影像,当代社会的特点就是"现实显现于景观,景观就是现实",由此成为"真正颠倒的世界";另一方面,"分离是景观的全部",阶级的分工、工人和产品的普遍分离、劳动和休闲的分离均源于世界统一性的丧失,由此,德波用景观重新阐释了马克思的异化观,认为"景观的社会功能就是异化的具体生产","资本变成为一个影像,当积累达到如此程度时,景观也就是资本"。

[文献]

1

在现代生产条件无所不在的社会,生活本身展现为景观(spectacles)的庞大堆聚。直接存在的一切全都转化为一个表象。

2

从生活的每个方面分离出来的影像群(images)汇成一条共同的河流,这样,生活的统一便不再可能被重建。重新将他们自己编组为新的整体的、关于现实的片断的景色,只能展现为一个纯粹静观的(contemplation)、孤立的(seule)伪世界。这一世界之影像的专门化,发展成一个自主自足的影像世界,在这里,骗人者也被欺骗和蒙蔽。作为生活具体颠倒的景观,总体上是非生命之物的自发运动。

3

景观同时将自己展现为社会自身,社会的一部分,抑或是统一的手段。作为社会的一部分时,景观是全部视觉和全部意识的焦点。正是由于这一领域是分离的这一真正的事实,景观才成了错觉和伪意识的领地:它所达到的统一只不过是一种普遍分离的官方语言。

4

景观不是影像的聚积,而是以影像为中介的人们之间的社会关系。

5

景观不能被理解为一种由大众传播技术制造的视觉欺骗,事实上,它是已经物化了的世界观。

6

从整体上理解景观,它不仅是占统治地位的生产方式的结果,也是其目标。景观不是附加于现实世界的无关紧要的装饰或补充,它是现实社会非现实的核心。在其全部特有的形式——新闻、宣传、广告、娱乐表演中,景观成为主导性的生活模式。景观是对在生产领域或由生产所决定的消费领域中已做出的选择的普遍肯定。在内容和形式方面,景观总是现存体制条件和目标的总的正当性的理由,景观也是这种正当性理由的永久在场,因为它垄断了耗费在生产过程之外的大部分时间。

7

分离(separation)本身是统一世界的一部分,是分裂为现实和影像的全球社会实践的一部分。自主观所对抗的社会实践,同时也是包含了景观在内的现实总体性。但是,这一总体性的内在分裂危害到如此程度,以致景观似乎就是它的目标。景观的语言由主导生产体系的符号(signes)所组成,这些符号同时也是这一生产体系的最终的最后的目标。

8

不能抽象地将景观与具体的社会活动相对立,这一划分本身就是分裂的。伪造现实的景观不过是这一现实的真正产物,反之,现实生活在很大程度上也被景观静观所侵蚀,并以与景观结成同盟和将其同化与吞噬为终结。客观现实就是景观和真实社会活动这两方面的现状。以这一方式确立的每一概念除了这一基础外,没有任何转向其对立面的通道:现实显现于景观,景观就是现实。这种彼此的异化(aliénation)乃是现存社会的支撑与本质。

9

在这一真正颠倒的世界,真相不过是虚假的一个瞬间。

10

"景观"概念使大量表面上明显不同的现象相互联系,并对其做出了阐释。这些现象的差异和对立均源自于社会组织的表象(apparences),这一社会组织表象的本性自身必须被认识到。就其自身的条件而言,景观是一种表象的肯定和将全部社会生活认同为纯粹表象的肯定。但是触及景观实质的批判把景观展现为生活看得见的否定,展现为采取了明显可见形式的生活之否定。

11

为了描述景观及其形式、功能和反对景观的各种力量,必须特别加以区别某些不可分离的因素。人们分析景观却又不得不在一定程度上运用景观自己的语言,在一定意义上,我们不得不穿越景观所表达的这个社会的方法论领地。因为景观是我们特定社会经济构成的意义和记录,它同时也是我们被卷入其中的历史运动。

12

景观自身展现为某种不容争辩的和不可接近的事物。它发出的唯一的信息是:"呈现的东西都是好的,好的东西才呈现出来。"原则上它所要求的态度是被动的接受,实际上它已通过表象的垄断,通过无须应答的炫示实现了。

13

景观同义反复的特征在于这样一个简单事实,即它的手段同时就是它的目的,它是永远照耀现代被动性帝国的不落的太阳,它覆盖世界的整个表现并永远沐浴在自身的光辉之中。

14

以现代工业为基础的社会决非偶然或表面的就是景观的,景观恰恰是这一社会根本性的出口。在景观——统治经济秩序的视觉映象中,目标是不存在的,发展就是一切。景观的目标就在于它自身。

15

作为当今物品生产不可缺少的背景,作为制度基本原理的陈述,作为一个直接塑造不断增长的影像对象(d'images-objets)的发达经济部门,景观成为当今社会的主要生产。

16

景观征服现实的人们达到这样的程度,即经济已经完全控制他们。景观不过是独立的发展中的经济。景观是对物的生产的真实反映,是生产者的虚假对象化。

17

经济统治社会生活的第一阶段，使人们实现了从存在（l'être）向占有（avoir）的明显堕落——人类实现的不再是等同于他们的之所是，而是他们之所占有。目前这个阶段则是经济积累的结果完全占据了社会生活，并进而导向了从占有（avoir）向显现（paraître）的普遍转向，由此，一切实际的占有现在都必须来自其直接名词和表象的最终功能。同时，一切个体现实都已变成了社会现实，在这一意义上，个体现实直接依赖于社会力量并受社会力量的完全塑型。只有在个人现实不再事实上是真实时，个体才被允许显现自身。

18

在真实的世界变成影像之时，纯粹影像就变成真实的存在——为催眠行为提供直接动机的动态虚构事物。为了向我们展示人不再能直接把握这一世界，景观的工作就是利用各种各样专门化的媒介，因此，看的视觉就自然被提高到以前曾是触觉享有的特别卓越的地位；最抽象、最易于骗人的视觉，也最不费力地适应于当今社会的普遍抽象。但是景观不仅仅是一个影像的问题，甚至也不仅仅是影像加声音的问题。景观是对人类活动的逃避，是对人类实践的重新考虑和修正的躲避。景观是对话的反面。哪里有独立的表象，景观就会在哪里重构自己的法则。

19

景观继承了西方哲学研究的全部缺点，亦即试图依据看（voir）的范畴来理解活动，并将自身建立在精确的技术理性的无止境发展的基础之上，而这种哲学传统正来源于这一思想形式。景观没有实现哲学，而是将现实哲学化，并将每一个人的具体生活简化为一个思辨（spéculatif）的世界。

20

作为分离（séparée）思想之力量与分离（séparé）力量之思想的哲学，从来就不能独自替代神学。景观是对宗教幻觉的具体重构。景观技术没有驱散人类将自己异化的力量投射其中的宗教迷雾；相反，它只是将这些迷雾降落到人们生活的尘世，并达到这样的程度——使生活最世俗的方面也日益变得暧昧不清和令人窒息。代表对世俗生活整体拒绝的幻象天堂不再投向苍天，而被植入世俗生活自身。景观是一种将人类力量放逐到"现世之外"，并使人们内在分离达到顶点的技术样式。

21

只要需要是一种社会梦想，这一梦想也将变成社会需要。景观是被囚禁的现代社会的梦魇，它最终表达的不过是这一社会昏睡的愿望。景观是昏睡的监护人。

22

与社会相分离并在景观中建立自己独立王国的现代社会的实践力量，只能通过这一事实来解释，即这种强大的实践力量始终缺乏内聚力，且其自身又充满了矛盾。

23

景观之根就植于最古老的社会专门化——权力的专门化之中。景观就是一种代表其他活动而表现的专门化活动。对于其自身而言，景观是等级社会的大使，在这一社会中，它发布官方信息并禁止其他话语。因此，景观最现代的方面也是最古老的。

24

景观是关于其身躯统治秩序的不间断的演讲，是永不停止的自我赞美的独白，是其自身生活所有方面极权管理阶段的自画像。景观关系的那种拜物教和纯然客观的表象，掩盖人与人之间和阶级与阶级之间的关系的真正特性：一种带有其必然规律性的第二自然对我们环境的统治。但是景观并不是被当作自然演化的科技发展之必然结果。相反，景观社会是选择其自身技术内容的一种形式。如果从"大众传媒"（它们是最显著的表面现象）的具体意义上来理解景观，景观好像以单纯技术装备的形式侵蚀了社会，其实，这种装备绝不能被理解为是中立的，事实上它是与景观内在动力学一致发展起来的。如果某个时代这样的技术已经发展起来，其社会需要只能通过其中介来满足。如果这个社会的管理和人们的一切交往整体上只能依赖即时交往手段，那这只是因为这种"交往"本质上是单面的。所以，这些大众传播媒体的集中，意味着交由现存管理者处理的手段的集中，这些手段能够使他们贯彻一种特定的管理形式。反映在景观中的社会分离与现代国家密不可分。这种社会分离作为社会分工的产物不但是阶级统治的主要手段，而且也是全部社会分裂的集中表达。

25

分离是景观的全部。以阶级分工形式表现的社会分工导致了最初的宗教冥想形式：全部权力总是把自身伪装起来的神话秩序。宗教论证了宇宙论与本体论秩序的合理性,而这种秩序是和统治者的利益一致的；它诠释并美化了这种利益,而这正是这个社会所不能做到的。于是,所有这样分离的力量就都是景观性的了。但是这种初期的、普遍的、对凝固的宗教意象的信仰和忠诚,只不过是一种对缺失的共同认可,是对作为普遍经历的一种整体环境的具体社会活动的匮乏的虚构的补偿。与此相反,现代景观则描述了社会所能做到的,但在这种描述中,允许做的事情与可能做的事情是截然对立的。在人们生存状况的实际改变中,景观使人们保持了一种无意识状态。像一个伪神圣的上帝,景观自己创造自己,自己制定自己的规则。景观展示其所是：一种以生产力的增长为基础的、受制于机器的独立运动的、产生于一种日益精确地将劳动分工碎片化为姿势和动作的自在发展的分离力量。于是,工作的目的就只是为了不断扩展的市场。在这一发展过程中,所有共同体和所有批判意识都消解了；在这个过程中,相互分离的力量不可能再重新统一起来。

26

工人和产品的普遍分离已消除掉了任何对已完成活动的统一的观点,消除掉了生产者之间的全部直接交往。伴随着分离产品的日益聚积和生产过程的不断集中,统一与交往被这个制度的管理者所垄断。这一分离经济体制的成功就在于使整个世界无产阶级化。

27

由于这一分离的分离生产的真正成功,在早先社会中与人们的原初劳动密切相联的基本经验,已处于与被动性和非劳动领域相联的生活的认同所取代的过程中(在这一分离制度进化的高峰)。但是这种被动性绝不是从生产活动中解放出来的被动性,它以一种既心神不安又向往地屈从于生产制度的需要和结果的形式依赖于生产活动,它本身就是这一生产合理性的结果之一。在活动之外不存在自由,并且在景观中一切活动都是被禁止的——所有真实的活动都被导入景观的全球性建构之中。因此,人们所提及的所有"从劳动中解放出来的"东西,即日益增长的休闲时间,既不是劳动自身的解放,也不是由这类劳动所塑造的这一世界的解放。没有哪一种在劳动中被掠去的活动,能够通过屈从于劳动所生产出来的东西重新获得。

28

占统治地位的经济制度是一种孤立(L'isolement)的循环生产,它的技术以孤立为基础并献身于这种孤立。从汽车到电视,景观系统选中生产的所有商品,作为不断强化制造"孤独人群"的武器,同样也服务于这一景观体系。景观不断地、更加精确地重新发现自己的各种假定。

29

景观源于世界统一性的丧失,现代景观的巨大扩张表现了这一丧失的全部。所有个别劳动的抽象化与整个生产的普遍抽象化,均在景观中完美地显现出来,它的具体化存在方式就是精确地抽象。在景观中,世界的某一部分把自己展示给世界,并且优越于整个世界。景观不过是这一分离的共同语言。观众只是通过一种他们单方面的关系与真正的中心相联系,这一中心使他们彼此之间相互隔离。因此,景观重新统一了分离,但却是以他们的分离将他们重新统一。

30

屈从于预设对象(是他自己无思活动的结果)的观众(spectateor)的异化,以下面的方式表现出来:他预期得越多,他生活得就越少;他将自己认同为需求的主导影像越多,他对自己的生存和欲望就理解得越少。景观与积极主动的主体的疏离,通过以下事实呈现出来:个人的姿势不再是他自己的;它们是另外一个人的,而后者又将这些姿势展示给他看。观众在哪里都感到不自在,因为景观无处不在。

31

工人并不生产自身,他生产出一种独立于他们自身的力量。这种生产的成功及其产品的丰裕,则作为一种剥夺的丰裕为生产者所经历。由于异化产品的日益骤增,全部的时间和空间变得越来越外在于他们。景观正是这一新世界的地图,这幅地图刚好等于景观所描绘的疆域。那些逃离我们的力量,以其全部力量向我们展示了它们自身。

32

景观的社会功能就是异化的具体生产。经济的扩张根本上构成了这一特殊工业生产部门的扩张。为了自己的缘由通过经济发展而产生的"增长",只能是那些本源就是如此的一种真正异化的增长。

33

从他们的产品中分离出来的人们,以日益强大的力量制造他们世界的每个细部,同时他们也发现,他们与这个世界越来越分离。他们的生活越是他们自己的产物,他们就越是被排除于这一生活之外。

34

资本变成为一个影像,当积累达到如此程度时,景观也就是资本。

3. 消费的社会逻辑①

让·波德里亚

导读

　　让·波德里亚(Jean Baudrillard,也译为鲍德里亚、布希亚,1929—2007),法国著名哲学家、现代社会思想大师,被认为是旗帜最为鲜明、著作最为晦涩的后现代理论家。20世纪80年代以来,其作品被广泛译介到英语世界,影响日隆。英国的《卫报》称他是个"社会学的教授,大灾变的预言家,大恐慌的狂热抒情诗人,没有中心的后现代荒原的痴迷的描述者,纽约文人圈最热门的人物";美国的《纽约时报》将他描述为"后马克思主义左派阵营中一个火药味十足的孤独漫游者"。其著作非常丰富,1968年完成并出版其博士论文《物体系》,1970年出版《消费社会》,此后《符号政治经济学批判》(1972)、《生产之镜》(1973)、《象征交换与死亡》(1976)、《忘掉福柯》(1977)、《在沉默的多数者的阴影里》(1978)、《论诱惑》(1979)直到《拟象与仿真》(1981)、《致命的策略》(1983)构成了波德里亚70年代到80年代上半期的理论成熟和丰收期。80年代中期以后,波德里亚专心从事写作和摄影,发表《交往的迷狂》(1987)、《冷酷的回忆》(1987)、《幻觉的终结》(1992)、《完美的罪行》(1995)、《不可能的交换》(1999)、《艺术的阴谋》(1999)等,其中他在1991年发表的《海湾战争不曾发生》引起广泛关注和争议。2007年3月6日,波德里亚在巴黎病逝。

　　《消费社会》是波德里亚的早期著作,作为对其发表于1968年的《物体系》的延续,波德里亚继续运用罗兰·巴特式的符号学展开对当代西方社会中"物"的分析,在《物体系》中,波德里亚已经论及了物的消费现象,而在《消费社会》中,"消费"则成为关注的重心,波德里亚明确指出:"从一开始

---

① 选自[法]让·波德里亚:《消费社会》,刘成富、全志钢译,南京:南京大学出版社2000年版。

就必须明确指出,消费是一种积极的关系方式(不仅于物,而且于集体和世界),是一种系统的行为和总体反应的方式。我们的整个文化体系就是建立在这个基础之上的。"全书共分三章加一个结论,第一章论述"物的形式礼拜仪式",描述了当代西方社会中"丰盛""消费"及"增长"的诡异图景,第二章是"消费理论",辨析了消费的社会逻辑,对消费进行了人类经济学的解剖,强调消费的意识形态是"人性化或最小的边缘差异",第三章则论述了与消费社会紧密相关的文化表征,如大众传媒、性与休闲等。在结论中,波德里亚指出:"消费世纪既然是资本符号下整个加速了的生产力进程的历史结果,那么它也是彻底异化的世纪。"

本文选自《消费社会》第二章第一节"消费的社会逻辑"中的第一小点"福利的平等意识"。在这一部分,波德里亚把批判的矛头指向需求及与之有关的有关幸福的神话。

[文献]

▲ 福利的平等意识

有关需求的整个演说基于一种天真的人类学:幸福的自然倾向之人类学。在为加勒里或浴场海盐所做的最小的广告后面,用火辣的语言所形容的幸福,就是消费社会的绝对参考:它完全成了拯救的代名词。但是,用这样一种意识力量来纠缠现代文明的幸福,究竟是什么呢?

因此,这里有必要回顾以下各种出于本能的看法。幸福概念的意识力量,并不是来自每个个体为实现本人幸福的一种自然倾向。从社会历史观来看,这是由于幸福的神话将平等神话收藏并转化到现代社会之中了。自工业革命和19世纪末革命以来,所有政治的和社会的毒性移转到了幸福上。幸福首先有了这种意识意义和意识功能,于是在内容上引起了严重后果:幸福要成为平等的神话媒介,那它就得是可测之物,必须是物、符号、"舒适"能够测得出来的福利。正如托克维尔所说,他已经注意到,民主社会的这种趋势总是想得到更多的福利,以此来做为社会命定性的消亡和所有命运的平等。这种独立于众人眼里表现它的符号之外的幸福,这种不需要证据的幸福,作为完全的或内心享受的幸福,一下子被排除到了消费的理想之外。幸福首先是平等(或区分)的要求。从这一点上看,根据可视的标准,它应始终具有意义。但在这个意义上,幸福与集体节日或狂欢之间的距离就更远了。因为它虽由平等要求所维系,但是它是建立在个人主义的原则基础之上的。而这个原则过去曾得到向每个人(每个个体)明确许诺幸福权的《人权宣言》的巩固。

"福利革命"是资产阶级革命或简单地说是任何一场原则上主张人人平等，但未能(或未愿意)从根本上加以实现的革命的遗嘱继承者或执行者。因此，民主原则便由真实的平等如能力、责任、社会机遇、幸福(该术语的全部意义)的平等转变成了在物以及社会成就和幸福的其他明显标志面前的平等。这就是地位民主，电视、汽车和音响民主，表面上具体而实际上又十分形式的民主。在社会矛盾和不平等方面，它又符合宪法中的形式民主。两者互为借口，共同形成了一种总体民主意识，而将民主的缺席以及平等的不可求的真相掩藏了起来。

"需求"的概念，在平等的神秘主义当中，是与福利紧密地联系在一起的。需求反映了一个令人心安理得的目的世界。这种自然主义的人类学，为普遍的平等奠定了希望的基础。其明晰有力的论证是：在需求和满足原则面前人人平等，在物与财富的使用价值面前人人平等(但在交换价值面前并不是人人平等，而是被分化)。需求是从使用价值来考虑的，人们已建立起一种客观效用性或自然目的性的关系。而在这种关系面前，并不存在社会的或历史的不平等。就牛排而言(使用价值)，既没有无产者也没有享有特权的人。

福利与需求的互补神话，对不平等客观的、社会的和历史的决定性，具有一种强有力的吸收与消除意识的功能。福利国家和消费社会里的所有政治游戏，就在于通过增加财富的总量，从量上达到自动平等和最终平衡的水平，即所有人的福利的一般水平，以此来消除他们之间的矛盾。共产主义社会本身，也是用平衡的术语来论及个人或社会的"自然的"、"和谐的"、摆脱任何社会差别或阶级概念的需求的——这里它同样偏离了政治的解决办法，即通过财富的极大丰盛的办法，向着最终的解决办法过渡——财富的形式平等替代了交换社会的透明度。因此，在社会主义国家中，人们也能看到"福利革命"替代社会政治革命。

如果说有关福利意识的观点是正确的话(即在财富和符号中表达了"世俗化的"形式平等的神话)，那么显而易见，永恒的问题便成了一个假问题：即消费社会是平等的还是不平等的呢？民主有没有实现呢？还是正在实现呢？或者恰恰相反，是否只是恢复了以往社会的结构和不平衡呢？不管人们是否能够证明消费的潜在性会不会实现自我平衡(收入的消除、社会再分配、人人崇尚同一时装、在电视上观看同一个节目，大家一起去地中海俱乐部)，那都丝毫不能说明什么问题，因为用消费平均化的术语来提出问题，其本身就已经意味着通过寻求商品与标志(替代层面)，来替代真正的问题，以及要对其进行逻辑的和社会学的分析。简言之，分析"丰盛"，并不是从数字上去验证它，数字只能是跟神话一样的神话。计划必须从根本上加以改变，要用另一种不同于它的逻辑去把握丰盛的神话。

当然，分析要求我们要从数字上、从福利的总结上去关照丰盛。但数字本身并没有多少意义，也从来不会自相矛盾。惟有解释才有意义。有时与数字相符，有时与其恰恰相反。我们应该把发言权留给它才是。

理想主义的观点是最根深蒂固的、最顽固的：

——增长，即丰盛；

——丰盛，即民主。

由于无法断言这种全面幸福（甚至在数字层面上）即将来临，神话变得更加"现实主义"。那是不断变化的理想的改良主义：由于增长初级阶段巨大的不平等现象的减少，再加上"铁的工资规律"，收入会变得和谐。当然，那种对持续有序愈来愈向平等方向发展的假设已被一些事实所推翻（《另一个美国》：20%的"穷人"等等）。这些事实反映了暂时性的失调和幼儿期的病症。增长在意味着一些不平等后果的同时，也意味着长期而全面的民主化进程。因此，根据加尔布雷思的观点，平等与不平等的问题不应该再放到议事日程上。它与富裕和贫穷的问题是联系在一起的，或者说，尽管有种不平等的再分配，但"丰盛"社会的新结构使这一问题得到了重新解决。剩下的人由于这种或那原因，被排斥在工业体系之外，排斥在增长之外，成了"穷人"（20%）。而增长原则本身未受损害；它是均质的，而且具有使整个社会群体均质的倾向。

从这个层次上提出的基本问题，是关于"贫穷"的问题。对于物质丰盛的理想主义者来说，这个问题是"残留的"，是会被增长的增加所吸收的。但是，它似乎在后工业革命时期仍在代代相传。所有为消除它的努力（尤其是美国的"大社会"），似乎在每个演变阶段，都受到了功能性的使之重新出现的某种体系机制的碰撞，好像一个增长惯性的弹簧。加尔布雷思把这种无法解释的贫穷，归咎于体系的失调（无用的军费开支优先权，集体服务跟不上个人消费等等）。或者说，是否能把推理颠倒一下，认为增长在其本身的运动过程中，就是建立在这种不平等基础之上的呢？在这一点上，他所有的分析其实就是揭示"缺陷"在增长体系中的功能性含义。然而，当他要对体系本身产生的质疑下逻辑性的结论时，却退却了，而且用了一种宽容的观点重新调整了一切。

理想主义者一般坚持这种悖论的发现：尽管这一切，而且其目的（众所周知，这只能是有益的）被恶魔般地予以颠倒了，但增长还是出现了，还是再次地出现了，而且恢复了社会的不平等、特权和不平衡等等。正如加尔布雷思在《丰盛社会》里所说，人们会认识到，替代再分配的实际上是生产的增长（"越多……最终人人都会有足够的物质"）。但是，这些酷似流体物理的原理，在社会关系中根本就不是这么回事。确切地说，正好与之相反——我们稍后就会看出这一点。另外，人们从中还得出一个适用于"次特权者"的论点："哪怕是生活在社会底层的人，从生产的加速增长中所获得的益处，也远远胜于任何一种形式的再分配。"不过，所有这一切是似是而非的：因为如果说增长使得每个人开始在绝对意义上获得一笔巨额收入或一大笔财富，那么具有社会学特点的，就是建立在增长中心本身的失调过程，就是巧妙地使增长具有一定的结构并赋予其真正意义的失调率。相较起来，坚持某种极度匮乏或某些次要的不平等现象戏剧性消失的观点，以及从数字与总量上，从绝对增长与国民生产总值上去判断物质的丰盛，要比用结构的术语去分析简单得多！就结构而言，富有意义的是失调率。在国际上，它表示着发达与发展中国家之间的增长差距，但也表示着在发展中国家的内部，低工资与高收入之间"调整速度的失控"，高科技凌驾于其他部门，以及农村屈从于城市工业世界等等。长期的通货膨胀能够掩饰这种相对的贫困化，将所有名义价值拔高，而对功能和相对平均数的计算，则使得表格的下方出现的只是部分下降。但不管怎么说，整幅表格上出现了一种结构性的失调。当人们看到体系以其自身的逻辑维持原状并确保其目的性时，援引这种失调的暂时性或行情性的特点是不起任何作用的。人们至多同意，它会在一定的失调率高度上稳住，也就是说，无论财富的绝对量多少，都含有一种系统的不平等。

其实，要走出理想主义者对功能失调这种灰暗色彩的发现之死胡同的惟一办法，就是要承认这里采用的是一种系统的逻辑。这也是超越有关丰盛与贫乏的那种错误的或然判断的惟一方法。就像议会中的信任问题一样，它具有令所有问题窒息的功能。

实际上，"物质丰盛的社会"与"物质匮乏的社会"并不存在，也从来没有出现过。因为不管是哪种社会，不管它生产的财富与可支配的财富量是多少，都既确立在结构性过剩也确立在结构性匮乏的基础之上。过剩可能是上帝的那一份，献祭的一份，是奢侈的开支，剩余的价值，经济利润或享有盛誉的预算。但无论如何，正是这种奢侈的提取，在确立一个社会财富的同时，也确定了其社会结构。因为它总是少数特权派的特有财产，其功能确切地说是重新产生等级或阶级特权。从社会学角度来看，平衡是不存在的。平衡是经济学家理想的神话。如果社会状况的逻辑本身并不与之相抵触，那么至少处处可见的社会组织就可以定位。任何社会都产生差别，产生社会歧视。这种结构组织是建立在（特别是）财富的使用与分配基础之上的。一个社会进入增长阶段，譬如我们的工业社会，不会在这个过程中有什么改变。相反，从某种意义上来说，资本主义制度（一般是生产本位主义）使这种功能的"高低不平"，这种登峰造极的不平衡，在各个层次上趋于合理并予以普及。从人们不再把国民生产总值当作物质丰盛的标准时起，就应当看到增长既没有使我们远离丰盛，也没有使我们接近它。从逻辑概念上来说，增长和丰盛被整个社会结构所分离。整个社会结构在这里起到了决定性作用。某种社会关系和社会矛盾,某种过去一直是一成不变的"不平等",今天在增长过程中通过增长又重新出现了。

这就要求有另一种增长观。我们不会跟欣慰主义者一道说什么:"增长带来丰盛,也就是带来平等"。但我们也不赞同相反的观点:"增长是不平等的制造者"。假如要推翻这样一个假问题:增长是平等的还是不平等的呢?我们会说不平等的功能就是增长的本身。对于"不平等的"社会秩序来说,对于特权的社会结构来说,这是自我维系的必要条件。它像战略要素一样会带来或重新带来增长。或者换句话说,增长(技术的、经济的)的内部自治相对于这种社会结构的决定性,是软弱的而且是次要的。

总的说来,增长的社会来源于能够相互维系物质丰盛和福利神话的平等民主原则与维系特权和统治秩序的根本必要性之间的一种妥协。奠定其基础的不是技术的进步:这种机械主义的观点,就是赞同天真地相信未来物质丰富的观点之观点。其实,奠定技术进步可能性的,恰恰是这种双重矛盾的决定论。在当代社会里,推动一定的平等、民主与"进步"进程的,同样也是它。但必须清楚地看到,它们以顺势疗法的剂量出现,并根据其生存能力由体系精练净化。在这种系统中,平等本身就是不平等的一个功能(次要的、衍生的),与增长完全是一码事。例如,收入倾向平等化(因为平等神话主要是在这个层面上起作用)对于增长过程的心理化来说是次要的,我们发现心理化是社会秩序的重新引导者,而社会秩序是一种阶级特权和权力的结构。所有这一切与体系维系下去所必需的不在场的证明一样,反映了民主化的几个征象。

而且,这几个征象本身就具有表面性,是值得怀疑的。加尔布雷思对作为经济的(因而社会的)问题的不平等程度的减弱感到十分欣慰——他说,它没有消失,而是因为财富不再带来它曾经蕴含的根本优势(权力、享乐、声誉、显赫)。业主和股东的权力结束了,取而代之的是有组织的专家和技术员,甚至是知识分子和学者!大资本家和其他西铁城加纳的炫耀式消费结束了,大财富结束了:富人为自己制定了一条可以称作次消费(ender-consumption)的法律。简言之,加尔布雷思无意中恰恰深刻揭示了,如果说存在平等的话(如果说贫穷和富有不再是问题的话),那是因为它确实不再具有实际的重要性。事情发生的地点不在这里,价值的标准则存在于其他地方。社会歧视和权力等仍旧占主体,而且渗透到了纯收入或财富以外的其他方面。在这种情况下,所有的收入至少相同并不重要,体系本身能够花重金往这个方向迈出一大步。因为这里不再有"不平等"的根本规定性。知识、文化、责任和决心的结构、权力:虽然到处都会出现财富和收入水平的帮凶,但所有这些标准都已经把地位的外在符号以及财富和收入水平的帮凶,无情地打入价值的社会决定性范畴,归进"强有力的"标准等级里。譬如,加尔布雷思把富人的"次消费"与建立在金钱基础之上的声誉标准混为一谈。当然,驾驶两马力车子的富人不再令人赞叹,但却更加令人难以捉摸了:通过消费的方式,通过风格,他与众不同,独树一帜。从炫耀到审慎(过分炫耀),从量的炫耀到高雅出众,从金钱到文化,他绝对地维系着特权。

事实上,这种论点是站不住脚的。人们可以把它称之为"经济特权率下降倾向"的论点。因为金钱总是转化为等级特权、权力和文化特权。但人们应当承认它不再起决定性的作用(它过去起过决定性的作用吗?)。加尔布雷思和其他一些人没有看到的东西是,不平等(经济的)不再是问题,本身却构成了一个问题。他们把经济领域中"铁的工资规律"的减缓速度看得太快了,而且看到的只是这一方面。他们根本不想对这种"铁的工资规律"谈点深广的理论,也不想看到它如何从被"丰盛"所祝福的收入和消费领域,向范围更广的社会领域过渡。实际上,在社会领域中,它变得更加难以捉摸了,而且更加无法逆转。

身份认同

一、身份认同理论及其背景

身份认同(identity)是西方文化研究的一个重要概念,它受到新左派、女权主义、后殖民主义青睐。其含义是指个人与特定社会文化的认同。身份认同是对主体自身的一种认知和描述,包括文化认同、国家认同。由于文化主体之间的不同,所以需要主体的身份认同,文化主体之间的相互作用导致了身份认同的嬗变。"认同"一词最早由弗洛伊德提出,是指个人与他人,群体或模仿人物在感情上、心理上趋同的过程。从词源上来看,认同有两层意义,第一层是做动词用(identifying),它是一个习得的过程,个体会从他人身上选择性地内化一些特征,将这些特征变成自体的一部分即认同。第二层是做名词用(identity),是identifying这个动作结束之后的产物——你的身份(identity有认同之意,也有身份之意)。你认同了什么,你就是什么。具体来看,集体身份认同,是指文化主体在两个不同文化群体或亚群体之间进行抉择。因为受到不同文化的影响,这个文化主体须将一种文化视为集体文化自我,而将另一种文化视为他者。自我身份认同(self—identity),强调的是自我的心理和身体体验,以自我为核心。社会身份认同(social identity),强调人的社会属性。

从个体认同到集体认同,从一种文化到另一种文化,这类过程动态地描摹了身份认同的嬗变机制。在自成一体的部族社会或天人合一的封建宗法社会,姓氏、血缘、性别等共同构成了牢固不变的身份认同机制。然而,资本主义现代性自上而下地改变了西方社会整个结构,也将大批化外民族强行带入了现代性的快车道。因此在更广泛的含义上,身份认同主要指某一文化主体在强势与弱势文化之间进行的集体身份选择,由此产生了强烈的思想震荡和巨大的精神磨难。其显著特征,可以概括为一种焦虑与希冀、痛苦与欣悦并存的主体体验。我们称此独特的身份认同状态为混合身份认同(hybrid identity)。

哲学从本体论向认识论过渡的核心和要害是"主体"的发现与提升。在本体论思维中,是没有主体的位置的,世界或存在的主宰和终极依据是"神"、上帝、或具有神性本质的第一推动力、理念、绝对精神等,而人只不过是神的创造物和无数存在者之一。认识论转折以后,人取代神成为世界和存在的中心。人及其意识,即"主体"从世界中分离出来,成为世界即由实在事物组成的客体的对立面。认识论把一切存在纳入主客体分裂和对立的框架,并以此来解释所有现象。笛卡尔的"我思故我在"是现代主体的开端。"我思"肯定人的主体地位,把人放在世界的中心,人成为万物的尺度,因此,现代哲学的身份观认为存在着一个先验的或给定的自我,这个自我"在人的一生中基本保持稳定,由此生发出连续感和自我认知"①。康德发展了笛卡儿的主体观,认为人同时存在于现象世界(自然)和本体世界(概念世界),但是真正构成自我的是以理性为基础的道德法则,主体通过遵守道德法则而获得真正的自我。认知主体性的理论是主体哲学发展的一个重要阶段,它不仅把主体和人统一了起来,通过意识活动完成了"哥白尼式革命",确立了人的中心地位和对世界的能动关系,奠定了人们对具有现代意蕴的主体性理解的基础。黑格尔在《精神现象学》中指出,主体的塑造是一个由意识到绝对精神的运动过程;同时,黑格尔强调自我意识必须包含对他者的必要参照,"自我意识是自在自为的,这由于、并且也就因为它是为另一个自在自为的自我意识而存在的;这就是说,它所以存在只是由于被对方承认"②。这就形成了自我/他者、主人/奴隶二元对立的哲学关系。这种先验的、独立于社会和历史的、稳定的主体观成为现代性初期占据主导地位的身份观。斯图尔特·霍尔认为,这种身份认同建立在"对人的这样一种理解基础之上,即人是完全以自己为中心的统一个体,他被赋予理性、意识和行动能力,其中心由一个内在核心构成……自我的根本中心是人的身份认同"③。

马克思把主体放置到现实社会中,并对"抽象的、孤立的个体"持批判态度。他把人置于各种社会关系的相互作用之中,指出"人的本质不是单个人所固有的抽象物,在其现实性上,它是一切社会关系的总和"④。主体不能完全按照自由意志行动,而要受社会环境的制约,同时,主体也可以通过自身实践改变其所处的环境。如此一来,身份认同的建构从单独孤立的个体转向了复杂多变的社会。身份认同的社会性因素在 20 世纪下半叶的文化批评中得到了广泛的研究,政

---

① [英]乔治·拉伦:《意识形态与文化身份:现代性和第三世界的在场》,戴从容译,上海:上海教育出版社 2005 年,第 196 页。
② [德]黑格尔《精神现象学》,贺麟、王玖兴译,北京:商务印书馆 1983 年,第 122 页。
③ Stuart Hall Who Need'Identity'? The Question of Culture Identity, in Modernity and Its Future Cambridge: Polity Press, 1991, p5.
④ [德]马克思:《论费尔巴哈》,《马克思恩格斯全集》第 3 卷,北京:人民出版社 1956 年版,第 6—8 页。

治、经济、历史、文化、宗教、种族等社会因素的决定性作用被一再强调,作为完整主体内核的自我发生裂变。

身份认同植根于西方现代性的内在矛盾,现代社会各种关系的快速变化及解体,生存的不确定性和焦灼感,主流意识形态和传统规范的削弱,这一切使主体对自我连贯、稳定的认知发生了动摇;而人类真实地面对其所处的生活环境及其与同类的关系,则预示着对身份和身份认同建构方式认知的重大转变。最值得一提的是尼采的"上帝死了",福柯认为当尼采说上帝死了的时候,人也已经死了,这宣判了笛卡尔式理性主体的死亡,正如尼采所说:"'主体'就是虚构,看去好像我们具有的若干相同状态都是一种原因的结果。"①接着,海德格尔后期的思想、哈贝马斯的交往理论和伽达默尔的哲学诠释学,都非常重视语言的对话和交流的特性,认为语言就是人存在的方式,因而人与存在的关系以及主体与主体间是对话和交往的关系。在这个意义上,绝对的自我中心的主体性开始被削弱,人由造物主的地位开始转向看护人的地位,在主体间性的关系中,人既是主体又是客体,而在对话结构中,存在的则是相互作用和相互吸取的关系。语言的对话又必然涉及生活世界的意义结构,哈贝马斯认为,正是生活世界才使语言交流具有了达成共识的条件,伽达默尔把历史理解为传统和习俗,意味着从生活和历史的文化机制来理解人和人的认识的趋向。这使哲学的出发点由作为个体主体的人转向了超越个体主体的具有某种'客观'结构的语言关系和交往关系,对人的"在世"和"共在",由个体主体的内在本性分析转向了主—客之间和主—主之间的交互作用的分析。

此外,拉康的"主体间性"给现代性的主体性以致命的打击。拉康认为主体是由其自身存在结构中的"他性"界定的,这种主体中的他性就是主体间性。他对黑格尔的《精神现象学》中的"奴隶和主人"重新进行阐释,并针对笛卡尔的"我思故我在",提出了"我于我不在之处思"或"我在我不思之处",这是对笛卡尔的"我思"主体改写,更是对现代性思想根基的摧毁。在结构主义那里,主体不仅丧失了作为创造者的地位,并且主体本身也成为外部结构的产物。阿尔都塞在《意识形态与意识形态国家机器》中声称,个体通过被意识形态质询而成为主体,"意识形态永远—已经将个体作为主体质疑,这表明个体永远—已经被意识形态作为主体质询,这必然会将我们引向一个最终的命题:个体已经—永远是主体"。福柯更是提出,个体并不是给定的实体,而是权力运作的俘虏。个体,包括他的身份和特点,都是权力关系对身体施加作用的结果。

---

① [德]尼采:《权力意志——重估一切价值的尝试》,张念东、凌素心译,北京:商务印书馆1991年版,第366页。

后现代主义对主体的批判更加不遗余力,是建立在语言转向的基础上,其理论来源于结构主义语言学。在索绪尔看来,语言和言语是有区别的,语言是体现社会成规的符合系统,而言语则是个体的语言表达。语言决定言语,言语只有加入语言系统中,才能起到表达的作用。在德里达看来,传统形而上学的致命缺陷是假定了意义的先验在场,使能指脱离延异而存在,其表现就是语言中心主义。所以,必须提高文本的地位,而文本无先验的意义,文本无作者。因为,符号的本质是差异,只能在一种踪迹的影响中确定。所以,主体取决于差异系统和延异活动,主体唯有在与自身相区分中,在拖延和推迟中才被构成。即不是作者产生文本,而是文本产生作者,主体不是中心性的支配者,而是播撒性的无中心、无统一性的多元化的存在。这样,德里达就从语言的延异特性说明了多元离散的主体性。由此得出的结论是个人不是主体,而我是被塑造的。福柯则从知识的相对性以及知识和权力的关系角度思考,认为不存在自我决定的独立的主体,主体是被话语和权力关系塑造的。我们只能用语言来理解事物并自我解释,但语言是社会性的,社会的压迫就嵌刻在语言中,它不但外在地塑造了人的主体性,而且也自内地规范自身。在福柯看来,作为塑造主体的力量,除了语言之外,更为重要的是权力关系。在现代社会,权力的合法性是同知识和真理联系在一起的,这种知识—权力的运作方式,使权力具有了文化权威的性质,从而在强制之外又增加了规训作用,福柯的"人之死"意味着主体是社会的和历史的产物,作为意义之源的和具有统治地位的大写的我是不存在的,主体尽管也反抗着权力关系的塑造,但这种自由是极其有限的,人只能在那种零散化的语言的内脏里构成自己的形象。此外,利奥塔认为主体只是交往网络中的"节点";主体甚至被"主体位置"所取代。马克·波斯特指出,理性、自律的现代性主体已经不存在,"这种人所熟知的现代主体被信息方式置换成一个多重的、撒播的和去中心化的主体,并被不断质询为一种不稳定的身份"①。虽然多重主体的观念早已被接受,但在后现代语境下,不同的身份(基本自我)之间无法整合、统一。拉伦总结道:"在当代,基本自我虽然仍然共同存在,却变得无法兼容,不能被整合。完整自我因此变成错位的、无中心的、无法统一。"②斯图尔特·霍尔的表述具有代表性:"这儿展开的身份的概念不是实质主义的,而是一个策略的和定位的概念。即是说,与其已固定的语义进程截然相反,这个身份的概念没有表明自我的那个稳固核心,自始至

---

① [美]马克·波斯特:《第二媒介时代》,范静晔译,南京:南京大学出版社2000年版,第83页。
② [英]乔治·拉伦:《意识形态与文化身份:现代性和第三世界的在场》,戴从容译,上海:上海教育出版社2005年版,第207页。

终地贯彻演变于整个历史的兴衰枯荣。"①主体危机直接反映为身份认同的危机,无中心、碎片化、差异、断裂、矛盾等成为当代身份认同的关键词。

二、后殖民理论中的"民族"和"身份"

后殖民理论家不约而同地将理论焦点对准"民族","民族"具有双重色彩,它是政治的,所以天然携带斗争的基因,它又是文化的,有可阐释、可建构、可生发的特质,学者可以借助它的阐释力切入政治的语境。具体来看,萨义德、霍米·巴巴和詹姆逊将一种政治抵抗转为文化策略,消解了政治的斗争实践,却保存了政治批判的锋芒性和说服力,从而获得了抵抗资本主义文化霸权的力量。

后殖民理论内部关于"民族"和"身份"纷争始终不断,它的矛盾之处在于:一方面它揭示了东西方固有的等级差异和对立结构,其逻辑起点是二元对立的;另一方面它受到福柯、德里达后现代话语理论影响,这一理论的目的恰恰是为了消解二元对立、破除固定立场,所以,后殖民理论家一边要从殖民与被殖民的对立姿态中获取言说的正当性,另一边又要借助解构的理论解除这种二元对立的抗争性,不由地使这种理论在抵抗西方与消解对立的矛盾中来回游走,以至于萨义德在"民族"问题上暧昧不定,霍米·巴巴的言论又备受争议,詹姆逊更是反其道而行之。

1. 萨义德:"逆写帝国"

萨义德作为后殖民理论的开山论者,对民族、身份问题有长篇论述,从他揭示东西方不对等的权力关系来看,他倾向于保护本土文化,自然地也赞同民族意识的积极作用,但非常排斥极端民族主义,基于此,提出基于本土之上"逆写帝国"的文化抵抗策略,影响了之后的后殖民理论发展和中国后殖民理论的接受。

(1) 警惕"民族主义"

萨义德在《东方主义》中为伊斯兰文化和阿拉伯民族正名的举措,以及他曾提及"一个民族群体在发展过程中都有民族主义需求"的言论,很容易被民族主义者认为志同道合。在萨义德看来,民族意识是对于自身传统的提炼和承袭,也是增强文化认同、厘定地理疆界和汇聚政治凝聚力的有效手段,它有助于现代民族国家的建立,并将民族意识看作对帝国主义霸权进行政治抵抗的阶段性武器。但是,当民族意识变成一种主义,萨义德就变得非常警惕,尤其对种族主义这一

---

① Stuart Hall Who Need'Identity'? The Question of Culture Identity, in Modernity and Its Future Cambridge: Polity Press, 1991, p3.

极端的民族主义,更是深恶痛绝。所以,当有人称萨义德为"阿拉伯文化的支持者,受蹂躏、受摧残民族的辩护人"①时,他严词拒绝:"对他们来说,我的书的价值在于向人们指出了东方学家的险恶用心,并且在某种程度上将伊斯兰从他们的魔爪下解脱了出来。这几乎与我自己的想法完全背道而驰。"②萨义德又反复声称:"我一直对自鸣得意、毫无批判意识的民族主义持激烈的批判态度。"③

萨义德的观点承袭了法农。法农认为"唯一能给予我们一种国际性视域的,是民族意识,而非民族主义"。20世纪60年代,尽管被殖民国家通过民族意识形成想象的共同体,并进而完成对帝国主义的有效抵抗,形成独立的民族国家,可是进入后殖民时代,如果新的民族国家继续煽动民族情绪,并利用民族主义积聚力量的话,就显得不合时宜了,因为民族主义是一把双刃剑,它既能呼唤出大众的民族意识,鼓动他们投身于民族解放运动,也能煽动民众非理性的狂热激情,一旦被统治者利用,会导致军队独裁、领袖崇拜、极端排外的恶果。亲历过巴以冲突的萨义德当然非常警惕这种极端的民族主义。然而时过境迁,在殖民主义、新殖民主义之后,被殖民国家如何从帝国主义霸权的阴影和残留中确立自身? 萨义德在《文化与帝国主义》中开出了药方:用文化抵抗取代实践斗争。这意味着抵抗不再是激进的枪头炮弹,而是温和的文化改写。

(2) 文化抵抗:逆写帝国

文化抵抗的策略背后体现了萨义德对文化的态度:首先,他认为文化不是固定所属,也非债务人与债权人的借贷关系,不同文化应该共享共生、彼此依赖。其次,本土文化可以对西方强势文化进行改写和调适,形成一种杂糅交错、为我所用的文化样态。在这样的思路下,萨义德的抵抗注定不是冲突性的、民族主义式的对立和抵制,而是一种文化内部的改写和升级。需要说明的是,萨义德所谓的"文化抵抗"的三个特点:"第一,整体、连续地看待社会历史权力,给被压抑的民族以自由。第二,抵抗远不只是对帝国主义的反动,它还是形成人类历史的另一种方式,这一方式很大程度建立在打破文化间障碍的基础上。第三,脱离主张分离的民族主义,趋向于整个社会和人类的解放。"④可以看出,萨义德摒弃了民族主义在现实中的激进之力,将其威力关进笼子,但为了保存其抵抗能量,又在文化领域保持了抵抗的姿态。萨义德认为文化抵抗更有价值:一是"抵抗有助

---

① [美]爱德华·W.萨义德:《东方学》,王宇根译,北京:生活·读书·新知三联书店2007年版,第431页。
② [美]爱德华·W.萨义德:《东方学》,王宇根译,北京:生活·读书·新知三联书店2007年版,第428页。
③ [美]爱德华·W.萨义德:《东方学》,王宇根译,北京:生活·读书·新知三联书店2007年版,第434页。
④ Edward W.Said. *Culture and Imperialism*, New York: Vintage Books, 1994, p.216.

于恢复帝国文化已经确立或至少受到帝国文化影响或渗透的多种形式"①。二是抵抗因此成了"重新发现与恢复被帝国主义所压制的土著的过去"②的过程。那么,"一种试图脱离帝国主义而独立的文化如何想象其自身的过去③"? 文化抵抗的具体措施又当如何? 就此,萨义德提出了"逆写帝国"的主张。

受福柯话语理论的影响,萨义德强调前缀"re-"重新改写的意义。福柯认为,陈述与被陈述的外物不是一一对应、透明等价的关系,陈述具有独立性、自律性,它可以不由外部图景决定而自我建构所指,如果陈述的角度不同,被陈述的对象就千差万别,即便是同一视角的陈述,首次陈述和再次陈述也呈现差异,如此说来,没有一成不变的本质化的概念,也没有确凿无疑的真理存在,那么固定的、权威的真理就被悬置了,具体到后殖民理论,被殖民者对于殖民者的文化灌输必然不是全盘接受,一定存在某些篡改与抗拒,萨义德认为,通过被殖民者"逆写"帝国的能力从而建构一种文化抵抗的可能。"逆写"帝国这一过程重构了"自我"与"他者"之间的关系。他们的过去"作为屈辱留下的伤疤,作为不同实践的刺激,作为对趋向于一种后殖民未来的过去的种种修正的看法"④,而更有力量的是作为"亟须重新解释和重新利用的经验,在这些经验中,曾经沉默的土著作为总的抵抗运动的一部分,在从殖民者手中重新夺回的领土上发言并行动了"⑤。这样的改变或重写是对帝国主义话语霸权的有效的干预形式和重要的文化抵抗策略,它随时随地、无时无刻不以潜移默化的形式进行,它可以细致入微地渗入每一次接受和书写,它不被压制,无法禁止,它"不仅是政治运动的必不可少的一部分,而且在许多方面来说,是这个运动成功引导的想象",因为它存在一种"智性的和比喻的能量"⑥。

2. 霍米·巴巴:"文化翻译"

相较于萨义德,后殖民理论三剑客之一霍米·巴巴更加抗拒民族主义,他直言不讳地说:"相信民族主义是通向世界主义的一种过渡性阶段。民族主义是一种特殊的意识形态,是在特定时期奋斗的一个特殊平台。我坚决主张文化翻译,目的是理解这个世界,而不是将它还原为一种语言,而是像理解翻译一样去理解这个世界。通过文化翻译,我们给每一种特殊的语言传统或文化文本以自己的空间。但是在这项工作中我们也看到,有一种对更广大的世界发出声音的渴求,

---

① Edward W. Said. *Culture and Imperialism*, New York: Vintage Books, 1994, p.210.
② Edward W. Said. *Culture and Imperialism*, New York: Vintage Books, 1994, p.210.
③ Edward W. Said. *Culture and Imperialism*, New York: Vintage Books, 1994, p.214.
④ Edward W. Said. *Culture and Imperialism*, New York: Vintage Books, 1994, p.212.
⑤ Edward W. Said. *Culture and Imperialism*, New York: Vintage Books, 1994, p.212.
⑥ Edward W. Said. *Culture and Imperialism*, New York: Vintage Books, 1994, p.214.

满足这种文化或文化目标的渴求,让它对世界发出自己的声音,是后殖民批评家的目的。"①这就是霍米·巴巴一直强调的"世界主义"。在具体谈及中国时,他认为,中国知识分子"传达他们所经历的历史教训、传达他们不断地努力吸取儒家传统、毛主义传统和马克思主义传统以创造出一种生活于世界上的方式和途径,这种生活方式既是中国特有的,但也关系到更广的人文理想,这是全世界所共有的。"②霍米·巴巴强调的是中国从本民族(而非民族主义)传统出发所做出的文化融合的努力,也就是"本土世界主义",这一理论论断给中国学者带来深深的好感和理论亲近感,当然在具体理论细节上也可能展开有益的对话和批判活动。

(1) 从"民族"到"身份"

霍米·巴巴在《焦虑的民族·不安的国家》中谈到当两个超级大国辖制的世界体系坍塌后,许多国家开始从原有的依附状态转向对自身的观照和建构,并试图通过一种不合语境的民族主义来塑造自己,民族问题又回旋而来,之所以说它不合语境是因为民族主义已经不像20世纪60年代那样具有强化归属感、完成想象共同体,进而形成民族独立、国家建构的历史意义。反而过分偏执的民族主义容易误入以暴制暴、种族清理歧途,这是一种通过排除他者、构造"民族神话"来确立自我的一种狭隘、狂热的民族主义,会将我们带回到19世纪陈旧的社会运动和文化范式中。基于此,霍米·巴巴"谴责以一种完全不恰当的方式强加于人民头上的国家地位和民族主义"③。在当今民族融合、多元文化的语境中,"重新思考民族意味着什么。民族是否是一种持续不断地拥有刺激作用"变得至关重要。霍米·巴巴"借用法农的理论开拓了别样的思路和愿景:一种不含种民族主义的本土世界主义"④。这是霍米·巴巴对民族主义极度警惕的结果,也是霍米·巴巴被诸多学者诟病之处——他被认为是消解民族、与西方共谋,甚至倒退成西方文化霸权的臣服者和代言人。但实际上,霍米·巴巴反对的是将"民族"作为不可更改的、与生俱来的本质化的概念,他认为"民族"是被叙述而成的,具有操演性,每分每秒都发生着位移和裂变,如果机械地附着于帝国主义/民族主义二元对立的框架中,反而造成对立、遮蔽和压制。于是,霍米·巴巴提出了以"身份"代替"民族"进而获得一种更为开放的认知方式。

受解构主义启示,霍米·巴巴提出"身份"是被建构的,并且一定是在与"他

---

① 生安锋:《后殖民主义、身份认同和少数人化——霍米·访谈录》,《外国文学》2002年第6期。
② 生安锋:《后殖民主义、身份认同和少数人化——霍米·访谈录》,《外国文学》2002年第6期。
③ Homi Bhabha. Art & National Identity: A Critics' Symposium, *Art in America*, 1991, p. 82.
④ Homi. Bhabha. Day by Day with Frantz Fanon, *The Fact of Blackness: Frantz Fanon and Visual RepresenttUion*, London: Bay Press, 1994, p. 190.

者"的对照中建构而成的,与"民族"强化本质和强调纯粹的特征不同,"身份"是一个差异、开裂、混杂的存在。这是由于确认"身份"的重要因素是文化认同,而文化认同并非是某个族群始终如一、不可更改的文化特性,而是通过不同文化间协商过程中的不断交融、碰撞而来,这种交融、碰撞使得文化认同并非一成不变,而是游移变化、混杂模糊的。那么,在多重杂糅的文化认同基础上建构起来的"身份"也一定不是单一纯粹的,所以,霍米·巴巴推崇一种"双重身份"。意味着个体对身份认同、文化归属的选择不是非黑即白、非此即彼,而是一个彼此争抢、相互撕裂又彼此融合、相互协商的过程,"身份"在不平衡的角力中被修订、改写、重构,因而具有非本质、不固化、飘忽不定的特质。正如霍米·巴巴所说:"身份具有主体间的、演现性、临时性的特质,它拒绝公众与私人、心理和社会的分界。它并非是强化一种'自我'意识,而是自我通过象征性他者的领域,例如,语言习惯、社会制度、无意识'进入意识'。"①

(2) 抵抗霸权:"文化翻译"

霍米·巴巴用"身份"解构了"民族","民族"的抵抗殖民主义文化霸权的力量也就随之被消解,那么,该如何探寻一种新的抵抗可能？霍米·巴巴正是从符号的差异和不确定中提取了解放的力量和反霸权的功效,而这种力量"能够在后殖民斗争中被用来抵抗主导性权力和知识之间的权力关系"②。在殖民者和被殖民者不稳定的、相互飘移的双重文化空间里,被殖民者对符号进行差异的、颠覆性的阐释和挪用就成为可能,在字里行间形成一种文化抵抗,如此,西方霸权就从文化内部被改写和颠覆。

要厘清霍米·巴巴的内部抵抗策略必然需要从解构主义谈起。他是对福柯的话语理论和德里达的延异理论的奇思妙用,他将一种形而上的理论落实到对具体问题的解释层面。具体来看,福柯认为,陈述是话语的最基本单位,他否定了传统语言学将陈述与对象看作一一对应、等量代换的关系,陈述无法抵达自然对象,而是一种建构效果,陈述多种多样,并与其他陈述盘根错节地交织成一个知识网络,每一个微弱的调整都可能导致全部的变化,即便是同样的陈述由于语境不同、视角不同、方式不同,意义也会发生翻天覆地的变化,差异就此产生③。德里达的"书写"理论更像一种隐喻,仿佛置身于原始丛林,要在其中"拓路"而行,每一次行走都会留下踪迹,而反复行走的过程中,必然有无数"间隔"存在,差

---

① Homi Bhabha. Unpacking my library again, *The Post-colonial Question: Common Skies, Divided Horizons*, London: Routledge, 1996, p.206.
② Homi Bhabha. *The Location of Culture*, London: Routledge, 2004, p.33.
③ [法] 米歇尔·福柯:《知识考古学》,谢强、马月译,北京:生活·读书·新知三联书店2003年版,第84—147页。

异由此产生。德里达提出"延异"(différance),这在差异之外增加"延迟"的意项,这意味着语言包含了在时间维度进行意义的延展,也通过词语位置关系的变幻,在空间维度中进行着意义的变更。这颠覆的是西方表音文字背后掩藏着的线性、连贯的时间秩序,形成一种间断、反复、非连续的书写模式,因为间断而留下的"空白"需要不断地"涂抹""替补",那么就没有固定、唯一的意义存在,也就是说任何"原初意义"都不可能安然存在,所谓的中心、本质、二元对立也被一一解构①。霍米·巴巴受福柯、德里达的影响颇深,基于此提出了他的抵抗策略即"文化翻译"。当书写变得不再具有连续性、同一性,而充满了间隙和差异,意义也就不再占据一成不变的位置,那么,就不可能存在两个完全对立的立场,所有的意义都处于模棱两可的间隙之间,用霍米·巴巴的话来说就是"居间"和"之外"。于是,原先灌输模式被打乱,殖民与被殖民者的文化接受是游离于驳杂多重边界中的相互"协商"过程。"协商"的方式摧毁了表达主体的言说立场,扰乱了其固定不变的思维套路和陈述模式,间接地实现了不同立场、不同方式的共存,而这种"协商"与碰撞每时每刻都在发生,意义正是在"协商"中被建构、被生成,所以说意义总是延异的结果,表达总是瞬间的捕捉。

在这个非此非彼、亦此亦彼"间隙性"中,新的文化样态才有了生成的可能,所以说"文化翻译"开辟出一块多种文化的"协商"空间,这是一个充满矛盾、相互博弈、游离嬉戏的场域,呈现出临时、偶然、策略性的文化生态。这意味着在每个符号的传递和接受中都被无数次改写和变形,原有的意义早已变得千疮百孔、面目全非,这意味着任何意义都不可能一劳永逸地获得某种确定性,文化霸权也随之被冰消瓦解,抵抗正由此而生。正如霍米·巴巴说:"那些重要性以抽象的能指以自由嬉戏的方式,解构了根深蒂固的传统的本质主义和逻各斯中心主义。"②

三、对"民族""身份"的反思及中国的接受

萨义德等警惕用民族主义来抵抗西方霸权的激进模式,采用"逆写帝国""文化翻译"话语策略在文化内部进行抵抗和改写。他们的抵抗如此温和,因而遭到不少较为激进的学者的质疑,尤其是那些强调革命、注重底层的左派后殖民理论

---

① [法]德里达:《书写与差异》,张宁译,北京:生活·读书·新知三联书店 2001 年版,第357—416页。
② Homi Bhabha. The Commitment to Theory,*The Location of Culture*,London:Routledge,1994,pp.24-28.

家,他们认为这是既得利益者对帝国主义文化霸权的变相掩盖,甚至是一次不怀好意的合谋,主要的质疑来自两个方面:

1. 来自左翼思想家的批判

(1) 文化杂交成为文化霸权的障眼法。

以文化杂交是抵御文化霸权的有力武器之说一经发表,质疑声便接踵而至,其中艾贾兹·阿赫默德一针见血地指出:"到底要把自己杂交进谁的文化? 按谁的条件进行?"①他的言论振聋发聩,试图戳破文化杂交的逻辑障眼法。具体来看,文化杂交暗含了一个逻辑预设,即东西方处于一个彼此平等、相互对话的语境中,殊不知东西方的权力配比关系严重失衡,而文化杂交避重就轻,对文化权力的等级关系只字不提,无形中营造了一种文化平等共享的幻影,让人们遭受文化霸权的压迫却在文化影响交融的假象自我麻痹,如此一来,文化杂交如精神鸦片一样让人丧失斗志而不自知。殊不知文化杂交背后的深层逻辑是资本主义全球化市场自由贸易,这种逻辑隐患有两点,一是它以资本主义全球化的逻辑来框定被殖民的国家,讽刺的是制定游戏规则的主人就是主导全球化的殖民国家,被殖民国家服从全球化的游戏规则就注定了不平等的开始。二是全球化的消费逻辑其实是一种商品逻辑,而文化与商品不同,文化有自己的特殊性和历史感,如果按照商品逻辑,就剥离了它不可被归类、不能被量化的特性,进而被化约成扁平、同质的数字化形态,即便如此,营造出的也不是文化平等,而是全球化市场中的文化商品,一种符合资本主义逻辑的同质化的、不能称之为文化的文化。阿赫默德甚至说:"漫不经心地津津乐道什么跨民族文化杂交性和偶然性政治实际上等于赞同跨国资本自己的文化声明。"②如此一来,文化杂交不仅没有揭示不平等的权力关系,反而使这种不平等扩大化、永久化。巴特·穆尔-吉尔伯特也认为推崇文化混杂极可能遮蔽不平等关系。因为混杂性正暗合统治阶层的治理逻辑,看起来予以社会阶层以多元性,实际是维护殖民统治的一种宣传策略,被作为辅证统治权力的一种有效措辞。左翼理论家德里克也认为"乌托邦化的混杂性以聪明的手法排除了甚至'混杂着'进行严肃的革命行动的能力","后殖民主义的混杂性概念可以与当代的权力构成同谋"③,意在指出文化杂交理论回避了意识形态、权力关系、等级制度等要素在文化接受中的压倒性作用,忽视了在不平等的结构和位置所造成的权力的运作。所以,无论后殖民知识分子怎样坚

---

① [印]艾贾兹·阿赫默德:《文学后殖民的政治》,罗钢、刘象愚主编:《后殖民主义文化理论》,北京:中国社会科学出版社1999年版,第272页。
② [印]艾贾兹·阿赫默德:《文学后殖民的政治》,罗钢、刘象愚主编:《后殖民主义文化理论》,北京:中国社会科学出版社1999年版,第266页。
③ [美]阿里夫·德里克:《后殖民还是后革命? 后殖民批评中历史的问题》,《后革命氛围》,王宁等译,北京:中国社会科学出版社1999年版,第102、103页。

持文化的混杂性和位置的流动性,都无法解决历史遗留的等级差异和权力关系,如果不在消除等级差异的基础上就提倡文化混杂,会让原本的不平等愈演愈烈。

(2) 文化策略意味着抵抗的倒退

艾贾兹·阿赫默认为后殖民主义理论是一种抵抗的倒退,它将反西方殖民主义的抵抗运动,转变成一场在安全地带进行文化操演的纸上空谈,被规训为西方文化霸权笼罩下的一次舒缓压抑的自我麻痹策略,它回避了当代全球化中迫在眉睫的诸多问题,却集中在殖民话语进行隔靴搔痒进而不痛不痒的一次语言斗争策略,这不仅是反帝反殖民斗争的撤离,更可悲的是后殖民理论家变成了与殖民者同一逻辑,甚至为其言说的传声筒和合作者,起着推波助澜的作用,背叛了被殖民者的抵抗立场,在压迫和被压迫者之间和稀泥,让亲者痛、仇者快。由此来看,后殖民主义理论的斗争性、反抗性的文化阐释策略就变成了西方秩序的配合者和实施者,原本的文化斗争变成了殖民者对被殖民者进行文化规范的一次合谋。德里克认为后殖民理论多"以概念或理论替代真实经验",消弭了物质层面的殖民压迫,也消解了实践斗争中的抵抗运动。巴特·穆尔-吉尔伯特认为文化杂交理论"采用的是精神游击战和破坏给予殖民者身份及其对海外土地控制的象征秩序的办法"①,以至于在《后殖民与后现代》一文中也不由得自我反思:"整个事情不就是把任何形式的政治批评降为一场白日梦的理论幻想吗?"②可以看出在实践斗争还是文化阐释,在激烈抵抗还是温和改写的两个维度,在游移、困惑,也在寻求更好的解决方法。

基于同样的认识,左派理论家詹姆逊在 1989 年提出了"第三世界民族寓言",试图以"第三世界民族寓言"来抵抗晚期资本主义文化霸权,在资本主义总体制度的内部建构起抵制第一世界文学的一块区域。相较于萨义德,身为左翼知识分子的詹姆逊更加激进,更加重视文化抵抗的重要性。也就是说,站在马克思主义的立场上,詹姆逊不只是需要从被压迫、被殖民的国家汲取抵抗西方文化霸权的资源,还考虑到第三世界对西方资本主义全球化的抵抗本身,这是一种更激进、更政治化的双重抵抗。这样一来,詹姆逊就结合了文化抵抗和第三世界民族意识这两方面的资源,催生出"民族寓言"理论,他以亚非拉的诸多作家作品为有力证据,试图阐明这些来自第三世界的不同文本是如何与本民族的历史发展、政治意识、社会形态以及经济基础紧密相联,个体经验和个人命运无疑展现了本民族的文化焦虑和历史意识,不同民族的文化都有自己的特殊性和主体性,他们

---

① [英]巴特·穆尔-吉尔伯特:《后殖民理论——语境、实践、政治》,陈仲丹译,南京:南京大学出版社 2001 年版,第 169 页。

② 转引自[英]巴特·穆尔-吉尔伯特:《后殖民理论——语境、实践、政治》,陈仲丹译,南京:南京大学出版社 2001 年版,第 179 页。

是本土文化的创造者,也是裁判者,文化无法被征服、被垄断,如果有任何形式的文化霸权,一定要以本民族的文化力量进行绝地反击。可以看出,詹姆逊相较于萨义德等,更倾向于从民族意识获取抵抗的资源,但需要指出的是,詹姆逊从现实斗争中汲取养分,但依然坚持在文化阐释的维度,也就是说他在话语层面是激进的,却并不指向实际斗争。

相较于詹姆逊,德里克则更加激进,他认为后殖民主义理论的弊病在于它始终把自己局限在一种文化阐释分析方法中,将文化看作社会革命,制度变更的最重要的力量,殊不知以文化为武器来颠覆物质基础之上的西方文化霸权,根本就是问道于盲,这有四重难度:其一是以一种流散的、边缘的、弱小文化反对整个西方的强势文化,以一种新生理论反对根深蒂固、结构严密的文化习惯和思维模式,本身就是鸡蛋碰石头、知其不可为而为之的努力。其二,文化不止是单一的属性,背后有着盘根错节的原因,诸如政治位置的高下、经济实力的强弱、历史遗留的权力差异等,要撬动整个世界结构的不对等关系,岂是区区文化阐释就能肩负起的重任? 其三,正是因为后殖民理论强调东西方的不平等关系是被话语构建而成,消解了人的主体性,消解了民族,消解了二元对立,那么革命也就随之消解,当固有的价值和革命的意义被消解,那么抵抗的能量从何而来?① 其四,在文化阐释中,后殖民主义理论常常以文本代替历史,并将某些文本特权化,对其他文本视而不见,而这些消失的部分往往是政治、经济、革命的最重要的记载。最终,后殖民主义理论一方面会成为一次语言的狂欢,或者是语言层面的敌我游戏,也就是马克思在《德意志意识形态》早已批判过的"仅仅反对现存世界的词句"②;另一方面,后殖民主义理论消解革命的意义,不仅无助于增强解放的力量,甚至可能变成压迫和霸权的同谋者。基于此,德里克主张以"后革命"取代"后殖民",正是在此理论视野的观照下,他看重中国民族主义的革命力量,尤其是毛主义的"反现代的现代性"所蕴含的先锋性。

革命的逻辑是一种强力逻辑,一旦从西方理论转运到中国——这一格外注重革命逻辑的语境内,它所获得的理论好感使其不加细辨地成为文化抵抗的旗帜,进而造成文化观念的固化。对于任何一种可能固化的理论工具,必须进行彻底地反思才能使其重新恢复理论潜能。

2. "民族""身份"在中国语境中的折射与变形

"民族""身份"理论对中国的影响不是根据理论产生的时间先后或主次轻重顺序决定的,而是由中国学者的文化口味和理论亲近程度左右的,90年代初"民

---

① 参见[美]阿里夫·德里克:《后殖民还是后革命? 后殖民批评中历史的问题》,《后革命氛围》,王宁等译,北京:中国社会科学出版社1999年版,第84—102页。
② 《马克思恩格斯全集》第三卷,北京:人民出版社2006年版,第22页。

族""身份"理论进入中国时;中国学者采取了大致相近的文化选择策略,这些理论阐述虽然经过他们的自主选择,但隐藏了无意识的文化的内驱力,革命思维尚在延续,那么具有革命色彩的"民族"便是最佳突破口,显然,后殖民主义理论中的民族元素与中国本土的民族意识一拍即合,滋生了一股"民族主义"的文化批判模式。

这其中的理论家首推詹姆逊,1989年他的《处于跨国资本主义时代的第三世界文学》一文在中国发表,成为20世纪90年代中国后殖民理论之滥觞。赵稀方曾经指认,"民族主义"被中国"后学"奉为至尊并使后殖民批评误入歧途的一个重要原因,就是受到詹姆逊"第三世界"的影响。

中国的"民族""身份"理论是作为一种抵抗西方现代性话语、建立中国民族性的工具而出现的,中国学界对后殖民主义的把握首先是从"殖民主义"和"第三世界"这两个概念切入的。第三世界的提出是针对第一世界的话语体系和话语霸权。它从第一世界/第三世界的对立着眼,为第三世界文化的独特性辩护。这样一来,后殖民理论旅行到中国,就被很多学者吸收演变为本质主义和二元对立的思维模式,如东方与西方、第三世界与第一世界、"中华性"与"现代性"、"本真性"与"殖民话语"、本土与世界,等等,不少学者乐此不疲地投入到"逆写"殖民话语、抵抗西方文化霸权的努力中,于是,"第三世界民族寓言"就被奉为理论至宝,不少学者成为民族主义的推崇者,试图建构一种"中华性"。1990年,张颐武的《第三世界文化:新的起点》以第一世界/第三世界的对立视野来思考中国文学,意在揭示东西方文化权力失衡的状况,以及处于第三世界的中国文学的抵抗意义,张旭东认为民族主义"是一个已有几百年历史的客观存在"①。1992年,刘禾在《黑色的雅典——最近关于西方文明起源的论争》中更加直接地说:"对西方文化霸权的批判,是必要的,甚至是相当迫切的。但这种批判必须超越苦大仇深的境界,才能趋向成熟。"②值得一提的是张旭东在《知识分子与民族理想——评理查德·罗蒂所作〈为美国理念的实现——二十世纪左翼思想〉》一文中认为,知识分子的责任在于通过对民族历史和英雄人物的叙事来不断为民族认同和立国理念增添活力。

詹姆逊的"民族寓言"成为中国"民族"理论的底色,那么萨义德的《东方主义》也被纳入了东西方二元对立的思维框架中,随后后殖民在中国掀起了几场热烈的讨论,戴锦华、孟繁华、陈晓明、王一川都加入了论战,他们借助"东方"是西方话语塑造的"东方"这一逻辑,特别以张艺谋的《红高粱》系列电影为例,认为它

---

① 张旭东:《民族历史和当代中国》,《读书》1997年第6期。
② 刘禾:《黑色的雅典——最近关于西方文明起源的论争》,《读书》1992年第10期。

们通过满足西方对东方野蛮、原始、充满活力的想象,迎合了西方对东方的审美模式而进入了西方视野。可以看出,不少中国学者对后殖民主义理论的接受着眼于中国如何抵抗西方文化的强势地位,并从"第三世界"理论定位中寻找抵御西方文化侵略和文化霸权的能量。从某种意义上来说,在中国"第三世界"话语是"民族主义"在全球后殖民主义语境中新的话语方式,它经詹姆逊、德里克的再度阐释变得比"民族主义"更具有政治性和国际化,甚至将萨义德的《东方主义》也纳入"民族主义"的范畴,以至于丰林说:"第三世界是中国学界的旗帜,民族主义是它的精髓"①,"这种后殖民主义更深一层次的内涵被中国学界所忽视和遗忘,或者在意识中被遮蔽和涂抹。……中国学界的后殖民主义批评主题只能停留在民族主义背景下的对现存的西方中心意识的解构"②。

后殖民理论在中国掀起民族热的同时,不少中国学者也在冷眼旁观,甚至更加冷静地反思、批评后殖民主义对中国当代思想状况的危害,具有代表性的观点至少有三个层面:首先,还原后殖民理论的初衷。后殖民主义原本以消解本质主义,解构二元对立为目标的,而进入中国语境后却被简化为民族主义,与其初衷相悖。赵稀方指出:"张颐武认为,第一世界话语一直控制着我们的言谈和书写,压抑着我们的生存,我们现在的任务就是要把这二元对立的关系倒转过来","这一民族主义和本质主义的立场与西方后殖民理论几乎南辕北辙"③。其次,限定民族的语境。民族主义是特定语境中具有特定的功效,如果不加限制、不分语境地把民族主义作为手段,不仅无效,且贻害无穷,正如陶东风所说的,民族主义超越了其"效度域限,就不再有效甚至相当危险"④。再次,警惕"理论陷阱"。坚持民族主义的立场往往会将自己的不足嫁祸于人,以便强化本土意识,永远占据不败之地,这种思路不仅不能客观认识自己,反而容易陷入一种"理论陷阱",如徐贲所说:"这些人以民族共同身份来淡化或者掩盖存在于自己国家压迫性制度中的现实政治和社会冲突,以对抗共同的民族文化敌人来化解民族内部矛盾所激发的政治能量。"⑤作为接受者的中国学界总是希望当后殖民理论落入中国界面时,继续保持其理论能量甚至掀起惊涛骇浪,于是民族意识与生俱来的对抗能量就成为最好的力量之源,不少学者顺理成章地将民族意识作为文化阐释的策略,既可以是凝聚大众、抵御西方的号召力,又可以是将矛盾外化、缓解自身困境的最佳手段。然而,抵抗之力是否源源不断? 正如邵建说:"踏上文化民族主

---

① 丰林:《后殖民主义及其在中国的反响》,《外国文学》1998年第1期。
② 丰林:《后殖民主义及其在中国的反响》,《外国文学》1998年第1期。
③ 赵稀方:《中国后殖民批评的歧途》,杨杨主编:《中国新文学大系(1976—2000):史料·索引卷1(第29集)》,上海:上海文艺出版社2009年版,第678页。
④ 陶东风:《社会转型与当代知识分子》,上海三联书店,1999年版,第94页。
⑤ 徐贲:《以民族解放的名义:反殖民的法农和暴力的法农》,见 http://www.aisixiang.com。

义之途,则喻示着它在这种困境中越陷越深。"①民族的理论能量已经不足以支撑中国的后殖民理论继续前行。

但随着大量的文献翻译,中国学者看到一个相对完整的"民族""身份"理论,霍米·巴巴开始受到重视,他的理论涉及文化无根、族群记忆、身份认同和民族叙事等后殖民和全球化的诸多前沿问题,"边缘""流散""族裔散居""离散成为后殖民理论新的问题域""文化无根""角色困境""身份危机""杂交文化"成为新的理论增长点,尤其在中国台湾、香港学界,"少数族群""酷儿""边缘""离散""文化无根""身份危机"等理论仍然是研究的热点。

---

① 邵建:《谈后殖民理论与后殖民批评》,《文艺研究》1997年第3期。

文献导读

1. 文化身份与族裔散居[①]

斯图尔特·霍尔

导读

斯图尔特·霍尔(Stuart Hall,1932—2014)的《文化身份与族裔散居》一文以加勒比地区移民社群的文化身份的构成状况为例,探讨了一种开放的文化身份观,即文化身份并非一种先验的、本质化的存在,而是通过社会、文化、宗教、种族等的发展和沉淀建构而来的历史性产物,并处在不断的发展变化之中。

霍尔首先区分了两种不同的文化身份观。一种是本质性的身份观,以寻找"同一性"为原则,如隶属同一个种族、性别、社会阶层,或拥有相同的历史经验和文化传统,这些人集合而成一个共同体,使用同一个文化身份,分享共同的历史、文化、宗教、习俗等,所谓"加勒比性""黑人性"就是这种认同的产物。这种文化身份往往根植于对过去的重述,在重组殖民地的历史和文化、抵抗殖民话语的侵略方面起到了一定作用。另一种是差异性的身份观,强调差异、断裂、非连续性,强调文化身份不是本质而是一种定位,这种定位源于我们对"过去"的叙事方式,方式不同,身份就不同。如此一来,文化身份就是一种相对的、不稳定的存在,并且永远处在建构的过程之中。与大写的 Culture Identity 不同,差异的文化身份观是复数(culture identities),一个人可以拥有多重文化身份,如一个非洲男子,按种族来分,他是有色人种;按性别来分,他是男性;按宗教来分,他信奉天主教;按社会阶层分,他属于中产阶级;等等,不同的身份之间碰撞、协商,乃至针锋相对,构成了个体独特的文化身份。霍尔倾向于此种文化身份观。

霍尔认为加勒比人的文化身份是由两种截然相反的向量作用而成的,即前述本质性的求同的向量和异质性的求异的向量。霍尔用"求同存异"的差异原则对加勒比人的文化身份进行了重新定位。他认为加勒比人文化身份的建构经历了三个不同的在场:非洲的在场,欧洲的在场,美洲的

[①] 选自罗钢、刘象愚主编:《文化研究读本》,北京:中国社会科学出版社 2000 年版。

在场。"非洲的在场是被压抑的场所"。"非洲"是加勒比人不可言说的"想象的共同体",构成加勒比人文化身份中的同质性向量,但需警惕把"非洲"本质化的趋向,霍尔认为不存在作为身份本源的、稳固不变的非洲。欧洲在场是权力的在场,曾经的殖民权力正在消退,但欧洲权力的退场并不意味着非洲能回到纯洁、远古的过去,混合已经发生,欧洲在场成为加勒比文化身份构建的异质性向量。美洲的在场——新世界的在场,"是多样性、混杂性和差异的开始",是族裔散居开始之地,"移民社群的身份是通过改造和差异不断生产和再生产以更新自身的身份"。历史和文化在神话、幻想、记忆中被我们重构,内在于历史和文化之中的文化身份同样在差异、混杂中生产并再生产,并且成为一项文化实践。

[文献]

描写加勒比海的一部新影片问世了,它加入其他"第三类电影"的行列中。它相关于,但又不同于描写散居在西方的非裔加勒比(和亚洲)"黑人"的生动影片或其他视觉再现形式。这些黑人是新的后殖民主体。所有这些文化实践和再现形式都把黑人主体置于中心,对文化身份(cultural identity)的问题提出质疑。谁是影片中刚刚出现的新的主体?他/她从哪里说话?再现实践总是把我们说话或写作的位置——阐述的位置牵连进去。最近的阐述理论指出,虽然我们"以自己的名义"讲述自身和自身的经验,然而,讲述的人和被讲述的主体决不是一回事,决不确切地在同一个位置上。身份并不像我们所认为的那样透明或毫无问题。也许,我们先不要把身份看作已经完成的、然后由新的文化实践加以再现的事实,而应该把身份视作一种"生产",它永不完结,永远处于过程之中,而且总是在内部而非在外部构成的再现。这种观点对"文化身份"这个术语的权威性和真实性提出了质疑。

……

关于"文化身份",至少可以有两种不同的思维方式。第一种立场把"文化身份"定义为一种共有的文化,集体的"一个真正的自我",藏身于许多其他的、更加肤浅或人为地强加的"自我"之中,共享一种历史和祖先的人们也共享这种"自我"。按照这个定义,我们的文化身份反映共同的历史经验和共有的文化符码,这种经验和符码作为"一个民族"的我们提供在实际历史变幻莫测的分析和沉浮之下的一个稳定、不变和连续的指涉和意义框架。这里所说的"一"是所有其他表面差异的基础,是"加勒比性"、是黑人经验的真实和本质。加勒比人或黑人移民社群必须通过电影再现的手法发现、挖掘、揭示和表达的正是这个身份。

……

然而,关于文化身份还有另一种相关但却不同的观点。这第二种立场认为,除了许多共同点之外,还有一些深刻和重要的差异点,它们构成了"真正的现在的我们";或者说——由于历史的介入——构成了"真正的过去的我们"。我们不可能精确地、长久地谈论"一种经验,一种身份",而不承认它的另一面——即恰恰构成了加勒比人之"独特性"的那些断裂和非连续性。在这第二种意义上,文化身份既是"存在"又是"变化"的问题。它属于过去也同样属于未来。它不是已经存在的、超越时间、地点、历史和文化的东西。文化身份是有源头、有历史的。但是,与一切有历史的事物一样,它们也经历了不断的变化。它们决不是永恒地固定在某一本质化的过去,而是屈从于历史、文化和权力的不断"嬉戏"。身份绝非根植于对过去的纯粹"恢复",过去仍等待着发现,而当发现时,就将永久地固定了我们的自我感;过去的叙事以不同方式规定了我们的位置,我们也以不同方式在过去的叙事中给自身规定了位置,身份就是我们给这些不同方式起的名字。

只有从这第二种立场出发,我们才能正确地理解"殖民经验"痛苦而令人难忘的性质。黑人民族和黑人经验被定位和被屈从于主导再现领域的方式是文化权力的批评实践和规范化的结果。按照赛义德的"东方主义者"的意义来理解,我们不仅仅被这些主导领域建构为西方知识范畴内部的异己分子。它们有权力迫使我们将自身视作和体验为"他者"。每一个再现领域,如福柯所说,都是由"权力/知识"这致命的一对儿所构成的权力领域。但这种"知识"是内在的,而不是外在的。把一个主体或一些民族定位为某一主导话语的他者是一回事;而使其臣服于那种知识,不仅仅将其作为由内在驱策力和与规范保持一致的主观意愿所强加的意志和统治问题,则完全是另一回事。这就是法侬在《黑皮肤,白面具》中对殖民化经验的深刻洞察而给人的教益——那种抑郁的崇高。

对文化身份的这种内在占有具有破坏和毁形的能力。用法侬的生动的话来说,如果不抵制它的沉默,它们就会生产出"没有锚地、没有视野、无色、无国、无根的个体——天使的种族"。然而,把他性作为内在驱策力的这种观点改变了我们的"文化身份观"。从主观视角出发,文化身份根本就不是固定的本质,即毫无改变地置身于历史和文化之外的东西。它不是我们内在的、历史未给它打上任何根本标记的某种普遍和超验精神。它不是一成不变的。它不是我们可以最终绝对回归的固定源头。当然,它也不是纯粹的幻影。它是某物——不是想象玩弄的把戏。它有历史——而历史具有真实的、物质的和象征的结果。过去继续对我们说话。但过去已不再是简单的、实际的"过去",因为我们与它的关系,就好像孩子与母亲的关系一样,总是已经是"破裂之后的关系"。它总是由记忆、幻想、叙事和神话建构的。文化身份就是认同的时刻,是认同或缝合的不稳定点,而这种认同或缝合是在历史和文化的话语之内进行的。不是本质而是定位。因此,总是有一种身份的政治学,位置的政治学,它在没有疑问的、超验的"本原规律"中没有任何绝对保证。

……

与此同时,我们与各都市中心并非处于相同的"他性"关系之中。每一个中心都以不同方式协商其经济、政治和文化从属性。而这种区别,不管我们喜欢与否,都已经刻写在我们的文化身份之中。反过来,正是这种身份的协商使我们与拉丁美洲的其他民族相对立而拥有一种相似的历史,但又是不同的加勒比人,相对于大陆的"岛国人"。然而,牙买加人、海地人、古巴人、瓜德罗普人、巴巴多斯人,等等,又都是针锋相对的。

那么,如何在同一性内描写差异呢?共同的历史——奴隶制,流放,殖民化——都具有深远的构成性。因为这种历史使我们所有这些社会跨越差异而统一起来。但它并未构成一个共同的本原,因为无论在隐喻意义上还是在直义上,它都是一种翻译。差异的刻写也是明确而至关重要的。我用了"嬉戏"一词,因为隐喻的双重意义至关重要。一方面,它意味着不稳定性,永久的无定性,任何终极结论的缺乏。另一方面,它提醒我们,这种双重性发挥最有影响力的地方,正是各种加勒比音乐"演奏"的地方。这种文化"嬉戏"在影片中不可能再现为简单的二元对立——"过去/现在"、"他们/我们"。其复杂性超越了再现的这种二元结构。不同的地点、时间,与不同问题的关系,界限都已重新设定。它们不仅是过去的往往相互排除的范畴,而且现在也常常是一个滑动阶梯上的许多区别点。

……

有了这种"差异"观,就可能根据至少三种"在场"关系重新思考加勒比人文化身份的定位和重新定位,借用艾米·塞萨尔和列奥波尔德·桑戈尔的隐喻来说,即非洲的在场,欧洲的在场,和第三个最含混的在场——一个滑动的术语,美洲的在场。当然,我眼下正在摧毁构成加勒比人复杂文化身份的许多其他文化"在场"(印度的,中国的,黎巴嫩的)。这里,我说的美洲并非指"第一世界"的美国——即我们占据其"边缘"的北方邻国,而是第二种意义上的、广义的美洲,那片"新大陆"。

非洲的在场是被压抑的场所。非洲显然由于奴隶制经历的权力而久已失去了声音,事实上,它无处不在:在奴隶区的日常生活和习惯中,在种植园的语言和庭院里,在名字和往往与词类无关的词语中,在言说其他语言的秘密的句法结构中,在讲给孩子们的故事和童话中,在宗教实践和信仰中,在精神生活、艺术、技艺、音乐以及奴隶社会和解放后社会的节奏中。非洲,这个在奴隶制社会里不能得到直接再现的能指,过去是,现在仍然是加勒比海文化中未被言说的、不可言说的"在场"。它"隐藏"在每一个动词变位中,隐藏在加勒比海文化生活的每一次叙事转变中。它是用来"重新解读"每一个西方文本的秘密符码。它是每一个节奏和身体运动的基音。这是过去的——现在的——"非洲","移民社群里活生生的非洲"。

……

身份等式中第二个棘手的术语——欧洲在场又该作何解释呢？对我们许多人来说,这个问题既不是太充分,也不是太过分。非洲是未被言说的一个例子,欧洲则是无休止地言说的一个例子——而且是无休止地言说我们。欧洲在场打破了加勒比海整个"差异"话语中的清白,引进了权力的问题。在加勒比海文化中,"欧洲"不可挽回地属于权力的"嬉戏",属于武力和发号施令的路线,属于主导的角色。就殖民主义、不发达、贫穷和肤色歧视而言,欧洲在场在视觉再现中把黑人主体置于其主导再现领域之内：殖民话语、冒险与探险文学,异国传奇,人种研究和旅游视野,旅游观光的热带语言,旅游指南、好莱坞和暴力,毒品和城市暴力的色情语言。

由于欧洲在场是关于排除、强行和侵占的,所以,我们往往把那种权力看作完全处在于我们的———股外来力量,它的影响是可以摆脱的,就像蛇蜕皮一样。弗朗茨·法侬在《黑皮肤,白面具》中提醒我们,这种权力已经成为我们自己身份的构成性因素。

> 他者的运动、态度和目光固定在我身上,这就是说,在这种目光中一种化学溶剂被一种染料所固定。我愤怒了；我要求给予解释。没有解释。我愤然离开了。现在,所有的碎片已经被另一个自我拼凑起来了。

从他者那里射来的目光不仅把我们固定在暴力、敌意和侵略之中,而且固定在其欲望的矛盾之中。我们所面对的不单是作为整合的场所或"场面"的主导的欧洲的再现,它积极加以分解的其他在场就是在这里重新组合的——重新建构的,以新的方式拼合起来的；但这也是严重分裂和重叠的场所——霍米·巴巴所说的"种族歧视世界上的矛盾的认同……在殖民身份变态的画面上刻写的自我的'他性'"。

权力与抵抗、拒绝与承认之间的对话,无论赞成还是反对欧洲在场,都几乎像与非洲的"对话"一样复杂。仅就大众文化生活而言,没有地方去寻找其纯洁、远古的状态。它总是已经与其他文化融合、汇合在一起了。它总是已经混合了——没有迷失在中途（Middle Passage）以外的地方，但却始终存在：从我们音乐的泛音，到非洲的基音，在每一点上都使我们的生活相切和交叉。我们如何把这种对话搬上舞台，这样我们就能不借助恐怖或暴力给它定位，而不是永远地被它所定位？我们能否认识它的无法颠倒的影响，同时又能抵制它那帝国主义的目光？这个谜目前还不能解决。这要求有最复杂的文化策略。……

第三个在场，即"新世界"的在场与其说是权力毋宁说是土地、地方和领土的问题。这是许多文化支流交汇的枢纽，是来自地球上每一个其他角落的陌生人相互冲撞的一片"空旷之地"（欧洲殖民者掏空了它）。现在占据这些岛屿的人——黑人、褐色人、白人、非洲人、欧洲人、美国人、西班牙人、法国人、东印度人、中国人、葡萄牙人、犹太人和荷兰人——没有一个原"属于"那里。这是混合、同化和汇合的协商之地。新世界是第三个术语——原始场面——非洲与西方之间灾难性的/致命的遭遇在这里被搬上了舞台。也必须把这理解做许多连续的置换发生的地方：原来的前哥伦布时代的居民，被迫永久离开家园、惨遭杀害的阿拉瓦克人，加勒比人，美洲印第安人；以不同方式被迫离开非洲、亚洲和欧洲的其他民族；由于奴隶制、殖民化和征服而导致的其他置换。它表明加勒比人注定"迁徙"的数不清的方式；它本身就是迁徙的能指——作为厄运、作为命运的旅游、航海和回归；作为现代和后现代新世界游牧民之原型的安的列斯群岛居民，在中心与周边之间不断地徘徊。这就是加勒比海影片与许多"第三电影"所共有的对运动和迁徙的先占，但却是我们的限定性主题之一，它注定要跨越每一个电影脚本和银幕形象的叙事。

……

这个"新世界"在场——美洲，新大陆——本身就是族裔散居的开始，是多样性、混杂性和差异的开始，正是这种在场使牙买加非洲人成为移民社群的民族。我这里所用的这个术语并非取其直义，而取其隐喻意义：移民社群不是指我们这些分散的族群，只能通过不惜一切代价回归某一神圣家园才能获得身份的族群，即便它的意思是强迫其他民族进入大海。这是旧的、帝国主义的、霸权的"种族"形式。我们已经看到了巴勒斯坦人民由于这种落后的移民社群观而遭受的厄运——以及西方与这种观念的同谋。我们这里所说的移民社群经验不是由本性或纯洁度所定义的，而是由对必要的多样性和异质性的认可所定义的；由通过差异、利用差异而非不顾差异而存活的身份观念、并由杂交性来定义的。移民社群的身份是通过改造和差异不断生产和再生产以更新自身的身份。我们只需要想一想这里独特的——"本质的"加勒比人：恰恰是肤色、天然色和面相的混合；加勒比人烹饪的各种味道的"混合"；用迪克赫布迪格警醒的话说，是"跨越"和"切拌"的美学，这也是黑人音乐的灵魂。英国年轻的黑人文化实践者和批评家越来越承认并努力探讨他们作品中的这种"移民社群美学"及其再后殖民经验中的形成：

> 有一种综合动力跨越一整套文化形式批判地占用主导文化的主符码的各种因素，将其"混合"起来，肢解给定的符号，重新阐述其意义。这种杂交倾向的颠覆力量在语言自身的层面上表现得最明显，在这个层面上，混合语、方言和黑人英语，通过战略变音、重新规定重音和在语义、句法和词汇符码方面得其他述行步骤，对"英语"——民族语言的宏大话语——的语言控制加以解中心、非稳定化和狂欢化。
>
> （莫塞尔，1988）

正是由于这个新世界为我们构成了地点，一个置换的叙事，才导致如此深刻和丰富的想象，再造了回归"丢失的源头"、回到母亲的怀抱、回到初始的无限欲望。一旦走出蓝绿色的加勒比海，谁还会忘记那些魔幻的岛屿？在这个时刻，谁还不知道对失去的源头、对"过去的时光"已经掀起的压倒一切的怀旧波涛？然而，这种"回归初始"就如同拉康的想象界——既不能实现，也不能满足，因而只是象征和再现的开端，是欲望、记忆、神话、研究、发现的无限更新的源泉——简言之，是我们电影叙事的宝库。

……

2. 文化身份、全球化与历史[①]

乔治·拉伦

导读

> 乔治·拉伦（Jorge Larrain），英国学者，伯明翰学派代表学者之一，主要研究意识形态理论，著有《意识形态概念》《马克思主义与意识形态》《意识形态与文化身份——现代性与第三世界的在场》等。"文化身份、全球化与历史"节选自《意识形态与文化身份》。乔治·拉伦梳理了现代哲学中主体和身份观的发展演变，考察了文化身份与个人身份、意识形态及全球化进程之间的关系。拉伦反对本质主义的身份观，他把文化身份视为

[①] 选自[英]乔治·拉伦：《意识形态与文化身份：现代性和第三世界的在场》，上海：上海教育出版社 2005 年版。

动态的设计过程，并揭示了文化身份构建的政治意义。

从笛卡尔到莱布尼兹，现代哲学的身份观肯定"先验的或给定的自我"的存在，即存在一个"完整的主体"，由此生发出稳定、统一的自我认知。与之相反，尼采、休谟等人质疑主体和身份的存在，他们否认先验的、稳定性主体的存在，认为身份是虚构的。"对主体的怀疑论从一开始就伴随现代性一起发展。"后现代主义视阈中的主体则是一系列不同身份的组合，不同的身份之间无法调和、兼容，因此主体无法整合、统一，只是一堆碎片。这种碎片化的主体观与全球化进程密切相关。"身份要成为问题，需要有个动荡和危机的时期，既有的方式受到威胁。"全球化生产了这种"威胁"。全球化从四个方面对现代人的身份感产生影响：迅猛的节奏和变化、时空浓缩、经济一体化进程、传媒与政治及文化的交叉互渗。各种关系的快速变化使主体对世界的把握越来越困难，难以维系对自身连贯稳定的认知，个体在时空变换中无所适从，丧失了方向感和身份感。但拉伦认为，这并不意味着"主体的死亡""中心的消解"，所谓"主体的死亡""中心的消解"只是一种意识形态武器。

与此同时，拉伦肯定全球化对文化身份产生了不同形式的影响，尤其是对民族身份的影响。"那些位于全球化进程中心的国家作为领导力量，通常把自己的民族身份塑造为中心的、占支配地位的、肩负着使命、能够把所有其他文化列为边缘的和次等的。同样，边缘国家被认为在文化上处于从属地位，依附于中心国家。"值得注意的是，边缘国家为了摆脱"中心"的文化控制，重塑民族身份，往往诉诸民族文化的源头，试图重构一种久远的、稳定的、未受他者文化侵染的文化本真，以此作为民族身份的"本源"。而被卷入全球化进程之后的民族文化是"不纯洁"的，异化的，因此被排除在民族文化之外。拉伦质疑这种本质主义的文化观，提倡文化身份的历史观："文化身份总是在可能的实践、关系及现有的符号和观念中被塑造和重新塑造着。"文化身份是一个设计过程，主体有选择的自由。文化身份的构建可能遮蔽部分文化差异，或者因过分强调差异而带有意识形态色彩，但同时也为对抗权力与控制提供了可能。

[文献]

引　言

……

在文化碰撞的过程中，权力常发挥作用，其中一个文化有着更强大的经济和军事基础时尤其如此。无论侵略、殖民还是其他派生的交往形式,只要不同文化的碰撞中存在着冲突和不对称,文化身份的问题就会出现。在相对孤立、繁荣和稳定的环境里,通常不会产生文化身份的问题。身份要成为问题,需要有个动荡和危机的时期,既有的方式受到威胁。这种动荡和危机的产生源于其他文化的形成,或与其他文化有关时,更加如此。正如科伯纳·麦尔塞所说,"只有面临危机,身份才成为问题。那时一向认为固定不变,连贯稳定的东西被怀疑和不确定的经历取代"。这句话为我们理解身份的通常含义提供了一条线索。与身份相连的基本概念似乎是持久、连贯和认可。我们谈论身份时,通常暗含了某种持续性、整体的统一以及自我意识。多数时候,这些属性被当作理所当然的,除非感到既定的生活方式受到了威胁。

文化身份的问题在两层含义上与个人身份问题密切相关。一方面文化被认为是个人身份的主要决定因素之一;另一方面,文化常包含着纷繁多变的生活方式、丰富复杂的社会关系,人们只有把它比拟为个人身份,才能谈论它的连续性、统一性和自我意识。严肃的讨论里同样包含着这种类比,而且当这种类比被用来比如构建一种排他的民族文化观时,很可能就带上了意识形态色彩,排他的民族文化观掩盖了多样性和差异性,在表现中抹去了一些重要的文化成分。

现代性与个人身份

现代性的一个主要哲学特征是把人放在世界的中心,人成为万物的尺度,这与中世纪通行的以神为中心的世界观相反。人成为"主体",成为一切知识的源泉、万事万物的主宰,发生的一切必须以人为参照系。但从起源看,这一主体概念是抽象的、个人主义的,与历史和社会关系脱节。换句话说,缺乏变化感和社会深度,主体被认为是固有的实体。正因此,现代哲学的身份观建立在这样一个信念之上,即认为存在着一个自我或内核,像灵魂或本质一样一出生就存在,虽然最终会有不同的可能发展,但在人的一生中基本保持不变,由此生发出连续感和自我认知。

……

从休谟和尼采批判"主体"纯属虚构,到阿尔都塞把主体视为由意识形态创造,存在于意识形态之中,再到福柯的主体是权力关系的产物,和利奥塔的主体是交往网络中的"节点",始终贯穿着一种看法,即对人能否具有潜在的统一性或物质性提出系统的质疑,过去认为这一统一性或物质性决定着人的知识和实践。这样,对主体的怀疑论从一开始就伴随现代性一起发展。不过在很长一段时间,对主体的首要地位的争论还只处于边缘,根本没有进入多数社会知识领域。

当代,随着结构主义、后结构主义和后现代主义成为主流思潮,主体问题迅速突出出来,到了可以被称为危机的地步。不过这不仅因为新的知识立场占据了统治地位,主体危机同样对应着发达社会中越来越快的变化,这些变化使人们认为现代性本身正在被超越。……这个危机现在被认为是急剧、混乱、自发和复杂的变化过程的结果,似乎变化控制了个体,而不是相反。……在当代,基本自我虽然仍然共同存在,却变得无法兼容,不能被整合。完整自我因此变成错位的、无中心的、无法统一。

……

全球化与时空浓缩

……

这些急剧的变化使认为身份可以成功整合的看法受到动摇,这些变化是什么? 首先,是加快了的节奏和迅疾的变化。……其次是大卫·哈维所说的时空浓缩。现代性尤其偏爱时间,把时间作为主要范畴,从时间概念出发理解进步和发展,空间则被认为是理所当然的。现在,随着空间障碍的大幅度减少,空间范畴开始压倒时间范畴,时间被空间化了:

> 时空浓缩这个概念暗示着使空间和时间的客观属性发生变革的那些进步,变革如此之大,我们不得不改变看待这个世界的方式,有时采用一种相当极端的方式。采用浓缩这个词是因为资本主义的历史以生活节奏的加快为标志,空间障碍被大大克服,以致有时觉得世界向内倾塌在我们身上。

与之相似,吉登斯谈到了"时间的空白化",这是把空间与地点分离的结果;"现代化的到来通过推动了'缺席的'他者之间的联系,更快地把空间与地点分离,从位置上说,这些他者的距离使他们缺少面对面影响所需要的条件"。

……

第三是经济现象的全球化进程加快,全世界所有国家和地区都受到影响。……

……

第四,全球化进程也影响着传媒、政治和文化,这些领域在全世界范围内已经变得越来越相互交叉、相互依赖。新形式的全球大众文化当然主要受美国影响,主要通过电视和电影传播。全世界的娱乐和休闲现在都由电子图像占据主导。斯图亚特·霍尔曾提出,这种形式的全球文化的最重要特征是其特殊形式的同质化(homogenization),它能够在一个较大的拱形框架内承认和吸收文化差异,这个拱形框架主要反映了美国对世界的看法。由此出现了如新自由主义在世界范围内占优势,各地区都以不同的形式接受了这一立场。

所有这些重要的变化都发生在20世纪后期,它们迅疾的速度和全球性影响被认为对个人身份起着明显的解体作用。虽然我承认所有这些变化的重要性,但我怀疑它们是否应该对一个完全消解了中心的主体负全部责任。我承认各种关系的变化速度越快,主体就越难理解正在发生的事情,越难看出过去与现在的联系,因此也就更难对自己形成一个统一的看法,确定如何行动。然而从这一点跳到承认主体的彻底碎片化还有很大一段距离。所谓的主体中心消解对应着假定的客体性的胜利,对应着假定的无意识结构力量的胜利,后者彻底摧毁了个体的整一感。而承认这一点意味着承认行动者和意图的彻底失败,承认主体不具有努力改变环境的能力,不具有设计任何其他理性未来的能力。

虽然我承认现在个体比过去更难理解所有的变化,更难获得方向感,但我不相信这种情况已经无法挽回地发生了,也不相信真会全部变为现实。我认为中心消解的观点及所谓的主体死亡,非常可疑地接近并对应着保守的新自由主义,后者强调市场的盲目力量的至高无上,认为在任何情况下都不应该干预市场。古典经济学家早已认为,资本主义之前所出现的问题是因为人为机制的建立侵占了自由市场,不过他们至少承认能够在政治上进行干预,破坏"自然"体系。当代新自由主义立场继续反对那种认为人能够按照自己的意愿建造世界的观点,拒绝对市场施加任何干预,不过他们的立场中也有新的东西,即它们现在把后现代哲学当作有力的意识形态武器,试图让人们相信,人类不可能把社会作为完整的实体,在政治上施加有效的影响。……

全球化与民族身份

在个人身份的形成过程中,多数个体也获得团体的忠诚感或团体特征,比如宗教、性别、阶层、种族、性和民族性,这有助于使主体及其身份感具体化。文化身份观正是在这一背景下出现的。在现代,对主体的形成影响最大的文化身份是民族身份。正如我曾说过的,我对现代阶段后期发生的变革是否真使主体彻底失掉了中心,成为碎片,使它不可能具有整体身份保持怀疑。不过也必须认识到,这些变化确实对许多文化身份,尤其是民族身份产生了更深刻的影响。民族国家的衰落、全球化和时空浓缩进程的加速无疑影响了民族认同感和民族身份。不过把这种影响仅仅理解为促使了民族主义、地方主义和地域主义的解体却是错误的。

……

有必要看到,无论在过去还是现在,全球化进程同时也是控制和权力的过程,在这一进程中,主导社会的主流文化模式成为范本,是他者必须追求的目标,围绕着这一点,某一形式的同质化出现了。中心与边缘的划分是对民族身份的构建具有影响的最重要划分,这一划分始于 19 世纪,今天仍然存在。发展研究通常会使用这一术语,它被认为是基本的经济区分,甚至马克思也预见到:

> 通过挤垮其他国家的手工业生产,机器迫使这些国家转变为其原材料的供应地。通过这种方式,东亚被迫为大不列颠生产棉花、羊毛、大麻、黄麻和靛青……海外区域……因此被变为母国的原材料产地;例如,就像澳大利亚被变成生产羊毛的殖民地一样。新的、国际范围的劳动分工,一种满足现代主要工业中心需求的分工出现了,并把地球的一部分变为以农业生产为主的地区,供应一直以工业为主的其他地区。

但有必要看到,这种经济分工也为民族身份的形成提供了基础:那些位于全球化进程中心的国家作为领导力量,通常把自己的民族身份塑造为中心的、占支配地位的、肩负着使命、能够把所有其他文化列为边缘的和次等的。同样,边缘国家被认为在文化上处于从属地位,依附于中心国家。很多时候他们也是这样看待自己的。例如,依赖理论在拉丁美洲的出现就并非纯属巧合。

文化身份与本质论

至少有两种理解文化身份的可能方式:一种是本质论的,狭隘、闭塞;另一种是历史的,包容、开放。前者将文化身份视为已经完成的事实,构造好了的本质。后者将文化身份视为某种被制造的东西,总是处在形成过程之中,从未完全结束。霍尔把本质主义的观点概括为"某种集合性的'真正自我',隐藏在许多其他更表层的或人为的'自我'之内,有着共同历史和家世的人有着相同的'真正自我'"。通过一系列的非历史化过程,"原初的历史……僵化为历史的(historic),僵化为遗产和传统。这样的本质可以被丢弃或遗失,却肯定能恢复,而且在本质上不会改变"。按照这一定义,存在着一种本质,某一共同的"单一"经历,是它提供了一套稳定的意义、符号和指示框架,在下面支撑着人的较表层的差异和历史变化。这个本质必须被发现,被从特殊的储存容器中发掘出来,它可以是种族的或地理的背景,流行的宗教狂热,也可以是地区的或民族的语言等。

文化身份的本质论的一个很好的例子是派罗德·莫兰德(Pedro Morande)对拉丁美洲人的身份的分析。……莫兰德在拉美历史上划了一个分水岭,这种划分完全没有得到证实。拉美人的身份被认为在独立之前处于形成阶段,最终固定下来,一劳永逸、不再变化。从这以后,历史停止了,或更确切地说,成为所应是的历史的拙劣模仿;成为充满了极度异化的历史,成为精英、知识分子和统治者彻底失败和背叛的历史。如果说尚未一败涂地,那只是因为真实身份的火炬在民间宗教信仰领域保存了下来,在那里它抵抗着,等待天主教知识分子来解救,这些知识分子有一天也许会使社会中的其他人相信,尤其使精英们相信,他们真正的遗产和身份中包含着无法回避的天主教基质,这一基质与工具理性并不相同。无论是精英们在独立后所做的一切,还是他们的知识生产和意识形态工作,都不能影响或改变拉丁美洲人的身份。1810年之后的全部复杂的发展史对拉美文化都不具有真正的意义,假如有的话,也只是异化。这种观点背后隐藏着一种建立在狭隘的文化身份观之上的本质论。

文化身份、历史和差异

……

……必须承认,对于文化身份包含着哪些内容,通常有许多"版本"。这是因为文化身份不仅是在历史上形成的,而且也是由不同的文化机构根据社会中某一阶级或群体的利益及世界观构建起来的。用来定义文化身份的标准通常要比日益复杂多样的文化习惯和人的实践局限得多,更带选择性。在文化身份的公众版本中,差异被小心地用假定的一致性掩盖了起来。

……

所有这些合在一起显示出,如果掩盖了社会中真正存在的差异和对抗,构建文化身份的话语过程会很容易带上意识形态色彩。所有使文化身份的内容一劳永逸地固定下来的企图,以及所有自称已经发现了某人的"真实"身份的做法,都可能成为意识形态,被某些团体或阶级用来维护自身的利益。然而同样真实的是,文化身份的某些版本,尤其是那些由社会中被压制或歧视的团体提出的版本,充当着对抗统治和排斥的手段,因此不能被视为意识形态化了的。与主流版本不同,它们不是掩盖而是强调了矛盾。不仅一个社会的内部政治如此,社会之间的国际关系也如此。殖民主义及其他更微妙的依赖形式的存在,使人们可以声称整个国家或民族都受到压迫。在这个问题上,被压迫群体建立的特殊的文化身份版本也起着对抗压迫民族的作用,就这一点而言,它们不具有意识形态性。不过,也能发现一些文化身份的版本在成为对外国势力的一种对抗的同时,也掩盖了内部的分化,排挤了某些被压迫群体。

这显示出文化身份观内在的矛盾性。一方面它会尽力遮掩差异;另一方面会充当对抗的手段。统治者的版本通常属于前一类,被统治者的版本属于第二类。不过,在民族关系问题上,依附国家的统治版本常常同时包含这两个方面。这里应采纳哈贝马斯关于民族传统的深层矛盾性及它们对未来的设计(projection)的看法。哈贝马斯提出,身份"不是给定的,同时也是我们自己的设计"。正是身份内含着选择性这一点允许了这样一种可能性,即虽然一个民族不能选择自己的传统,它至少能够在政治上选择如何继续或不继续其中的一些传统。把身份视为设计的想法提供了众多可能性,并使哈贝马斯能够提出,身份更多地来自普适主义价值:

> 普适主义到底指什么?一个人根据其他生活形式的合理要求,把自己的生活方式视为相对的,一个人承认陌生人和其他人——连带他们所有的怪癖及不可理喻——有着与自己一样的权利,一个人并不坚持将自己的身份普遍化,一个人并不简单地排斥那些与其相背的东西,宽容的范围必须比今天更加无限地宽广——道德的普适主义包含这一切。

3. 翻译与文化身份的塑造①

劳伦斯·韦努蒂

导读

劳伦斯·韦努蒂(Lawrence Venuti, 1953—),美籍意大利学者,费城坦普尔大学教授,解构主义在当代翻译理论界的倡导者,著有《翻译再思》《译者的隐身(一部翻译史)》《翻译丑闻录》。《译者的隐身》是其代表作。

《翻译与文化身份的塑造》一文揭示了翻译的"归化"本质所隐含的意识形态性,翻译使异域文本变得可资理解,以此再现异域文化并将之纳入本土文化体系,从而参与本土文化身份的塑造。本文通过对几个翻译项目的详细考察对归化的方式进行了具体分析:约翰·琼斯对亚里士多德《诗学》的翻译,英译日本小说典律的塑造,早期基督教会对《旧约》翻译的争议。翻译因其潜在的意识形态性为文化的革新、抗争和变动提供可能。

文章首先分析了约翰·琼斯对亚里士多德《诗学》的翻译。韦努蒂认为琼斯本人的翻译之所以能够取代拜沃特译本成为"新正统",一是因为他的研究符合古典学术标准,更重要的是他的翻译印上了那个时代最为风行的来自域外的哲学思维的方式——存在主义,用存在主义的译法代替浪漫主义的译法,这同样是一种年代倒错的归化。由此韦努蒂得出结论:"一旦一个学术翻译构建起对异域文本与异域文化的归化再现,由于学科界限的

---

① 选自许宝强、袁伟编:《语言与翻译的政治》,北京:中央编译出版社2001年版。

可渗性,此种再现就能改变其所栖身的体制。"一个相关的例子是日本小说的英译。20世纪五六十年代,美国翻译出版了很多日本小说,这些小说集中在古崎润一郎、川端康成和三岛由纪夫等少数作家身上,所译小说具有典型的"日本特色":雅致、无言、凄楚,难以捉摸。这一典律反映的是少数学院派读者的趣味,同时这一典律传达了地缘政治学上的含义:二战后美国与日本外交关系的正常化,对苏联的遏制等。"本土文化中特定的文化群体,控制着对本土文化中其他群体所作的异域文学的再现,抬高某些特定的本土价值而排斥另一些,并确立起因其服务于特定本土利益而必然是片面的异域文本典律。"杰罗姆翻译《旧约》在早期基督教会引发的争议则显示了翻译是如何维持身份的连贯性和稳定性的。早期基督徒的认同植根于《七十子本旧约》及由此而来的拉丁文译本,通过"代代传颂"、反复记忆,该译本具备了制度有效性,保证了身份塑造进程的稳定性,而杰罗姆的译本来自希伯来文,与《七十子本旧约》背离,这直接导致了基督徒的认同危机,但杰罗姆采用的翻译策略使他的译本最终取代了《七十子本旧约》并重新具备了制度有效性,身份在新的制度中得以延续。

翻译为身份塑造创造了条件,而由此构建的身份是否合理却是需要讨论的。韦努蒂认为好的翻译应该是非我族中心主义的,即充分考虑异域文本所由产生的文化背景,并且面向本土内不同的文化群体,尊重差异,限制翻译所固有的我族中心主义倾向。

[文献]

导　言

翻译受双重制约,且由于这种制约而具有了产生广泛社会影响的潜能。一般而言,翻译者的目的在于传述一个异域文本,因而翻译工作便为一个变化多样的对等观念所制。这种对等是与对异域文本形式和意义的阐释相一致的,通常在翻译的过程中得出,而很少是脱离了过程的概念。然而由于这种阐释是由多种内在因素决定的,其中最有决定意义的,是译者对外国语言和文化的知识,以及它们与本土文化价值的关系,因此,一个译本传述的异域文本总是有偏颇的,是有所改动的,补充了译语的某些特质。事实上,只有异域文本不再是天书般地外异,而是能够在鲜明的本土形式里得到理解时,交流的目的才能达到。

因此,翻译是一个不可避免的归化过程,其间,异域文本被打上使本土特定群体易于理解的语言和文化价值的印记。这一打上印记的过程,贯彻了翻译的生产、流通及接受的每一个环节。它首先体现在对拟翻译的异域文本的选择上，通常就是排斥与本土特定利益相符的其他文本。接着它最有力的体现在以本土方言和话语方式改写异域文本这一翻译策略的制定中，再次，选择某些本土价值总是意味着对其他价值的排斥。再接下来，翻译的文本以多种多样的形式被出版、评论、阅读和教授，在不同的制度背景和社会环境下，产生着不同的文化和政治影响，这些使用形式使问题进一步地复杂化。

在所有这些作用中，我认为最重要的是对文化身份的塑造。翻译以巨大的力量构建着对异域文化的再现。对异域文本的选择和翻译策略的制定，能为异域文学建立起独特的本土典律，这些典律遵从的是本土习见中的美学标准，因而展现出来的种种排斥与接纳、中心与边缘，都是与异域语言里的潮流相背离的。本土对于拟译文本的选择，使这些文本脱离了赋予它们以意义的异域文学传统，往往便使异域文学被非历史化，且异域文本通常被改写以符合本土文学中当下的主流风格和主题。这些影响有可能上升到民族的意义层面：翻译能够制造出异国他乡的固定形象，这些定式反映的是本土的政治与文化价值，从而把那些看上去无助于解决本土关怀的争论与分歧排斥出去。翻译有助于塑造本土对待异域国度的态度，对特定族裔、种族和国家或尊重或蔑视，能够孕育出对文化差异的尊重或者基于我族中心主义、种族歧视或者爱国主义之上的尊重或者仇恨。从长远来看，通过建立起外交的文化基础，翻译将在地缘政治关系中强化国家间的同盟、对抗和霸权。

……

我想通过对过去和现在几个不同时期翻译项目的考察，来进一步申述这些看法。每一项目都以特别清晰的方式揭示了翻译中的身份塑造过程，以及它的多种多样的效果。我的目的在于考察翻译是如何塑造了特定的文化身份以及如何使它们维持一定程度上的连贯性和纯粹性，而它又是如何在任何历史时刻为文化的抗争、革新、变动创造了各种可能性的。这是因为，尽管翻译是用来处理异域文本在语言和文化上的差异的，但它对于催育或者压制本土文化中的异杂性可能同样有效。

异域文化的再现

1962年古典主义学者约翰·琼斯（John Jones）发表了一项研究，对希腊悲剧的主流解释提出质疑。他认为，希腊悲剧的主流解释不仅仅由学院式的文学批评所阐述，而且也刻印在亚里士多德《诗学》众多学术版本与译本中。按琼斯的看法，我们挪用的《诗学》是现代古典文学研究和浪漫主义的混合产物（Jones, 1962：12）。浪漫主义的个人主义观认为，人的能动性是自决的。在这种观念的引导下,现代学者赋予亚里士多德的悲剧观念以心理学的色彩,从对行动的强调转到了对主角人物及观众情绪反应的强调。琼斯感到,这一个人主义的阐释掩盖了这样一个事实:"亚里士多德的说法重心在于情势而非个人";古希腊文化认为人的主体性是由社会限定的,是在行动中实现的,通过它符合所属的"类型"和"身份地位"而获得承认和区别辨识(Jones,1962:16,55)。尽管有人抱怨琼斯用了陌生的专业术语,语言颇为晦涩,但他的研究一经发表,还是得到了好评;此后20年,它在古典文学研究领域获得了巨大的权威性(Gellie,1963:354;Burnett,1963:177)。到1977年,它已经在关于亚里士多德《诗学》与希腊悲剧里人物塑造的问题上确立了"新正统"的地位,取代了长期居主流地位的以英雄为中心的方法,并且在一流学者的著作中获得了认可与进一步的发展(Taplin,1977:312;Goldhill,1986:170—1)。

……

琼斯这一例子表明,不管对准确性的标准有多么严格的要求,即使是学术性的翻译也对外来文本与文化作着明显归化性的再现。而这些再现被赋予不同程度的制度性权威之后,便可以再造或者修订学术科目中的主流概念范式。翻译能突然引起学科修订,乃是因为它们所构建起来的再现从来就不是天衣无缝或者完美一致的,而常常是矛盾对立的,是由异质的文化材料——本土的和外来的、过去的和当今的——组成的。因而琼斯能够在拜沃特译本里探究出他所谓的"差异",即那些标志着现代个人主义意识形态干预的与希腊文本的断裂。

……

因此,一旦一个学术翻译构建起对异域文本与异域文化的归化再现,由于学科界限的可渗性,此种再现就能改变其所栖身的体制。虽然有严格明确的资格与惯例以及等级森严的主题与方法论的限制,但是一门学科却不能安安稳稳地让它们再生流通,因为它很容易受到来自学院内外的其他领域与学科的概念渗透。既然这些边界可以被来回逾越,文化价值之间的交流就会采用多种形式,不仅可像琼斯的例子所表明的那样在学科之间流通,而且可像学术界影响着出版界出版译本的数量与性质一样,从一个文化机构游移到另一个。这里,本土文化中特定的文化群体,控制着对本土文化中其他群体所作的异域文学的再现,抬高某些特定的本土价值而排斥另一些,并确立起因其服务于特定本土利益而必然是片面的异域文本典律。

一个相关的例子是现代日本小说的英译。正如爱德华·福勒(Edwaid Fowlen)(1992)指出,美国那些对文学价值与商业价值并重的著名出版商如格拉夫出版社(Grove Press)、阿尔弗雷德·诺福出版社(Alfred Knopf)、新航标出版社(New Directions),在50和60年代出版过许多日本长篇小说及短篇小说集。然而这些都是精心选择过的,集中在为数相当少的几个作家身上,主要是古崎润一郎、川端康成和三岛由纪夫。到 80 年代后期,一个诗人兼翻译家的评论者说,"对普通的西方读者而言,(川端康成的小说)《雪国》可能是我们认为具有典型'日本特色'的东西:难以捉摸,迷雾一般,不确不定。"……福勒论述说,美国出版商已确立了日本小说的英译典律,这一典律不仅没有代表性,而且是建立在一个明确的固定形象之上,这种定型大约把读者的期待限定了大约 40 来年。

……

……这一典律所表达的对过去的忆念感伤明显是美国式的,日语读者并不一定有同感。由上述典律所投射出来的怀乡意象,就可能传递着更大的、地缘政治学上的含意:"在日本几乎是,历史地说,一夜之间从太平洋战争期间不共戴天的仇敌转变成为冷战期间不可或缺的盟友之时,[存在于拟议小说中的]审美化了的国度正好提供了一个恰当的日本形象。"(Flower,1992:6)日本小说的英译典律为美国与日本的外交关系从本土给予了文化上的支持,这也是为遏制苏联在东方的扩张行为而设计的。

……

本土主体的创造

……

因为翻译能够有助于本土文学话语的建构,它就不可避免地被用来支持雄心勃勃的文化建设,特别是本土语言与文化的发展。而这些项目总是导致了与特定社会集团、阶级与民族相一致的文化身份的塑造。在 18、19 世纪,德语翻译在理论和实践上都被作为促进德语文学的一种手段。1813 年哲学家弗里德里希·施莱尔马赫(Friedrich Schleier macher)向其学界的德国听众指出:"我们语言中许多优美而富有表现力的东西,部分是通过翻译而来或是由翻译引发出来的。"……

……

翻译通过为"映照"或自我认识过程创造条件来塑造本土主体:读者先是认出通过特定的话语策略写进异域文本且激发了对这个异域文本选择的本土标准,由此,读者在译文中认出了他/她自己,这时异域文本便清晰可了解了。自我认识是对构建自我并把自我确定为一个本土主体的本土文化规范与资源的认识。这一过程基本上是自恋性的:读者认同于一个由翻译投射出来的理想,通常是在本土文化中已占有权威地位并且主导着其他文化群体准则的那些准则。然而有时,这些准则眼下可能正处于边缘,但其势头又日渐上升,被动员起来向主流挑战。在歌德的时代,当拿破仑战争有把法国的控制权扩张到普鲁士的时候,一个有强大吸引力的理想,就是对文学文化如何具有鲜明德意志特色所作的民族主义的构想,这样一种文学文化将由尚待实现的对异域经典文本的翻译来承托。安托万·贝尔曼(Antoine Berman)这样评论歌德的思想:"异域文学在民族文学的内部冲突中成了这种调停者,并让它们看见了本来不可能看见的",但——我们在此可以补充说——又极想看见的"自己的形象"(Berman,1992:65)。因此,读者的自我认识也是一种误认:本土印记被当作了异域文本,本土主流的标准被认作是读者自己的标准,某一群体的准则被认为是本土文化里所有群体的准则。歌德对"学者"的提及提醒我们,由这种民族主义的翻译关怀所构建的主体,必然要求从属于一个特定的社会集团,在这里便是一个握有足够文化权威自封为民族文学仲裁者的少数集团。

翻译因此置读者于本土的可解可信状态(domestic intelligibilies)之中,这也是意识形态的立场,是一套套促进某些社会集团之利益而压制其他集团之利益的价值观念、信仰和再现。在翻译栖身于诸如教堂、国家政体、学校之类机构的情况下,由翻译文本所实施的身份塑造过程,以提供何谓真、何谓善和什么是可能等判断,潜在地影响着社会的再生产。翻译通过让本土主体取得再体制中扮演某个角色或行使某项职能的意识形态资格,来维持现存的社会关系。但它们也可以通过修改上述资格,进而改变其在体制中的角色或功能来引发社会变革。翻译的社会影响力取决于其话语策略和其接受情况,而这两者都在身份塑造过程中发挥着作用。

翻译的伦理

如果翻译具有如此深远的社会影响,如果在塑造文化身份的过程中它有助于社会的再生产和变革,那么去问问这些后果有益还是有害,或换句话说,问问由此而构造的身份是否合乎伦理就显得很重要了。这里,贝尔曼关于翻译的伦理概念就很有用。对贝尔曼而言,糟糕的翻译是我族中心主义的(ethnocentric):"通常在可传述性这一外衣下,[翻译]完成的是对外语著作陌生性的有系统的否定。(Berman,1992:4)"好的翻译实施"开放、对话、杂交繁育、非中心化",进而迫使本土语言和文化去表述异域文本的异外性,以此来限制我族中心主义式的否定(Berman,1992:4)。

因此,翻译伦理就不能局限在忠实的观念上。不仅是翻译构建着对异域文本的一种诠释,并随着不同历史时刻里不同的文化情势而发生变化,而且准确性的典律也是在本土文化之内被阐发和运用的,因而基本上是我族中心主义的。由这些典律所统辖的伦理标准通常是专业化或者制度性的,由学院里的专家、出版商和评论家所确立并为译者所吸收。更进一步说,翻译伦理不能意味翻译能够摆脱其根本的归化性质,即以本土语言改写异域文本这一基本任务。问题毋宁说是在于如何转移翻译的我族中心主义的动向,以便将翻译项目所不可避免使用的本土文化习语加以非中心化。

……

为了限制翻译中所固有的我族中心主义的倾向,翻译项目就不能只是考虑在本土文化中占据主导地位的一个文化群体的那些利益。一个翻译项目必须考虑到异域文本所由产生的文化,并且要面向本土内不同的文化群体。琼斯对亚里士多德的翻译,真正打破了学院版本的中心统治地位,这是因为他的译文是对英语学院之内所没有的异域文化价值观开放的:一度被现代英美个人主义意识形态所压制的古希腊文本的特点,透过现代大陆存在主义哲学的视角显现出来,在哲学论文和文学文本中传播开去。一个非我族中心主义的翻译项目就这样改变了误释异域文本、排斥本土不同文化群体的本土主流意识形态与体制的再生产。

然而,由于这样一个项目具有确立新正统的潜在可能,它也可能渐次具有我族中心主义的意义,因而将被后起的、旨在为另一个群体重新发掘异域文本的非我族中心主义的项目所取代。……

非我族中心主义的翻译改造了本土文化中占据主导地位的文化身份,但在许多情况下,这一改造随之发展成为另一主流、另一种我族中心主义。一项严格的非我族中心主义的翻译实践,似乎对本土意识形态与制度具有高度的破坏性。它也会促成一种文化身份,但这种身份却同时是批判性的、有条件的,它不断地评估本土文化与异域他者之关系,也仅只依据不断变化的评估来发展翻译项目。这些项目,因在把本土意识形态非中心化上走得太远,故有不可解喻之虞;又因动摇本土体制之运作,而有被贬到文化边缘的危险。然而,既然非我族中心主义的翻译有可能对文化差异——不论是域外的还是本土的——更加开放,这种险还是值得一冒的。

文化传统

一、文化传统与传统文化

　　文化传统是文化研究的一个重要课题,其内容包括:对某一国家、民族的文化传统的内涵、特殊矛盾性及其形成原因和发展规律的理论总结,对文化传统形成与发展的自然和政治等生态环境、存在形式、发展动因,以及传统诸要素之间的关系的探讨,以及对其社会功能、历史作用的价值判断和发展趋势的分析等。

　　关于文化传统的研究涉及多门学科,这是由"文化"和"传统"的内涵及其内在的复杂关系所决定的。目前对于"文化"的界说有很多,大致来看,主要有两种倾向:一是把文化当作是某种具有历史联系性的行为系统,一是把文化看作一种价值体系。不同的行为系统或价值体系,构成了不同民族的文化。文化其实就是指人类有意识、有目的地改造自然、征服自然以及发展社会的实践过程中获得的物质成果和精神成果。

　　"传统"这个词最初与拉丁文 traditum 相对应,其意思是指为保存某物而将该物传给另外一个人。随着时代的变化,其内涵也发生了变化。美国社会学家爱德华·希尔斯在《论传统》中从多方面对传统的内涵进行了深入分析,认为构成传统的有三个关键因素:一是"代代相传的事物","包括物质实体,包括人们对各种事物的信仰,关于人和事件的形象,也包括惯例和制度。它可以是建筑物、纪念碑、景物、雕塑、绘画、书籍、工具和机器"。二是"相传事物的同一性",即围绕一个或几个被接受和传承的概念、主题和观念而形成的不同流变的时间链。尽管每个时代中同一个观念、主题等会有所变异,但它们的各种变体之间仍有内在的连接关系。传统正是通过这样的连接使社会历史的发展具有连续性和同一性。三是"传统的实质",所有实质性的内容都能够成为传统,这种传统的要素主要在精神范型和信仰方面对后世具有行为模式上的可效仿作用和精神指导作用①。在希尔斯对传统的界定中,我们不难发现,他所说的传统与我们所理解的广义的文化概念是基本等同的。故我们所指的传统是指对某种文化现象进行否定、选择以后的一种积淀和传承,它是人类在自身发展过程中的一种价值选择。它构成了文化发展历史的链。

由于文化存在形态的多元性,文化传统也具有不同的形态和特质。它通过某种观念、意识、心理和行为方式表现出来。不同传统之间的本质联系,以及对其形质和价值的分析与判断,是文化传统研究的重要内容。

关于文化传统的研究,涉及的第一个问题便是传统文化与文化传统的界定以及它们之间的关系。传统文化与文化传统是相互联系又相互区别的两个范畴。

1. 传统文化

传统文化,顾名思义是指传统社会的文化。"传统文化的全称大概是传统的文化(traditional culture),落脚在文化。对应于当代文化和外来文化而谓。其内容当为历代存在过的种种物质的、制度的和精神的文化实体和文化意识。例如说民族服饰、生活习俗、古典诗文、忠孝观念之类,也就是通常所谓的文化遗产。"②

因此所谓的传统文化或文化遗产应该是在传统社会中形成、积淀并传承下来的文化。这里说的传统,在纵向上是相对当代而言的,具体说来,传统文化是指在传统社会中通过人与自然界之间、人与社会之间的互动而形成、积淀并传承下来的物质文化和精神文化遗产。在横向的维度上,传统文化是相对于外来的文化而言的。不过传统并非一成不变,它总是在传承的过程中不断整合与流变。外来文化被吸收和转化后,经过一定的历史积淀也会成为传统文化的一部分,如中国古代从印度传入的佛教文化,因此相对于传统文化的外来文化应该是指当代的外来文化。

传统社会是指现代社会之前的社会,也称前现代社会,从世界范围来看大致可以将资本主义社会之前的社会看成为传统社会。在传统社会里人类基本上处在自发、自在的"未成年"阶段,凭感性和直觉认识自然和社会,从而建立起物质文化和精神文化。这种文化反映了人类的基本属性,也最能反映某一民族的文化特质。传统社会延续的时间相对比较长,从而使得文化的积淀和传承显得非常丰富多彩和富有内涵。这就是传统文化的价值所在。总之,传统文化是在某个民族或文化群体内世代传承的各种文化现象的总和。一个民族的传统文化,

---

① [美]爱德华·希尔斯:《论传统》,傅铿、吕乐译,上海:上海人民出版社1991年版,第21页。
② 庞朴:《庞朴文集》第3卷,济南:山东大学出版社2005年版,第204页。

是这个民族在其生产和生活的长期实践中创造并沿袭下来的,是一个民族的精神风貌、政治制度、生活方式、宗教信仰、风俗习惯、审美情趣和价值取向的综合体现。

2. 文化传统

文化传统(cultural tradition),是指一种具有传承积淀的、影响一个民族的思想和行为的精神力量、集体心理和道德观念。用庞朴的话来说,"所谓文化传统一般是指民族的、支配千百万人的这样一种观念和力量,那样一个习惯势力或者说那样一个惯性,它是人们在日常生活当中所遵循的那么一种模式,人们遵照它而行动,但是又不能意识到它的存在的这样一种精神力量"[①],"文化传统是不死的民族魂。它产生于民族的历代生活,成长于民族的重复实践,形成为民族的集体意识和集体无意识。简单说来,文化传统就是民族精神"[②]。

不同的国家和民族,都有属于自己的独特的文化传统。传统是伴随着人类的文化活动而产生的,也随着人类文化活动的发展而逐渐发展,并在传承中不断地修正、过滤、整合而积淀下来。文化传统的积淀,反映了这个民族先民们对传统文化包括外来文化所进行的一种价值判断和选择,它是一种经过否定、筛选后而保留下来的肯定。这种传承式的积淀,是人类文明发展的文化价值体系。这种积淀日积月累,延绵承传,成为人们习惯性地遵循的行为规范和精神力量。文化传统形成和发展的这种机制使得它包含有某种辩证的特征:

(1) 文化传统具有一种模式化和承前启后的相对稳定的特征。传统一经形成,总是具有某种规范性,它规范着人们的思维方式和价值取向,支配着人们的行为习惯,控制着人们的道德观念,影响着人们的审美趣味等。文化传统是一个民族凝聚力的根源,是一种集团力量的象征。因此,在某种意义上传统文化带有一定程度的惰性,形成人们的心理习惯和思维定式。

(2) 文化传统又不是一成不变的,它同时也是一个动态发展的过程。人类的文化活动,遵循着由低级到高级、由简单到复杂这一普遍规律。时间在推移,社会在发展,生活在变化,文化传统中的某些成分会在实践中被筛选掉、被否定掉而逐渐消亡;而在实践中一些新的因素会因为它们的有用性和活力而逐渐得到保留和积淀下来,形成传统中新的成分。另外,随着人们生活范围的扩大,民族之间的交融也会影响彼此的文化传统,外来文化与传统文化的杂交会有一部分成为文化传统中的新成分。

所以,文化传统是一个辩证的统一体,没有扬弃和保留就没有更新,传统既

---

① 庞朴:《蓟门散思》,上海:上海文艺出版社1996年版,第304—305页。
② 庞朴:《庞朴文集》第3卷,济南:山东大学出版社2005年版,第265页。

是相对稳定的,又是在缓慢变迁的,它既属于过去,也属于现代和未来。文化传统的辩证统一性还体现在它在现实生活中既有正面的影响也有负面的影响,既是财富又是包袱。因此面对文化传统,我们需要辩证地反思、甄别和分析,取其精华去其糟粕,再继承与发扬。

3. 传统文化与文化传统的关系

传统文化与文化传统既有内在的联系又有很大的区别,前者重在文化,后者重在传统。传统文化主要是对文化的形态进行界定,它是具体的。文化传统则是一种抽象的、无形的精神力量和文化意识。正如庞朴所说:"文化传统与传统文化不同,它不具有形的实体,不可抚摸,仿佛无所在;但它却无所不在,既在一切传统文化之中,也在一切现实文化之中,而且还在你我的灵魂之中。"①因此可以说,文化传统是传统文化的本质的抽象。

庞朴认为:"(传统文化)就是过去遗留下来的东西。因此传统文化是一个死的,而文化传统是在你的观念里边、在你的行动当中支配着你的观念和行动的那个活的东西。传统文化是过去的已经完成了的那些东西。"②汤一介也说:"文化传统是指活在现实中的文化,是一个动态的流向;而传统文化是指已经过去的文化,是一个静态的凝固体。对后者,我们可以把它作为一种历史上的现象来研究,可以肯定它或者否定它,而对前者,则是如何使之适应时代来选择的问题,因此它将总是既有特殊性(或民族性)而又有当代时代精神的文化流向。"③朱维铮则从文化学的角度作了如下阐释:"传统文化属于历史,而历史属于过去。过去种种,都已是既成事实,决不因逻辑上尚有各种可能而改变,也决不因理论上会有各种解释而改变……在历史上存在过、兴旺过,但在现代社会文化生活中已消逝了的传统,自然失去存在的依据。体现这种传统的文化形态,无疑都属于死文化……相反,先辈曾经认定是合宜的行为规范,以后继续被认为合宜的,被认为往古社会所累积的最佳经验,体现这种传统的文化形态,属于历史的遗存,在现代社会文化生活中依然存在,尽管已经变了位并且变了形,那就是活文化。后者就是人们习称的文化传统。"④

在某种意义上,文化传统具有阿尔都塞所说的意识形态召唤结构的功能。阿尔都塞认为:"意识形态是具有独特逻辑和独特结构的表象(形象、神话、观念或概念)体系,它在特定的社会中历史地存在,并作为历史而起作用……作为表象体系的意识形态之所以不同于科学,是因为在意识形态中,实践的和社会的职

---

① 庞朴:《庞朴文集》第3卷,济南:山东大学出版社2005年版,第265页。
② 庞朴:《蓟门散思》,上海:上海文艺出版社1996年版,第305页。
③ 转引自邵汉明主编:《中国文化研究二十年》,北京:人民出版社2003年版,第471页。
④ 朱维铮:《传统文化与文化传统》,《复旦学报》1987年第1期。

能压倒了理论的职能（认识的职能）。"①阿尔都塞将意识形态理解为一种先于个人存在的文化客体和社会意识结构，是人们的对社会的理解和体验方式，是一种关于社会文化传统的"表征"。意识形态除了以思想、精神的方式起作用之外，它还以实践的、物质的（如学校、教堂和各种文化仪式）方式在社会中起作用。它渗透到社会的一切方面，社会现实中人们的行为方式和思维方式都无法超越意识形态。它对人们的思想和行为进行规范和塑造，使人认同于某种立场，把"个体询唤成为主体"②，形成社会关系的再生产。因此意识形态往往表现为一种精神意志，表现为保守的、顺从的、改良的或革命的精神冲动。这与我们所理解的文化传统很相似，因此庞朴说，"五四"时期反传统文化最激烈的人（指胡适、陈独秀），实际上恰恰是最典型的文化传统的思维方式。

二、传统文化的当代境遇

传统文化在当代的价值以及它的命运等问题是文化研究的热点，尤其是在20世纪以来的社会转型和社会思潮影响下，引发了人们对传统的反思，反传统和维护传统之间的争论和行动就从未间断过。众多第三世界国家由于各种社会原因和历史原因，仍落后于现代工业社会，因此在传统与现代化之间的争论也成为走向现代化的国家、民族的一个主要的讨论话题。在当今，从世界范围看，由于国家、民族之间思想文化的相互激荡与相互影响，再加上高科技的迅猛发展和市场经济的极度扩张，人类开始进入经济全球化和信息时代。在全球文化逐渐走向统一交融的情形下，各民族的传统文化的命运会如何？应以什么态度来对待传统文化？这是当代文化发展中出现的新情况、新问题和新矛盾，引起了人们的广泛关注。传统文化问题因此也成为当今最重要的话题之一。

1. 传统文化与现代化

传统文化与现代化的关系，是近现代以来一直争论的问题，尤其是在面临后现代化追赶现代化的民族和国家里尤为突出。由于传统文化本身是一个矛盾的辩证统一体，一方面它是一个民族时代承传下来的丰富的遗产，是人们思考和生活的准则；另一方面它又有其自身的稳定性和惰性，不利于社会的快速转型和前进，因而人们对待传统文化就有不同的侧重点和关注层面，也就形成了不同的对

---

① ［法］阿尔都塞:《保卫马克思》,顾良译,北京:商务印书馆1984年版,第201页。
② 参看［法］阿尔都塞:《意识形态与意识形态国家机器》,［斯洛文尼亚］斯拉沃热·齐泽克等著:《图绘意识形态》,方杰译,南京:南京大学出版社2006年版,第168页。

待传统文化的态度。目前来看,关于传统文化的态度,大致有三种:一是认为传统文化是民族的巨大财富,是社会现代化的基础和动力;二是认为传统文化是社会前进的负重和包袱,是现代化的障碍和阻力;三是所谓辩证的观点,即认为传统文化既是现代化的动力又是现代化的包袱。显而易见,第三种观点比较折中公允,不过在具体上是侧重强调动力还是侧重强调包袱仍有分歧,这在本质上还是前两个观点的权衡和较量。

这两种观点的理论分别被命名为文化保守主义和文化激进主义。"文化保守主义",是指尊重传统文化、坚持本土文化的价值观的思想倾向;"文化激进主义",是指激烈反对传统文化、否定传统文化的思想倾向。从辩证的眼光来看,对待传统文化的这两种思想倾向都有片面性。但在中国20世纪的文化语境中,文化激进主义往往得到更多的支持,文化保守主义往往受到各种贬斥和嘲笑。这种情况主要是由中国近代以来的贫弱境况下人们努力追赶现代化的急迫心态造成的。在对没有现代化的传统社会失去信心之后和一种自卑情结下,20世纪中国的社会思潮形成一种简单的传统/现代、落后/先进、保守/革命等二元对立的思维模式。在这个标尺的衡量下,现代化的就是先进的、好的,传统的就是落后的、保守的和反动的。

文化激进主义是一种重工具理性,以功利主义为尺度的文化价值选择。它将现代化与传统文化置于一种非此即彼的对立当中,而忽视甚至摒弃优秀的传统文化精神遗产。文化保守主义对价值理性的坚持和对传统的尊重有其合理的一面,它是对20世纪以来世界范围内普遍流行的反传统、重工具理性的一种反拨,促使人们重新认识和评价传统文化的价值,意识到彻底否定传统文化所带来的危害。

其实对传统的批判并不是自古而然,在各民族的历史上都有很多复古与尊古的思潮。传统与现代之争主要是西方启蒙主义运动之后才产生的。启蒙主义对科学、理性的过度推崇使人们对社会进步的观念有了一种激进而片面的理解。从西方的现代性立场来看,科学理性靠的是实践,靠的是对感觉经验的批判,它与传统传承下来的经验恰好构成了对立。因此,科学代表进步,传统则代表着故步自封、冥顽不化,任何一种现成的状况一旦形成必会阻碍社会的进步,人们必需也必能找到更好的东西取而代之。在这种价值观的引导下,传统社会被认为是无知、落后的,而现代化的社会则是符合理性的能够给人以利益满足的进步社会。

20世纪初期中国的新文化运动就带有某种启蒙运动的色彩。它直接将西方现代性的观点照搬过来,怀着自卑和厌恶的心情看自己的传统,极力呼唤科学和民主,对中国传统文化持一种彻底的否定态度。到了"文化大革命"时期,又以建立一种与以往社会完全不同的新文化而对传统进行更为激烈的摧毁。这两次文化运动给中国的传统文化带来极大的破坏,到了20世纪80年代中后期,随着国门开放,很多人都是照搬和跟风西方的文化观念,忽视了自己的传统文化,导致了自己文化上的无"根",使我们陷入了文化上的"失语"状态。因此一部分文化人士呼吁进行文化上的寻根运动,挖掘并重新连接起中华民族的文化传统。在寻根文化的影响下,中国形成了"文化热"的社会现象。人们对传统的理解已经不那么偏激,尤其是稍后后现代主义思潮在中国的登陆,人们普遍从后现代主义的"文化多元性""边缘比中心更有活力""文化相对主义"等观念来重新看待传统,并在全球化的情境下提出文化传统的保护、弘扬和发展,以实现中华民族文化的伟大复兴。

2. 全球化与传统文化

在今天,全球化的趋势已经越来越明显,已经深入到我们日常生活的一举一动当中。在这种情境下,民族、国家之间的交流变得越来越频繁与便捷。随着全球经济的一体化,文化之间的交融和相互影响,使得传统文化的境遇变得复杂起来了。按照现代社会的文化逻辑,在全球化的影响下,人们对经济利益的追求已经成为全世界共同努力的目标,一种新的价值观将会形成,一种与之相适应的制度与习俗、仪式将逐渐取代传统。作为与原先的经济模式相适应的传统的社会风俗、礼仪、节庆,而今随着整个社会经济结构的变迁,对经济社会发展的作用正变得越来越小。

在此情况下,出现了世界范围的文化经济化和经济文化化的双向融合走向。各个民族、国家、社区的小传统将会被一种具有全球性的新的文化传统整合与取代,形成一种新的全球文化。强势的文化会成为全球文化的主导,一些处于弱势的传统文化会被吞噬和被排挤到边缘。对于一些民族国家来说,自己的传统文化一旦消失,民族、国家的精神和核心将不存在,这是一个严重的问题。安东尼·吉登斯在《现代性与后传统》一文中指出,全球化社会的到来,将会形成一种"后传统"的时代,一般意义上的传统将会终结,取而代之的是一种具有全球性世界秩序的、与以往传统迥异的新的传统,这种传统区别于以前各个民族、国家传承了几千年的文化传统,而是一种在全球化时代所产生的由强势文化领导、规范并整合与推广的文化意识和生活观念。原先人们都说"越是民族的越是世界的",而在全球化语境下就变成了"越是世界的越是民族的",甚至还能否保有"民族的"都将成为一个问题。在此情况下,是丢弃传统文化积极投入全球化还是坚守本民族的传统文化,是当前文化研究要面临的一个前沿问题。

在全球经济一体化情况下,西方社会以其强大的经济势力向世界扩张,西方文化也不断向世界辐射和渗透,这使得第三世界的学者担心西方文化中心论和西方文化霸权主义的侵入会导致本民族传统文化的消失。因此第三世界国家的学者普遍提倡保卫传统文化,抵抗后殖民主义和文化帝国主义的演变和整合,努力突出本民族文化的自主权。以往殖民主义主要是对经济、政治、军事、国家主权进行侵略、控制和干涉,而后殖民主义则强调对知识、语言和文化的控制与化解。以往的帝国主义主要在于领土征服和武装侵略,如今的文化帝国主义则注重文化渗透与扩张,通过文化来控制政治和意识形态。赛义德在《东方学》中将西方人对东方文化的偏见和固定模式称为"东方主义",在《文化与帝国主义》中对"帝国霸权的强势文化"所造成的文化帝国主义进行了抨击。他认为第三世界的文化作为"边缘话语"正受着居于中心地位的西方话语的"后殖民统治"。赛义德的理论代表了第三世界国家不少知识分子的立场。

在第三世界中国,也有不少学者强调在全球化过程中要坚守住本民族的文化个性和优良传统,抵抗全球化对传统文化的殖民,甚至提出中华民族文化复兴的口号。在"2004文化高峰论坛"闭幕式上,中国学者许嘉璐、杨振宁、季羡林、任继愈和王蒙发起了一份有70位论坛成员共同签署的《甲申文化宣言》就是一个典型案例①。这个宣言提出自己的主张:重新评估和重建文化传统,弘扬中华传统文化的核心价值;每个国家、民族都有权利和义务保存和发展自己的传统文化;都有权利自主选择接受、不完全接受或在某些具体领域完全不接受外来文化因素;同时也有权对人类共同面临的文化问题发表自己的意见。这个宣言的核心主张都是针对全球化情况下传统文化的境遇而提出的。

在全球化境况下当今世界形势发生了很大的变化,一方面,随着传媒与网络的迅猛发展,文化的认同性逐渐变得容易接纳和潜移默化;另一方面,由于每个民族、国家千百年积淀传承下来的文化精神、风俗习惯、宗教信仰、价值观念上的巨大差异,不同文化与文明之间的差异所造成的冲突也有激化的可能,因此有人担忧全球化时代文明的冲突会变得更加严重,甚至会导致暴力冲突。因此全球化与本土化、文化的整合与抵抗的矛盾变得突出。在这个过程中保持各民族传统文化的主体性、丰富性和多样性应该是必要的,不能以全球化来否定传统文化,当然也不应该高扬民族主义,排斥一切外来文化,孤芳自赏,故步自封,看不到和不吸收其他民族文化的优长。在探讨全球化过程中的传统文化问题时,我们要自觉警惕和反对文化殖民主义和文化霸权主义,坚守和光大传统文化中的优秀部分。由于历史和现实的原因,第三世界民族、国家在对待本民族传统文化时往往有自卑情结,民族虚无主义流行,殖民地文化心理严重存在,这是需要注意和克服的。

---

① 《七十位专家学者发表甲申文化宣言》,《人民日报》2004年9月6日。

三、文化保护和传统开发

鉴于当今传统文化的境遇,文化的保护和开发是一个具有当代性的课题。在现代化高速发展、商业化不断加重的情况下,工具理性的功利主义盛行,使人们忽视了传统文化的价值,传统文化被弃置一边甚至遭到人为的破坏。再加上经济全球化一体化的不断加剧,传统文化不断被排挤和破坏,其境遇非常令人担忧。文化保护因此显得很有必要。

文化保护,主要是对现有的民族传承下来的有形与无形、物质与非物质的传统文化遗产进行保护。由于文化的内涵和外延非常广泛,文化的表现形式多种多样,既有民间、民俗的传统文化也有庙堂的、典籍的传统文化,既有非物质的传统文化也有物质形式的文化遗产,所以文化保护在具体措施上也显得很复杂,这涉及政府的立法、资金、成立组织等问题。联合国教科文组织从20世纪40年代以来就积极推进世界文化遗产的保护意识和保护措施,先于1972年制定了《保护世界文化和自然遗产公约》,又于2003年公布了《保护非物质文化遗产公约》,对原先的"文化遗产"进行了补充和细化,提出了"非物质文化遗产"的概念①。不过联合国教科文组织关于文化遗产的保护主要还是侧重于古迹、遗迹等古代文明物质遗产和民间、民俗文化遗产的保护,这几类文化遗产并不完全涵盖传统文化。传统文化非民间民俗的具有民族核心精神的文化遗产。

一个民族的传统文化遗产是在特定的价值观、生存形态以及文化品格下造就的,民族的基因决定了固有文化独特的存在形态和表现方式。此外,民族独特性是传统文化遗产的根本特性,是其所具有的深深扎根于文化传统或有关地区文化历史之中的"特殊价值"。它是该民族精神情感的衍生物,它所体现和反映的是一个民族生存与发展的理念以及具体的活动方式、规律和特点,它凝聚着民族生存与发展所拥有的自然特点、风俗习惯、生活方式、价值观念、理想信念等因素。鉴于此,对于一个民族来说,传统文化既是非常难得的,又是极其脆弱的,如今它们大多处于濒危状态,需要进行抢救和实施有效的保护。

从民族角度看,传统文化是对一个民族文化意识的唤醒和强化。从物质文化传统的角度来讲,它是民族精神和思想的物化了的载体,用海德格尔的话来说,它以艺术品的方式敞开了一个与存在和真理相关的世界。这种物质文化在

---

① The oral and intangible heritage of humanity(简称 Intangible heritage),有学者提出"非物质文化遗产"这个中文翻译是不大贴切的,认为译为"人类口传及无形(文化)遗产",简称"无形(文化)遗产"更为准确些。

某种程度上可以说是一种历史的、不可再生的艺术作品。海德格尔在《艺术作品的本源》里说:"一个建筑,一座希腊神殿,没有摹写任何东西。在岩石裂口的峡谷之中,它纯然屹立于此。这一建筑包含了神的形象,并在此遮蔽之中,通过敞开的圆柱式大厅让它显现于神性的领域。……正是神殿作品首先使那些路途和关系的整体走拢同时聚集于自身。在此整体中,诞生和死亡、灾难和祝福、胜利和蒙耻、忍耐和衰退,获得了作为人类存在的命运形态。这种敞开的相连的关系所决定的广阔领域,正是这种历史的民众的世界。只是由此并在此领域中,民族为实现其使命而回归自身。"①它的精神蕴涵隐藏很深,如果在当代能够把它全部激活、接受和传递下去,那是一种民族精神的延续。而非物质的无形文化遗产(如民俗、仪式庆典等)则是具体的活动过程,它表现为现实的、活生生的、不断生成的,它就在民众的真实生活之中,作为他们生存经验的一部分,在经常性的重复活动中世代传承。

一个民族的传统文化,是独有的民族精神的集体记忆,是文化认同的重要标志。维系民族存在的内在精神和凝聚力的传统一旦断裂或被毁灭,民族的生存危机也会随之出现。从民族、国家的角度看,国家作为一个多民族共同体,在长期的历史发展中,形成了共同的民族精神和文化传统,是一个民族区别于其他民族的根本性标志。其文化的历史积淀,也是独特文化身份、文化个性的确证。随着全球化时代的到来,对民族传统文化遗产的保护,是维护民族独立性和民族—国家身份和主权的依据。这种保护也是一种维护全球化时代文化的整体平衡与平等的多样性多元化的必要手段。由于现在传统文化被同化和被毁坏的现象非常严重,很多文化遗产面临灭绝,因此传统文化遗产的抢救和保护任务变得非常紧迫。

对传统文化的开发是对传统文化的保护的必然逻辑,保护传统文化并不仅仅是当作古董供奉起来,更要考虑到它对当代的意义,考虑到如何用传统文化中的优秀因素激发出新的创造性的思维和价值,以解决当代新问题,建立自己的新生活,为当代生活服务。因此,传统不仅要保护,还要开发。对传统的开发,蕴含有挖掘、发现以及发扬、发展的意思。开发就是要对以往没有引起注意或一些被埋没的传统进行适当地挖掘,寻找其对当代生活具有价值的成分。挖掘不是让死人复生,而是为了更好地为活人服务。对传统的发现并不仅仅是对未被注意的传统的挖掘,也包含有对现有传统中新价值的发现。传统是一个复合体,其中五味杂陈,有精华也有糟粕,有好的因素也有恶的因素,这就需要我们对传统进行分析,然后以睿智的眼光来发现优秀的部分和糟粕的部分,发现优秀的要发

---

① [德]海德格尔:《诗·语言·思》,彭富春译,北京:文化艺术出版社1991年版,第42页。

扬,发现恶的要警惕和摒弃。

传统文化的开发也是传统文化发展的内在逻辑,这是由传统的本身特征所决定的。传统的一个重要特性就是不断发展、流动的,传统不是过去的,而是从过去经现在到将来绵延不断的缓慢变迁的历史。如果把传统当成是过去的、静止不变的,就会走向两个极端,一个是要么继承它,一个是要么毁掉它。实际上传统并不仅仅是指古老的过时的,它本身是连接过去、现在和未来的一个纽带。传统是演化的,意味着它有自我修正的能力,传统中的各部分也会不断地自我修正,自我调整,借鉴其他传统,从而淘汰其中劣质和蒙昧的因素。但传统也需要人们主动去开发,只有每一代人都根据当代的价值取向对传统进行选择性地开发,传统才能保有它的先进性和传承性。

每一个民族的传统文化传承了几千年,内容一般都比较丰富,因此对传统的开发应该遵循两条原则:一是选择性,每个民族的传统文化都是在一定的历史时期中发展形成的,哪怕其中有优秀的先进的成分也不能不带上时代的局限性,尤其是从现代社会的角度来考量就更为明显。所以对传统的开发一定要分析传统,进行甄别和选择,从传统中选择出对当代有益和有用的东西,而且这种有益和有用不仅是当下的还应该是可持续的延至将来的东西。二是创新性。对传统的开发不能简单地只是照搬传统文化中的优秀部分,而是要根据时代的发展、社会的现实,对传统文化进行创造性的现代转换。在进行改造和创新的时候,应该有一种现代的眼光和开阔的视野,只有这样才能使传统文化的开发带来现实的意义和价值。

文献导读

1. 传统与个人才能①

托马斯·斯特恩斯·艾略特

导读

托马斯·斯特恩斯·艾略特(Thomas Stearns Eliot,1888—1965),是英国20世纪影响最大的诗人,先后出版了《普鲁弗洛克的情歌》(1917)、《诗集》(1919)、《荒原》(1922)、《艾略特诗集》(1909—1925)、《诗选》(1909—1935)、《四个四重奏》(1943)等多部诗歌作品集。其中,《荒原》被认为是西方现代文学中具有划时代意义的作品。1948年因"革新现代诗歌,功绩卓著的先驱",获诺贝尔文学奖。同时,艾略特还是20世纪西方最具有影响的文学批评家之一,因此有些西方文学史甚至把20世纪称为"艾略特时代"。

《传统与个人才能》是确立艾略特作为现代批评家重要地位最有影响力的一篇批评论文。在这篇论文里,艾略特探讨了文学传统和个人才能之间的关系,并提出了具有革命性的创见。首先,艾略特对传统进行了重新界定,认为"传统是一个具有广阔意义的东西","它包括历史意识"。因此传统是一个从过去到现在直至将来的整体的东西,是一个动态的过程,一个作家不单单是通过文本的接受就可以继承的,更要通过艰苦劳动才能获得这种"历史意识"。因为这种"历史意识包括一种感觉,即不仅感觉到过去的过去性,而且也感觉到它的现在性",这是一种有时间性和超时间性的无始无终的东西。因此,文学传统并不是一成不变的,它具有开放性,过去决定现在,现在也会修改过去,新的作品来源于传统,而它的加入也重新对传统进行了整体性地微调性地补充和修正。

那么个人与传统是什么样的关系呢? 也就是个人在传统中是处于什么样的位置? 由于传统的整体性结构(历时性与共时性相结合),它内在于当今文化的结构中,任何个人都无法越过传统或独立于传统之外,哪怕是

---

① 选自伍蠡甫、胡经之主编:《西方文艺理论名著选编》(下卷),北京:北京大学出版社1987年版。

天才也不能,因为没有任何诗人或艺术家"他本人就已具备完整的意义"。他只能在当下的文学传统中发挥自己的能力,取灵于传统并成为传统的一分子。所以诗人和传统并不是处于一种对立的隔离状态,而是传统连续性行进中的一个小节。个人只有融入传统的深厚底蕴中才能体现出自身的价值和意义。因此,他认为,一个艺术家只有消灭了自己的个性,才能介入传统:"一个艺术家的进步意味着继续不断的自我牺牲,继续不断的个性消灭","诗歌不是个性的表现,而是个性的脱离。"

在现代西方社会,从文艺复兴以来,对个性的推崇使"传统"逐渐与创造性、天才等概念对立起来,认为传统往往是陈规陋习、因循僵化,会束缚个人才能的发展,因此,反传统、超越传统、创新、天才,成为一种社会思潮,尤其在浪漫主义时期达到了顶峰。艾略特意识到传统与现代、继承与创新、个性与共性之间的这种断裂将会严重影响文化的延续性并给文学艺术创作者带来误区,因此在这篇论文中艾略特提醒人们重新认识传统,并将个人才能与传统的关系进行了富有开创性的论证,突出文化传统的延续性与开放性、整体性和结构性,传统对个人既有约束性也有促进,个人对传统既有依赖也有建设,传统与个人才能是一种既紧张又和谐的关系。《传统与个人才能》为现代西方的文化危机提供了一种理论认识,在西方文学史和文化史上具有巨大的影响力。

[文献]

一

在英语的著作中,我们难得谈到"传统",虽然为了叹惜它的丧失,偶尔用这个名词。我们不提"这种传统"或"一种传统";充其量是用这形容词来说某某人的诗是"传统的"或者甚至于"过于传统的"。除了在含有责备的语句中,这个词儿也许难得出现。如果不是这样,那就是一种含糊的称赞,言外之意,这个作品之妙,只是有点"古趣盎然"而已。如果不是这样相当地提到使人安心的考古学,就无法使这个词儿悦英国人的耳。

我们在评价当代或已故的作家时,当然不大会用这个词儿。每个国家,每个民族,不仅有它自己的创造性,而且也有它自己的批评的气质;只是每个国家,每个民族,对于自己的批评习惯的缺点与局限,比之对于自己的具有创造性的天才的缺点与局限,尤更容易忽视。我们从法语的大量批评著作中,知道了或者认为是知道了法国人的批评方法或者批评习惯,于是乎,我们断定(我们就是这样呆板的民族），法国人比我们更会"吹毛求疵"，甚至有时还不免以此自夸，仿佛法国人不及我们那样自然。他们也许是这样；但是，我们也该提醒我们自己：批评就像呼吸一样是必然的事情。如果我们读一本书而觉得有所感动的话，我们仍然应该正确地将我们心里的感受说出来，仍然应该评论我们自己在进行批评时的心理。在这个过程中，可能出现这样一种情况，那就是，我们在称赞一个诗人时，往往只着眼于他的作品中与别人最不同的诸方面。我们还自以为在他的作品的这些方面或这些部分找到他的独特方面，找到他的特质。我们心满意足地大谈特谈这个诗人和他的先辈，尤其是他的前一辈的不同之处。我们为了欣赏，力图找出一种可以孤立起来看的东西。反之，如果我们不抱这种偏见来研究一个诗人，我们将往往可以发现，在他的作品中，不仅其最优秀的部分，而且其最独特的部分，都可能是已故的诗人、他的先辈们所强烈显出其永垂不朽的部分。我指的不是易受影响的青年期，而是指完全成熟的时期。

然而，如果传统，这种传诸后世的唯一形式，只是追随一代的方式，盲目或怯懦地抱住上一代的成就不放，那就应该断然抛弃"传统"。我们已经看到过许多类似的简单的潮流立刻就消失于沙滩中；新奇的东西总比反复出现的好。传统是一种更有广泛意义的东西。传统是继承不了的，如果你需要传统，就得花上巨大的劳动才能得到。首先，它牵涉到历史感，我们可以明确地说，任何一个二十五岁以上、还想继续做诗人的人，历史感对于他，简直是不可或缺的；历史感还牵涉到不仅要意识到过去之已成为过去，而且要意识到过去依然存在；这种历史感迫使一个人在写作时，不仅要想到自己的时代，还要想到自荷马以来的整个欧洲文学，以及包括于其中的他本国的整个文学是同时并存的，而又构成同时并存的秩序。正是这种历史感才使得一个作家成为传统主义者，他感觉到远古，也感觉到现在，而且感觉到远古与现在是同时存在的。同时，正是这种历史感使得一个作家能够最敏锐地意识到他在时间中的地位，意识到他自己的同时代。

任何诗人，任何艺术家，都不能单独有他自己的完全的意义。他的意义，他的评价，就是对他与已故的诗人和艺术家的关系的评价。我们不能单独地来评量他；必须把他置于已故的人中间，加以对照、比较。我是想把这些作为美学批评，而不光是历史批评的原则的。他之所以必须适应，必须首尾一贯，并不是一面倒的：一件新艺术作品产生时所发生的情况，也就是在它之前的一切艺术作品所同时发生的情况。现存的不朽巨著在它们彼此之间构成了一种观念性的秩序，一旦在它们中间引进了新的（真正新的）艺术作品时就会引起相应的变化。在新的作品出现之前，现存的体系是完整的；在添加了新的作品后也要维持其体系绵延不绝，整个现存的体系，必须有所改变，哪怕是很微小的改变；因此，每一件艺术作品对于整体的关系、比例、评价都必须重新调整；这就是旧与新的适应谁赞同这种关于体系、关于欧洲及英国文学的形式的概念的,就不会认为:过去之必须因现存而改变,正如现在之必须由过去所指导这种说法是荒谬的了。凡是对此有所理会的诗人,对于巨大的困难与责任也会有所理会。

在一种特殊的意义上,他也会理会到,他必须不可避免地受过去的标准所鉴定。我说鉴定,并不是指的要受过去的标准的判断,不是那样的鉴定:说他像已故的人那样的完美,或者比已故的人更好或更坏;当然也不是按已故的批评家的种种规则来鉴定。这是一种鉴定,一种比较是一种两者彼此衡量的鉴定和比较,光是为了适应,反而使得新作品根本就不是真正的适应;它绝不会是新的,因此也绝不会是一件艺术作品。我们也不一定会因为新的很相适应,而说新的比较有价值。可是,这种相适应却是它的价值的一种测验——其实,这是一种只能慢慢地、小心地应用的测验,因为我们谁都不能万无一失地对适应加以鉴定。我们说,它好像会适应,也许只是个性化的,或者看来是个性化的,也许会适应;不过,我们却不至于认为它是这个而不是那个。

这里,再比较明晰地谈一谈诗人与过去的关系:诗人既不能把过去看成笼统一团,看成一颗不分青红皂白的大丸药,也不能完全依靠一两个私下崇拜的作家来自成一家,或者完全依靠一个喜爱的时期来自成一家。第一条路是走不通的,第二条路是青年人的重要经验,第三条路是一种愉快而极可取的补充。诗人必须充分意识到主要的潮流,主要潮流并不是一成不变地通过最为特出的著名作家体现出来的。诗人必须充分理会到这个明显的事实,即艺术永远不会改进,艺术的题材也永远不会完全相同。诗人必须充分理会到欧洲的精神——他本国的精神——一种他必须及时领会倒是比之他自己私人的精神更为重要的精神——乃是在变化着的精神,而且必须充分理会到这种变化是一种一路上决不丢弃任何东西的发展,它既不会把莎士比亚、荷马,也不会把马格达利尼安斯的图工的石画作品当成落伍的作品。这种发展,也许相当优美,而且一定很是复杂,可是,从艺术家的观点看来,却一点也不是什么改进。也许甚至从一个心理学家的观点看来,也不是一种改进,也不是我们所想象的那种程度的改进;也许到头来,只是建立在经济和机械的纷乱上。但是,现在与过去的不同,乃在于,意识到现在就等于意识到过去,而且在一定程度上,过去之意识会过去是表现不出来的。

有人说,"已故那些作家与我们相隔太远了:因为我们知道得远比他们多"。一点也不错,他们是不及我们所知道得多。

我明白,我为诗歌工作所拟的程序的明晰的部分,往往会遭到反对。反对的是认为我的学说之苛求学识(卖弄学问)竟至于荒唐可笑,认为这是一种即使告到众神殿的诗人的诗记里去都会遭到驳回的要求。于是,甚至肯定地认为学识渊博会减弱成者打乱诗人的感情。但是我们却又坚信,只要不侵蚀诗人的必需的感受性和必需的懒惰性,诗人应该见多识广。当然,也不应该把知识局限于具体应用在试场和客厅中,或者更能公开夸耀的形式。有的人能够吸收知识,资质比较迟钝的人却须辛苦效力始能得到知识。

莎士比亚从普鲁塔克那里,比多数人从整个英国博物馆里获得更多的基本的历史知识。我们所坚持的是诗人必须发展或者获得对于过去的意识,而且,他还应该终其一生继续不断地发展这种意识。

这样,对于一些比较更有价值的东西,诗人便须随时随地准备不断地抛弃自己。一个艺术家的进展便是一种不断的自我牺牲、不断的消灭个性。

这里尚须说明的是这种消灭个性的过程及其与传统感的关系。艺术正是在这种消灭个性中,才说得上是接近于科学的地位。

因此,我要求你们将下述比喻作为一种足供参考的事实加以考虑:如果拿一块精细的合白金,放进一个含有氧气和二氧化硫的容器里,它将会发生什么作用。

二

公正的批评和敏感的评价并不是对于诗人而是对于诗作本身而发的。如果我们留意一下报纸上那些批评家种种混乱的叫喊和随声应和的普遍的喊喊喳喳声,我们就可以听到许多诗人的名字;如果我们不是寻求蓝皮书的知识,而是欣赏诗,是在找一首诗,我们就难得找到一首诗。我已经试图指出,一首诗与另一些作者所写的另一些诗的关系的重要性,而且把诗的概念看作是一切曾经出现过的诗的有机的整体。这种"与个人无关的"诗的理论的另一面,就是诗与其作者的关系。我还用一个比喻来暗示:一个成熟的诗人的精神跟一个不成熟的诗人的精神之不相同,并不就在于对"个性"的任何评价上,并不必然是更有趣,或者更有话可说,而是指一种更完美的媒介物,在这完美的媒介物中,特别的或者十分相异的情感可以自由缔结新的组合。

这个比喻便是触媒剂的比喻。当上述两种气体碰到一根白金丝而混合的时候,这两种气体便成为硫酸。这种组合只是由于有白金才发生的,然而,新形成的酸却一点也找不到白金,而白金本身又显然一点也不受到影响:它仍然不新发生化学作用,是中性的,没有变化。诗人的精神就是这片白色。它可以一部分或者整个地影响若干诗人本身的经验;但是,一个艺术家越完善,他本身那种作为感受者的人和作为创造者的心灵越是完全分离,心灵越是能把热情(材料)加以融会、消化和转化。

人们可以注意到,经验——这种碰到起变化的触媒剂的元素,有两种情绪与感情。一件艺术作品之影响于那个欣赏艺术作品的人固然是一种经验,但是,这种经验在性质上却与任何非艺术的经验不同。它也许是由一种情绪形成的,也许是由几种情绪组合起来的;而各种由于作者的特殊的词儿、词汇或形象而产生的不同感情,也许可以更加构成最后的结果。不过,即使不直接利用任何情绪,也许还是可以产生伟大的诗;纯然是出自感情构成的。《地狱篇》(勃鲁内托·拉铁尼)的第十五歌显然是逐渐发展那个场面的情绪的,可是,它的效果。虽然像任何的艺术作品的效果一样的单纯,却是得自一些相当复杂的细节的。最后四行给人以一种形象,一种与形象相连的感情,而形象的"到来",不仅仅是从前面几节发展而来的,而是可能停留在诗人的心里,直等到适当的组合的时刻到来,它便自行附了上去。事实上,诗人的心就是一只贮藏器,捕捉与储藏无数的感情、词汇,形象,把这些东西储存在那里,直等到一切能够结成一种新化合物的各种分子都一起到来。

如果在最伟大的诗中,拿几节具有代表性的诗章来比较一下,就可以看出组合真是多种多样,也可以看出任何一种半伦理的"崇高"批评标准实在真是枉费气力。因为诗的价值并不在于情绪这一成分的伟大强度,而是在于艺术过程的强度,也可以说是在于发生混合时的压力强度。保禄和弗兰采斯加的插曲固然使用了一定的情绪,可是,诗的强度却很不同于假设的经验中所能给人的印象的强度。而且,它也跟第二十六歌中的牧利赛斯的漂泊的强度不一样,第二十六歌并没有直接仰仗于情绪。在情绪变化过程中,当然可能有巨大的不同。阿格曼农的被谋杀;或者奥赛罗的痛苦所发生的艺术效果,比之但丁作品中的情景显然更有可能近于原型。《阿格曼农》中的艺术情绪近于一个亲受目睹的情绪。而《奥赛罗》中的艺术情绪则近于剧中主人公本人的情绪。可是,艺术与事件之间的不同往往是绝对的,阿格曼农的被谋杀的那种组合也许跟枚利赛斯的漂泊的组合同样的复杂。这两者中一直有一种因素的结合。济慈的抒情诗包含有许多跟夜莺一点也没有什么特殊关系的感情,但是,这种感情,也许一半是因为它的诱人的名称,一半是因为它的声誉,就把夜莺凑在一起了。

我正在竭力攻击的观点也许是所谓灵魂的具体统一的那种形而上学的理论,因为,我的意思是,诗人并没有一种可以表现的"个性",而只有一种特殊的媒介物,而且只是一种媒介物,而不是个性。在这种媒介物中,印象与经验便以特殊而意想不到的方式组合起来。对于诗人说来,具有重大意义的印象与经验,也许在诗歌中毫不发生作用;而在诗歌中却变得很有重大意义的印象与经验,也许在诗人,在个性中只是起着一种颇不足道的作用。

我要引一节很不熟悉的诗,按照这种看法——以新的注意力来对它加以考察:

或者不正确的
如今我甚至要责怪我自己
不该那样醉心于她的美貌,尽管她的死不是随便可以报复。
蚕儿何尝为你吐丝作茧,
为你而耗尽她自己的生命?
男人何尝为女人而出卖尊严,
只为了消受刹那间的迷醉?
为什么那家伙要拦路行劫,
让自己的生命听法官裁决,
想借此来美化这件事——还派出
人马去为她一显骁勇?……

在这一节诗中(就文气看来十分明白)有正反两种情绪的组合,对美有着极其强烈的吸引力,对丑也有同样强烈的魅力,两相对立,两相抵消。这种对立情绪的平衡乃在于台词得当的戏剧场面上,可是,光凭这种戏剧场面也不足以使其平衡。这可以说是由于戏剧所提供的有组织的情绪。但是,整个效果,主要的音调都是因为有许多浮泛的感情对于这种情绪有一种亲和力,而这种亲和力表面上并不明显,但是一经和它结合起来,却给人以新的艺术情绪。

诗人之所以引人注意,引人感兴趣,倒不是由于他的个人的情绪,由于他自己生活中的特殊事件所激起的那种情绪。他的特有的情绪可能是简单的,或者粗糙的,或是平庸的。他诗中的情绪却该是一种十分复杂的东西,不过又不同于一般人的情绪的那种复杂,尽管一般人在生活中有十分复杂或者罕见的情绪。其实,诗歌中有一种反常的错误就是拼命要表达人类的新情绪;而就在这种不得法的寻求新奇中发生了偏颇。诗人的任务并不是寻求新情绪,而是要利用普通的情绪,将这些普通情绪锤炼成诗,以表达一种根本就不是实际的情绪所有的感情。诗人从未经验过的情绪也可以像那些他所熟悉的情绪一样为他服务。因此,我们一定要相信"情绪是在宁静中回忆出来的",是一种不精确的公式。因为诗既非情绪,又非回忆,也非(如果不曲解其意义的话)宁静。诗是很多很多经验的集中,由于这种集中而形成一件新东西,而对于经验丰富和活泼灵敏的人来说,这些经验也许根本就不算是经验;这是一种并非自觉地或者经过深思熟虑所发生的集中。这些经验并不是"回忆出来"的,这些经验之所以终于在一种"宁静"的气氛中结合起来,只是由于它是被动地凑拢来的。自然,这并不完全就是这么一回事。在诗歌创作中,有许多地方还是需要自觉和深思熟虑的。事实上,一个拙劣的诗人往往是应该自觉而不自觉,不该自觉却又自觉。这两种错误都有使诗人成为"个人的"可能。诗并不是放纵情绪,而是避却情绪;诗并不是表达个性,而是避却个性。不过,当然,这只有那些有个性、有情绪的人才懂得需要避却个性、避却情绪的个中道理。

三

然而心智无疑是更为神圣的,而且是无动于衷的。

这篇文章准备在形而上学或者神秘主义的边界上打住,而且将其局限于这样实际的结论,使之能为对诗歌具有兴趣的明白是非的人所应用。把对于诗人的兴趣转向对于诗歌的兴趣是一个值得称道的目标:因为这有助于对于不论好坏的实际诗歌的比较公正的估价。有许多人欣赏诗里所表达的诚挚的情绪,也有少数人欣赏高超的技巧。可是,如果一首诗表达了意义重大的情绪(这种情绪的生命是在诗中,而不是在诗人的历史中),能够懂得的却是为数寥寥了。艺术的情绪是非个人的。诗人如果不将自己完全交给他所做的工作,便不能达到这种非个人的境地;他就不见得会懂得该怎么办,除非他不仅是生活于现在,而且是生活于过去的现时,除非他能意识到不是已经逝去的,而是早已活着的。

2. 现代性与后传统[①]

安东尼·吉登斯

导读

安东尼·吉登斯(Anthony Giddens,1938—)的论文《现代性与后传统》包含有以下几个部分:一是"现代性中的传统",二是"全球化和传统的撤离",三是"破除传统",四是"传统·话语·暴力"。他在文章中指出,随着现代社会的高度发展,现在已经到了盛现代性(high modernity)阶段或后传统社会阶段,这个阶段就是人们一般所说的后现代社会,不过吉登斯不同意把它称为后现代社会,他认为现阶段还未到后现代社会,依然是现代性阶段。只不过今天的现代性的变迁速度与程度较以往现代性发展在程度和深度上都大得多,甚至可以说与传统和以往现代性正发生着剧烈的"断裂"。传统与现代性本身就是一对对立矛盾,如今的现代性的高度发展已经基本摧毁了传统,而这个传统被摧毁之后的社会是一个与传统的性质与样态发生了很大

---

① 选自[英]安东尼·吉登斯:《现代性与后传统》,赵文书译,《南京大学学报》1999年第3期。

变异的世界,这就是后传统社会。后传统社会的最大标志就是目前经济和制度的全球化,在全球化过程中,由于时空情境迥异于以往的社会,传统正被不断撤离。传统的撤离无可避免地造成了不同价值体系和不同文化之间的冲突,这种冲突有可能会产生暴力,不过更倾向于通过民主话语来解决。

本文节选的是"现代性中的传统""全球化和传统的撤离""破除传统"三个部分。这三个部分具有内在的逻辑展开层次,主要论证了早期现代性与传统的关系,以及全球化时代传统撤离后所形成的后传统社会的特征。吉登斯认为,"现代性毁灭传统,然而现代性与传统的合作对现代社会的早期阶段是非常关键的",尽管现代性与传统是一种"断裂"关系,但现代性在消解传统的同时,还在"依靠已经存在的传统而且还创造新传统"。现代与传统之间的关系既对立又融合,它们是一种共生关系。

"后传统社会是一个终结,但也是一个开端",它是一个行为方式与经历全新的社会世界。后传统社会突破了民族—国家的界线,它不是一个民族社会,而是一个全球秩序。它与传统社会最大的不同在于"传统通过对时间的控制而控制空间,全球化则正好相反……不是因为时间的积淀而是空间的重构"。后传统社会割断了传统所依赖的地域联系,并且全球化是发散型的,没有中心,所以世界性人类对话正在形成。反思性正在成为一种制度,并日趋强烈地影响和重构着我们的社会和日常生活秩序,自然正趋于非自然化。总之,整个世界,从个体到社会,从社区到全球正在经历一场全面深刻的变迁。也正是在这个意义上,吉登斯认为,"后传统社会是第一个全球社会"。

[文献]

现代性中的传统

现代性毁灭传统,然而现代性与传统的合作对现代社会发展的早期阶段是非常关键的——在这一阶段中,相对于外部影响的风险是可以计算的。随着盛现代性或贝克(Beck)所说的自否性现代化的出现,这一阶段结束了。从此,传统的性质改变了。即使最先进的前现代文明依然是绝对传统的。在讨论"现代性中的传统"这个话题前,有必要对这种文明的性质加以简单论述。

在前现代文明社会中,政治中心的活动从未完全渗透到地方社区的日常生活中。传统的文明是分裂的、二元性的。人口中的绝大多数生活在地方的、农耕性的社区中。传统参与并表达了这种二元性。"伟大的传统"首先与宗教的合理化相关联;宗教的合理化是建立在书面文本基础上的一个过程。合理化不妨碍传统;相反,尽管没有现成的证据,我们可以猜想到,它使具体的传统形式得以长期存在下去,这在纯粹的口头文化中是没有的。

前现代文明的结构特征决定着伟大传统不可能完完本本地传送到地方社区中,传统对地方社区的控制也是不可靠的。无论怎么说,地方社区仍然属于口头传统的社会。它们繁衍出形形色色的传统,这些传统与过滤下来的合理化体系不是相去甚远便是直接冲突;所以,韦伯在其题为《世界宗教》的研究中表明,"书面传统"的合理化在社区中又被加以重新改造;魔术、巫术和当地的其他习惯打破了集中的象征性秩序的统一影响。

因此,传统内容中的很大一部分仍然在地方社区中。这类"小传统"往往受合理化宗教的守护者(如牧师和官员)的影响,但也对地方上各种情况做出反应。地方社区与中央精英之间往往存在语言方面的差别及其他文化分歧。

因为资本主义与民族—国家之间的联系,现代社会有别于前现代文明的所有形态。民族—国家以及资本主义企业都是权力容器,从中发展出来的监控机制可以在更大程度上保证横跨时空的社会整合,这在以前是不可能的。在早期的现代国家中,监控过程仍然利用传统的合法资源,如神授的君权以及君主及其家族的统治权。早期现代国家的权力体系仍然假定地方社区是分裂的,这一点十分重要,对我的分析而言尤为如此。在19世纪和20世纪,随着民族—国家的巩固和民主的普及,地方社区开始解体。在此之前,监控机制主要是"自上而下",是对松散"国民"进行中央集权控制的手段。因此,民族—国家的加速发展时期也便是普通大众被纳入跨社区的整合系统时期。制度的自否性成为传统的大敌;行动的地方性情境的撤离与时空抽离(disembeding)结伴而来。

然而,这是一个相当复杂的过程。早期的现代体制不仅依靠已经存在的传统而且还创造新传统。早期现代性与传统之间的相互关联可简要地作如下概述:

首先,老传统和新传统在现代性的早期发展过程中仍占有中心地位,这就再次表明了现代社会的"约束模式"的局限,一般说来,监控机制的有效性并不依靠情感控制或良心的内化。新兴的情感轴心(emotional axis)往往与强制和羞耻焦虑相关。

其次,人们一般从实证主义的角度理解科学。而科学的合法角色使与程式真理紧密相联的真理概念得以永存。"科学与宗教"的斗争掩盖了科学的公认权威性的矛盾性质,所以许多专家实际上是守护者并取得了适当形式的尊重。

第三,现代性的强迫性本质并不是彻底隐蔽的,也并非未受抵制。正如克里斯蒂·戴维斯(Christie Davies)所指出的那样,普通的幽默和笑话是理解这一点的途径之一。卡尔文主义是资本主义精神的"精粹",而卡尔文主义盛行的地方常常是某些笑话的笑柄。

第四,现代性的强迫性从一开始便有性别的分界。韦伯在《新教伦理》一书中所记述的强迫性属于男性公共领域。在那些制度的情境中,资本主义精神占主导地位,妇女实际上被迫承担由"强烈的工具主义"所带来的情感负担。妇女开始进行各种模式的情感试验,日后产生了极大影响。与此同时,较新传统的发展却积极强化了性别差异模式和性别支配;这些较新传统包括女性"温顺"风潮。

第五,传统用于个人和集体认同的生产和再生产。现代制度的成熟使认同的维系成为根本问题,但这个问题通过求助于传统的权威得到了解决——解决过程充满了紧张和矛盾。

全球化和传统的撤离

全球化和最传统的行动情境的撤离的双重过程是"自否性现代化"阶段的显著特征,这个阶段改变了传统与现代性之间的平衡。乍看起来,全球化似乎是"外界"现象,是世界范围内社会关系的发展,与日常生活风马牛不相及。因此对社会学家来说,全球化似乎只是另一个研究"领域",只是各种专门化研究中的一支;研究全球就是分析世界中的体系和全球最高层次的关联模式。只要传统的生活模式依然存在,特别是在"特定的地方社区"依然存在的情况下,这种观点并无大错。然而,地方情境的撤离如今已进入高级阶段,所以这种看法是十分错误的。全球化是"内在的",它影响着我们生活中最私密的方面,或者说此两者有着辩证的联系。如今,我们所说的私密及其在人际关系中的重要性在很大程度上是全球化影响的结果。

全球化与行动的传统情境之间的纽带是什么?这条纽带就是抽象系统的抽离所带来的后果。此中的因果影响关系十分复杂,与现代性的多维特性紧密相连。在此,我不想对此进行直接分析,只想说明其中的结构关系。传统的内容是关于时间的组织,因此也是关于空间的组织;而全球化的内容也正是如此;只是两者方向相反而已。传统通过对时间的控制而控制空间,全球化则正好相反。从本质上说,全球化就是"远距作用";不在场对在场的支配,其中原因不是因为时间的积淀而是因为空间的重构。

全球化的第一阶段主导者显然主要是西方及源于西方的制度的扩张。其他文明从未能对世界产生如此深远的影响,也未能在如此程度上按照自己的形象塑造世界。然而,与其他形式的文化或武力征服不同的是,通过抽象系统作用的抽离化过程从本质上说是无中心的,因为它割断了自己与传统所依赖的地域的有机联系。尽管今天的全球化仍由西方势力主导,但它已不再仅仅是单向的帝国主义了。远距作用总是双向的；然而，现在的全球化已没有明显的方向，其发散性基本上是永存的。那么，本阶段的全球化不应与前一阶段的全球化相混淆；本阶段的全球化正在日益颠覆前一阶段全球化的结构。

所以，后传统社会是第一个全球社会（global society）。直到最近，世界的大部分仍处于准分裂状态，许多传统仍然持续着。在这些地区以及一些工业化比较发达的国家里，地方社区仍然很强大。在过去几十年里，特别是在即时全球电子通讯技术发展的影响下，这些情况发生了巨大变化，在大家都是"局内人"的世界里，已存在的传统难免要与其他传统接触，而且必须与非传统生活方式接触。由于同样的原因，在这个世界里，"他者"不能再被认为是无活动能力的。他者不但会"反击"，相互盘诘也是可能的。

破除传统

如今，即使在最现代化的社会里，传统也并未在后传统秩序中完全消失；在某些方面，在某些情境中，传统甚至还很兴旺。然而，在近来的现代世界里传统是在何种意义上以何种伪装持续的呢？在图式层面上，这个问题可作如下解答：现代世界中的传统无论新旧都存在于两种框架的一个之中。

传统在多元价值的世界中是有价值的，这样说可以通过推论为传统辩护。对传统的辩护可以从其自身出发，也可以在更具对话性的背景下进行；在此，自否性可能是多层次的，这正如以生活在充满激进怀疑的世界上十分困难这个理由为宗教辩护一样。对传统的推论式辩护不一定包含程式真理，因为最重要的是在暂缓暴力威胁的情况下做好进入对话的准备。否则的话，传统就成了原教旨主义。在近期的现代世界中出现原教旨主义并不奇怪。"原教旨主义"只在激进怀疑大行其道的情况下才具有其自身的含义；尽管如今的原教旨主义已是四面楚歌，失去了上升势头，但其含义大概只相当于"传统意义上的传统"。原教旨主义可以理解为不顾后果地强调程式真理。

在今天的发达社会里，对地方社区的破坏已达极致。在现代社会发展的早期幸存下来的或被创造出来的小传统日益屈从于文化撤离势力的影响。伟大传统与小传统之间的分界在某些前现代文明中延续了几千年，但如今已基本上完全消失了。当然，"高级和低级文化"的区别依然存在，这与高级文化中的某种根深蒂固的古典崇拜有关，但这与我所说的传统只有一点边缘关系。

地方社区的消解并不等同于地方生活和地方习俗的消失。然而，各地日益受到地方舞台上的外部影响的重塑，于是继续存在的地方风俗往往会改变含义，变成遗风或习惯。

习惯可以是纯粹个人形式的例行化（routinization）。个人的某些例行事务通过经常重复而具有一定的约束力。这些例行事务的心理作用不可小视,它们是本体性安全(on-tological security)的重要基础,因此它们为生活在不同行动情境中的延续提供了一种建构媒介。在后传统秩序中,常有来自抽象系统的信息注入习惯,而习惯也常与抽象系统发生冲突。例如,即使医学界对某种饮食大加挞伐,但有人依然会抱着这种饮食习惯不放;然而,如果生产过程或设计过程发生了变化,那么此人也不得不改变习惯。

在商品化塑形作用的影响下或因为制度自否性的普遍影响,许多个人习惯实际上是集体习惯。但无论是个人特征还是与社会风俗有关,习惯已与传统中的程式真理失去了联系。区分习惯与强迫性行为的界限是模糊的,这表明习惯十分脆弱;习惯的强迫性力量可以退化为强迫性仪式——如弗洛伊德所描述并试图解释的强迫性神经官能症。

传统与权力显然是密不可分的,它还可以防止不测事件的发生。有人说神圣之物是传统的核心,因为它使过去带有神性;从这个观点出发,政治仪式具有宗教性质。然而,与其这么看问题,我们不如把程式真理看作是使神圣之物与传统相连的道具。程式真理使传统的核心部分"不可及"并赋予相对于过去的现在以完整性。程式真理一旦引起争议或遭到抛弃,纪念碑便成为遗物,传统也便会回复为风俗或习惯。

传统·话语·暴力

传统实际上是解决不同价值和不同生活方式之间冲突的方法。"传统社会"的世界由许多传统社会组成,在这个世界里,文化多元主义表现为纷繁多样的民风民俗,不过每一种民风民俗都存在于特定的空间里。

后传统社会则截然不同,它与生俱来地一直在全球化,但它也反映了全球化过程的加剧。在后传统秩序中,文化多元主义无论牵涉到延续下来的传统还是牵涉到创造的传统,它已不能再以嵌入权力(embedded power)的分散型中心的形式出现了。

用分析的眼光来看,在任何社会情境或社会中,解决个人价值和集体价值之间的冲突只有四种途径:传统的嵌入;与敌对的他者分离;话语或对话;强制或暴力。这四种途径至少可以作为内在的可能性存在于大多数行动环境和文化中,然而这些因素可以具有不同的权重。在传统影响占主导地位的社会中,经过守护者的活动所过滤的传统信仰和传统习俗使很多因素失去了效用。嵌入权力在很大程度上被隐藏起来,文化的包容首先以地理分割的形式出现。此处的分离并不是一个主动的过程,而是前现代诸系统的时空组合与妨碍非本地交流的障碍相结合的结果。

随着现代性的出现,特别是随着全球化过程的加深,这些情形差不多完全被破坏了。传统必须以业已提到过的方式来解释或"证明"其自身。一般说来,传统只能坚持到其接受推论式证明的考验时为止,此时的传统已准备与其他传统以及非传统的处理事情的模式进行公开对话。在某些情境中以某种方式出现的分离是可能的,但此类情境和方式已变得越来越少。再以作为传统的性别为例。直到现代社会的开端,甚至在现代社会里,性别之分在传统中被奉为珍宝并与固化的权力相呼应。妇女在公众领域中的缺席抑制了对男性特征和女性特征进行推理性审核的可能性。如今,因为深远的结构性变化的影响以及几十年来女性运动的努力,男女之分以及性别、特征和自我认同之间的关系都受到了公开质疑。

对它们进行质疑意味着要求对它们进行推论性证明。现在实际上已没人再会说"我是男人,男人就是如此"等诸如此类的话。如果有人提出要求,我们必须证明自己的行为和态度是正当的,即必须为之说明理由;一旦理由不得不被说明,区分性权力(differential power)便开始消解,或者权力转化为权威。如果这种推论性空间没有创立或得不到维系,则后传统中的人际的纯粹的私人关系便难以生存。

然而,推理性空间得不到维系是常事。出了什么问题? 其中的一个可能性显然是分离:如今我们生活在分割离异的社会中。如果不出现分离而且传统关系得到维护,那么我们便会进入潜在的或实际的暴力领域。谈话停止,暴力往往便会开始。无论在两性的关系上还是在广阔的公众舞台上,现在的男性对妇女的暴力都可以用这种方法解释。

在私人关系和日常生活中可以应用的原则同样也适用于全球化秩序以及介乎这两者之间的所有层面。上述描写可看作是私人生活中的男性的克劳塞维茨理论:"外交性"的观点交流一旦停止便求助于武力或暴力。克劳塞维茨的法则仍有其捍卫者,在当今的国际关系中也有其应用情境,在全球舞台上的文化冲突可滋生暴力,但也可能产生对话。总的说来,在分离已经不再可能的社会秩序中,在很多领域内,暴力之外的唯一选择是"对话性民主"(dialogic democracy)——即相互承认对方的真实性,准备聆听或辩论对方的看法和观点。私人生活中"情绪民主"的可能性与全球秩序中民主的潜能具有对称性。

后传统社会是一个终结,但也是一个开端,是行为和经历的一个全新社会世界。这是何种社会秩序呢? 它会变成什么样子呢? 我已经说过,这种社会秩序是一个全球社会,它不等于世界社会,而是模糊空间意义上的社会。在这个社会中,社会纽带不是从过去继承而来而是必须被制造出来——在个人层面和集体层面上,这是个十分令人烦恼的苦差,但它也可能带来极大的报偿。在权威

(authorities)方面,这种社会是无中心的,但在机遇和困难方面却又是有中心的,因为它聚焦于新型的相互依赖关系。认为自恋或个人主义处于后传统秩序的核心的看法是错误的——从它所蕴含的未来的潜力方面说是如此。在人际关系领域中,向对方敞开胸怀是社会团结的条件;在更大的范围内,在全球性世界秩序中伸出"友谊之手"在本文开头所勾画出的新议程中是不言而喻的。

无须赘述,可能性和现实性是两码事。激进的怀疑加剧焦虑社会创造出来的不确定性赫然耸现;在地方层面和全球层面上,巨大的差距隔开了穷人和富人。然而我们可以清楚地看到政治接触复兴的前景,尽管这种接触的路线与从前的主导路线截然不同。与后现代主义的难题决裂之后,我们可以看到,私人生活中的"情绪民主"有可能向外延伸为全球性秩序中的"对话民主"。作为人类整体,我们并非命中注定要遭受难以弥补的零散化,也不会被禁锢在韦伯所设想的铁笼中。在强迫性之外存在着发展真实的人类生活的机会,但在这种生活中维护传统也是很重要的。

3. 文学的"根"①

韩少功

导读

韩少功(1953—　)是中国当代著名的作家,著有小说、散文,文学批评等文学作品共两百多万字,出版有《韩少功文集》(10卷)以及译作米兰·昆德拉的小说《生命中不能承受之轻》等。

对传统文化的发现和反思是韩少功创作的一个基本主题,他被认为是倡导"寻根文学"的主将,1985年其发表的《文学的"根"》引起广泛的关注,这篇文章后来甚至被称为"寻根派宣言"。在这篇文章中,韩少功首先提出问题:"绚丽的楚文化究竟到哪里去了呢?"他认为早已消逝,后来他发现这些早已从经典上消逝的传统文化现在在湘鄂偏僻山区尤其是湘西苗、侗、瑶、土家所分布的崇山峻岭里还得以一定程度的存活。于是他提出"文学有'根',文学之'根'应深植于民族传说文化的土壤里,根不深,则叶难茂"。因此作家有一个"寻根"的问题。

他把传统文化分为规范和不规范两部分,他认为传统文化多散落于民间和乡土,而乡土中所凝聚的传统文化多属于不规范之列。"俚语,野史,

---

① 选自韩少功:《文学的根》,济南:山东文艺出版社2001年版。

传说,笑料,民歌,神怪故事,习惯风俗,性爱方式等等,其中大部分鲜见于经典,不入正宗,更多地显示出生命的自然面貌"。这些具有生命力的多彩的传统文化"像巨大无比、暧昧不明、炽热翻腾的大地深层,潜伏在地壳之下,承托着地壳——我们的规范文化"。所以,"不是地壳而是地壳下的岩浆,更值得作家们注意"。他以一南一北举例说明其寻根思路,南是广东,尽管广东的经济发展和现代化进程使得传统文化近乎绝迹,但仍能从民间中找到岭南文化的踪迹和线索;北是新疆,由于新疆的多民族杂居,具有欧洲的东正教文化,维、回的伊斯兰文化以及汉族的儒家文化的传统,这将是西部文学的根源。后来涌出的贾平凹的商州文化、李杭育的吴越文化、张承志的草原文化、郑万隆的"异乡异闻"、乌热尔图的"狩猎文化"等证实了他的主张。

韩少功认为,优秀的文学总是立足于自己的传统的,"如果割断传统,失落气脉……势必是无源之水,很难有新的生机和生气"。当然,寻根"不是出于一种廉价的恋旧情绪和地方观念",而是去"揭示一些决定民族发展和人类生存的谜","体现出一种普遍的关于人的本质的观念",要在民间文化传统中找到现代艺术的营养,释放现代观念的热能,来重铸和镀亮具有民族深层精神和文化特质的自我。

[文献]

我以前常常想一个问题:绚丽的楚文化到哪里去了?我曾经在汨罗江边插队落户,住地离屈子祠仅二十来公里。细察当地风俗,当然还有些方言词能与楚辞挂上钩。如当地人把"站立"或"栖立"说为"集",这与《离骚》中的"欲远集而无所止"吻合,等等。除此之外,楚文化留下的痕迹就似乎不多见。如果我们从洞庭湖沿湘江而上,可以发现很多与楚辞相关的地名:君山、白水、祝融峰、九嶷山……但众多寺庙楼阁却不是由"楚人"占据的:孔子与关公均来自北方,而释迦牟尼则来自印度。至于历史悠久的长沙,现在已成了一座革命城,除了能找到一些辛亥革命和土地革命的遗址之外,很难见到其他古迹。那么浩荡深广的楚文化源流,是什么时候在什么地方中断干涸的呢?都流入了地下的墓穴么?

两年多以前,一位诗人朋友去湘西通道县侗族地区参加了一次歌会,回来兴奋地告诉我:找到了!她在湘西苗、侗、瑶、土家所分布的崇山峻岭里找到了还活着的楚文化。那里的人惯于"制芰荷以为衣兮,集芙蓉以为裳",披兰戴芷,佩饰纷繁。紫茅以占,结茝以传,能歌善舞,呼鬼呼神。只有在那里,你才能更好地体会到楚辞中那种神秘、奇丽、狂放、孤愤的境界。他们崇拜鸟,歌颂鸟,模仿鸟,作为"鸟的传人",其文化与黄河流域"龙的传人"有明显的差别。后来,我对湘西多加注意,果然有更多发现。史料记载:在公元3世纪以前,苗族人民就已劳动生息在洞庭湖附近(即苗歌中传说的"东海"附近,为古之楚地),后来,由于受天灾人祸所逼,才沿五溪而上,向西南迁移(苗族传说中是蚩尤为黄帝所败,蚩尤的子孙撤退到山中)。苗族迁徙史歌《爬山涉水》,就隐约反映了这段西迁的悲壮历史。看来,一部分楚文化流入湘西一说,是不无根据的。

文学有"根",文学之"根"应深植于民族传说文化的土壤里,根不深,则叶难茂,故湖南的作家有一个"寻根"的问题。这里还可说一南一北两个例子:

南是广东。人们常说不久前的香港是"文化沙漠",这恐怕与现代商品经济瓦解了民族文化主体有关。你到临近香港的深圳,可以看到蓬勃兴旺的经济,有辉煌的宾馆,舒适的游乐场,雄伟的商贸大厦,但较难看到传统文化遗迹。倒常能听到一些舶来词:的士、巴士、紧士(工装裤)、波士(老板)以及OK。岭南民间多天主教,且重商甚于重文。对西洋文化的简单复制,只能带来文化的失血症。明人王士性《广志绎》中说:粤人分四,"一曰客户,居城郭,解汉音,业商贾;二曰东人,杂处乡村,解闽语,业耕种;三曰俚人,深居远村,不解汉语,惟耕垦为活;四曰蜑户,舟居穴行,仅同水族,亦解汉音,以探海为生"。这介绍了分析广东传统文化的一个线索。将来岭南的文化在商品经济的熔炉中再生,也许能在"俚人"、"东人"和"蜑户"之中获取不少特异的潜能吧。

北是新疆。近年来新疆出了不少诗人,小说家却不多,当然可能是暂时现象。我到新疆时,遇到一些青年作家,他们说要出现真正的西部文学,就不能没有传统文化的骨血,我对此深以为然。新疆文化的色彩丰富。白俄罗斯族中相当一部分源于战败东迁的白俄"归化军"及其家属,带来了欧洲的东正教文化;维、回等族的伊斯兰文化,则是沿丝绸之路来自波斯和阿拉伯世界等地域;汉文化及其儒教在这里也深有影响。各种文化的交汇,加上各民族都有一部血淋淋的历史,是应该催育出一大批奇花异果的。19世纪的俄罗斯文学以及本世纪的日本文学,不就是得天独厚地得益于东、西方文化的双重影响吗?如果割断传统,失落气脉,只是从内地文学中"横移"一些主题和手法,势必是无源之水,很难有新的生机和生气。

几年前,不少作者眼盯着海外,如饥似渴,勇破禁区,大量引进。介绍一个萨特,介绍一个海明威,介绍一个艾特玛托夫,都引起轰动。连品位不怎么高的《教父》和《克莱默夫妇》,都会成为热烈的话题。作为一个过程,是正常而重要的。近来,一个值得欣喜的现象是:作者们开始投出眼光。重新审视脚下的国土,回顾民族的昨天,有了新的文学觉悟。贾平凹的"商州"系列小说,带上了浓郁的秦汉文化色彩，体现了他对商州地理、历史及民性细心地考察，自成格局，拓展新境；李杭育的"葛川江"系列小说，则颇得吴越文化的气韵。杭育曾对我说，他正在研究南方的幽默与南方的孤独。这都是极有兴趣的新题目。与此同时，远居大草原的乌热尔图，也用他的作品连接了鄂温克族文化源流的过去和未来，以不同凡响的篝火、马嘶与暴风雪，与关内的文学探索遥相呼应。

他们都在寻"根"，都开始找到了"根"。这大概不是出于一种廉价的恋旧情绪和地方观念，不是对方言歇后语之类浅薄的爱好，而是一种对民族的重新认识，一种审美意识中潜在历史因素的苏醒，一种追求和把握人世无限感和永恒感的对象化表现。

丹纳在《艺术哲学》中认为：人的特征是有很多层次的，浮在表面上的是持续三四年的一些生活习惯与思想感情，比如一些时行的名称和时行的领带，不消几年就全部换新。下面一层略为坚固些的特征，可以持续二十年、三十或四十年，像大仲马《安东尼》等作品中的当今人物，郁闷而多幻想，热情汹涌，喜欢参加政治，喜欢反抗，又是人道主义者，又是改革家，很容易得肺病，神气老是痛苦不堪，穿着颜色刺激的背心等等……要等那一代过去以后，这些思想感情才会消失。往下第三层的特征，可以存在于一个完全的历史时期，虽经剧烈的摩擦与破坏还是巍然不动，比如说古典时代的法国人的习俗：礼貌周到，殷勤体贴，应付人的手段很高明，说话很漂亮，多少以凡尔赛的侍臣为榜样，谈吐和举动都守着君主时代的规矩。这个特征附带或引申出一大堆主义和思想感情，宗教、政治、哲学、爱情、家庭，都留着主要特征的痕迹。但这无论如何顽固，也仍然是要消灭的。比这些观念和习俗更难被时间铲除的，是民族的某些本能和才具，如他们身上的某些哲学与社会倾向，某些对道德的看法，对自然的了解，表达思想的某种方式。要改变这个层次的特征，有时得靠异族的侵入：彻底的征服，种族的杂交，至少也得改变地理环境，迁移他乡，受新的水土慢慢的感染，总之要使精神气质与肉体结构一齐改变才行。丹纳几乎是个"地理环境决定论"者，其见解不需要被我们完全赞成，但他至少从某一侧面帮助我们领悟到了所谓文化的层次。

作家们写住房问题，写过很多牢骚和激动，目光开始投向更深的层次，希望在立足现实的同时，又对现实进行超越，去揭示一些决定民族发展和人类生存的谜。他们很容易首先注意到乡土。乡土是城市的过去，是民族历史的博物馆。哪怕是农舍的一梁一栋、一檐一桷，都可能有汉魏或唐宋的投影。而城市呢，上海除了一角城隍庙，北京除了一片宫墙，那些林立的高楼、宽阔的沥青路、五彩的霓虹灯，南北一样，多少有点缺乏个性；而且历史短暂，太容易变换。于是，一些表现城市生活的作家，如王安忆、陈建功等等，想写出更多的中国"味"，便常常让笔触越过这表层文化，深入到胡同、里弄、四合院和小阁楼里。有人说这是"写城市里的乡村"。我们不必说这是最好的办法,但我们至少可以指出这是凝聚历史和现实、是扩展文化纵深感的手段之一。

更为重要的是,乡土中所凝结的传统文化,更多地属于不规范之列。俚语,野史,传说,笑料,民歌,神怪故事,习惯风俗,性爱方式等等,其中大部分鲜见于经典,不入正宗,更多地显示生命的自然面貌。它们有时可以被纳入规范,被经典加以肯定,像浙江南戏所经历的过程一样。反过来,有些规范的文化也可能由于某种原因,从经典上消逝而流入乡野,默默潜藏,默默演化。像楚辞中有的风采,现在还闪烁于湘西的穷乡僻壤。这一切,像巨大无比、暧昧不明、炽热翻腾的大地深层,潜伏在地壳之下,承托着地壳——我们的规范文化。在一定的时候,规范的东西总是绝处逢生,依靠对不规范的东西进行批判地吸收,来获得营养、获得更新再生的契机。宋词,元曲,明清小说,都是前鉴。因此,从某种意义上说,不是地壳面是地下的岩浆,更值得作家们注意。

这丝毫不意味着闭关自守,不是反对文化的对外开放,相反,只有找到异己的参照系,吸收和消化异己的因素,才能认清和充实自己。但有一点似应指出,我们读外国文学,多是读翻译作品,而被译的多是外国的经典作品、流行作品或获奖作品,即已入规范的东西。从人家的规范中来寻找自己的规范,模仿翻译作品来建立一个中国的"外国文学流派",想必前景黯淡。

外国优秀作家与某民族传统文化的复杂联系,我们对此缺乏材料以作描述。但至少可以指出,他们是有脉可承的。比方说,美国的"黑色幽默"与美国人的幽默传统和"牛仔"趣味、与卓别林、马克·吐温、欧·亨利等是否有关呢?拉美的"魔幻现实主义",与拉美光怪陆离的神话、寓言、传说、占卜迷信等文化现象是否有关呢?萨特、加缪的存在主义哲学小说和哲理戏剧,与欧洲大陆的思辨传统,甚至与旧时的经院哲学是否有关呢?日本的川端康成"新感觉派",与佛教禅宗文化,与东方士大夫的闲适虚净传统是否有关呢?希腊诗人埃利蒂斯与希腊神话传说遗产的联系就更明显了。他的《俊杰》组诗甚至直接采用了拜占庭举行圣餐的形式,散文与韵文交替使用,参与了从荷马到当代整个希腊诗歌传统的创造。

另一个可以参照的例子来自艺术界。小说《月亮和六便士》中写了一个国家,属现代派,但他真诚地推崇提香等古典派画家,很少提及现代派的同志。他后来逃离了繁华都市,到土著野民所在的丛林里,长年隐没,含辛茹苦,最终在原始文化中找到了现代艺术的支点,创造了杰作。这就是后来横空出世的梵高。

"五四"以后,中国文学向外国学习,学西洋的、东洋的、俄国和苏联的;也曾向外国关门,夜郎自大地把一切洋货都封禁焚烧。结果带来民族文化的毁灭,还有民族自信心的低落——且看现在从外汇券到外国的香水,都在某些人那里成了时髦。但在这种彻底的清算和批判之中，萎缩和毁灭之中，中国文化也就能涅槃再生了。西方历史学家汤因比曾经对东方文明寄予厚望。他认为西方基督教文明已经衰落，而古老沉睡着的东方文明，可能在外来文明的"挑战"之下，隐退后而得"复出"，光照整个地球。我们暂时不必追究汤氏的话是真知还是臆测，有意味的是，西方很多学者都抱有类似的观念。科学界的笛卡尔、莱布尼兹、爱因斯坦、海森堡等，文学界的托尔斯泰、萨特、博尔赫斯等，都极有兴趣于东方文化。传说张大千去找毕加索学画，毕加索也说：你到巴黎来做什么？巴黎有什么艺术？在你们东方，在非洲，才会有艺术。……这一切都是偶然的巧合吗？在这些人注视着的长江、黄河两岸，到底会发生什么事呢？

这里正在出现轰轰烈烈的改革和建设，在向西方"拿来"一切我们可用的科学和技术等等，正在走向现代化的生活方式。但阴阳相生，得失相成，新旧相因。万端变化中，中国还是中国，尤其是在文学艺术方面，在民族的深层精神和文化特质方面，我们有民族的自我。我们的责任是释放现代观念的热能，来重铸和镀亮这种自我。

这是我们的安慰和希望。

在前不久一次座谈会上，我遇到了《棋王》的作者阿城，发现他对中国的民俗、字画、医道诸方面都颇有知识。他在会上谈了对苗族服装的精辟见解，最后说："一个民族自己的过去，是很容易被忘记的，也是不那么容易被忘记的。"

他说完这句话之后，大家都沉默了，我也沉默了。

1985年1月